Autodesk Revit Architecture® 2011
Conceitos e Aplicações

EDITORA AFILIADA

Seja Nosso Parceiro no Combate à Cópia Ilegal

A cópia ilegal é crime. Ao efetuá-la, o infrator estará cometendo um grave erro, que é inibir a produção de obras literárias, prejudicando profissionais que serão atingidos pelo crime praticado.

Junte-se a nós nesta corrente contra a pirataria. Diga não à cópia ilegal.

Seu Cadastro É Muito Importante para Nós

Se você não comprou o livro pela Internet, ao preencher a ficha de cadastro em nosso site, você passará a receber informações sobre nossos lançamentos em sua área de preferência.

Conhecendo melhor nossos leitores e suas preferências, vamos produzir títulos que atendam suas necessidades.

Obrigado pela sua escolha.

Fale Conosco!

Eventuais problemas referentes ao conteúdo deste livro serão encaminhados ao(s) respectivo(s) autor(es) para esclarecimento, excetuando-se as dúvidas que dizem respeito a pacotes de softwares, as quais sugerimos que sejam encaminhadas aos distribuidores e revendedores desses produtos, que estão habilitados a prestar todos os esclarecimentos.

Os problemas só podem ser enviados por:

1. E-mail: producao@erica.com.br
2. Fax: (11) 2097.4060
3. Carta: Rua São Gil, 159 - Tatuapé - CEP 03401-030 - São Paulo - SP

INVISTA EM VOCÊ. LEIA LIVROS!

Claudia Campos Netto Alves de Lima

Autodesk Revit Architecture® 2011
Conceitos e Aplicações

1ª Edição

São Paulo
2010 - Editora Érica Ltda.

Copyright © 2010 da Editora Érica Ltda.

Todos os direitos reservados. Proibida a reprodução total ou parcial, por qualquer meio ou processo, especialmente por sistemas gráficos, microfílmicos, fotográficos, reprográficos, fonográficos, videográficos, internet, e-books. Vedada a memorização e/ou recuperação total ou parcial em qualquer sistema de processamento de dados e a inclusão de qualquer parte da obra em qualquer programa juscibernético. Essas proibições aplicam-se também às características gráficas da obra e à sua editoração. A violação dos direitos autorais é punível como crime (art. 184 e parágrafos, do Código Penal, conforme Lei nº 10.695, de 07/01/2003) com pena de reclusão, de dois a quatro anos, e multa, conjuntamente com busca e apreensão e indenizações diversas (artigos 102, 103 parágrafo único, 104, 105, 106 e 107 itens 1, 2 e 3 da Lei nº 9.610, de 19/06/1998, Lei dos Direitos Autorais).

A Autora e a Editora acreditam que todas as informações aqui apresentadas estão corretas e podem ser utilizadas para qualquer fim legal. Entretanto, não existe qualquer garantia, explícita ou implícita, de que o uso de tais informações conduzirá sempre ao resultado desejado. Os nomes de sites e empresas, porventura mencionados, foram utilizados apenas para ilustrar os exemplos, não tendo vínculo nenhum com o livro, não garantindo a sua existência nem divulgação. Eventuais erratas estarão disponíveis para download no site da Editora Érica.

Conteúdo adaptado ao Novo Acordo Ortográfico da Língua Portuguesa, em execução desde 1º de janeiro de 2009.

"Algumas imagens utilizadas neste livro foram obtidas a partir do CorelDRAW 12, X3 e X4, Corel Gallery, 1999, Corel Corporation Samples e da Coleção do MasterClips/MasterPhotos© da IMSI, 100 Rowland Way, 3rd floor Novato, CA 94945, USA."

Dados Internacionais de Catalogação na Publicação (CIP)
(Câmara Brasileira do Livro, SP, Brasil)

Lima, Claudia Campos Netto Alves de.

  Autodesk Revit Architecture® 2011: Conceitos e Aplicações. Claudia Campos Netto Alves de Lima -- 1. ed. -- São Paulo: Érica, 2010.

Bibliografia.
ISBN 978-85-365-0280-9

1. Desenho arquitetônico - Processamento de dados 2. Desenho arquitetônico - Projeto auxiliado por computador - Software 3. Projeto arquitetônico - Software I. Título

10-05605	CDD-720.28

Índices para catálogo sistemático

1. Autodesk Revit Architecture® 2011: Desenho arquitetônico: Processamento de dados 720.28

Coordenação Editorial: Rosana Arruda da Silva
Capa: Maurício S. de França
Editoração e Finalização: Rosana Ap. Alves dos Santos
                           Carla de Oliveira Morais
                           Flávio Eugenio de Lima
                           Roseane Gomes Sobral
Imagem da Capa: Ernani Maia - Arquiteto

Editora Érica Ltda.
Rua São Gil, 159 - Tatuapé
CEP: 03401-030 - São Paulo - SP
Fone: (11) 2295-3066 - Fax: (11) 2097-4060
www.editoraerica.com.br

Fabricante

Produto: **Revit Architecture® 2011**

Fabricante: **Autodesk, Inc.**

Site: **www.autodesk.com**

Endereço no Brasil:

Autodesk do Brasil Ltda.

Rua James Joule, 65 - 4º andar - cj. 41

CEP: 04576-080 - São Paulo - SP

Fone: (11) 5501-2500

Requisitos de Hardware e de Software

Autodesk Revit Architecture 2011 (versão em inglês)

Requisitos básicos para plataforma 32 bits

- Microsoft® Windows 7 Enterprise, Ultimate, Business ou Home Premium Edition, Microsoft® Windows Vista® 32 bits (SP2), incluindo Ultimate, Business ou Home Premium Edition, ou Microsoft® Windows® XP (SP2) Professional ou Home Edition*
- Processador Intel® Pentium® 4 1.4GHz ou equivalente AMD®, processador Dual Core, 3.0GHz ou superior com tecnologia SSE2
- 3GB RAM (1GB RAM se não usar a renderização)
- 5GB de espaço livre em disco
- Monitor de 1280 x 1024 e placa gráfica de 24 bits color ou com 256MB com suporte para DirectX
- Windows® Internet Explorer® 7.0 (ou superior)
- Mouse
- Drive de DVD
- Conexão com a Internet para registro do software

> *Observação:* O Revit **não** pode ser instalado em máquinas com placa gráfica on-board. É preciso uma placa fora da placa principal.

Requisitos básicos para plataforma 64 bits

- Microsoft® Windows 7 64 bits Enterprise, Ultimate, Professional ou Home, Windows Vista 64 bits (SP2 ou superior), incluindo Ultimate, Business ou Home Premium, ou Windows XP Professional (SP2) x64 Edition*
- Microsoft® Windows 7 ou Vista: processador Intel Pentium 4 1.4GHz ou equivalente AMD, processador Dual Core, 3.0GHz ou superior com tecnologia SSE2 ou Quad Core Intel® Xeon® W3570 3.20GHz, 8M L3, 6.4GT/s Turbo
- Windows XP: processador Intel Pentium 4 ou AMD Athlon Dual Core, 1.6GHz ou superior com tecnologia SSE2
- 3GB RAM
- 5GB de espaço livre em disco
- Monitor 1280 x 1024 e placa gráfica de 24 bits color ou com 256MB com suporte para DirectX
- Windows® Internet Explorer® 7.0 (ou superior)
- Internet Explorer 7.0 ou superior
- Mouse
- Unidade de DVD
- Conexão com a Internet para registro do software

Para certificar-se das placas gráficas que têm suporte da Autodesk, acesse o link: www.autodesk.com

Acrobat Reader 8.0 para visualizar PDFs.

Dedicatória

Aos arquitetos que procuram utilizar a tecnologia para desenvolver seus projetos com mais eficiência, precisão e consistência de informações, o que ajuda a evoluir sempre.

*As obras do Senhor são todas excelentes,
e ele provê a todas as necessidades a seu tempo.*

Eclesiástico - 39, 33

Agradecimentos

Ao arquiteto Ernani Maia por me incentivar a publicar mais um livro, desta vez totalmente voltado ao projeto arquitetônico, e pela imagem de um de seus projetos no Revit cedida para a capa;

Mais uma vez à equipe da Editora Érica pela colaboração e o profissionalismo no desenvolvimento do livro.

Sumário

Capítulo 1 - Visão Geral do Revit **19**
    1.1. Conceito de BIM - Uma Breve Introdução.. 19
    1.2. Elementos Paramétricos.. 20
        1.2.1. Requisitos do Sistema Autodesk Revit Architecture 2011 22
        1.2.2. Tipos de Arquivo Utilizados 23
        1.2.3. Salvamento Automático de Cópias de Segurança 24

Capítulo 2 - Interface **25**
    2.1. Interface do Revit... 25
        2.1.1. Ribbon 26
        2.1.2. Project Browser 27
        2.1.3. Barra de Acesso Rápido 27
        2.1.4. Barra de Opções 28
        2.1.5. Barra de Controle de Vistas e Barra de Status e Escala................................ 28
        2.1.6. Área Gráfica 29
    2.2. Guia para Melhor Entendimento da Interface 29

Capítulo 3 - Elementos e Famílias do Revit **33**
    3.1. Elementos - Elements.. 33
    3.2. Famílias - Families 36
        3.2.1. Propriedades das Famílias 40

Capítulo 4 - Início do Projeto **43**
    4.1. Configurações Iniciais... 43
        4.1.1. New - Início de um Novo Projeto 43
        4.1.2. Units - Unidades de Trabalho 46
        4.1.3. Level - Níveis/Pavimentos 46
        4.1.4. Grids - Linhas de Eixo 48
    4.2. Importação de Desenho 2D do AutoCAD 49

Capítulo 5 - Paredes - Walls **51**
    5.1. Inserção de Paredes - Walls 51

5.2. Seleção de Objetos 54
5.3. Dimensões Temporárias de Paredes 55
5.4. Ferramentas de Auxílio ao Desenho de Paredes 57
5.5. Criação de Tipos de Parede 58
5.6. Modificação de Paredes 64
5.7. Paredes Compostas 69
    5.7.1. Criação de Paredes Compostas 72
    5.7.2. Criação de uma Parede Composta de Elementos na Vertical 76

Capítulo 6 - Ferramentas de Edição 85

6.1. Offset - Cópias Paralelas 86
6.2. Trim - Cortar 87
6.3. Extend - Estender 88
6.4. Split - Dividir 90
6.5. Align - Alinhar 92
6.6. Move - Mover 93
6.7. Copy - Copiar 94
6.8. Rotate - Rotacionar 95
6.9. Mirror - Espelhar 96
6.10. Array - Cópias Ordenadas 97
6.11. Pin - Fixar 100
6.12. Scale - Escalar 101
6.13. Delete - Apagar 102

Capítulo 7 - Vistas e Formas de Visualização do Projeto 103

7.1. Visualização do Projeto - Project Browser 103
7.2. Criação de Vistas 106
    7.2.1. 3D View - Vista 3D 106
    7.2.2. Section - Corte 108
    7.2.3. Elevation - Elevações 110
    7.2.4. Plan Views - Vistas em Planta 112
    7.2.5. Duplicate View - Duplicar Vista 113
    7.2.6. Legends - Legendas 113
    7.2.7. Schedules - Tabelas 116
    7.2.8. Drafting View - Vista de Detalhes 117
7.3. View Properties - Propriedades da Vista 117

7.4. Thin Lines - Linhas Finas 120
7.5. View Templates 121
7.6. Temporary Hide/Isolate - Isolar Objetos Temporariamente 125
7.7. Controle da Visibilidade dos Objetos 127
7.8. Seleção do Elemento no Desenho com Menus de Atalho 132

Capítulo 8 - Portas e Janelas 137

8.1. Inserção de Portas 137
    8.1.1. Modificações de Parâmetros das Portas 138
    8.1.2. Criação de um Tipo de Porta a partir de um Existente 140
    8.1.3. Inserção do Novo Tipo de Porta 141
8.2. Inserção de Janelas 143
    8.2.1. Modificações de Parâmetros das Janelas 144
    8.2.2. Criação de um Tipo de Janela 145
    8.2.3. Inserção de Novo Tipo de Janela 147

Capítulo 9 - Pisos e Forros 149

9.1. Inserção de Pisos - Floor 149
    9.1.1. Criação de Pisos Inclinados 152
    9.1.2. Pela Definição de uma Direção de Inclinação - Slope Arrow ... 152
    9.1.3. Pela Definição das Propriedades de Linhas Paralelas 155
    9.1.4. Pela Definição das Propriedades de uma Única Linha 156
9.2. Criação de Aberturas em Pisos 157
9.3. Inserção de Forros - Ceiling 158
9.4. Criação de Aberturas em Forros 162
9.5. Visualização de Forros 163
9.6. Criação de Forros com Grid 164

Capítulo 10 - Estrutura - Pilares e Vigas 167

10.1. Inserção de Pilares - Columns 167
    10.1.1. Inserção de Pilares em Grids 169
    10.1.2. Propriedades dos Pilares 171
    10.1.3. Criação de Outro Tipo de Pilar 175
    10.1.4. Associação dos Pilares com Vigas, Forros, Telhados - Attach ... 177
    10.1.5. Remoção da Associação de Pilares a Pisos, Forros, Vigas ... 180

10.2. Inserção de Vigas - Beam 181
    10.2.1. Inserção de Vigas em Grids 184
    10.2.2. Propriedades das Vigas 186
    10.2.3. Vigas Inclinadas 187

Capítulo 11 - Escadas e Corrimão **189**
    11.1. Inserção de Escadas - Stairs 189
        11.1.1. Escada Reta 190
        11.1.2. Escada em L 191
        11.1.3. Escada em U 192
    11.2. Propriedades da Escada 193
    11.3. Escadas de Múltiplos Andares 199
    11.4. Modificação de Escadas 200
        11.4.1. Inversão do Sentido de Subida 200
        11.4.2. Alteração no Desenho da Escada 201
    11.5. Corrimão - Railings 204
        11.5.1. Tipos de Propriedade do Corrimão 205
        11.5.2. Alteração do Corrimão 206

Capítulo 12 - Telhados - Roof **209**
    12.1. Inserção de Telhados 209
        12.1.1. Inserção de Telhados por Poligonal da Água 209
        12.1.2. Inserção de Telhados por Extrusão de um Perfil 212
    12.2. Propriedades dos Telhados 216
    12.3. Edição de Telhados 218
    12.4. Telhado de uma Água 221
    12.5. Criação de Aberturas em Telhados 222
    12.6. Modificação dos Vértices das Águas 224
    12.7. Criação de Mansarda 228

Capítulo 13 - Painéis de Vidro - Curtain Walls **239**
    13.1. Inserção de Painéis de Vidro - Curtain Walls 239
    13.2. Propriedades das Curtain Walls 240
    13.3. Inserção e Alteração de Eixos - Curtain Grids 245

13.4. Inserção e Alteração de Perfis - Mullions 247
    13.4.1. Propriedades do Tipo 249
    13.4.2. Controle da Intersecção de Perfis 250
13.5. Painéis das Curtain Walls 251
13.6. Inserção de Portas em Curtain Walls 253

Capítulo 14 - Terreno 257
14.1. Criação de Terreno pela Importação de Curvas do AutoCAD 257
14.2. Criação de Terreno por Pontos 260
14.3. Propriedades do Terreno 264
14.4. Modificação de Terreno 264
    14.4.1. Split Surface 264
    14.4.2. Merge Surfaces 269
    14.4.3. Subregion 270
14.5. Planificação do Terreno - Pads 272

Capítulo 15 - Anotações - Cotas e Texto 279
15.1. Texto 279
    15.1.1. Propriedades do Texto 281
15.2. Dimensionamento 281
    15.2.1. Dimensionamento Linear 282
    15.2.2. Dimensionamento Aligned 282
    15.2.3. Dimensionamento Angular 285
    15.2.4. Dimensionamento Radial 285
    15.2.5. Dimensionamento de Comprimento de Arco 285
    15.2.6. Dimensionamento com Baseline e Continue 286
    15.2.7. Propriedades do Dimensionamento 287
    15.2.8. Criação de um Estilo de Cotas 289
    15.2.9. Modificação do Texto das Cotas 290
    15.2.10. Dimensionamento de Nível 291
15.3. Inserção de Símbolos 292
15.4. Tags - Identificadores 294
15.5. Callouts - Chamada de Vistas de Detalhes 296
15.6. Room e Area 298
    15.6.1. Criação da Tabela de Áreas 299

Capítulo 16 - Montagem de Folhas e Impressão **301**

16.1. Geração de Folhas de Impressão - Sheets 301

16.2. Criação de Crop Views 305

16.3. Impressão 309

Capítulo 17 - Apresentação em 3D **313**

17.1. Comandos de Visualização em 3D 313

    17.1.1. View Cube 314

    17.1.2. Câmera 315

    17.1.3. Steering Wheels 319

17.2. Renderings 320

Capítulo 18 - Exportação de Arquivos **325**

18.1. Exportação de Arquivos em DWG 326

18.2. Exportação de Arquivos DWF 329

Apêndice A - Exercícios - Projeto Completo **331**

    Exercício 1 - Criação de um Template 331

    Exercício 2 - Início do Projeto - Criação dos Níveis e Eixos (Grid) 333

    Exercício 3 - Terreno 335

    Exercício 4 - Inserção de Paredes 337

    Exercício 5 - Criação de Cortes 344

    Exercício 6 - Inserção de Portas e Janelas 345

    Exercício 7 - Inserção de Pisos/Lajes 352

    Exercício 8 - Inserção de Pilares e Vigas 353

    Exercício 9 - Inserção de Escada e Furo da Laje 359

    Exercício 10 - Pavimento Tipo e Cobertura 362

    Exercício 11 - Texto e Cotas 364

Bibliografia **365**

Índice Remissivo **366**

Prefácio

A representação da arquitetura e da engenharia civil, bem como o modo de se conceber os projetos, está em plena mudança. Se na década de 1980 vivenciamos as mudanças proporcionadas pelo abandono das velhas e boas pranchetas em detrimento do uso dos softwares CAD, agora estamos no curso de outra mudança paradigmática, a chamada tecnologia BIM (Building Information Modeling), que tem como princípio a articulação do modelo tridimensional a uma base de dados com todas as informações sobre o projeto, permitindo, com isso, controlar as informações gerais, compatibilizar as interfaces interdisciplinares, criando simulações por meio da realidade virtual, organizando-as de modo a otimizar custos, cronogramas e a efetiva execução dos edifícios. Tal tecnologia já está se difundindo pelos escritórios de arquitetura e engenharia no Brasil e em outros países, trazendo grande evolução para o modo de implementar edifícios.

Além da otimização dos métodos de produção de projeto tradicionais, a tecnologia BIM pode contribuir substancialmente no desenvolvimento de projetos sustentáveis pela redução de desperdícios de materiais na etapa de construção, sobretudo por ser uma tecnologia paramétrica. Desta forma, as informações do projeto são sincronizadas e coordenadas por várias representações, possibilitando diversas simulações, de modo a subsidiar a decisão de projetistas na adoção de opções com menos recursos naturais empregados ou desperdiçados, ou mesmo discordâncias entre as peças gráficas e documentação das diversas disciplinas projetuais, que invariavelmente causam transtornos e retrabalhos em obra.

Com simulações tridimensionais a tecnologia Building Information Modeling presente no software Revit Architecture pode auxiliar, entre outras coisas, o aumento da eficiência energética de um edifício, considerando desde a melhor implantação do edifício no terreno até o uso racional da iluminação artificial, especialmente pela melhor apropriação da iluminação natural.

Por fim, um software como o Revit Architecture pode multiplicar as soluções criativas, a visualização concomitante entre todas as formas de representação, bem como a maleabilidade de trabalhar com volumes, formas orgânicas e geometrias complexas, e traz para os usuários possibilidades de superação dos limites que o lápis e o papel para muitos impõem.

O que faltava no Brasil era uma bibliografia consistente, prática e didática, que somente a arquiteta Claudia Campos Lima poderia proporcionar. Com grande experiência e conhecimento dos softwares CAD, a autora nos brinda com a bibliografia básica definitiva do Revit Architecture em português. Não tenho dúvidas de que o sucesso de seus livros de AutoCAD será repetido nesta publicação sobre Revit Architecture e em futuros trabalhos.

Caro leitor, bem-vindo ao mundo BIM! Divirta-se e prepare-se para o salto qualitativo de seus projetos, não só na representação, mas na conceituação, no tempo de elaboração e, sobretudo, na possibilidade de explorar as ferramentas de otimização de recursos e diminuição do impacto ambiental dos seus projetos.

Ernani Maia
Arquiteto, mestre pela Universidade Mackenzie, professor universitário, pesquisador na área de design e arquitetura sustentável e na influência das tecnologias telemáticas na produção arquitetônica. Titular do escritório Maia Arquitetura e diretor do Instituto de Capacitação em Arquitetura e Design (InCAD), Centro de Treinamento Autodesk (ATC).

Sobre a Autora

Arquiteta formada pela Faculdade de Belas Artes de São Paulo, em 1984, é uma das pioneiras no uso da informática em treinamentos para elaboração de projetos.

Iniciou suas atividades numa das primeiras revendedoras Autodesk no Brasil, em 1988. Trabalhou no distribuidor da Autodesk no Brasil, DIGICON, onde foi responsável pelos treinamentos, tanto desenvolvendo materiais como ministrando aulas e suporte às revendas, e treinou mais de 2.000 alunos no início dos anos de 1990.

Em 2010 completa 22 anos de trabalho com AutoCAD e aplicativos da área. Atualmente é consultora independente de CAD para arquitetos. Já foi responsável pela área de arquitetura e decoração em uma revendedora Autodesk, onde implantou com grande êxito sistemas CAD em empresas de arquitetura, engenharia e decoração. Já trabalhou em ATC (Autodesk Trainning Center) como coordenadora de treinamentos e instrutora.

Autora de diversos livros de AutoCAD: Estudo Dirigido de AutoCAD 2010, Estudo Dirigido de AutoCAD 2009, Estudo Dirigido de AutoCAD 2008, Estudo Dirigido de AutoCAD 2007, com várias edições, Estudo Dirigido de AutoCAD 2006, com várias edições, Estudo Dirigido de AutoCAD 2005 para Arquitetura e outro do mesmo título com enfoque em Mecânica (coautora), Estudo Dirigido de AutoCAD 2004 Básico e Avançado e Estudo Dirigido de AutoCAD 2002 com várias edições.

Coautora dos livros Apresentação de Projetos para Arquitetos e Designers, AutoCAD 14 for Windows - Guia Prático, AutoCAD 13 for Windows - Guia Prático, AutoCAD 12 - Guia Prático com mais de sete edições e Trabalhando com AutoCAD LT. Colaboradora do livro Utilizando Totalmente o AutoCAD 2007. Todos lançados pela Editora Érica.

Possui as seguintes certificações Autodesk: AutoCAD 2010 Certified Professional, Certified Instructor e Autodesk Certified Author.

A autora possui um blog no qual informa as novidades da área de CAD, eventos e lançamentos do mercado, entre outras notícias: http://claudiacamposlima.wordpress.com/

Autodesk
Authorised Author

Apresentação

Este livro apresenta os fundamentos básicos do projeto com o Revit, um software que trabalha com o conceito BIM (Building Information Modeling - Modelagem da Informação da Construção). Muito poderoso e avançado, permite unir o projeto e a documentação num só arquivo e integrar com outros softwares, como Revit Structure para projetos estruturais e Revit MEP para instalações hidráulicas e elétricas.

O objetivo é ensinar a projetar com essa nova ferramenta paramétrica que possibilita editar e criar bibliotecas de elementos construtivos, produzindo suas próprias personalizações de projeto.

Os assuntos são complementados com exemplos de cada ferramenta descritos passo a passo. São abordados os elementos construtivos e de geração de vistas em 2D e 3D, apresentação em 3D e criação de folhas de impressão.

Os capítulos têm uma sequência lógica, semelhante à de um projeto real, facilitando o aprendizado. Um iniciante pode acompanhar o conteúdo desde o início, gradualmente, como um guia, assim como um usuário mais experiente pode consultá-lo.

O tutorial inserido no final do livro faz uma revisão geral dos conceitos, por meio do projeto de um edifício do início ao fim, utilizando a maioria das ferramentas estudadas. Ele é dividido em exercícios que seguem a ordem dos assuntos abordados nos capítulos.

Você pode fazer o tutorial como um único exercício após a leitura do livro ou realizar os exercícios ao término de cada capítulo correspondente, para praticar os conceitos.

Os exemplos utilizados e os exercícios do tutorial estão disponíveis no site da Editora Érica para análise e correção.

A autora

Sobre o Material Disponível na Internet

As respostas dos exercícios, alguns exemplos utilizados no livro, arquivos usados para os exercícios, outros de impressão DWF e PDF e de imagens JPG estão disponíveis no site da Editora Érica. É necessário preencher os requisitos de hardware e de software descritos na página 6.

       Exercicios-1.exe - 9.910KB

       Exercicios-2.exe - 13.000KB

       Exercicios-3.exe - 9.050KB

       Exercicios-4.exe - 11.000KB

       Exercicios-5.exe - 13.100KB

       Exercicios-6.exe - 13.200KB

       Exercicios-7.exe - 9.240KB

Procedimento para Download

Acesse o site da Editora Érica Ltda.: www.editoraerica.com.br. A transferência dos arquivos disponíveis pode ser feita de duas formas:

- **Por meio do módulo pesquisa.** Localize o livro desejado, digitando palavras-chave (nome do livro ou do autor). Aparecem os dados do livro e os arquivos para download. Com um clique os arquivos executáveis são transferidos.
- **Por meio do botão "Download".** Na página principal do site, clique no item "Download". É exibido um campo no qual devem ser digitadas palavras-chave (nome do livro ou do autor). Aparecem o nome do livro e os arquivos para download. Com um clique os arquivos executáveis são transferidos.

Procedimento para Descompactação

Primeiro passo: após ter transferido os arquivos, verifique o diretório em que se encontram e dê um duplo clique neles. Aparece uma tela do programa WINZIP SELF-EXTRACTOR que conduz ao processo de descompactação. Abaixo do Unzip To Folder há um campo que indica o destino dos arquivos que serão copiados para o disco rígido do seu computador.

C:\Revit_2011

Segundo passo: prossiga a instalação, clicando no botão Unzip, o qual se encarrega de descompactar os arquivos. Logo abaixo dessa tela aparece a barra de status que monitora o processo para que você acompanhe. Após o término, outra tela de informação surge, indicando que os arquivos foram descompactados com sucesso e estão no diretório criado. Para sair dessa tela, clique no botão OK. Para finalizar o programa WINZIP SELF-EXTRACTOR, clique no botão Close.

Introdução

Neste capítulo vamos estudar os principais fundamentos do Revit, os tipos de arquivo que ele utiliza e gera, os requisitos mínimos de hardware e de software para sua instalação e o conceito de BIM e parametria.

Objetivos

- Aprender o que é necessário para instalar/utilizar o programa
- Reconhecer e saber onde utilizar os arquivos do Revit
- Introduzir o conceito de BIM e parametria

1.1. Conceito de BIM - Uma Breve Introdução

Ao criar o AutoCAD, a Autodesk revolucionou a forma de desenhar. Hoje a produção do desenho é incrivelmente mais rápida e precisa do que há 25 anos. No AutoCAD temos ferramentas de desenho, que permitem criar em 2D ou 3D, representando muitas vezes modelos em 3D na vida real.

O **Revit** é uma ferramenta que traz um novo conceito, o **BIM** (Building Information Modeling), com o qual os edifícios são criados de uma nova maneira. Os arquitetos não estão mais desenhando vistas em 2D de um edifício 3D, mas projetando um edifício em 3D virtualmente. Isso traz uma série de benefícios, tais como:

- Examinar o edifício de qualquer ponto;
- Testar, analisar e quantificar o edifício;
- Verificar interferências entre as várias disciplinas atuantes na construção.

Por se tratar de um modelo virtual, é possível utilizar informações reais para analisar conflitos de projeto, realizar estudo de insolação, uso de energia, entre outras facilidades. Os construtores do projeto têm a facilidade de simular várias opções de construção, economizando material e tempo de obra.

A integração do software de CAD com a tecnologia BIM e softwares de gerenciamento de projeto, tais como Microsoft Project Manager e Primavera, integrados a softwares de simulação de etapas de construção, como o Autodesk Navis Works, permite mais uma facilidade, chamada de 4D. Com a integração desses produtos podemos simular as etapas de construção, entrega de material, visualização em 3D de cada etapa, verificar cronogramas de obra, prever atrasos etc.

Ao projetar um edifício em 3D com o Revit, usamos elementos construtivos como paredes, lajes, vigas, esquadrias, forros, escadas, telhados etc., os quais têm todas as características definidas em suas propriedades, desde as informações geométricas, comportamento em relação a outros elementos construtivos, características do material a ser utilizado para construção e material usado para representação em 3D ao gerar a maquete eletrônica.

Com o modelo gerado em 3D a alteração de qualquer objeto 3D pode ser feita em qualquer vista, e reflete em todas as vistas em que ele seja exibido por tratar-se do mesmo objeto.

O **Revit Architecture** completa a solução BIM junto com o **Revit Structure** (projeto de estrutura) e o **Revit MEP** (projetos de tubulação e elétricos). A interoperabilidade deles garante a solução completa do protótipo digital do edifício.

Concluindo, o conceito de **BIM** (Modelagem da Informação da Construção, se traduzido para o português) reúne a ideia de que as informações para construir um edifício estão no modelo digital criado ao projetar em um software com esse conceito. O modelo eletrônico torna-se então um banco de dados que permite a simulação real de um protótipo da construção verdadeira.

O nome **Revit** vem das palavras em inglês "revise instantly", que significam revise instantaneamente, ou seja, ao desenhar no Revit, as alterações de um objeto se dão instantaneamente em todos os objetos iguais de maneira simultânea e em todas as vistas do desenho em que ele aparece de forma imediata.

1.2. Elementos Paramétricos

Todos os objetos do Revit pertencem a uma família e essas famílias pertencem a categorias. As categorias são os elementos construtivos ou os objetos de anotação do desenho (texto, cotas, símbolos etc.). Ao passarmos o mouse sobre um objeto, isso fica claro porque ele mostra uma etiqueta com a categoria e a família.

Com isso todos os elementos têm uma classificação e podem ter o comportamento controlado por meio dela. Por exemplo, temos elementos construtivos em 3D do projeto, tais como paredes, vigas, telhados, escadas que aparecem em todas as vistas. Desta forma, uma parede desenhada em planta é exibida em todas as vistas, elevações, cortes e vistas 3D, pois ela é um elemento construtivo de um único modelo 3D. Estamos vendo um único modelo; todas as vistas do Revit são maneiras diferentes de olhar para o mesmo edifício. Os elementos 2D de anotação, como cotas, símbolos, texto já se comportam de modo diferente; aparecem somente na vista em que foram criados. Se quiser que apareçam em outras vistas, eles precisam ser copiados.

Alguns elementos 3D do projeto, tais como mobiliário, que não fazem parte da construção, podem aparecer em uma vista em planta e não aparecer em outra, ou seja, podemos desligar o elemento numa vista e ligar em outras. Isso é visto em um capítulo específico para visibilidade dos objetos.

Os elementos construtivos podem aparecer de duas formas; em corte (linha grossa) ou em vista (linha fina), dependendo da vista selecionada.

A Figura 1.1 mostra na primeira coluna algumas categorias dos elementos na aba Model Objects e na aba Annotation Objects ficam os elementos de anotação.

Cada elemento de uma família tem suas propriedades de tipo (**Type Properties**), iguais para todos os tipos do elemento, e propriedades próprias da instância (**Instance Properties**) inserida no projeto. Por exemplo, uma parede tem nas suas características de tipo a espessura de 0.25m, formada de tijolos de 15 e 5cm de massa de cada lado, mas numa inserção no projeto (que seria a instância), ela tem altura de 2.8m, em outra inserção (instância) a altura é de 1.8m e em outra ainda a parede vai até o telhado numa altura variável, mas se trata do mesmo tipo de parede. Isso permite usar o mesmo objeto com comportamento diferente em cada situação do projeto. Trata-se de um elemento paramétrico. Os objetos do Revit são

Visão Geral do Revit

dessa forma, com parâmetros que permitem a criação de variações de um mesmo tipo. Esses parâmetros podem ser alterados a qualquer momento, gerando imediatamente uma atualização do projeto em todas as vistas.

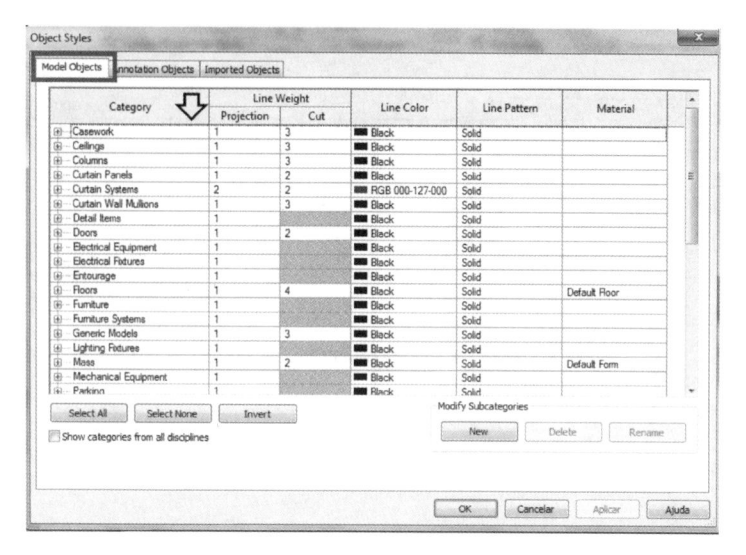

Figura 1.1. Categoria dos objetos.

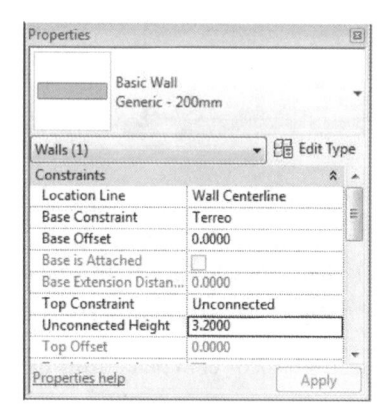

Figura 1.2. Altura da parede de 3.2m.

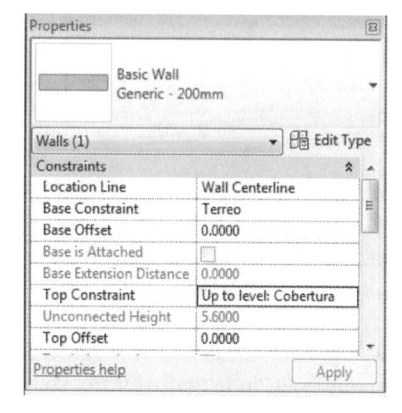

Figura 1.3. Altura da parede até o pavimento da cobertura.

As figuras seguintes mostram uma parede do mesmo tipo (Generic - 200mm) em que o comportamento da altura, Top Constraint, varia. No primeiro caso a altura é de 3.2m e no segundo, a parede sobe até o pavimento da cobertura.

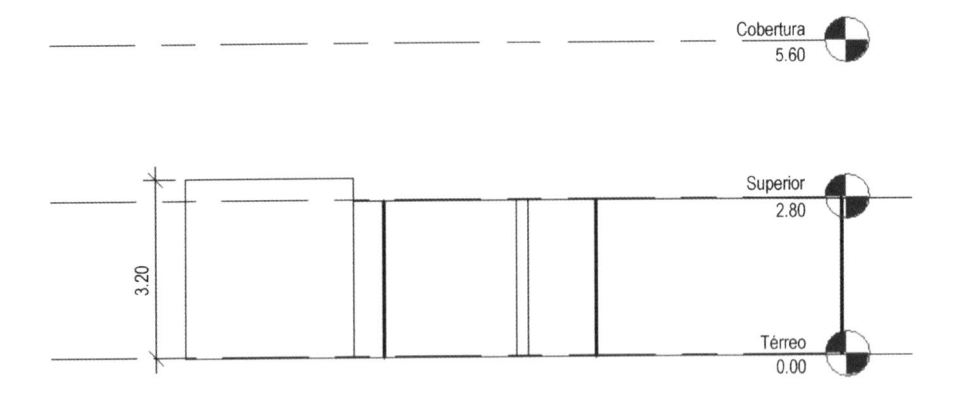

Figura 1.4. Parede com altura de 3.2m.

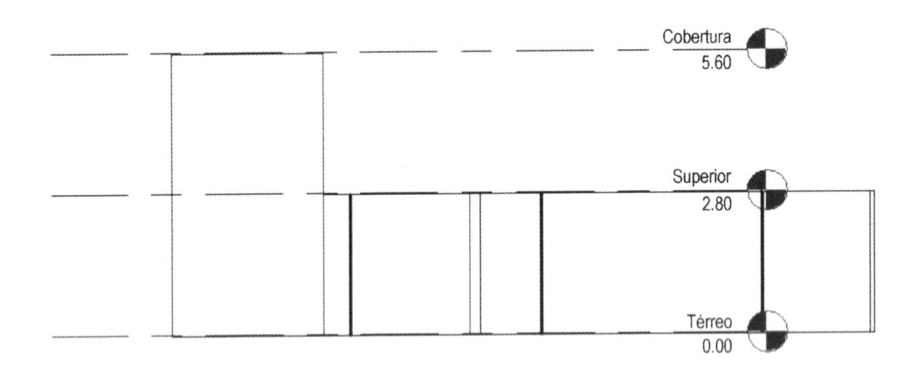

Figura 1.5. Parede com altura vinculada ao pavimento de cobertura.

A parametria é bidirecional no Revit. Por exemplo, se uma parede tem a propriedade de se ajustar ao telhado e ele muda de altura ou de forma, a parede ajusta-se automaticamente às novas condições do telhado. Outro exemplo é a relação da altura dos pavimentos com os objetos, tais como paredes, pilares, pisos. Se a altura de um pavimento muda, esses elementos atualizam-se automaticamente.

A parametria também se aplica a alguns objetos de anotação do desenho, como os tags (etiquetas de códigos de janelas/portas etc.). Se editamos o tag, o objeto se atualiza e vice-versa. Essa tecnologia permite ter um projeto consistente, gerando um protótipo do edifício a ser construído.

1.2.1. Requisitos do Sistema Autodesk Revit Architecture 2011

Requisitos básicos para plataforma de 32 bits

- Microsoft® Windows Vista® 32 bits (SP1), incluindo Ultimate, Business ou Home Premium edition, ou Microsoft® Windows® XP (SP1 ou SP2) Professional ou Home edition*
- Processador Intel® Pentium® 4 1.4GHz ou equivalente AMD®
- 3GB RAM (1GB RAM, se não for usar a renderização)
- 5GB de espaço livre em disco

Visão Geral do Revit

- Monitor de 1280 x 1024 e placa gráfica de 24 bits color
- Windows® Internet Explorer® 6.0 (SP1 ou superior)
- Mouse
- Drive de DVD
- Conexão com a Internet para registro do software

> 🔑 *Importante: O Revit **não** pode ser instalado em máquinas com placas gráficas on-board. Ela deve ter uma placa fora da principal.*

Recomendações para plataforma 32 bits

- Windows XP Professional (SP2 ou superior)*
- Processador Intel® Core™2 Duo 2.4GHz ou equivalente AMD
- 4GB RAM
- 5GB de espaço livre em disco
- Placa de vídeo dedicada com suporte para Microsoft® DirectX® 9 (ou superior)
- Internet Explorer 6.0 (SP1 ou superior)
- Mouse de dois botões com scroll

Requisitos básicos para plataforma de 64 bits

- Windows Vista 64 bits (SP1), incluindo Ultimate, Business ou Home Premium, ou Windows XP Professional (SP1) x64 edition*
- Processador Pentium 4 1.4GHz ou equivalente AMD
- 3GB RAM
- 5GB de espaço livre em disco
- Monitor 1280 x 1024 e placa gráfica de 24 bits color
- Internet Explorer 6.0 (SP1 ou superior)
- Mouse
- Unidade de DVD
- Conexão com a Internet para registro do software

Recomendações para plataforma 64 bits

- Windows XP Professional x64 edition (SP 1 ou superior)
- Processador Intel Core 2 Duo 2.40GHz ou equivalente AMD
- 8GB RAM
- 5GB de espaço livre em disco
- Placa de vídeo dedicada com suporte para Microsoft® DirectX® 9 (ou superior)
- Internet Explorer 6.0 SP1 (ou superior)
- Mouse de dois botões com scroll
- Unidade de DVD

Para certificar-se das placas gráficas suportadas pela Autodesk, acesse o link:

www.autodesk.com

1.2.2. Tipos de Arquivo Utilizados

Ao iniciarmos o trabalho com um software novo, é muito importante conhecer os principais formatos de arquivo que ele permite gerar e importar, pois facilita a troca de informações com outros profissionais e outros softwares.

Os arquivos criados pelo Revit são:

- **RVT**: arquivo do projeto; o principal arquivo do Revit.
- **RFA**: arquivo de família de elementos.
- **RTE**: arquivo de modelo (Template, semelhante ao DWT do AutoCAD).
- **RFT**: arquivo de modelo para famílias.
- **IFC (industry foundation classes)**: arquivo de modelo para análise BIM.

O Revit permite a importação dos seguintes formatos:

- **DWG**: AutoCAD
- **DGN**: Microstation
- **DXF**: CAD em geral
- **SKP**: SketchUp
- **SAT**: arquivo de sólidos ACIS

O Revit possibilita a exportação nos seguintes formatos de arquivos:

- **DWG**: AutoCAD
- **DGN**: Microstation
- **DXF**: CAD em geral
- **SKP**: SketchUp
- **SAT**: arquivo de sólidos ACIS
- **IFC**: arquivo de modelo para análise (BIM)
- **JPG, BMP, PGN, TGA e TIF**: imagens
- **AVI**: arquivo de vídeo
- **FBX**: formato de intercâmbio de modelos em 3D
- **ADSK**: extensão universal para todos os produtos Autodesk
- **gbXML**: formato de exportação para ser lido pelo LEED

1.2.3. Salvamento Automático de Cópias de Segurança

Ao salvar pela primeira vez um arquivo no Revit, é gerado um arquivo com a extensão .RVT. Por exemplo, salvamos com o nome casa_terrea.rvt. Nas próximas vezes em que o arquivo for salvo, ele automaticamente vai gerando cópias de segurança do arquivo, nomeando-as da seguinte forma: casa_terrea.0001.rvt, casa_terrea.0002.rvt, casa_terrea.0003.rvt, casa_terrea.0004.rvt e assim por diante. O arquivo casa_terrea.rvt é mantido e é a última versão do projeto; os outros vão sendo criados por segurança. Desta forma, você sempre terá não somente a última versão salva, mas várias outras que podem ser abertas a qualquer momento sem a necessidade de renomeá-las. Se não quiser manter muitos arquivos, pode apagar as versões mais antigas e manter somente as mais novas para evitar ocupar muito espaço no disco, pois os arquivos de projetos em 3D costumam ficar grandes.

Introdução

Neste capítulo vamos conhecer a interface do Revit e compreender como acessar as ferramentas pelos menus e atalhos de teclado.

Objetivos

- Apresentar a interface
- Aprender como acessar as ferramentas
- Conhecer os atalhos de teclado

Capítulo 2 — Interface

2.1. Interface do Revit

Ao iniciar o **Revit,** temos a opção de iniciar um novo projeto ou abrir um projeto já iniciado por meio da interface seguinte. Também é possível criar uma nova **família** ou abrir uma existente. As **famílias** são as bibliotecas de elementos construtivos estudadas no capítulo 3. Na parte inferior da tela, em Resources, podemos ver as novidades desta versão ou assistir a vídeos para auxiliar no início do trabalho com Revit.

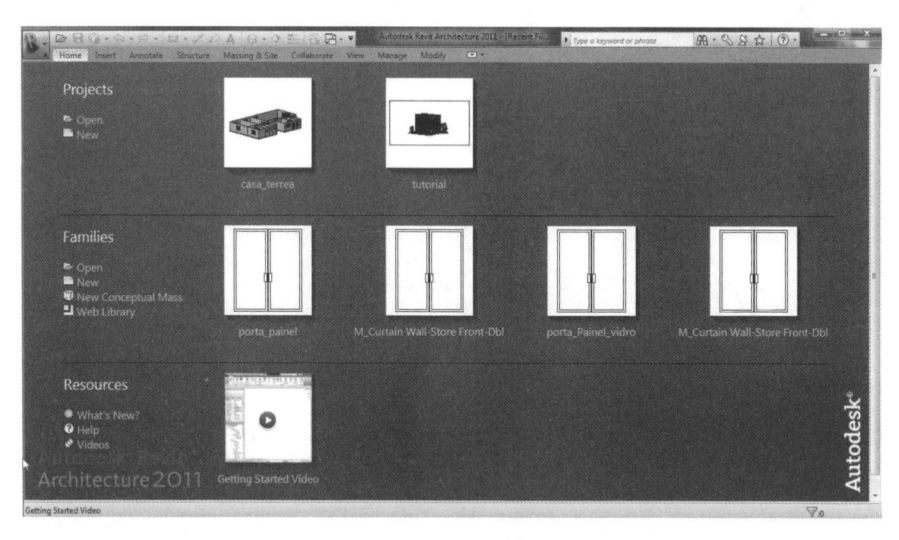

Figura 2.1. Tela inicial do Revit.

Para começar um novo projeto, clique em **Projects >New**. Em seguida surge a tela da Figura 2.2. A tela do **Revit** tem basicamente as seguintes áreas:

- **Ribbon**: faixa na qual ficam as ferramentas agrupadas por contexto; muda conforme a aba selecionada.
- **Barra de opções**: controla as variáveis e opções de cada ferramenta conforme ela é selecionada nos botões da Ribbon.

- **Project Browser**: navegador de projeto no qual ficam todas as vistas, pavimentos, folhas, cortes, detalhes do projeto.
- **Área gráfica**: área de desenho.
- **Menu de aplicação**: possui comandos para salvar, abrir arquivos, imprimir etc.
- **Barra de acesso rápido**: comandos mais utilizados como abrir, salvar, imprimir, U e Redo (padrão Windows).
- **Barra de controle de vistas**: controla a maneira como os objetos são exibidos (linhas, shade, acabamento).
- **Barra de Status**: ao entrar numa ferramenta, nessa barra surgem dicas de uso do comando. Semelhante à linha de comandos do AutoCAD. No lado direito, no ícone do filtro, fica o filtro de seleção de objetos.

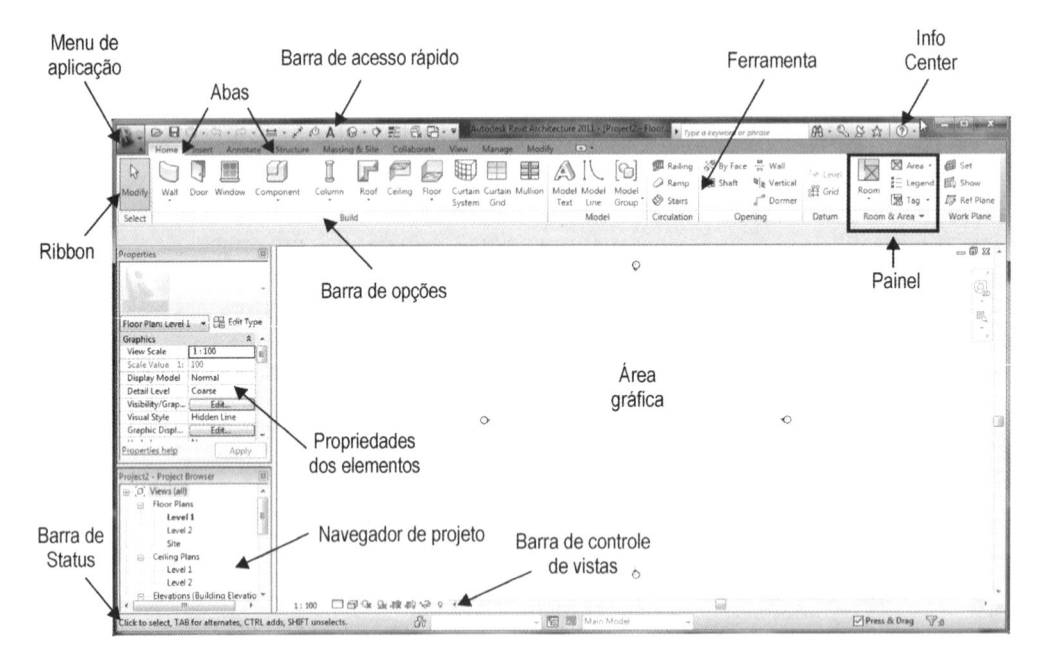

Figura 2.2. Tela inicial de um novo projeto.

2.1.1. Ribbon

A faixa na qual estão as ferramentas do Revit possui abas que reúnem as ferramentas agrupadas por contexto. Acompanhe o conteúdo de cada aba na tabela a seguir.

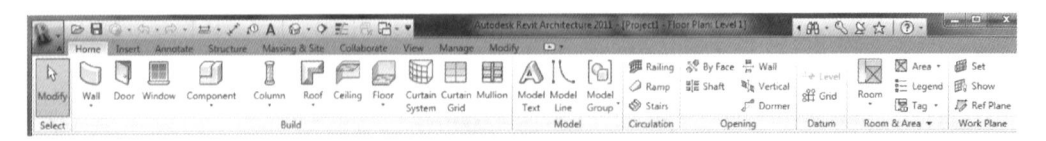

Figura 2.3. Ribbon.

Abas	Conteúdo
Home	Inclui os comandos principais de inserção de elementos construtivos, tais como paredes, portas janelas, escadas, rampas, vigas, suportes, grid, cálculo de área.
Insert	Inclui comandos de importação de arquivos e links com outros softwares, carregamento de famílias e procura de conteúdo online.
Annotate	Inclui comandos de dimensionamento, detalhamento, texto e anotações.
Structure	Inclui todas as ferramentas de estrutura, tais como vigas, pilares, fundações.
Massing & Site	Inclui comandos para estudos de massa e volume e criação e modificação de terrenos
Collaborate	Inclui ferramentas de compartilhamento de arquivos com equipes de trabalho, gerenciamento e coordenação de trabalho.
View	Inclui ferramentas de controle da aparência gráfica dos objetos, criação de vistas e adição de folhas. Também inclui ferramentas de controle da interface e barras de ferramentas.
Manage	Inclui ferramentas de parâmetros de projeto, localização de projetos e macros. Também inclui opções para gerenciamento de projetos e desenhos.
Modify	Inclui comandos de edição de objetos, desenho e faces. Também inclui comandos de copiar e colar, ferramentas de pesquisa.

2.1.2. Project Browser

Chamado de Navegador de Projeto, ele guarda todas as vistas do Revit. Ao iniciar um projeto, o navegador já traz algumas das principais vistas do projeto, tais como **Floor Plans** (plantas de piso), **Ceiling Plans** (plantas de forro), **Elevations** (elevações), entre outras. Ao criarmos um pavimento novo ou uma vista nova, como um corte, a vista já entra no **Project Browser** no campo correspondente. Por exemplo, o corte vai para o item **Sections**, um pavimento para o item **Floor Plans** e assim por diante. As vistas básicas já iniciadas com o projeto podem ser renomeadas clicando no botão direito do mouse e selecionando **Rename**. Desta forma temos uma hierarquia lógica para todas as vistas do projeto, pavimentos, cortes, detalhes, tabelas, folhas de impressão, vistas 3D etc.

A todo momento acessamos o **Project Browser** para trocar a vista ativa, dependendo do que estiver sendo desenhado. Podemos ter mais de uma vista ativa na tela. Isso é estudado no capítulo 7.

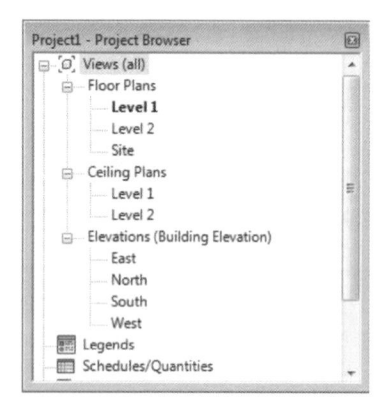

Figura 2.4. Project Browser - navegador de projeto.

2.1.3. Barra de Acesso Rápido

Semelhante a outros aplicativos Windows, ela reúne os comandos para abrir, iniciar e imprimir arquivos, Figura 2.5. Pode ser customizada de acordo com as necessidades do usuário, Figura 2.6.

Figura 2.5. Barra de acesso rápido - Quick Acess Toolbar.

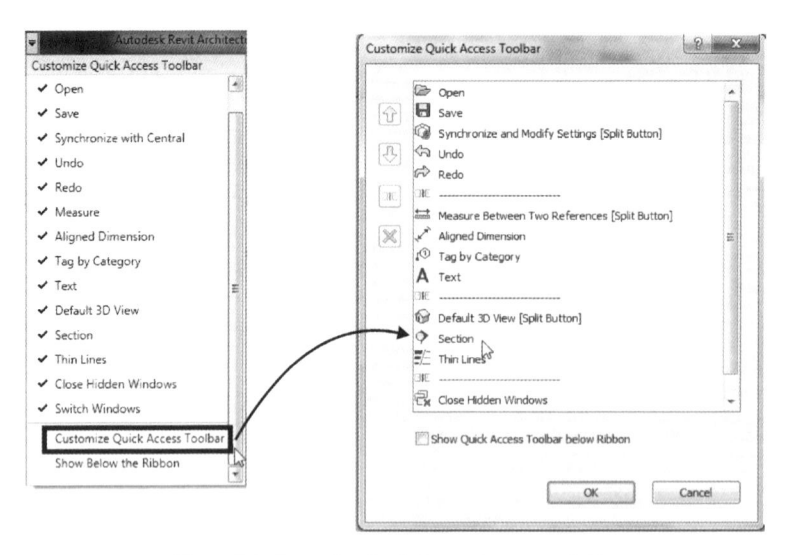

Figura 2.6. Customização da barra de acesso rápido.

2.1.4. Barra de Opções

A figura seguinte mostra em destaque a barra de opções da ferramenta Wall. A cada ferramenta selecionada as opções dessa barra se modificam, mostrando formas de utilizar uma ferramenta, caixa com campos para definir medidas, botões liga/desliga para habilitar ou não um modo de desenho.

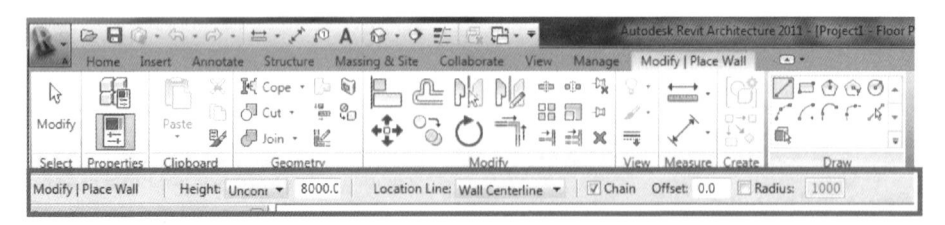

Figura 2.7. Barra de opções da ferramenta Wall - parede.

2.1.5. Barra de Controle de Vistas e Barra de Status e Escala

Na parte inferior da tela está a **Barra de Status** mostrada na figura seguinte, que orienta o uso da ferramenta selecionada. É muito parecida com a linha de comandos do AutoCAD. A cada ferramenta selecionada ela orienta no que clicar, o que selecionar ou digitar.

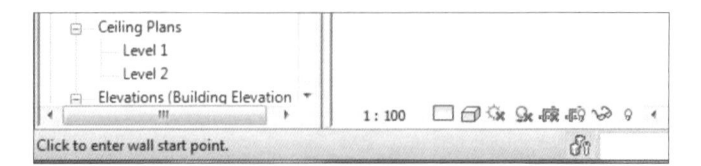

Figura 2.8. Barra de status, botão de escala e barra de visualização de objetos.

Do lado da **Barra de Status** temos o **Botão de Escala** com o qual devemos selecionar a escala a ser exibida na tela, que pode ser alterada a qualquer momento, mudando a exibição dos objetos na tela de acordo com a escolha feita. No Revit desenhamos com as medidas em escala real, mas o desenho já é exibido numa escala na tela. A escala definida na vista será a mesma de impressão da vista, portanto você pode trabalhar visualizando o desenho em qualquer escala e no momento de preparar a vista para impressão (capítulo 15), mudar a escala.

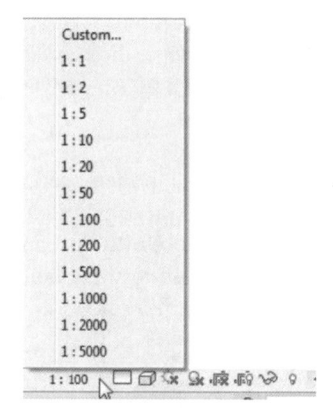

Figura 2.9. Botão de escala.

Ao lado do Botão de Escala estão os botões que definem a forma como o desenho aparece na tela. As formas de visualização do desenho são descritas em detalhes no capítulo 7.

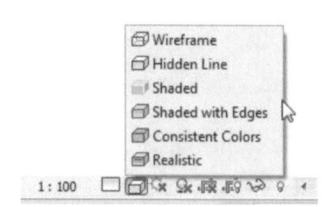

Figura 2.10. Barra de visualização de objetos.

No canto direito da tela está o filtro de seleção de objetos. Sua função é filtrar objetos quando há muitos na tela. Selecionamos tudo e acionamos o filtro para retirar os objetos que não interessam. Mais detalhes encontram-se no capítulo 5, item 2.

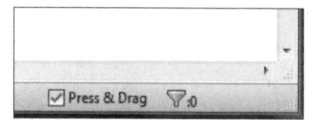

Figura 2.11. Filtro de seleção de objetos.

2.1.6. Área Gráfica

Na área gráfica existem quatro ícones de "olhos" que representam as quatro vistas ortogonais do projeto. Ao clicar neles, a elevação correspondente é aberta.

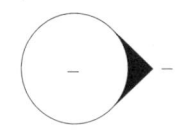

Figura 2.12. Ícone da área gráfica.

2.2. Guia para Melhor Entendimento da Interface

Ao pousar o cursor sobre uma ferramenta na tela, surge uma breve explicação do comando numa pequena etiqueta temporária, a **ToolTip**. como mostra a figura seguinte.

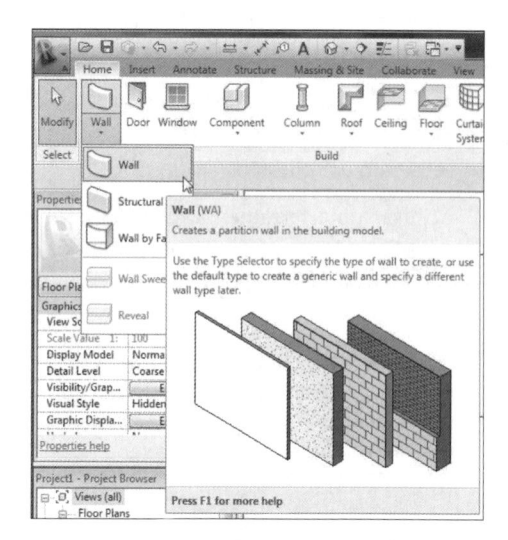

Figura 2.13. Tooltip exibida ao colocar o cursor sobre uma ferramenta.

Com o controle da aparência da explicação do comando pelo comando **Options** podemos aumentar o nível da explicação para **Minimal**, **Normal**, **High** ou desabilitar com **None**.

1. A janela **Options** é acessada pelo **Menu de Aplicação**. Em seguida clique no botão **Options** para acessar as alternativas da janela de diálogo Options.

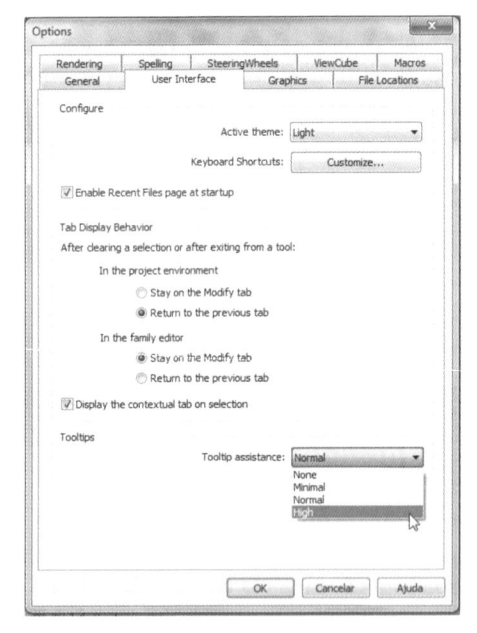

Figura 2.14. Janela Options para controle do nível de explicação nas Tooltips.

2. Ao pressionar F1, quando a tela de explicação estiver aberta, o **HELP** já entra no comando em questão.

3. Ao usar uma ferramenta, quando nenhuma ação estiver em curso, os comandos de **edição** ficam ativos por padrão.

> **Importante:** Para finalizar uma ferramenta ou comando pressione ESC duas vezes a fim de sair da ferramenta e entrar no modo de edição.

4. Use a barra de opções (**Options Bar**) para selecionar parâmetros específicos do comando, tais como altura da parede. Essa forma é mais eficiente do que inserir a parede e depois editar sua altura.

5. Esconda o Navegador de Projeto (**Project Browser**) ao trabalhar com desenhos muito grandes e expanda a janela de trabalho para visualizar melhor o projeto. A **Ribbon** também pode ser escondida pelo botão no final dos nomes das abas para aumentar a tela gráfica.

> **Importante:** Leia as dicas exibidas na barra de status ao acessar os comandos e as ferramentas.

6. Alguns comandos podem ser acessados por atalhos de teclado; por exemplo, UN aciona o comando **Units**. A seguir veja os outros atalhos possíveis nas tabelas agrupadas por tipos de ferramentas.

Arquivos	
Comando	Atalho
Open	CTRL + O
Save	CTRL + S
Print	CTRL + P
Undo	CTRL + Z
Redo	CTRL + Y
Editing Requests	ER
Reload Latest	RL
Help	F1

Edição	
Comando	Atalho
Undo	CTRL + O
Redo	CTRL + S
Cut	CTRL + P
Copy to Clipboard	CTRL + C
Paste	CTRL + V

Interface

Edição	
Comando	**Atalho**
Modify	MD
Select All Instances	SA
Move	MV
Copy	CO
Rotate	RO
Array	AR
Mirror	MM
Scale	RE
Delete	DE
Properties	PR

Visualização	
Comando	**Atalho**
View Properties	VP
Zoom in Region	ZR
Visibility/Graphics	VG
Zoom Out	ZO
Zoom to Fit	ZF
Zoom Extends	ZE
Zoom Sheet Size	ZS
Zoom Previous	ZP
Hide Element	HH
Isolate Element	HI
Hide Category	HC
Isolate Category	IC
Reset Temporary Hide	HR
Hide in View/Elements	EH
Hide in View/Category	VH
Unhide in View/Elements	EU
Unhide in View/Category	VU
Wireframe	WF
Hidden Line	HL
Shading with Edges	SD
Thin Lines	TL
Refresh	F5
Steering Wheel	F8
Cascade Windows	WC
Tile Windows	WT
Rendering	RR

Construção	
Comando	**Atalho**
Wall	WA
Door	DR
Window	WN
Component	CM
Detail Lines	DL

Geral	
Comando	**Atalho**
Encerrar uma ação	ESC
Sair de um comando	ESC
Limpar as cotas temporárias	ESC
Project Units	UN
Sun and Shadow Settings	SU

Anotação e desenho	
Comando	**Atalho**
Dimension	DI
Text	TX
Grid	GR
Level	LL
Reference Plane	RP
Room	RM
Room Tag	RT
Detail Lines	DL

Outras ferramentas de edição	
Comando	**Atalho**
Spelling	F7
Match	MA
Linework	LW
Paint	PT
Split Face	SF
Align	AL
Split Walls and Lines	SL
Trim/Extend	TR
Offset	OF

Seleção de objetos	
Comando	Atalho
Adicionar a seleção	CTRL
Remover da seleção	SHIFT
Alternar a seleção de objetos muito próximos	TAB
No dimensionamento destaca a face ou linha de centro de parede	TAB
Alterna entre uma curtain wall e um glazed panel em vista plana	TAB
Seleciona todas as linhas na janela de diálogo Workset	CTRL + A

Object Snaps	
Comando	Atalho
Desliga Snaps de objeto	SO
Intersection	SI
Endpoint	SE
Midpoint	SM
Center	SC
Nearest	SN
Perpendicular	SP
Tangent	ST
Work Plane Grid	SW
Quadrant	SQ
Points	SX
Remote objects	SR
Close	SZ

Grupos	
Comando	Atalho
Create Group	GP
Edit Group	EG
Ungroup	UG
Link Group	LG
Exclude Member	EX
Restore Excluded Member	RB
Restore All	RA
Add to Group	AP
Remove from Group	RG
Attach Detail	AD
Group Properties	PG
Finish Group	FG
Cancel Group	CG
Pin Position	PP

Introdução

Como vimos na introdução do BIM, no capítulo 1, nesse conceito trabalhamos com objetos em vez de entidades geométricas para representar um edifício. Os objetos que contêm todas as informações específicas dele são elementos da construção, organizados segundo **elementos** e **famílias**.

Por exemplo, para inserir uma parede no projeto, simplesmente escolhemos um tipo de parede de uma lista previamente criada e marcamos o ponto de inserção no projeto. Não desenhamos a parede. Isso significa que criamos um modelo num software de modelagem, não desenhando a parede. Depois de inserir a parede, podemos escolher uma porta para ela. Ao colocar a porta escolhida, em uma lista marcamos somente o ponto de inserção dela. O software cria uma abertura na parede e insere a porta com todos os seus componentes; folha, batentes, guarnições, fechadura etc. Não desenhamos nenhum desses componentes da porta nem precisamos fazer a abertura na parede para que a porta seja inserida, pois o software se encarrega disso. Se movermos a porta, a abertura se move e em **todas** as vistas do projeto a porta se move e a abertura se atualiza.

Não criamos somente uma geometria, mas sim objetos inteligentes que se interligam e têm características próprias e formas de se relacionar. Desta forma, trabalhamos e modificamos objetos com propriedades paramétricas que podem ser alteradas em vez de entidades geométricas, como linhas, círculos, arcos etc.

Após introduzir o conceito de BIM, vamos ver como acontece no Revit e como ele pode ajudar a melhorar a maneira de criarmos os projetos de arquitetura. Durante o processo de trabalho com o Revit e ao longo da leitura você ficará aos poucos mais familiarizado com esse novo conceito. Este capítulo mostra como se organizam os **elementos**, as **famílias** e os **tipos** no programa.

Objetivos

- Distinguir os elementos do projeto
- Entender o conceito de famílias e tipos
- Apresentar os três tipos de família

3.1. Elementos - Elements

Todos os objetos do Revit usados para criar a representação do modelo são conhecidos como **elementos**, sendo de quatro tipos básicos: **Model Elements** - elementos construtivos do modelo, **Datum Elements** - usados como referência na construção do modelo, tais como Grids e níveis, **View Elements** - são as vistas do projeto em planta, corte, 3D e demais e **Annotation Elements** - textos, cotas e tags. Esses **elementos** são divididos da seguinte forma:

- **Model Elements**: são todos os objetos construtivos do projeto. Os elementos de um projeto possuem duas categorias, sendo **Host** e **Component**. Os **Host Elements** são os itens da construção que normalmente são construídos na obra, tais como paredes, telhados etc., e os **Component Elements** são manufaturados por fora e instalados na obra já construída, como portas, janelas, mobiliário. Neste caso a parede é o **Host** (hospedeiro) e a porta é um **Component** instalado num **Host**. Os **Components** SEMPRE são inseridos num **Host** e podem ser transferidos para outro **Host (Rehost)**.

Elemento	Descrição
Host	Elementos como paredes, pisos, telhados e forros que formam a base de uma construção. Os elementos HOST podem conter outros inseridos neles. (System)
Component	Elementos como janelas, portas, mobiliário, pilares são os inseridos em paredes ou livres no projeto. (.RFA)

A janela de diálogo **Object Styles** mostra todos os **Model Elements**. Ela é acessada pela Ribbon na aba **Manage>Settings>Object Style**.

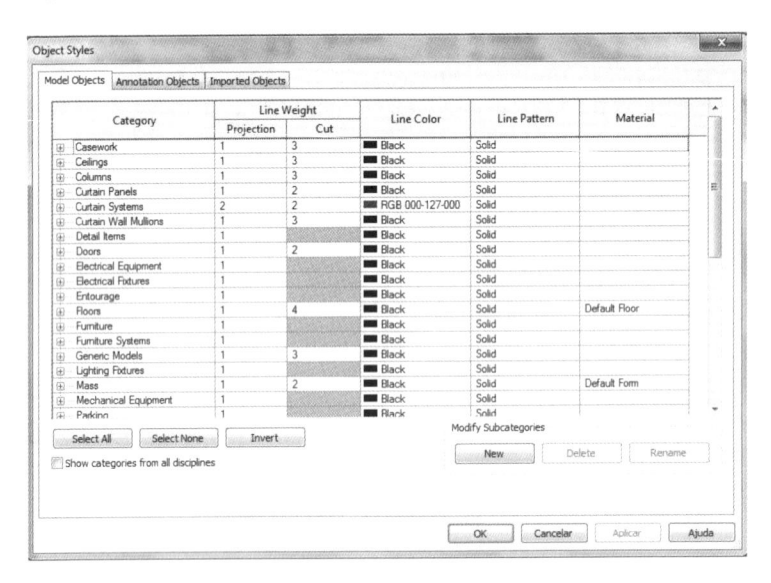

Figura 3.1. Janela de diálogo Object Styles.

- **Annotation Element**: são os elementos usados para as anotações do projeto, tais como textos, cotas, linhas de chamada etc. Dividem-se ainda em:

Elemento	Descrição
Annotation	São os elementos de anotação, tais como texto, cotas. Eles são específicos de cada vista. Isso significa que uma cota criada em uma vista aparece somente na vista em que foi criada. (View Specific)
Datum	São do tipo Grid, Level, que são elementos de referência no desenho, mas considerados anotações.

Elementos e Famílias do Revit

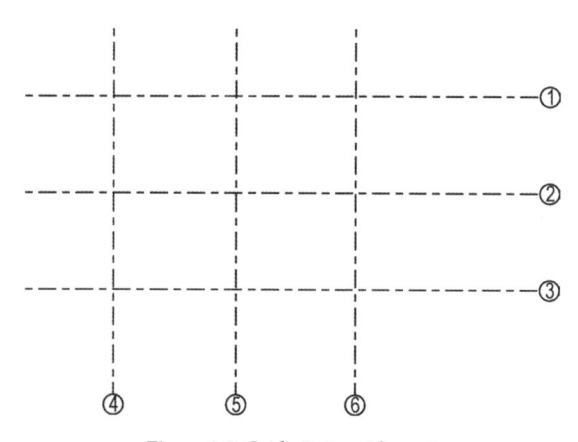

Figura 3.2. Grid - Datum Element.

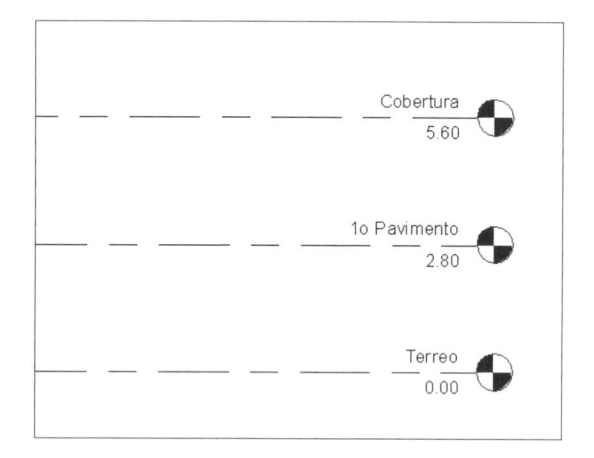

Figura 3.3. Level - Datum Element.

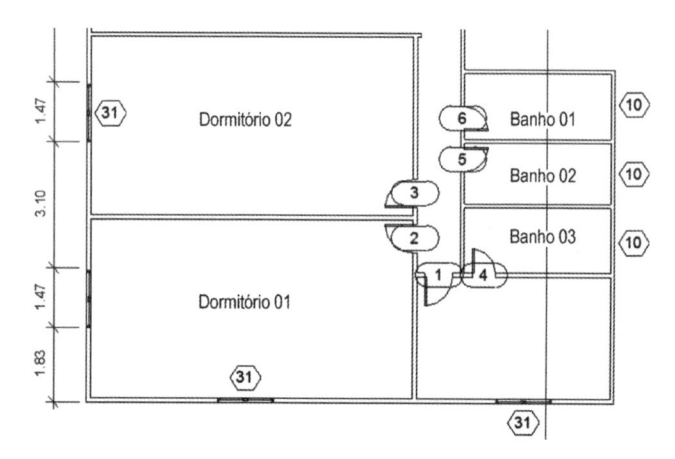

Figura 3.4. Cotas/Texto/Tags - Annotation Element.

- **View Element**: são todas as vistas do desenho que também são consideradas **elementos**. Por exemplo, plantas, cortes, vistas 3D, tabelas são acessados pelo **Project Browser**.

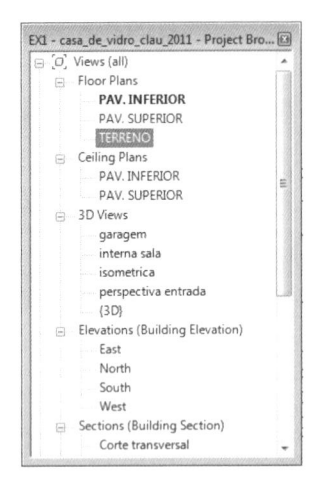

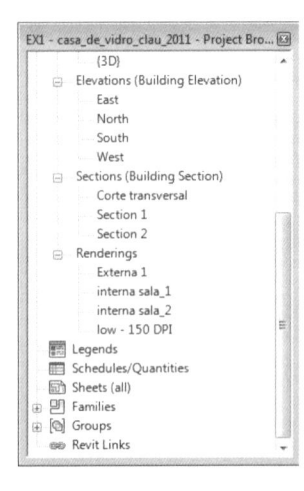

Figura 3.5. Project Browser - Navegador de Projeto.

A figura seguinte mostra o esquema dos elementos e como eles se dividem em categorias.

Elementos do REVIT

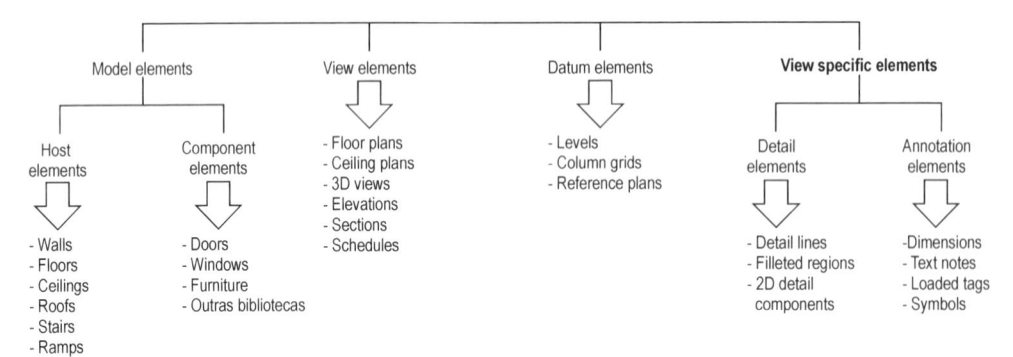

Model elements
- Host elements
  - Walls
  - Floors
  - Ceilings
  - Roofs
  - Stairs
  - Ramps
- Component elements
  - Doors
  - Windows
  - Furniture
  - Outras bibliotecas

View elements
- Floor plans
- Ceiling plans
- 3D views
- Elevations
- Sections
- Schedules

Datum elements
- Levels
- Column grids
- Reference plans

View specific elements
- Detail elements
  - Detail lines
  - Filleted regions
  - 2D detail components
- Annotation elements
  - Dimensions
  - Text notes
  - Loaded tags
  - Symbols

3.2. Famílias - Families

Todos os elementos do Revit pertencem a uma **família**. As famílias reúnem objetos do mesmo tipo com parâmetros e comportamentos que podem ser iguais ou diferentes. Elas facilitam muito a organização do projeto e a criação do modelo. Existem famílias para paredes, portas, janelas, telhados, elementos anotativos, mobiliário etc.

Por exemplo, uma edificação possui diferentes tipos de janela; de correr e fixas. Criamos uma família de janelas de correr e outra de janelas fixas e nas famílias há diferentes tipos de janelas de correr e fixas. Com isso temos uma biblioteca customizada de acordo com as necessidades de cada obra ou escritório, gerando mais coerência entre os projetos e produtividade.

Elementos e Famílias do Revit

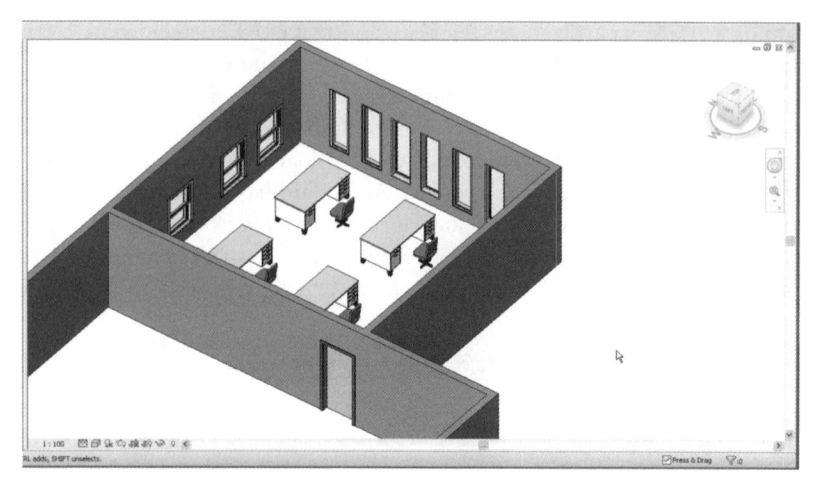

Figura 3.6. Exemplo de objetos de famílias - paredes, mesas, cadeiras.

As famílias podem ser criadas e modificadas sem a necessidade de programação adicional.

Desta forma, podemos ter todos os elementos construtivos definidos com seus parâmetros geométricos básicos que podem ser modificados a qualquer momento, mesmo depois do elemento inserido, e o desenho se altera sem a necessidade de apagar e inserir o elemento novamente. O programa já traz várias famílias de objetos que podem ser alterados ou permitem criar outros a partir deles. Ao instalar o Revit, são instaladas algumas famílias de todos os tipos de objetos do projeto, tais como paredes, vigas, lajes, telhados, janelas, portas, mobiliário, luminárias etc.

O exemplo da Figura 3.6 mostrou um modelo criado com elementos que vêm disponíveis no Revit, tais como como paredes, portas, janelas, mesa e cadeira de escritório.

A compreensão da manipulação das famílias é uma condição para o perfeito trabalho com o Revit, visto que toda organização e produtividade dependem do correto uso e customização das famílias.

As famílias são divididas em três tipos, sendo **System**, **RFA** e **In-Place**, dependendo do elemento. O desenho da Figura 3.7 exemplifica como o arquivo do projeto .RVT contém as famílias System e In-Place e RFA.

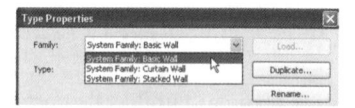

Figura 3.7. Esquema das famílias em um arquivo.

- **System**: são as famílias que vêm instaladas no programa e não podem ser editadas pelo usuário nem apagadas. Podem ter elementos **Model** ou **Annotation**. Por exemplo, as paredes são famílias **System**, portanto não é possível editá-las, mas se você quer um tipo de parede que não está na lista, pode criar a partir da duplicação dela. Alguns exemplos de família System são Walls, Roofs, Floors, Ceilings.

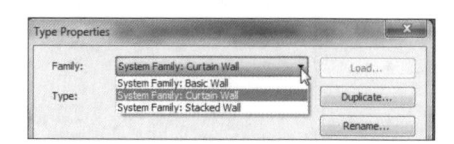

Figura 3.8. Famílias do tipo System.

- **RFA**: a família é criada a partir de um template do Revit (RFT) específico para criação de cada tipo de família. O programa tem um editor de famílias que usa templates predefinidos para criação de objetos. A família criada fica num arquivo externo, por exemplo, PORTA.RFA, que pode ser carregado em qualquer projeto. Um exemplo é a família de mobiliário específico de um fabricante que pode ser fornecida por ele via download na web ou comercializada. A Figura 3.9 mostra arquivos de templates para construção de famílias, as quais também são chamadas de **Component Families**. Como vimos anteriormente, todos os elementos do projeto que são manufaturados fora e instalados no edifício são considerados **Components**, tais como portas, janelas, móveis, painéis de vidro (curtain walls). Existem algumas exceções a essa regra.

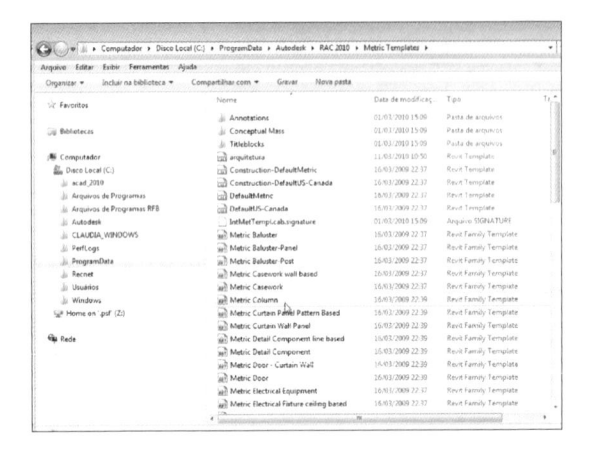

Figura 3.9. Relação de templates (RFT) para criação de famílias.

Somente algumas famílias de portas vêm carregadas no projeto. Caso você queira utilizar outro tipo, deve carregar outra família que contenha a porta ou criar uma a partir de um template (arquivo RFT) de portas. A Figura 3.10 mostra a pasta das famílias do sistema métrico disponíveis no Revit, que as instala tanto no sistema imperial como no sistema métrico.

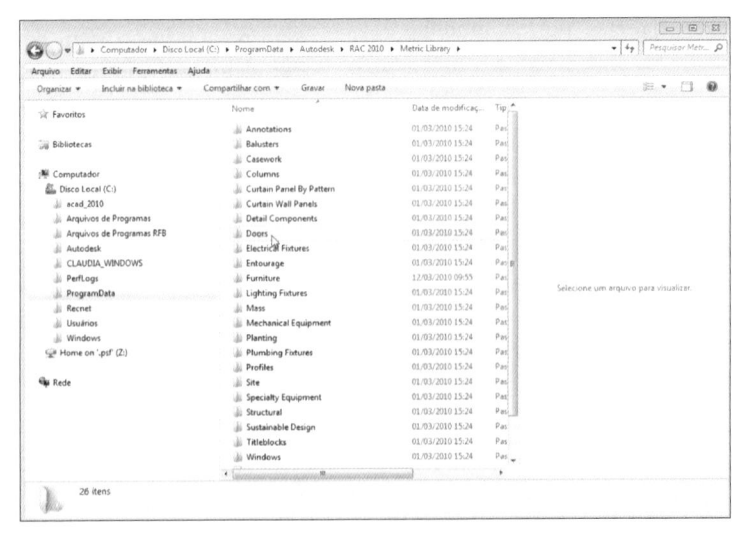

Figura 3.10. Relação de famílias instaladas com o Revit.

Elementos e Famílias do Revit

Ao selecionar a pasta Doors, temos todas as famílias de portas para selecionar e carregar no projeto. Cada família possui um tipo de porta com parâmetros específicos que podem ser modificados.

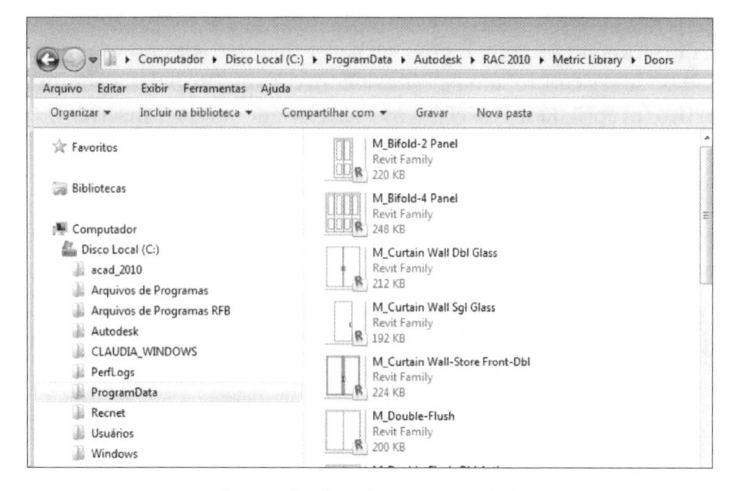

Figura 3.11. Algumas famílias de portas instaladas com o Revit.

A Figura 3.12 mostra duas famílias carregadas no projeto e seus vários tipos.

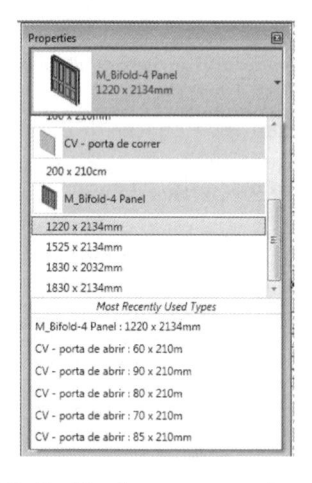

Figura 3.12. Famílias de portas carregadas no projeto.

- **In-Place**: famílias criadas diretamente no arquivo do projeto, não em um arquivo separado como o RFA; não podem ser exportadas diretamente para outro projeto. Uma família desse tipo só deve ser criada para uso específico de um projeto particular e nunca ser reutilizada em outro projeto. Se o objetivo for utilizar várias vezes o mesmo elemento, ele deve ser criado numa família do tipo **Component** com o editor de famílias e inserido no projeto.

3.2.1. Propriedades das Famílias

Numa família há vários objetos da mesma categoria, por exemplo, paredes. Cada família de paredes tem uma lista de diversos tipos de parede; por exemplo, com várias espessuras diferentes, cada uma delas é um tipo. Existem parâmetros que valem para todas as paredes de um mesmo tipo e outros específicos de uma inserida no projeto. É possível haver duas paredes do mesmo tipo com alturas e base diferentes. Isso pode ser controlado pelo Revit com o **Type Properties** (propriedades do tipo) e o **Instance Properties** (propriedades do elemento selecionado ou a ser inserido).

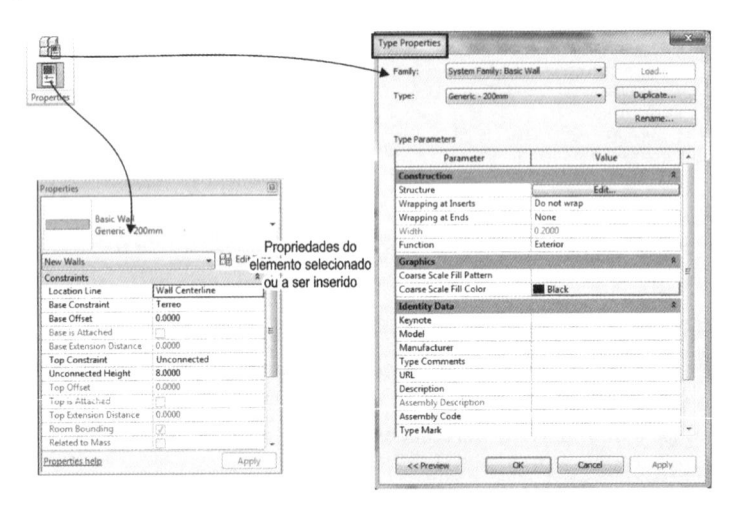

Figura 3.13. Propriedades do tipo e do elemento selecionados.

- **Type Properties**: define os parâmetros e a criação de estilos de paredes. Essas propriedades são definidas para todas as paredes de um mesmo tipo. São aparência, estrutura e tamanho. A Figura 3.14 mostra um exemplo de **Type Properties** de uma parede de 15cm. Ao acessar essa opção, surge a janela de diálogo a seguir na qual estão os parâmetros da parede selecionada no campo **Element Type**, os quais são comuns a todas as paredes do mesmo tipo em um projeto. Ao modificar um parâmetro no **Type Properties**, a alteração se dá em todas as paredes desse tipo no projeto. Por exemplo, se a espessura do acabamento de uma parede for alterado, todas as paredes com o mesmo tipo no projeto são modificadas.

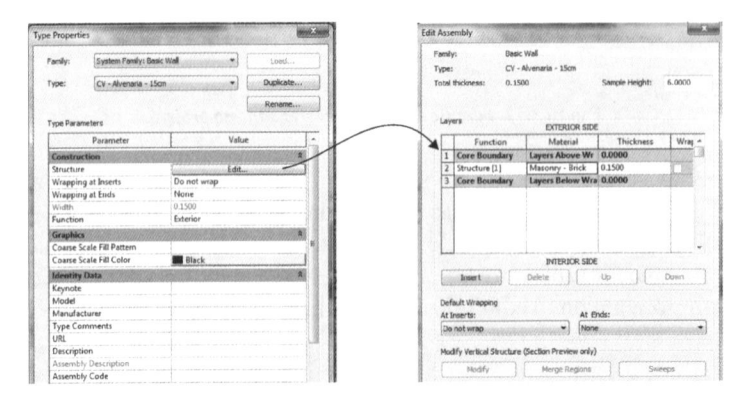

Figura 3.14. Type Properties - propriedades do tipo.

Elementos e Famílias do Revit

- **Instance Properties**: define os parâmetros específicos de uma parede inserida no modelo. Neste exemplo existe um mesmo tipo de parede, **Generic 300mm**, que na primeira figura tem altura fixa de 2.8m e na segunda a altura já é definida como **Up to Level:Cobertura**, ou seja, vai até a altura do pavimento cobertura. Se a altura desse pavimento for alterada, a altura da parede altera-se automaticamente. Por isso, esta é uma propriedade de instância, isto é, de um objeto selecionado no modelo. Outras paredes do mesmo tipo podem ter alturas diferentes, mas todas com 300mm e as mesmas características de acabamento, estrutura, representação no projeto etc.

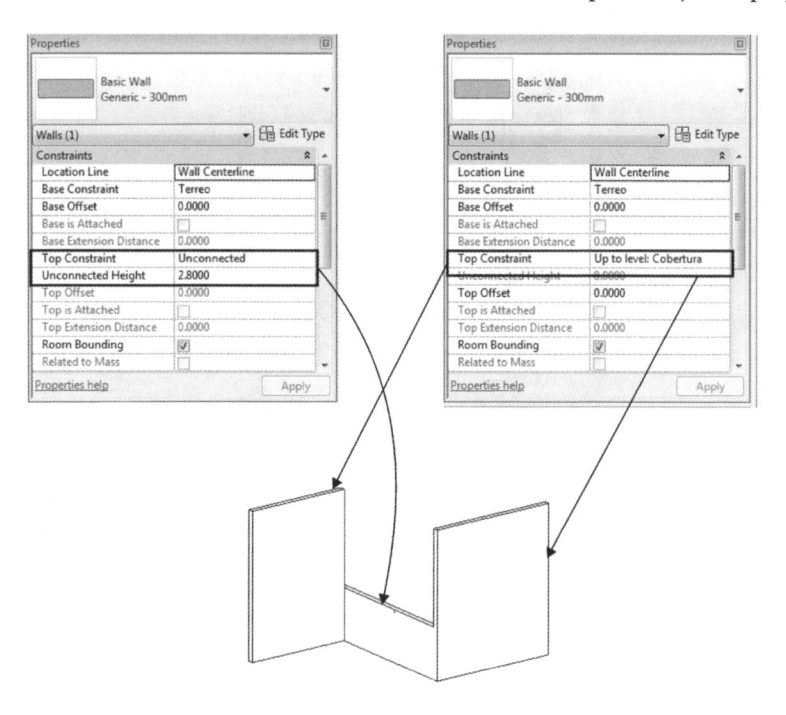

Figura 3.15. Instance Properties - propriedades de instância.

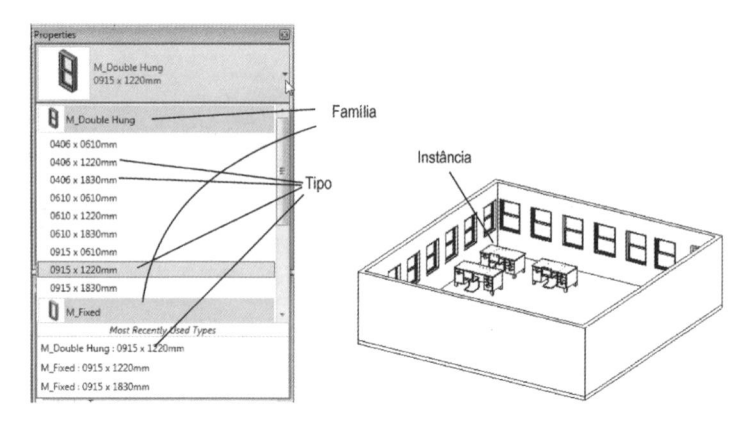

Figura 3.16. Exemplo de família/tipo/instância.

As famílias de cada categoria serão estudadas novamente nos capítulos correspondentes do livro. Veremos como criar outros tipos de parede, portas e outros elementos.

Procure familiarizar-se com as famílias instaladas no Revit automaticamente e com outras instaladas ou criadas em cada escritório. Desta forma você vai poder utilizar elementos já criados, evitando a criação de objetos já definidos.

Cada elemento pode ser visualizado na tela de explicação do comando, assim é possível verificar o tipo e a família do elemento enquanto estiver trabalhando.

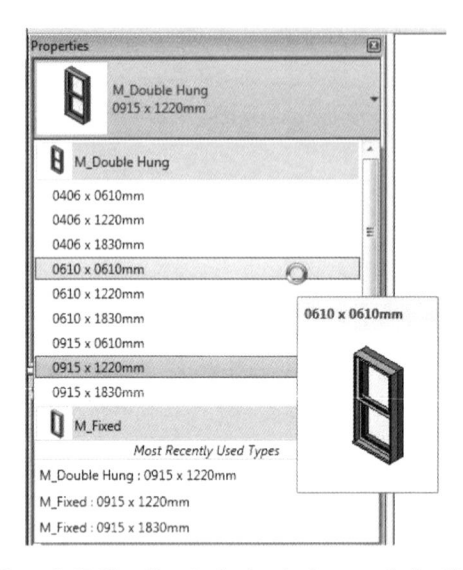

Figura 3.17. Visualização do tipo de elemento da família.

Introdução

Este capítulo explica como iniciar um projeto, as configurações iniciais, os ajustes de unidades, uso de templates predefinidos, criação de pavimentos e grids de referência.

Objetivos

- Usar templates para iniciar um projeto
- Definir unidades de trabalho
- Criar pavimentos
- Criar Grids de referência
- Importar uma planta 2D do AutoCAD

Capítulo 4

Início do Projeto

4.1. Configurações Iniciais

As configurações iniciais de um projeto envolvem muitos itens e decisões que requerem cuidado. Os programas de projeto e desenho em geral trazem pré-configurações iniciais que podem ser úteis para a maioria dos usuários, mas não podem satisfazer a todos. Cada empresa tem padrões que facilitam o trabalho da equipe, os quais em geral cobrem quase todo o processo de projeto e desenho dos escritórios.

Num projeto no Revit é preciso definir pavimentos, unidades, vistas, famílias, entre outras configurações que permitem ter o mesmo ponto de partida para todos os outros projetos. A seguir aprenda como fazer essas configurações.

4.1.1. New - Início de um Novo Projeto

Ao entrar no Revit, surge a tela seguinte em que podemos abrir um arquivo de projeto já existente ou iniciar um novo. Vamos clicar em **New** para iniciar um novo projeto.

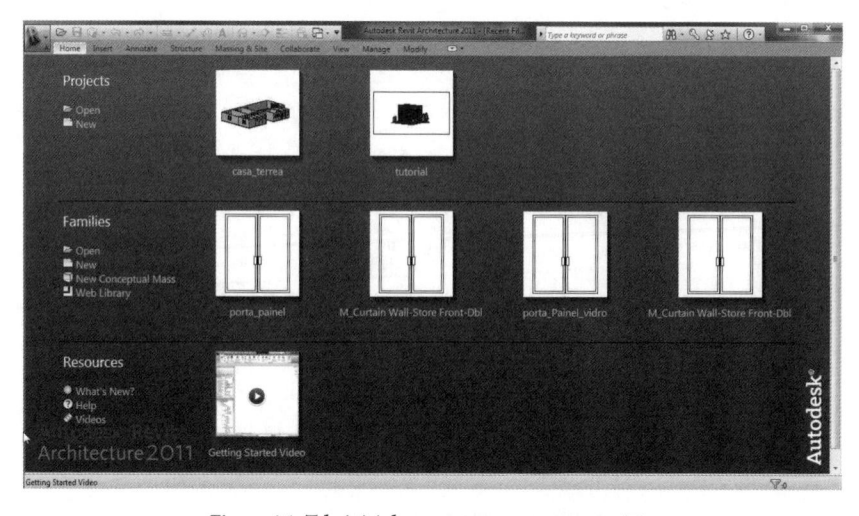

Figura 4.1. Tela inicial para começar um novo projeto, abrir um arquivo existente ou trabalhar com famílias.

Ao clicar em **New**, iniciamos um novo arquivo que utiliza um template de configurações básicas predefinido no comando **Options**. O Revit possui dois templates básicos; um com configurações básicas no sistema imperial (pés e polegadas) e outro no sistema métrico. Na primeira vez que abrir o Revit, ele solicita o template e nas demais esse template fica como padrão para os próximos projetos. Para alterar o template, selecione o menu de aplicações **Options**.

Em seguida surge a janela de diálogo **Options**, na qual ficam as configurações básicas do programa. Selecione **File Locations** e no campo **Default Templates file** selecione o arquivo template a ser utilizado clicando em Browse.

Figura 4.3. Escolha da aba File Locations.

Os templates são arquivos com os padrões de projeto e desenho que podem ser personalizados por meio de arquivos RTE. Todas as configurações da forma de trabalho com os objetos do Revit ficam gravadas no template, semelhantemente ao arquivo DWT do AutoCAD.

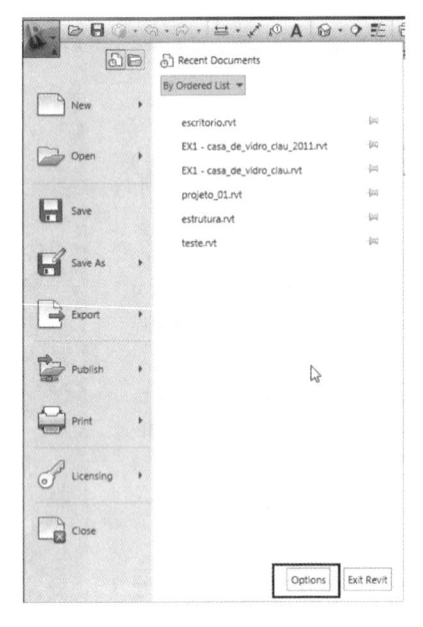

Figura 4.2. Comando Options.

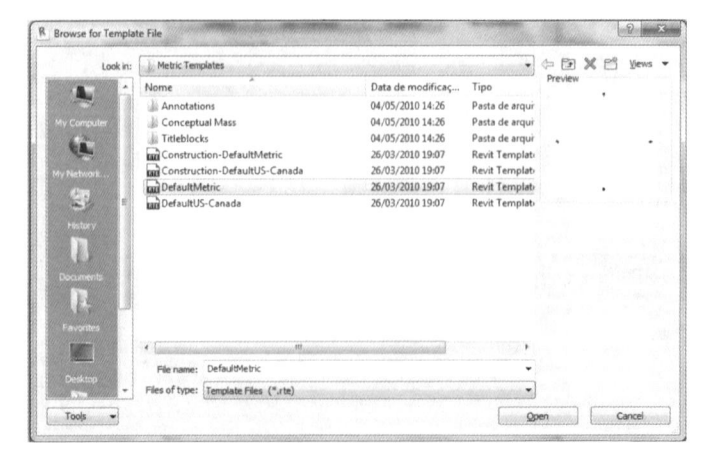

Figura 4.4. Seleção do arquivo Template.

Início do Projeto

Cada escritório possui suas configurações de cotas, texto, tipos de linha, famílias e todos os demais elementos do desenho, tais como nomes de pavimentos, de vistas, folhas etc. Para haver consistência no projeto e poupar tempo, deve-se criar o próprio template e defini-lo como Default no comando **Options**.

É possível ter mais de um template e escolher entre eles ao iniciar um projeto com esse comando. Por exemplo, podemos criar um template para projetos comerciais e outro para projetos residenciais. Como muitas características desses projetos são diferentes, seria justificável e produtivo ter padrões predefinidos para cada uma das situações. Para criar um template você deve definir todos os padrões de projeto num arquivo e salvá-lo como RTE.

1. Inicie um novo projeto com o template metric.
2. Faca todas as alterações para que as configurações fiquem de acordo com seus padrões e necessidades (unidades, pavimentos, famílias, crie carimbos etc.).
3. Configure **Settings** na aba **Manage > Settings** e defina os parâmetros dos objetos.
4. No menu de aplicação selecione **Save As > Template**.
5. Dê um nome ao template e verifique se o tipo de arquivo está marcado como RTE. Procure gravar na pasta Template Files junto com os outros templates já instalados.

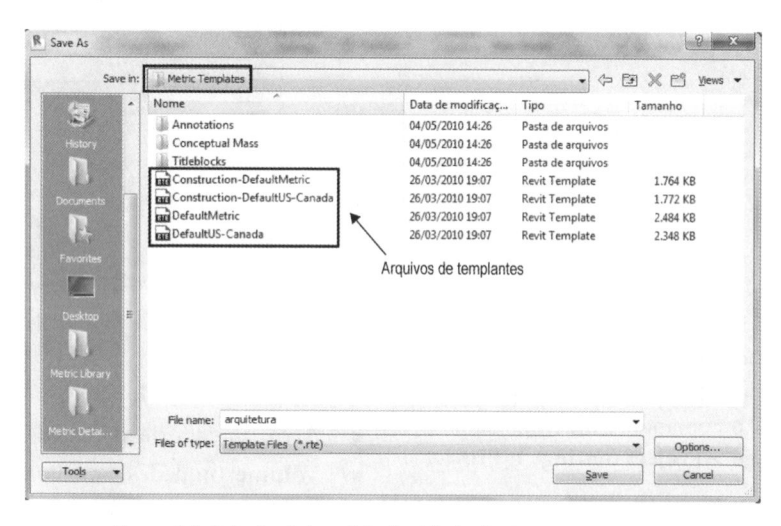

Figura 4.5. Relação de templates instalados junto com o programa.

> **Importante:** Introduzimos o conceito de templates no Revit e sugerimos um guia para criá-los. Todos os itens que podem ser padronizados e configurados serão vistos nos capítulos posteriores. Com o tempo de uso do programa você vai ficar mais seguro para selecionar, alterar e configurar os elementos de seu interesse para gerar o padrão de templates. Quanto mais experiência na utilização do Revit, mais elaborado pode ficar o template. Apesar de reunirem padrões de trabalho, os templates são sempre revistos e aprimorados.

4.1.2. Units - Unidades de Trabalho

Esse comando define as unidades de trabalho. O "template metric" inicia em **mm**, portanto devemos sempre passar para metros. No Revit o desenho é criado em escala real 1:1 e a escala de plotagem é definida nas vistas, podendo ser alterada a qualquer momento, e os textos, cotas, símbolos, tags são ajustados automaticamente à escala escolhida. Cada vista pode ter uma escala diferente, não havendo necessidade de trabalhar sempre na mesma. Ao montar a folha de impressão, revemos as escalas da vista para imprimir e as vistas são inseridas nas folhas com as escalas nelas definidas.

O capítulo 16 mostra a montagem de folhas.

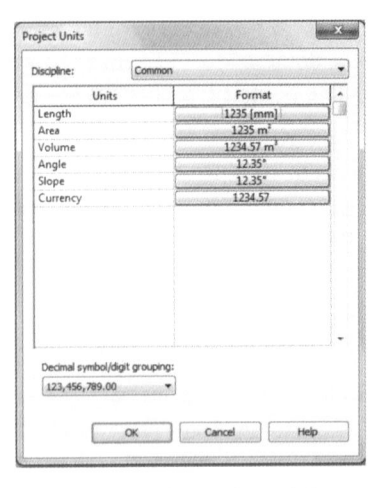

Figura 4.7. Definição de unidades.

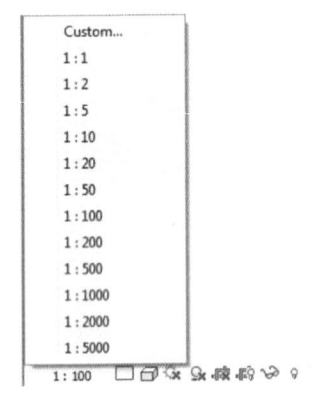

Figura 4.6. Lista de escalas na barra de status.

Para selecionar o comando Units, siga os passos: **aba Manage > Project Settings > Project Units**.

Ao entrar no comando, podemos definir as unidades de vários elementos. Clique no botão ao lado direito do campo **Length** para selecionar as unidades de comprimento. Na janela de diálogo **Format** selecione a unidade, por exemplo **Meters**, como mostra a Figura 4.8. O campo **Rounding** define o número de casas decimais e **Unit Symbol**, se selecionado, pode incluir um símbolo da unidade.

Figura 4.8. Definição de unidades de comprimento.

Os outros campos definem:

- **Area**: unidade de medida de áreas.
- **Volume**: unidade de medida de volumes.
- **Angle**: unidade de medida de ângulos.
- **Slope**: unidade de medida de inclinação em graus ou porcentagem.
- **Currency**: unidade de medida de moeda.

4.1.3. Level - Níveis/Pavimentos

Deve-se criar um pavimento para cada piso do projeto. Ao criar os pavimentos, são geradas vistas planas de cada um deles, por exemplo: Térreo, 1º Pavimento, 2º Pavimento, Cobertura.

Início do Projeto

Ao iniciar um projeto com o template padrão do Revit, são criados automaticamente os pavimentos Level 1 e Level 2.

Para criar um pavimento devemos estar numa vista de corte ou elevação.

Aba Home > Datum > Level

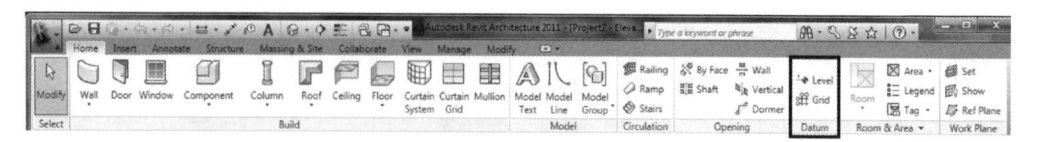

Figura 4.9. Aba Home - seleção de Level.

Para adicionar um pavimento, siga os passos:

1. Abra a vista de elevação **South**.
2. Na aba **Home** selecione **Level**.
3. Clique com o cursor do lado esquerdo e marque um ponto. Ao fazer isso, uma cota temporária de nível surge na tela alinhada com os outros níveis. Clique no lado direito, alinhando com o símbolo de nível.

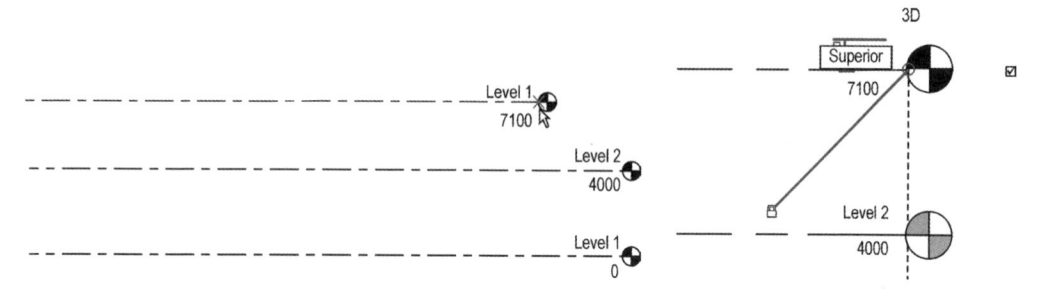

Figura 4.10. Criação de pavimentos.

Figura 4.11. Inserção de nome no pavimento.

4. Depois de criado o nível, edite a cota para o valor do nível desejado, clicando nela. O nome do nível também pode ser editado ao clicar nele. Ao alterar o nome do nível, note que o nome da vista em planta também se atualiza no **Project Browser**.

Figura 4.12. Project Browser.

> **Importante:** Ao entrar no comando Level, na barra de opções temos Make Plan View marcado. Isso significa que, ao criarmos um nível, o programa já gera uma vista plana desse nível para piso (floor) e forro (ceiling). Se não desejar criar a vista plana, desmarque essa opção.

4.1.4. Grids - Linhas de Eixo

Os Grids são as linhas de eixo do projeto. Eles servem de guia para inserção de pilares, vigas e paredes, sendo acessados pela aba **Home** no painel **Datum**, como mostra a Figura 4.13.

Aba Home > Datum > Grid

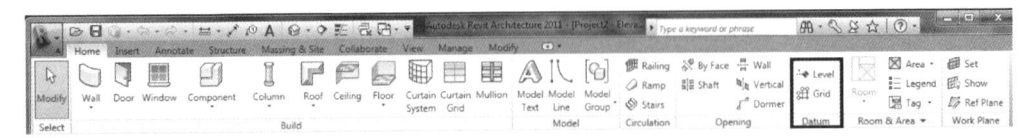

Figura 4.13. Aba Home > seleção do Grid.

Para criar o **Grid**, siga os passos:

1. Selecione uma vista em planta em **Floor Plans**.
2. Na aba **Home** selecione **Grid**.
3. Clique em um ponto na tela e arraste o cursor; uma linha tracejada é criada, então marque o ponto final dela.
4. Para inserir outra linha de Grid clique novamente e note que a nova linha se alinha com a anterior.
5. Para definir a distância entre elas clique na cota e digite a distância desejada.
6. Crie as outras linhas de eixo (Grid) no projeto.

A Figura 4.14 mostra os Grids criados.

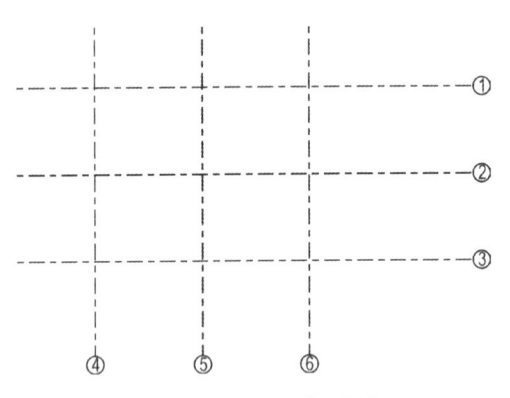

Figura 4.14. Criação dos Grids.

> **Importante:** As linhas de Grid vão sendo criadas com a numeração 1,2,3 etc. Podemos usar letras e números. Para editar o número, clique nele digite a nova letra.

O Grid também pode ser em forma de arco, como mostra a Figura 4.16. Para criar um Grid em forma de arco, selecione no painel **Draw** o ícone do arco, como indica a Figura 4.15.

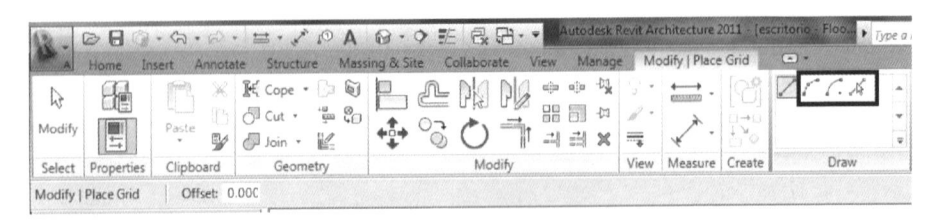

Figura 4.15. Seleção do Grid em arco.

Início do Projeto

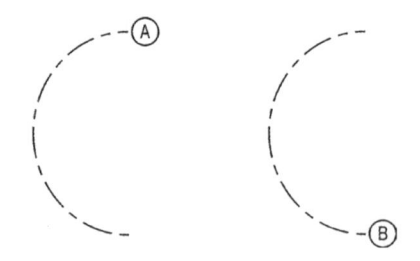

Figura 4.16. Desenho do Grid em arco.

> **Importante:** Os Grids e os Levels são elementos 2D do tipo Datum e visíveis em todas as vistas planas (Grids) e elevações (Levels).

Com os pavimentos criados e as linhas de eixo estão praticamente prontos os ajustes básicos para iniciar um projeto no Revit. Para dar continuidade ao projeto, o próximo passo é a inserção das paredes e dos outros elementos, tais como pilares, lajes, vigas, esquadrias e assim por diante. Cada capítulo do livro trata de um desses elementos. Não há uma regra para dar continuidade ao projeto. Com os pavimentos e o Grid de referência podemos partir para as paredes ou outro elemento, por exemplo, pilares nos eixos do Grid.

A seguir mostramos como importar um desenho em 2D do AutoCAD para iniciar um projeto no Revit, visto que muitos projetos podem estar em estudo ou predefinidos em 2D no AutoCAD, que é usado por muitas pessoas, sendo possível aproveitar esse desenho para o início no Revit.

4.2. Importação de Desenho 2D do AutoCAD

Para importar um desenho em 2D do AutoCAD usamos a ferramenta **Link CAD** na aba **Insert**, como mostra a Figura 4.17. Ao entrar no comando, surge a janela de diálogo da Figura 4.18 em que devemos selecionar o arquivo DWG:

Aba Insert > Link > Link CAD

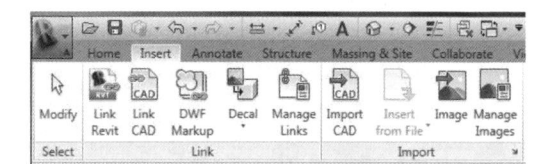

Figura 4.17. Aba Insert > Link CAD.

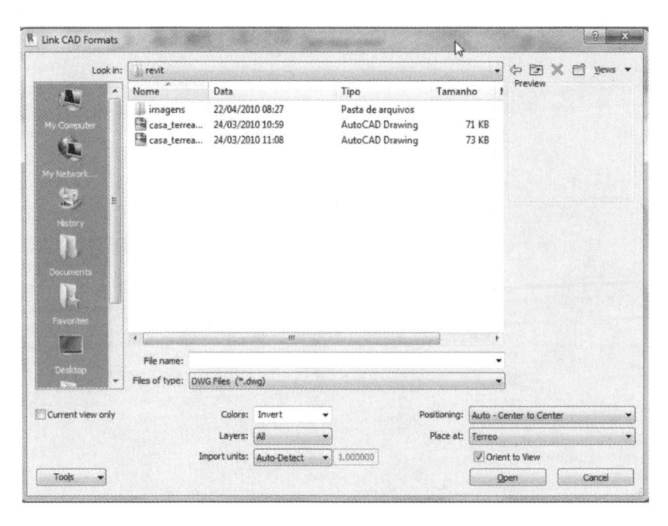

Figura 4.18. Seleção de arquivo do AutoCAD.

Após a seleção devemos ajustar alguns parâmetros na parte inferior da janela:

- **Current View Only**: se ligada essa opção, o DWG é inserido somente na vista corrente do desenho.
- **Colors**: a opção **Invert** inverte as cores dos layers do AutoCAD, **Preserve** mantém as cores dos layers e **Black/White** muda para branco/preto, dependendo de como estiver no AutoCAD.
- **Layers**: a opção **All** traz todos os layers do AutoCAD, **Visible** traz somente os layers ligados no arquivo e **Specify** permite especificar quais layers serão trazidos.
- **Import Units**: define as unidades de importação do arquivo.
- **Positioning**: permite escolher em que posição ele será inserido no Revit.
- **Place at**: se **Current View Only** não estiver habilitado, permite escolher o pavimento de inserção.

Depois de inserido no pavimento, podemos usar o arquivo DWG como base para desenhar no Revit, por exemplo, indicar pontos de curvas de nível, desenhar paredes sobre as paredes do DWG, entre outras possibilidades.

Capítulo 5

Introdução

As paredes são, sem dúvida, os elementos mais básicos no início do projeto no Revit, porque a partir delas vamos nos familiarizar com o uso da interface do programa e do modelo em 3D, possibilitando a visualização e a compreensão do modelo de várias formas.
Este capítulo descreve como inserir paredes, usar as dimensões temporárias, selecionar objetos, usar as ferramentas de precisão - Snaps, modificar paredes, criar tipos de parede e iniciar as primeiras tarefas com a interface.

Objetivos

- Inserir paredes
- Selecionar objetos
- Usar dimensões temporárias
- Modificar paredes
- Criar tipos de parede simples e compostos

Paredes - Walls

5.1. Inserção de Paredes - Walls

As paredes no Revit são elementos construtivos que pertencem a uma família. A base das paredes automaticamente se ajusta à base de um pavimento. Quando paredes se cruzam, elas se juntam, formando a intersecção. As paredes não se ajustam automaticamente a elementos como telhado e forro. O ajuste deve ser manual por meio da seleção da parede e do uso das opções **Atttach** e **Detach**.

Aba Home > Build > Wall

Existem os seguintes tipos de parede no Revit:

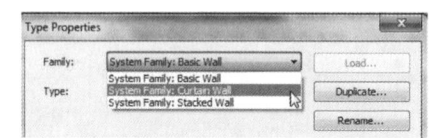

Figura 5.1. Tipos de parede.

Tipo	Descrição
Generic	As paredes genéricas são da família Basic Wall. Elas têm uma estrutura simples e são diferenciadas pela espessura da parede.
Complex	Também fazem parte da família Basic Wall, mas são compostas de camadas de materiais de acabamento, além da parede em si. É possível definir quantas camadas forem necessárias.
Curtain	As paredes Curtain (painel) são parte da família Curtain Wall. Elas consistem em painéis divididos por linhas. Pode-se especificar o material de cada painel e inserir suportes de formas e tamanhos específicos nas linhas para definir esquadrias.
Stacked	Pertencem à família Stacked Wall e consistem em paredes sobrepostas umas às outras.

1. Para inserir uma parede usamos o comando **Wall** acessado pela aba **Home** >**Wall**. Na caixa que se abre selecione **Wall**. Temos **Structural Wall** e **Wall by Face**, mas vamos selecionar **Wall**, como mostra a Figura 5.2.

2. Depois de selecionar **Wall**, a **Ribbon** muda para a aba **Modify/Place Wall**, como mostra a Figura 5.4. Nessa aba estão todos os parâmetros para inserir as paredes.

3. Existem vários tipos de parede instalados com o programa e precisamos selecionar um deles no painel **Properties**, como indica a Figura 5.3. Vamos selecionar **Generic - 200mm** neste exemplo.

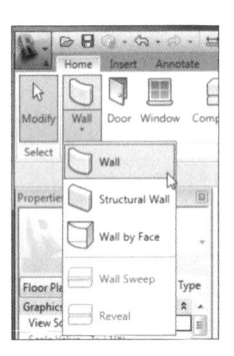

Figura 5.2. Seleção da ferramenta Wall.

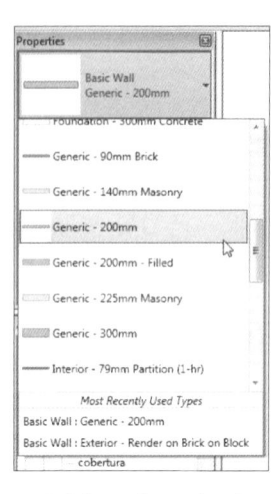

Figura 5.3. Seleção de um tipo de parede.

Figura 5.4. Aba Place Wall.

4. Na barra de opções definimos a altura da parede em **Height** da seguinte forma: se selecionar **Unconnected**, digite o valor da altura no campo ao lado, sendo 2.8 (essa altura será permanente), ou selecione um pavimento para definir a altura e a parede sempre vai se ajustar à altura do pavimento selecionado. Em seguida, defina a posição da linha que traça a parede por um dos lados em **Location Line**, conforme as opções a seguir.

Figura 5.5. Barra de opções - Height = Unconnected.

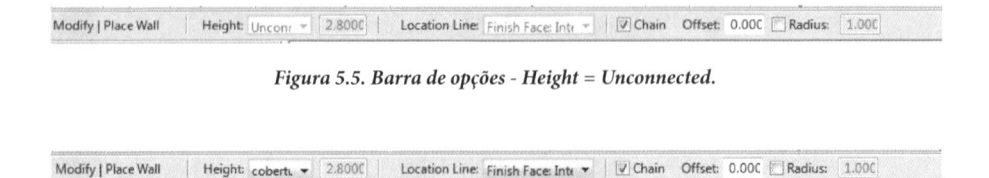

Figura 5.6. Barra de opções - Height = cobertura.

Paredes - Walls

- **Wall Centerline**: linha de eixo da parede
- **Core Centerline**: linha de eixo do osso da parede
- **Finish Face: Exterior**: face acabada externa
- **Finish Face: Interior**: face acabada interna
- **Core Face: Exterior**: face do osso externa
- **Core Face: Interior**: face do osso interna

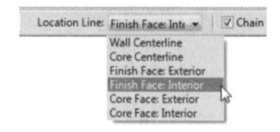

Figura 5.7. Seleção da posição da linha para traçar a parede.

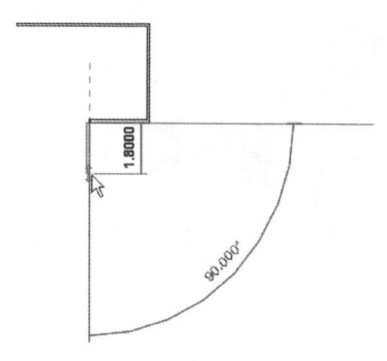

Figura 5.9. Uso da tecla Shift para ligar o Ortho.

5. A opção **Chain** permite desenhar paredes em sequência. Se estiver desmarcada, para cada parede você deve entrar no comando novamente.

6. Em seguida marque na tela gráfica o ponto inicial da parede e depois o ponto final. Note que dimensões e ângulos provisórios são exibidos ao iniciar o desenho da parede. Para definir a medida exata do sentido da linha da parede, digite o valor que ele é inserido numa caixa de texto, como na Figura 5.8.

7. Prossiga definindo os pontos e finalize clicando em **Modify** no painel **Selection** ou em Esc.

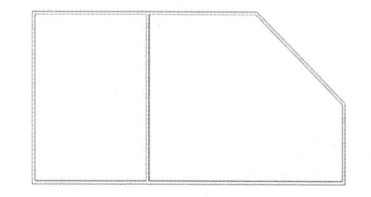

Figura 5.10. Desenho final das paredes em 2D.

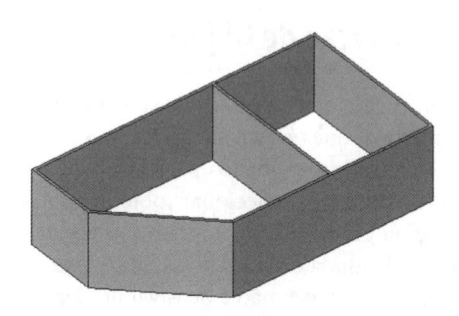

Figura 5.11. Desenho final das paredes em 3D.

As paredes que criamos foram feitas a partir de uma linha, porém podemos definir outras formas de criá-las pelo painel **Draw**, selecionando retângulo, polígono, círculo ou arco, Figura 5.12.

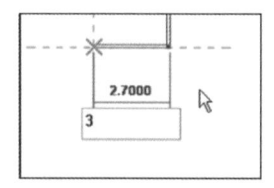

Figura 5.8. Definição da medida da parede.

🔾 **Importante:** *A tecla Shift liga a função Ortho. Mantenha-a pressionada para desenhar paredes ortogonais.*

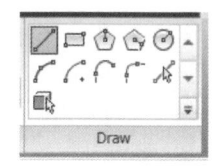

Figura 5.12. Painel Draw - opções de desenho de paredes.

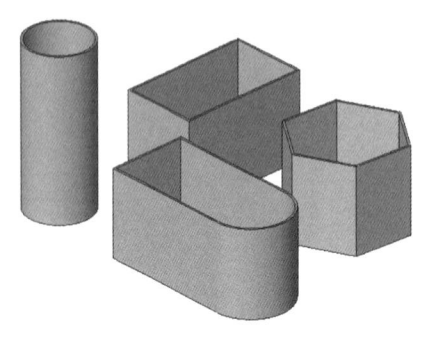

Figura 5.13. Desenho de paredes com retângulo, polígono, círculo e arco.

📌 **Dica:** *Quando fizer um edifício com vários pavimentos, crie as paredes externas do pavimento mais inferior ao último pavimento e as paredes internas por pavimento. Isso assegura que a parede externa seja consistente em todos os pavimentos e as paredes internas possam ser modificadas sem danos à externa.*

5.2. Seleção de Objetos

A seguir veremos os modos de seleção de objetos no Revit que podem ser aplicados em paredes e em todos os objetos para fazer qualquer edição. Podemos selecionar objetos isoladamente ou grupos de objetos. Ao selecionar um objeto, ele muda de cor e fica azul. A visualização dessa diferença não é possível no livro, por se tratar de uma impressão em preto e branco.

- **Seleção de um objeto**: clique no objeto.

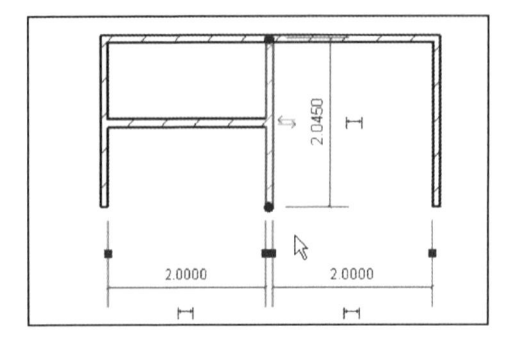

Figura 5.14. Seleção de um único objeto (ele mudou de cor e ficou azul).

- **Seleção de vários objetos**: clique com o cursor em qualquer ponto vazio da tela e abra uma janela para a esquerda. Semelhantemente ao Crossing do AutoCAD, ela é tracejada e seleciona todos os objetos que estiver cortando e os completamente contidos nela. Para a direita entra-se no modo Window com linha cheia, selecionando somente os objetos totalmente contidos nela. Durante a seleção tanto no modo Crossing como no Window os objetos ficam na cor roxa.

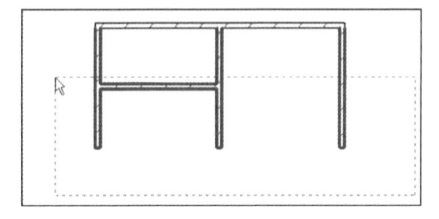

Figura 5.15. Seleção de objetos por Crossing.

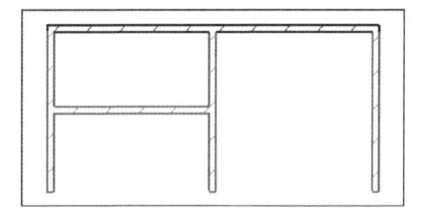

Figura 5.16. Resultado da seleção: os objetos mudam de cor.

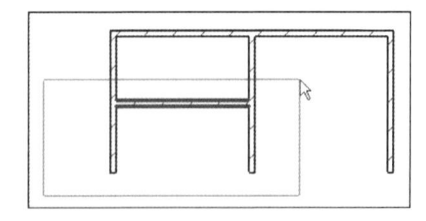

Figura 5.17. Seleção de objetos por Window.

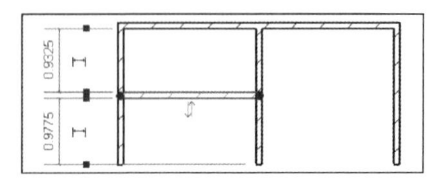

Figura 5.18. Resultado da seleção.

Paredes - Walls

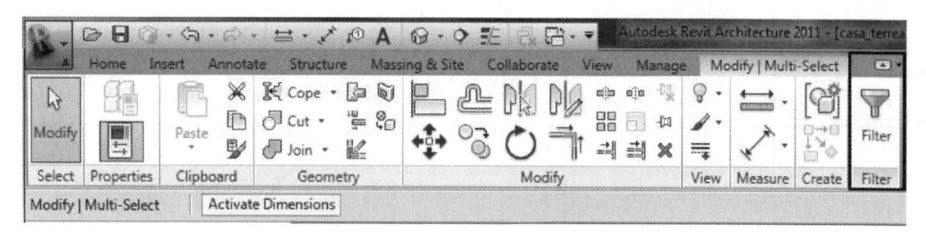

Figura 5.19. Seleção da ferramenta Filter.

- **Ctrl**: para acrescentar objetos à seleção clique em **Ctrl**. Um sinal de + surge no cursor, então siga clicando nos outros objetos.
- **Shift**: para retirar objetos da seleção clique em **Shift**. Um sinal de - surge no cursor e então siga clicando nos outros objetos. Eles serão removidos da seleção.

> **Importante:** Se a vista do desenho estiver num Zoom muito afastado e não for possível selecionar objetos com precisão, clique num objeto, por exemplo, PAREDE, e na tecla Tab. Os outros objetos por perto vão sendo selecionados em continuidade para que você escolha o objeto procurado.

- **Filtro de seleção de objetos:** muitas vezes o desenho contém muitos objetos e fica difícil selecionar os desejados. Nesse caso podemos usar os filtros; seleciona-se tudo e em seguida elimina-se o que não é necessário da seguinte forma:

1. Selecione com Crossing vários objetos.
2. Depois clique em **Filter** na aba temporária Multi_Select, como mostra a Figura 5.19.
3. Surge a janela de diálogo da Figura 5.20 com os objetos selecionados.
4. Desmarque as categorias que não interessam e clique em OK.

Figura 5.20. Seleção das categorias no filtro.

5.3. Dimensões Temporárias de Paredes

As dimensões temporárias indicam o tamanho do objeto, neste caso a parede, e sua posição relativa a outros objetos próximos a ele. Elas aparecem ao criar ou selecionar um objeto. Podemos alterar ou mover elementos mudando a dimensão temporária. Neste exemplo vamos deixar as duas salas com a mesma medida. Selecione a parede vertical do meio e note as dimensões que são exibidas. Clique na dimensão temporária e digite o novo valor. O desenho é alterado em seguida.

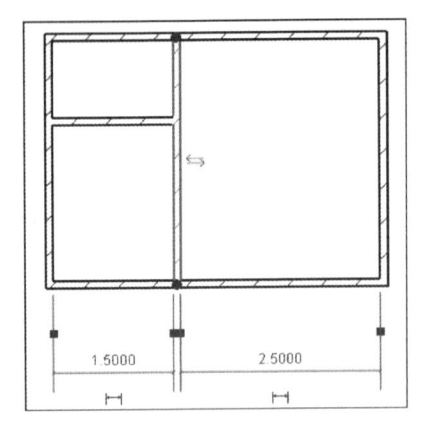

Figura 5.21. Seleção da parede.

As dimensões temporárias podem ser transformadas em cotas definitivas clicando no ícone com duas setas localizado ao lado da cota, como mostram as figuras.

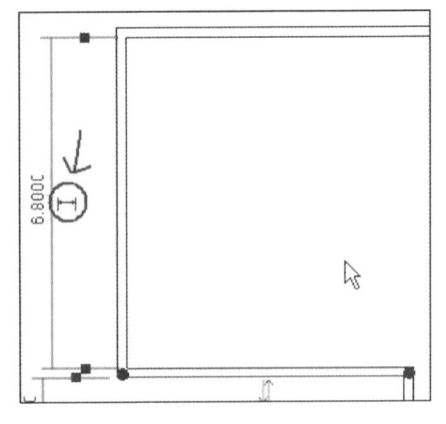

Figura 5.24. Seleção do ícone.

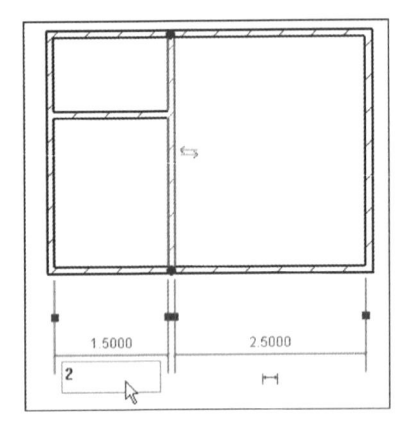

Figura 5.22. Alteração da dimensão temporária.

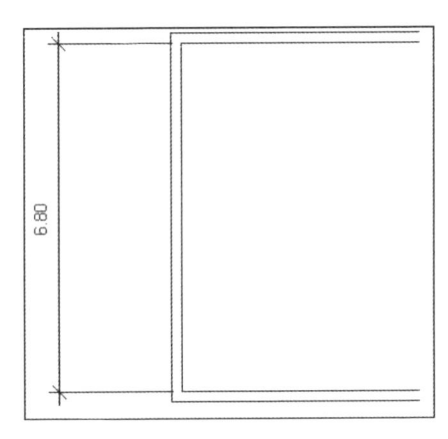

Figura 5.25. Resultado.

📌 **Importante:** Com a edição das dimensões temporárias temos um grande ganho de produtividade no processo de projeto.

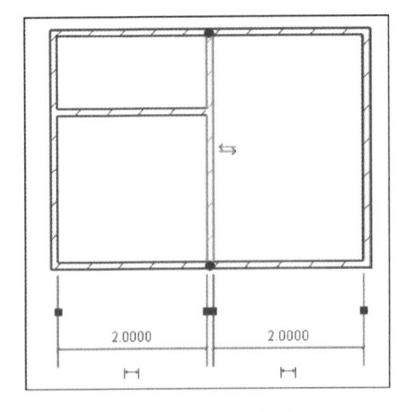

Figura 5.23. Resultado.

5.4. Ferramentas de Auxílio ao Desenho de Paredes

- **Linhas de alinhamento**: durante a geração da parede, linhas de alinhamento são exibidas. Ao mover o cursor horizontalmente e verticalmente ou ao cruzar a extensão de uma linha, ela aparece como uma trilha, fazendo a projeção de uma linha em outra.

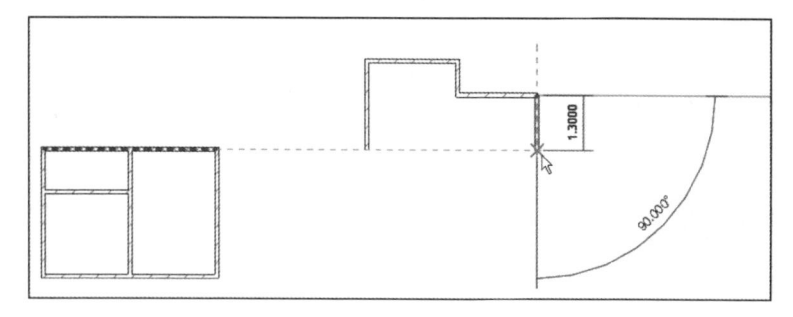

Figura 5.26. Linhas de alinhamento.

- **Snaps**: os Snaps aparecem automaticamente ao mover o cursor por cima de pontos geométricos do desenho; estando num modo de desenho, neste caso na ferramenta Wall, tais como **Endpoint** e **Midpoint**, para cada tipo de Snap é gerado um ícone, como mostram as figuras seguintes.

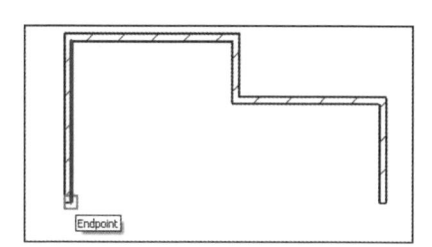

Figura 5.27. Snap no Endpoint. 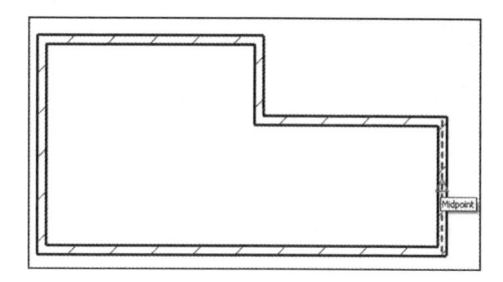   *Figura 5.28. Snap no Midpoint.*

Para configurar as opções de **Snap** que serão habilitadas selecione **Snaps** na aba **Manage**, como mostram as figuras, e na janela de diálogo **Snaps** selecione as opções desejadas. Também é possível desabilitar o **Snap** em **Snap Off**.

Aba Manage > Settings > Snaps

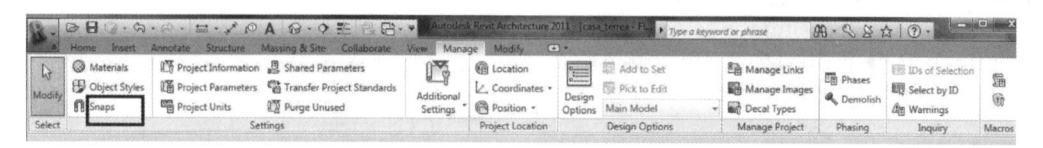

Figura 5.29. Seleção do Snap.

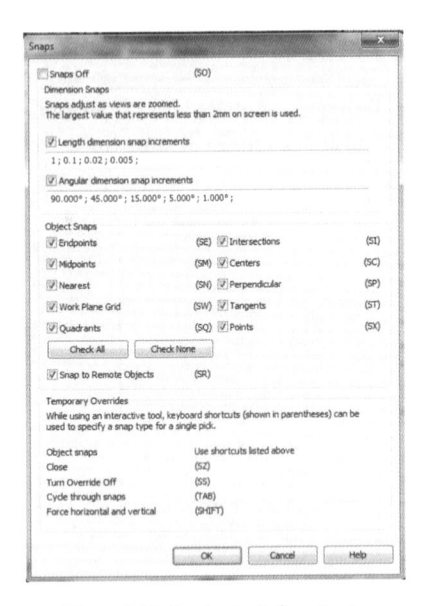

Figura 5.30. Janela de diálogo Snaps.

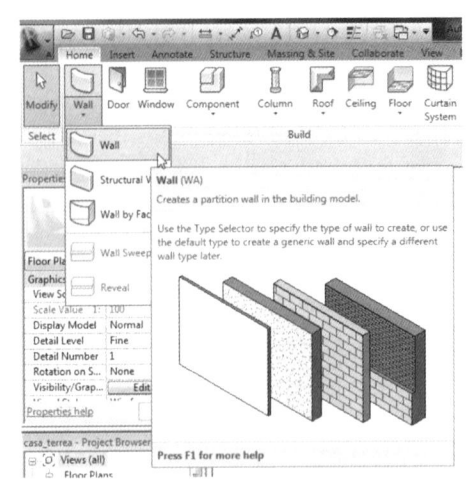

Figura 5.31. Seleção de Wall.

5.5. Criação de Tipos de Parede

Há vários tipos de parede já definidos no Revit e podemos criar outras de acordo com as necessidades construtivas. Uma parede pode ser representada somente no osso ou conter todas as camadas de acabamento necessárias para a construção. A vantagem de criar uma parede completa é obter o quantitativo de material, além da sua representação gráfica. No Revit criamos uma parede a partir da definição de seus parâmetros e da função, sendo as famílias e os estilos. Existem parâmetros que servem para todas as paredes de um mesmo estilo e outros de uma das paredes do estilo inserida no projeto. Por exemplo, podemos ter duas paredes do mesmo estilo com alturas e bases diferentes. As principais propriedades de uma parede são aparência, estrutura e tamanho.

Antes de criar um tipo de parede vamos analisar os tipos e as famílias existentes. Ao clicar em **Wall** na aba Home e selecionar **Wall**, temos no painel **Properties** a lista com as famílias carregadas no programa, Figuras 5.31 e 5.32.

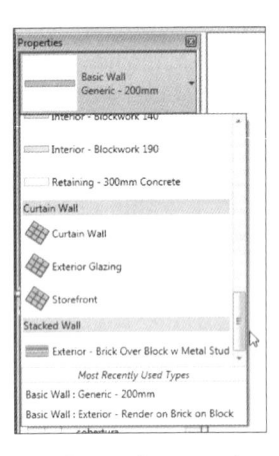

Figura 5.32. Lista das paredes carregadas no programa.

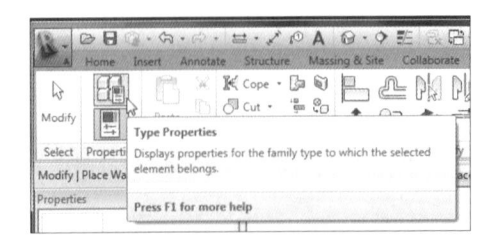

Figura 5.33. Seleção de Type Properties.

Paredes - Walls

Vamos selecionar um tipo de parede e analisar suas características. Selecione **Generic - 200mm**. Em seguida, seguida selecione **Type Properties**. Desta forma selecionamos as propriedades desse tipo de parede que serão exibidas na janela de diálogo **Type Properties**, como mostra a Figura 5.34.

Essa janela pode ser expandida para mostrar, além das propriedades da parede, o seu desenho. Para expandir clique no botão **Preview** na parte inferior e é apresentada a Figura 5.35.

Todas as propriedades da parede **Generic - 200mm** estão definidas aqui. Na parte superior temos o nome da família a que ela pertence.

- **Family**: mostra a que família a parede pertence.
- **Type**: apresenta o tipo selecionado.
- **Type Parameters:** nesse quadro estão os parâmetros e seus valores.
- **Construction:** parâmetros da construção da parede.
- **Structure**: define-se como será a estrutura dos componentes da parede clicando no botão **Edit**, como mostra a Figura 5.36. Esse campo é estudado em detalhes no item 5.7, Paredes Compostas.

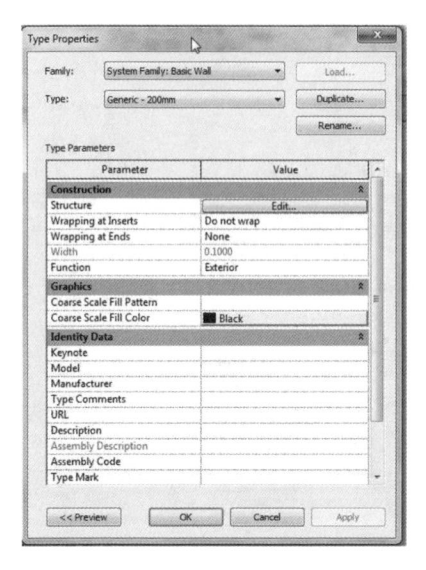

Figura 5.34. Janela de diálogo Type Properties.

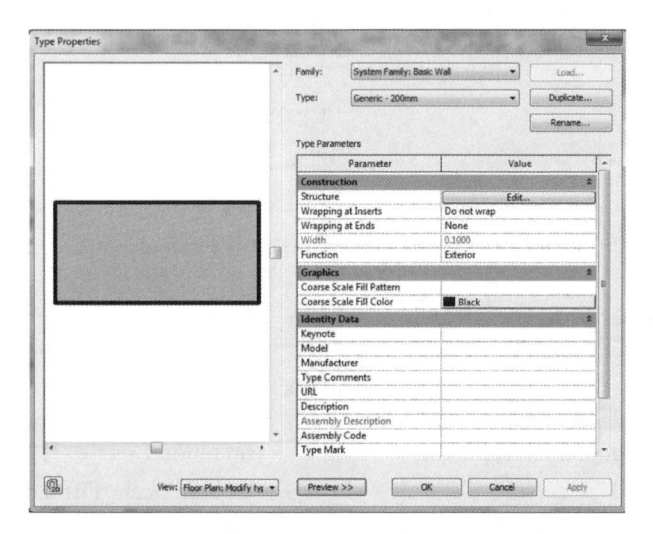

Figura 5.35. Janela de diálogo Type Properties expandida.

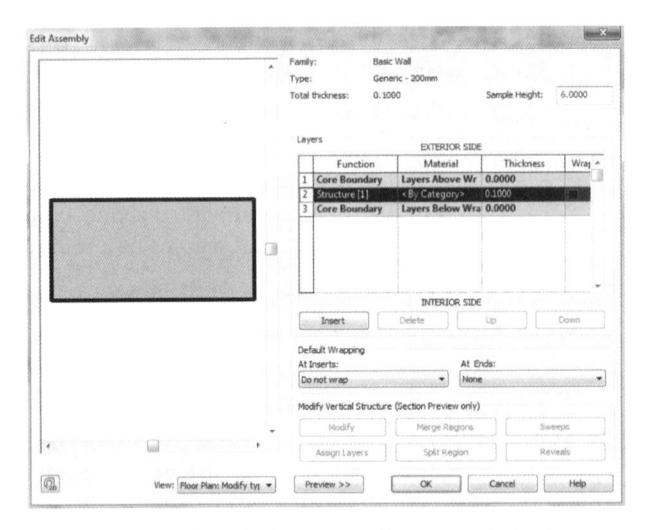

Figura 5.36. Exemplo de estrutura de uma parede simples.

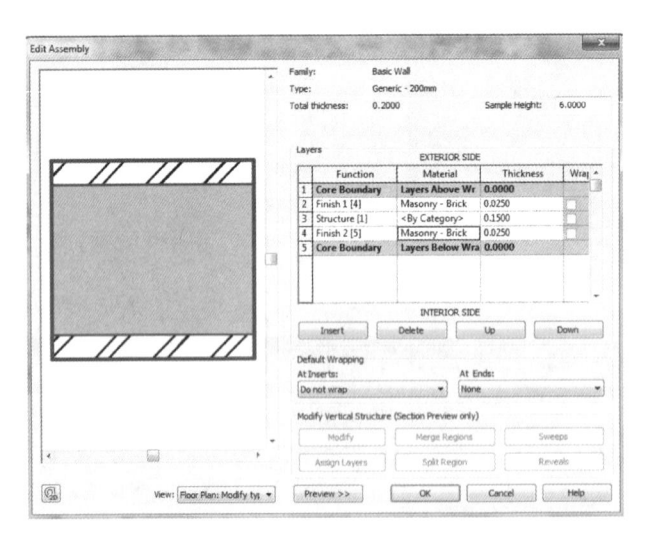

Figura 5.37. Exemplo de estrutura de uma parede composta.

- **Wrapping at Inserts:** define se haverá envelopamentos para paredes compostas, item 5.7.
- **Wrapping at Ends:** define se haverá envelopamentos no ponto final da parede.
- **Width:** largura.
- **Function:** indica a função da parede. As opções são parede interna, externa, retaining, foundation, core-shaft ou soffit.
- **Graphics:** define parâmetros gráficos da parede.
- **Coarse Scale Fill Pattern:** estabelece um padrão de hachura para a parede, exibido no modo **Coarse**.
- **Coarse Scale Fill Color:** define a cor da hachura definida no item anterior.

Paredes - Walls

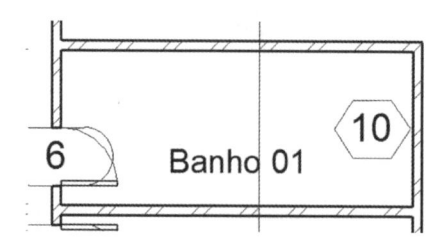

Figura 5.38. Parede com hachura definida.

Figura 5.39. Seleção do modo Coarse na barra de status.

Estas são as propriedades das paredes. Com a modificação delas podemos criar infinitos tipos de parede. A seguir veremos como fazer isso.

Ao acessar o **Type Properties**, surgem duas opções:

- **Type Properties:** define os parâmetros e a criação de estilos de paredes.
- **Properties**: indica os parâmetros específicos de uma parede a ser inserida ou já selecionada.

Para criar um estilo de parede seleciona-se **Type Properties**. Ao acessar essa opção, surge a janela de diálogo da Figura 5.40 na qual estão os parâmetros da parede selecionada na janela **Properties**. Esses parâmetros são comuns a todas as paredes do mesmo tipo em um projeto. Ao modificar um parâmetro no **Type Parameters**, a alteração se dá em todas as paredes desse tipo no projeto. Por exemplo, se a espessura do acabamento de uma parede for alterada, todas as paredes com o mesmo tipo no projeto são alteradas.

Para modificar um parâmetro devemos criar outro tipo. Mudamos as propriedades e então gravamos o novo tipo. Desta forma não perdemos o tipo original da parede selecionada nem alteramos acidentalmente. Sempre se deve partir de uma parede com parâmetros parecidos com os da que será criada para evitar ter de alterar ou eliminar muitos parâmetros que não farão parte da nova parede.

Na janela de diálogo **Type Properties** com o tipo Generic 300mm clique em **Duplicate** e em seguida dê um nome à nova parede, como mostra a Figura 5.41.

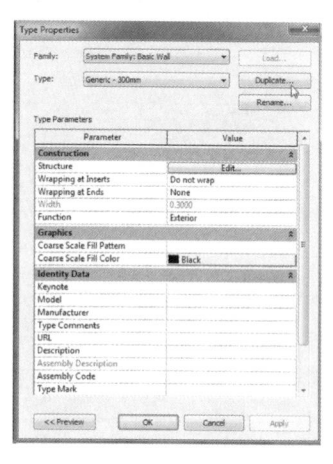

Figura 5.40. Propriedades da parede Generic 300mm.

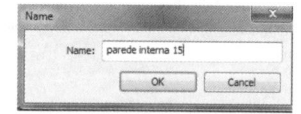

Figura 5.41. Nome da nova parede.

Em seguida é criada a "parede interna 15", como mostra a figura seguinte. Agora modificamos os seus parâmetros.

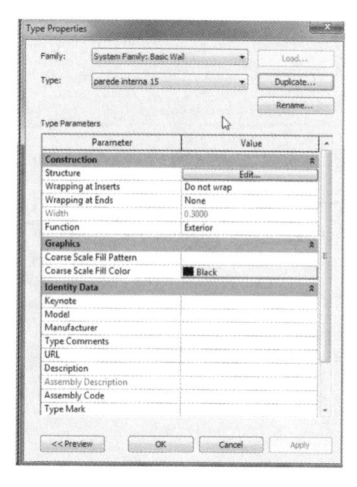

Figura 5.42. Propriedades da parede interna 15 a serem alteradas.

Clique em **Edit** no campo **Structure**, altere o valor de **Structure** para 0.15, conforme a Figura 5.43, e clique em OK para finalizar.

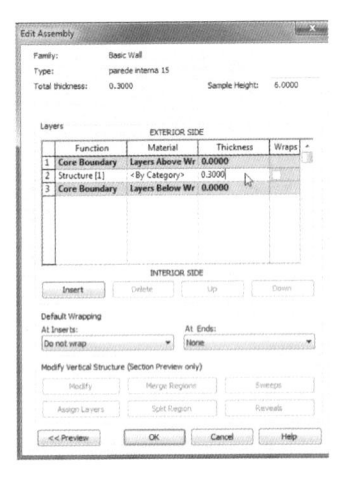

Figura 5.43. Alteração da espessura da parede.

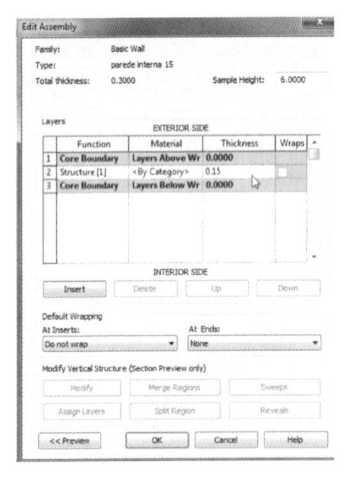

Figura 5.44. Espessura alterada para 0.15.

É criada a "parede interna 15" e ela já está adicionada aos outros tipos desse projeto.

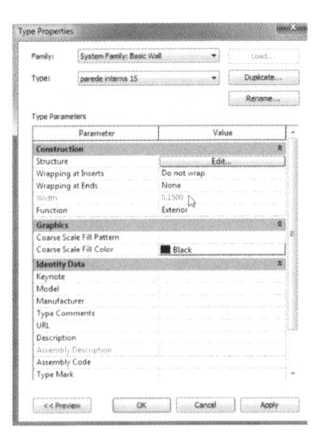

Figura 5.45. Propriedades novas da parede de 0.15.

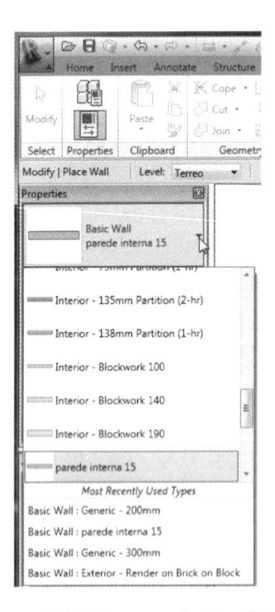

Figura 5.46. Nova parede já na lista.

Essa parede criada faz parte da família **Basic Wall**, como ilustra a Figura 5.47. As paredes são famílias do tipo **System** já instaladas com o programa. São somente três tipos de famílias de paredes; **Basic Wall**, **Curtain Wall** e **Stacked Wall**. Cada uma tem seus tipos exibidos nas listas, conforme a seleção delas.

Paredes - Walls

Figura 5.47. Lista dos tipos da família Basic Wall.

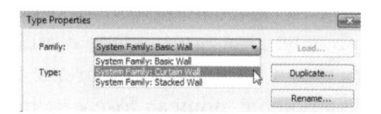

Figura 5.48. Outras famílias de paredes.

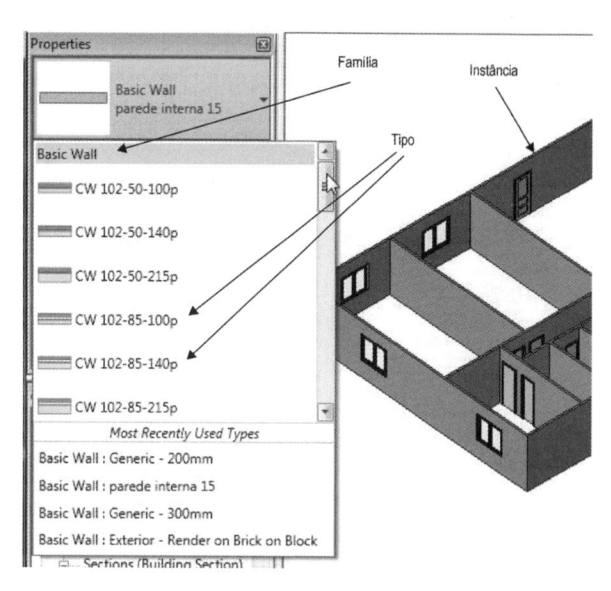

Figura 5.49. Família, tipo e instância.

A seguir estão as propriedades de instância que se referem a uma parede do projeto, conforme identifica a Figura 5.50. Cada parede inserida no projeto de qualquer tipo ou família é chamada no Revit de **instância**, e para cada uma podemos definir propriedades diferentes na janela **Properties**, como apresentado a seguir. Esse conceito está presente em **todos** os elementos do Revit e é muito importante compreeender a diferença entre as propriedades do tipo e da instância.

Properties: essa opção define os parâmetros específicos de uma parede a ser inserida ou que seja selecionada para ser alterada. As principais propriedades que podem alteradas são:

- **Location line**: posição da linha de desenho.
- **Base Constraint**: posição da base.
- **Base Offset**: distância da base.
- **Base is Attached**: indica se a base da parede está vinculada a outro elemento; por exemplo, piso (Floor).

- **Base Extension Distance**: distância da base de camadas de paredes compostas; só habilitada para paredes compostas por camadas extensíveis.
- **Top Constraint**: posição do topo. Define que a altura da parede vai até o pavimento selecionado.

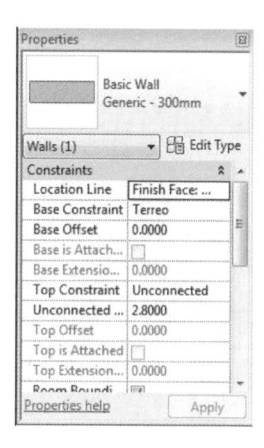

Figura 5.50. Parede com altura fixa de 2.8m.

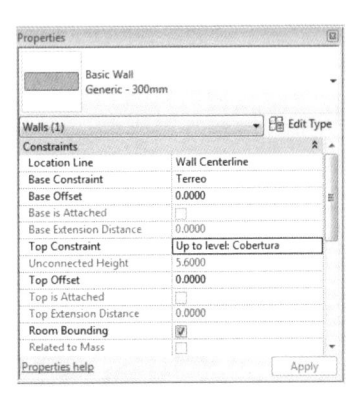

Figura 5.51. Parede com altura até o pavimento Cobertura.

- **Unconnected Height**: altura da parede. Essa opção só é habilitada se a altura não estiver fixada em um pavimento - **Top Constraint**.

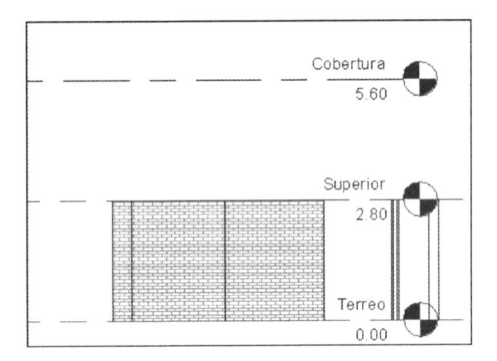

Figura 5.52. Parede com altura fixa de 2.8m.

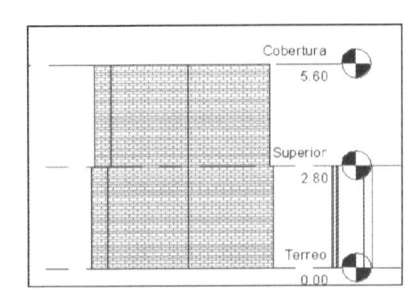

Figura 5.53. Parede com altura ajustada para nível da cobertura.

- **Top Offset**: distância da parte superior da parede acima do topo; só é habilitada quando se ajusta **Top Constraint** para um pavimento.
- **Top is attached**: indica que o topo da parede está vinculado a outro elemento; por exemplo, forro (**Ceiling**) ou telhado (**Roof**).
- **Top Extension Distance:** distância do topo de camadas de paredes compostas; só habilitada para paredes compostas com camadas extensíveis.
- **Room Bounding**: ao selecionar essa opção, a parede fica como parte do contorno do ambiente. Essa propriedade é utilizada ao usarmos a ferramenta Room que identifica o ambiente, nomeando-o e extraindo as áreas.
- **Related to Mass**: indica que a parede foi criada a partir de um estudo de massa.

5.6. Modificação de Paredes

Depois de criar uma parede ela pode ser alterada tanto pelo desenho como pelas propriedades. Para modificar uma parede siga um dos passos:

1. Para alterar suas medidas selecione a parede e puxe o Grip do ponto final para um novo ponto ou selecione a cota provisória e altere seu valor.

2. Para alterar os lados interno/externo clique no ícone das setas, como mostra a figura seguinte, ou aperte a barra de espaços do teclado.

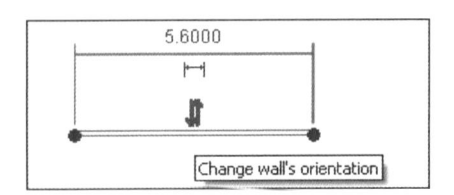

Figura 5.54. Alteração do lado do desenho da parede.

Paredes - Walls

3. Para mudar o tipo de parede no projeto, selecione a parede, vá até **Properties** e escolha o novo tipo de parede.

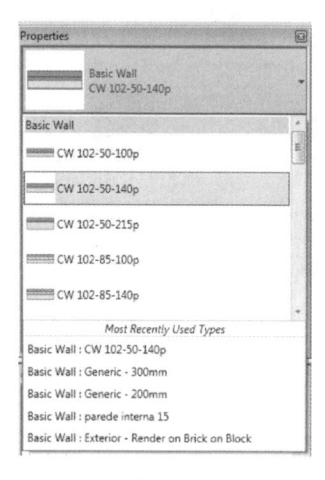

Figura 5.55. Modificação do tipo de parede.

4. Para mudar a altura, o pavimento da parede ou o tipo de altura, selecione a parede e em **Properties** altere o valor de **Base Constraint** e **Top Constraint**. Clique em **Apply**. Se a parede não terminar em nenhum pavimento, selecione **Unconnected** para a altura, digite o valor em **Unconnected Height** e clique em **Apply**.

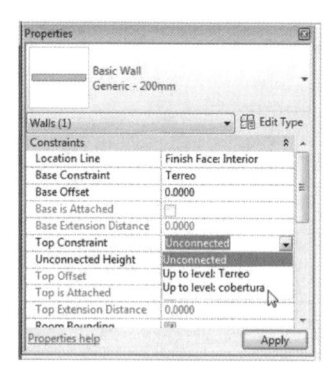

Figura 5.56. Seleção de Unconnected Height.

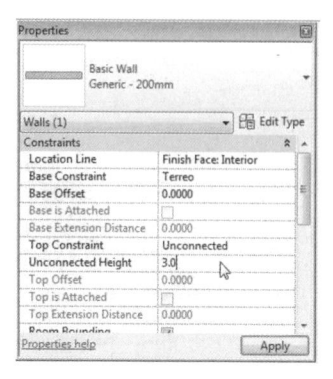

Figura 5.57. Parede com altura de 3m.

Importante: Se a altura estiver com Top Constraint ajustada para Unconnected, você pode definir a medida da altura em Unconnected Height e ela será fixa no valor ajustado. Se a altura estiver em Top Constraint com um pavimento selecionado, a parede vai **sempre** até a altura da cota do pavimento; ao mudar a altura da cota do pavimento, a parede ajusta-se automaticamente.

5. Para modificar todas as paredes do mesmo tipo inseridas no projeto selecione uma delas e clique o botão direito do mouse e selecione **Select All Instances** e todas as paredes do mesmo tipo serão selecionadas e ficam na cor azul. Em seguida selecione **Properties** e altere as propriedades desejadas.

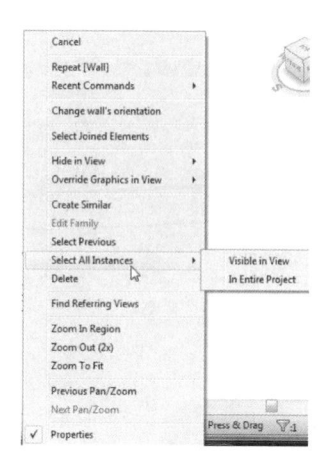

Figura 5.58. Seleção de todas as instâncias.

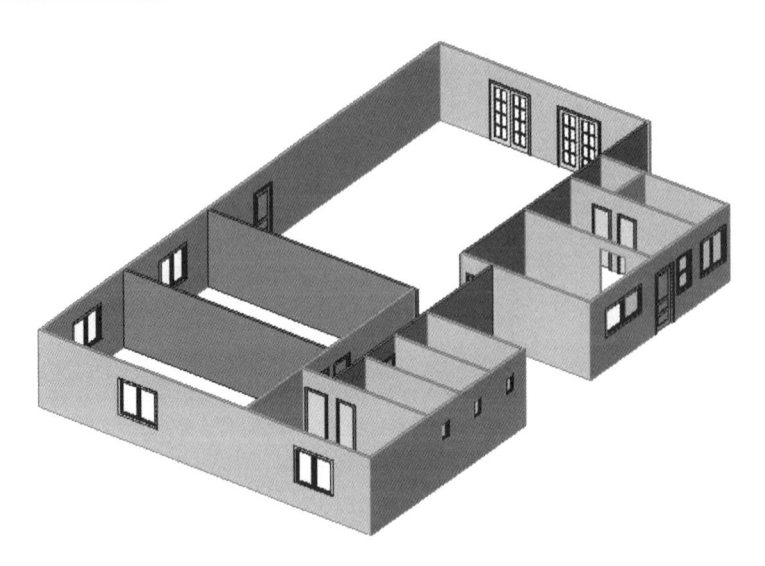

Figura 5.59. Seleção de todas as paredes de um mesmo tipo.

6. Para criar aberturas nas paredes, mude para uma vista de elevação ou corte e selecione a parede. Na aba **Modify Walls** selecione o painel **Mode > Edit Profile**. Em seguida, com as ferramentas de desenho da aba **Edit Profile** crie a abertura desejada e selecione **Finish**. Neste exemplo criamos uma abertura em forma de retângulo na parede lateral.

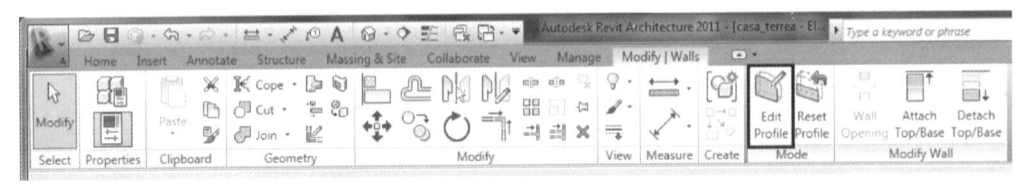

Figura 5.60. Aba Modify Walls - seleção de Edit Profile.

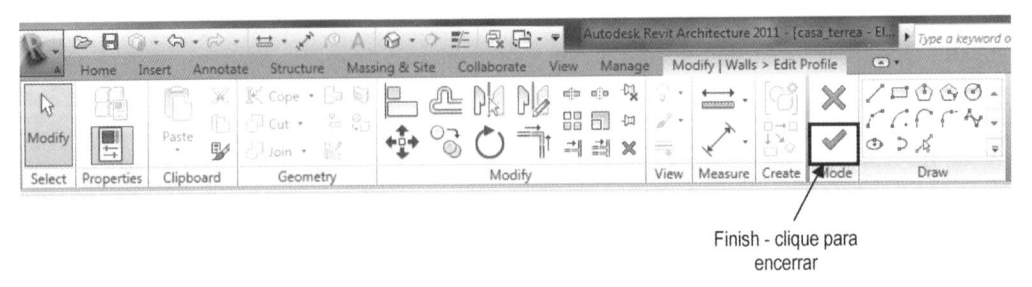

Finish - clique para encerrar

Figura 5.61. Aba Edit Profile.

Paredes - Walls

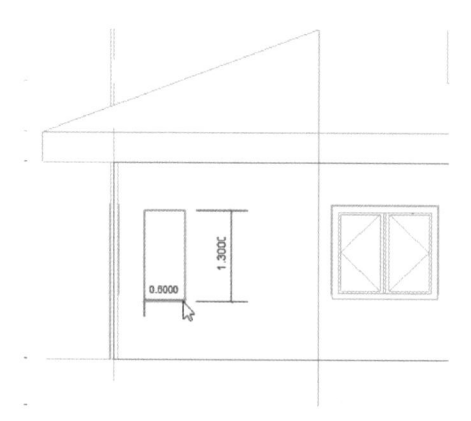

Figura 5.62. Desenho da abertura em elevação.

Figura 5.63. Abertura gerada no modelo.

7. Com as ferramentas do painel **Draw** você pode criar aberturas em qualquer forma nas paredes. As medidas da abertura são editáveis com as cotas temporárias. Se a abertura já estiver criada, para alterar selecione a parede e repita o processo anterior; as cotas são exibidas ao selecionar a parede, Figura 5.64.

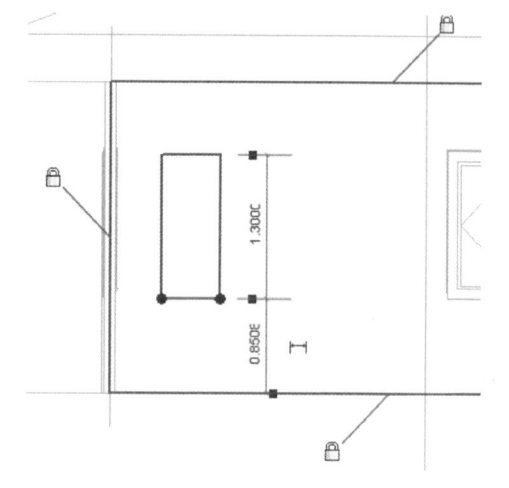

Figura 5.64. Alteração da abertura gerada no modelo.

Arremates de paredes: por padrão o Revit arremata o encontro de paredes, mas podemos mudar essa configuração. Para visualizar os detalhes de uma parede, selecione a barra de status de visualização **Fine** para exibir todas as linhas da parede. Cada parede tem um nível de detalhe diferente, conforme suas camadas. Neste exemplo usamos a parede **Exterior - Brick on Mtl Stud** que possui várias camadas.

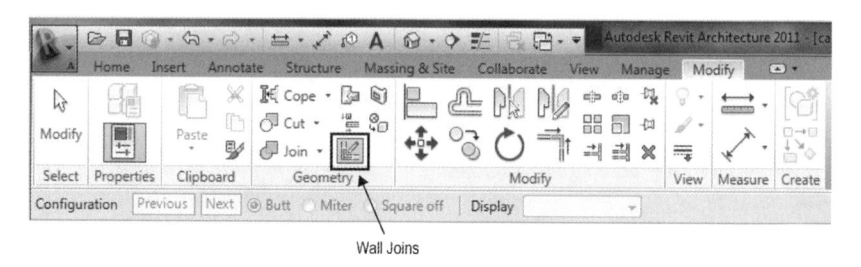

Figura 5.65. Ferramenta Wall Joins - para fazer arremate de paredes.

Figura 5.66. Alteração da forma de visualização de detalhes do modelo.

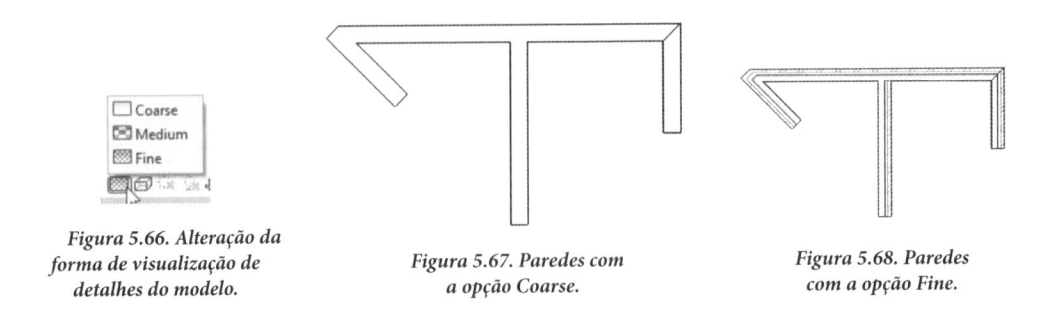

Figura 5.67. Paredes com a opção Coarse.

Figura 5.68. Paredes com a opção Fine.

8. Em seguida, na aba **Modify** selecione **Wall Joins** e passe o cursor por cima das paredes até que surja um quadrado. Ao surgir o quadrado, note que na barra superior surgem as opções **Butt**, **Mitter** e **Square Off**; selecione uma delas para mudar o arremate.

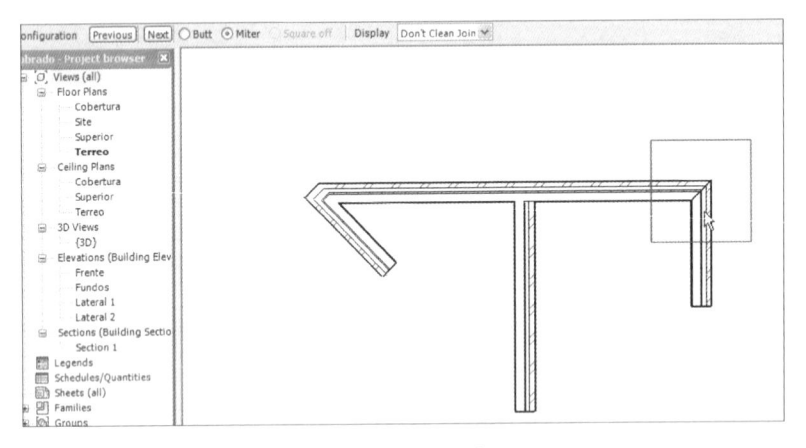

Figura 5.69. Seleção do tipo de arremate.

O arremate padrão do **Revit** é **Butt**, mas o **Mitter** faz arremate em canto e a opção **Square Off** gera um canto de 90 graus na parede. A Figura 5.70 mostra as três opções.

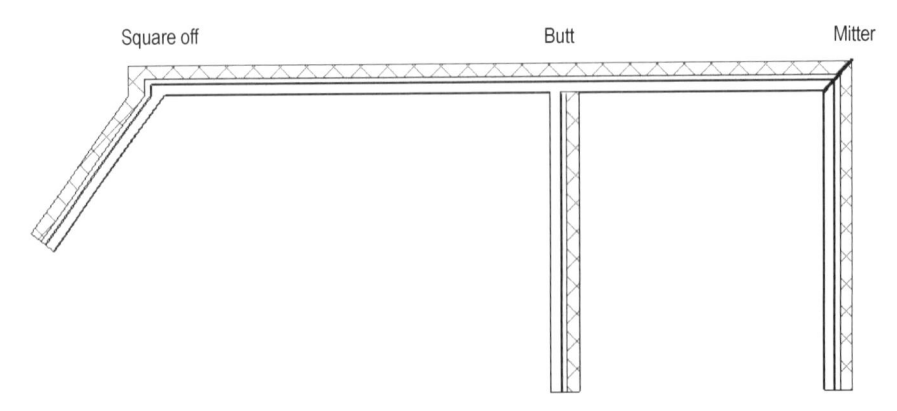

Figura 5.70. Vários tipos de arremate de paredes.

Paredes - Walls

9. Para gerar paredes com cantos arredondados, primeiramente desenhe as paredes, com linha ou com retângulo, como indica a Figura 5.72, em seguida selecione a opção **Fillet Arc** no painel **Draw** da aba **Place Wall**, Figura 5.71.

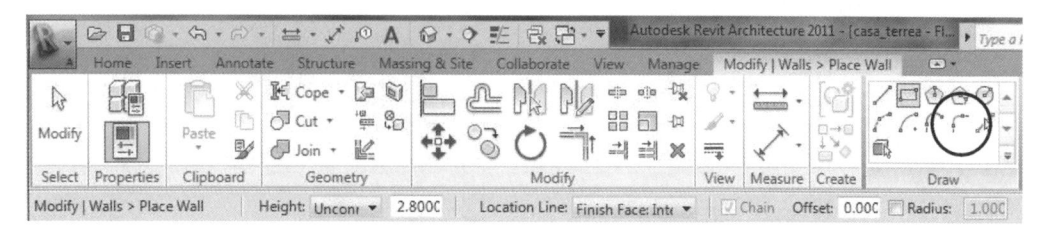

Figura 5.71. Seleção da opção Fillet Arc.

Habilite a opção **Radius** na barra de opções, digite o valor do raio e selecione as paredes cujos cantos serão arredondados.

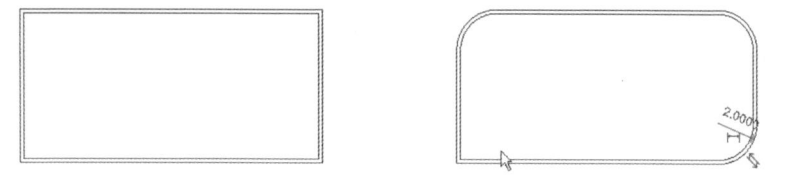

Figura 5.72. Paredes com cantos arredondados.

5.7. Paredes Compostas

As paredes compostas contêm diferentes camadas de materiais. Por exemplo, podemos criar paredes com elementos estruturais, placas de gesso, placas térmicas, além dos materiais convencionais, como tijolo, bloco, argamassa, pintura etc. Tudo isso pode ser configurado e, ao desenharmos a parede, essas camadas são criadas. No exemplo a seguir há uma parede com várias camadas representando diferentes materiais. As paredes compostas fazem o arremate automático nos cantos. Se duas paredes se encontram, o arremate dos cantos é feito se os materiais são iguais, conforme o exemplo seguinte.

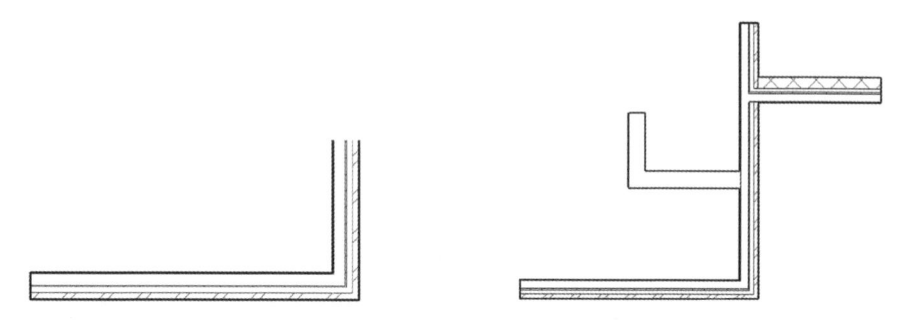

Figura 5.73. Arremate de paredes do mesmo tipo.   *Figura 5.74. Arremate de paredes de diferentes tipos.*

Ao criar paredes compostas, cada camada pode ter uma hachura representando cada material das camadas. As paredes surgem em corte e na planta com as hachuras quando alteramos o modo de visualização em **Detail Level** para **Medium** ou **Fine**. O lado da parede também pode ser invertido ao clicar nas setas que visualizamos depois de inserir a parede. Veja a Figura 5.75.

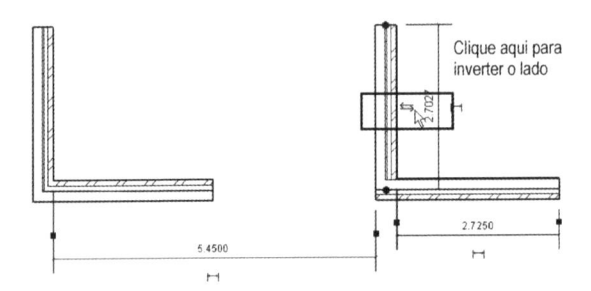

Figura 5.75. Inversão do lado da parede.

Podemos definir o acabamento nas pontas da paredes pela definição de dois parâmetros na janela de diálogo **Type Properties**, sendo **Wrapping at Ends** e **Wrapping at Inserts**. Selecione uma parede, clique em **Type Properties** e a janela de dialogo é aberta. Para exibir a imagem da parede, clique em **Preview**.

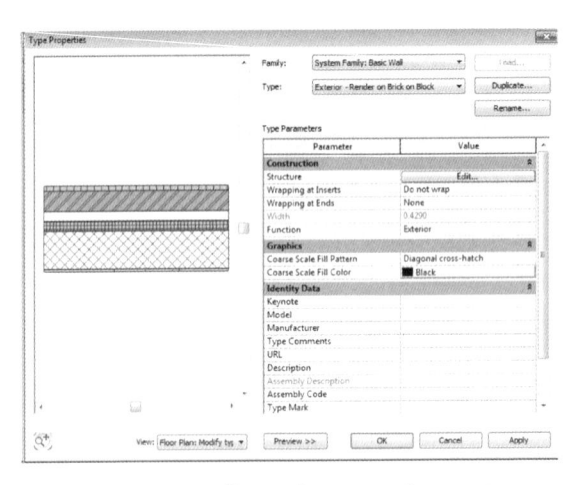

Figura 5.76. Visualização de uma parede composta.

Para visualizar selecione **Exterior/Interior** em **Wrapping at Ends** e clique em **Apply**.

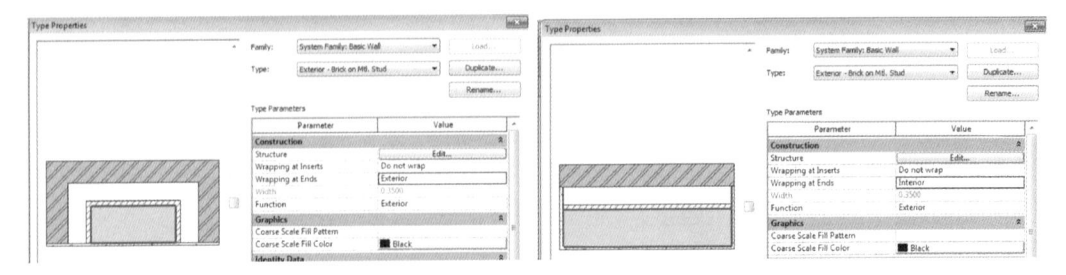

Figura 5.77. Parede com arremate Exterior selecionado.   *Figura 5.78. Parede com arremate Interior selecionado.*

Paredes - Walls

O parâmetro **Wrapping at Inserts** define o arremate ao inserirmos janelas e portas na parede. No exemplo a seguir existe a primeira parede com a opção **Do Not Wrap** e a seguinte com o parâmetro estabelecido como **Exterior**.

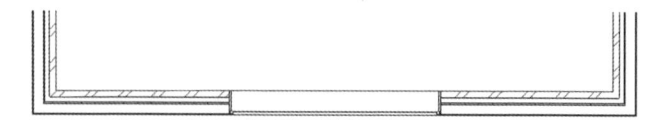

Figura 5.79. Wrapping at Inserts = Do Not Wrap.

Figura 5.80. Wrapping at Inserts = Exterior.

Os arremates das paredes também podem ser definidos pelo editor da estrutura da parede (**Edit Assembly**). Selecione uma parede e clique em **Type Properties**, em seguida clique no campo **Structure** >**Edit** e a janela de diálogo a seguir é exibida. Na caixa de diálogo **Edit Assembly**, na coluna **Wraps** podemos marcar/desmarcar as camadas que terão os acabamentos habilitados ou não individualmente.

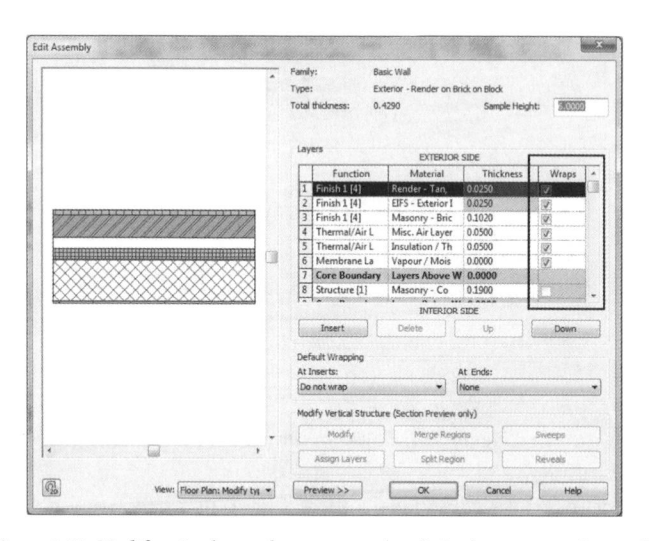

Figura 5.81. Modificação do envelopamento pela edição da estrutura da parede.

🖈 *Importante: As portas e janelas têm uma propriedade, Wall Closure, que se sobrepõe aos parâmetros de arremate ajustados nas paredes.*

5.7.1. Criação de Paredes Compostas

1. Selecione uma parede no desenho e clique em **Type Properties**. Em seguida clique em **Duplicate** e dê um nome à nova parede.

Figura 5.82. Criação da parede.

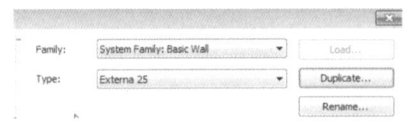

Figura 5.83. Parede Externa 25 criada.

2. No campo **Structure** clique em **Edit** para abrir a janela **Edit Assembly**. Em **View** na parte inferior mude a forma de visualização para vista, como mostra a Figura 5.84.

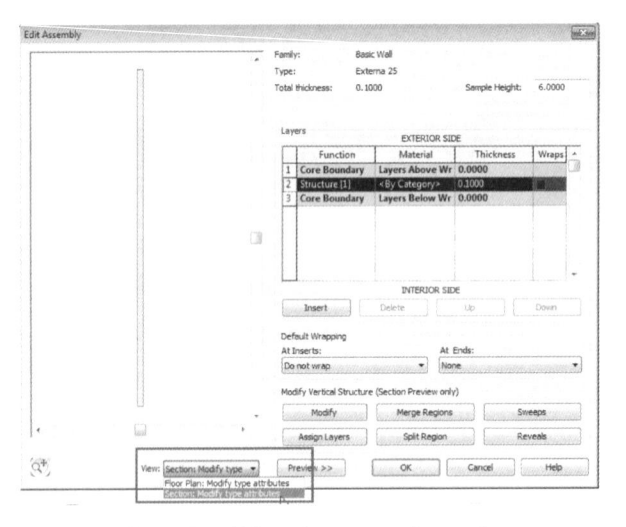

Figura 5.84. Edição da estrutura da parede.

3. Nessa janela vamos inserir as camadas e aplicar materiais a cada uma delas. Para inserir novas camadas, clicamos no botão **Insert**, em seguida definimos o tipo e o acabamento. Clique no botão **Insert** quatro vezes. Note que são inseridas três novas camadas.

Paredes - Walls

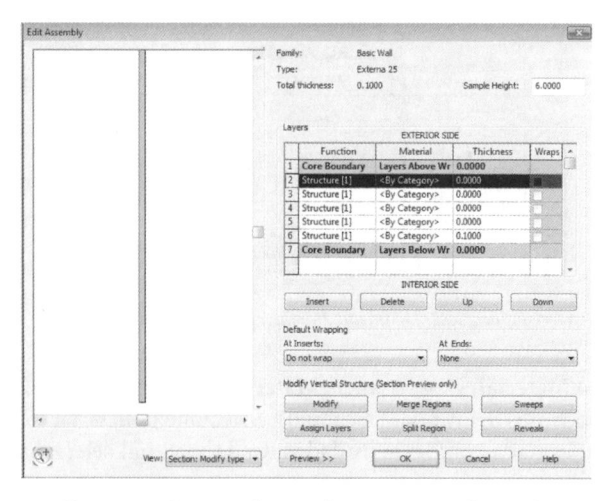

Figura 5.85. Inserção de camadas na estrutura da parede.

4. A seguir vamos definir a função e o material de cada uma. Os tipos de camada podem ser:

Função/Prioridade	Descrição
Structure (prioridade 1)	miolo da parede
Substrate (prioridade 2)	consiste no material que dá suporte a outro material
Thermal/Air Layer (prioridade 3)	camada reservada para passagem de ar
Membarne Layer	membrana reservada para impermeabilização; tem espessura zero
Finish 1 (prioridade 4)	usada como camada exterior
Finish 2 (prioridade 5)	usada como camada interior

Associamos uma função específica à camada de uma parede composta para assegurar que cada camada é unida com outra de função correspondente quando duas paredes se encontram. As funções das camadas seguem uma ordem de preferência; camadas com prioridades maiores são conectadas antes de camadas com prioridades menores. Por exemplo, no encontro de duas paredes compostas, a camada de prioridade 1 na primeira parede é unida com a camada de prioridade 1 da segunda parede. A prioridade representa a importância da camada em relação às outras.

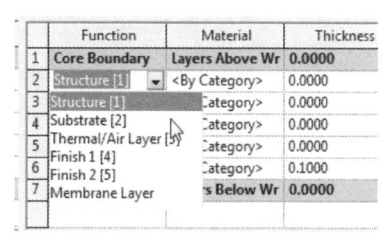

Figura 5.86. Tipos de camadas da estrutura da parede.

5. Clique no campo **Structure** para mudar a função da camada, selecione as funções, conforme a figura seguinte, e clique no campo correspondente à coluna **Material** para selecionar os materiais na janela de diálogo **Materials**.

Figura 5.87. Definição da estrutura de cada camada.

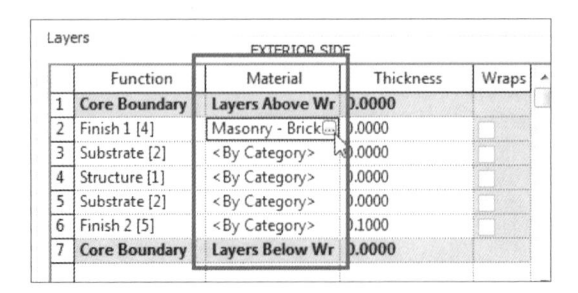

Figura 5.88. Definição do material de cada camada.

6. Ao clicar no campo **Material**, surge a janela **Materials**. Na janela do lado esquerdo há uma lista de materiais que podemos definir para a camada. Selecione o material e clique em OK. Repita o processo para cada camada conforme os dados. Cada material selecionado tem características diferentes de representação em planta e em corte.

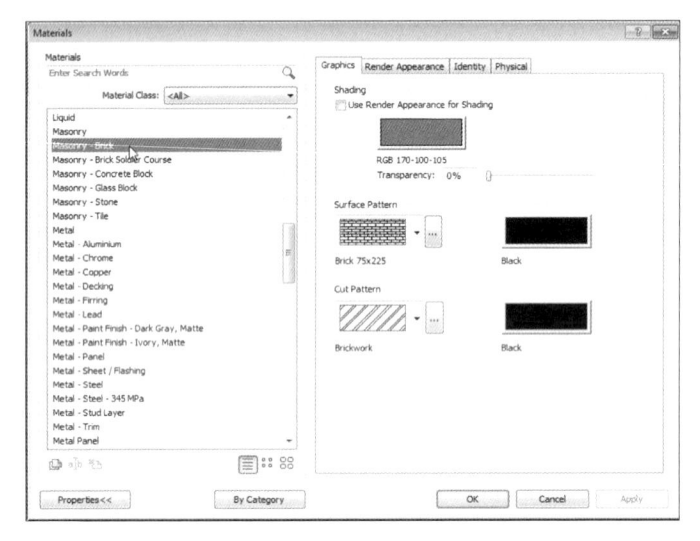

Figura 5.89. Definição do material de cada camada.

Os outros campos são:

- **Shading**: essa opção usa a cor do material do **Render** para a apresentação do projeto em 3D na forma de **Shading**.
- **Surface Pattern**: define a hachura e a cor da representação da camada no modo de visualização em 3D nas vistas de elevação, perspectiva.
- **Cut Pattern**: define a hachura e a cor da representação da camada no modo de visualização em planta.

Paredes - Walls

Ao término, a parede e suas características devem ficar semelhantes às da Figura 5.90.

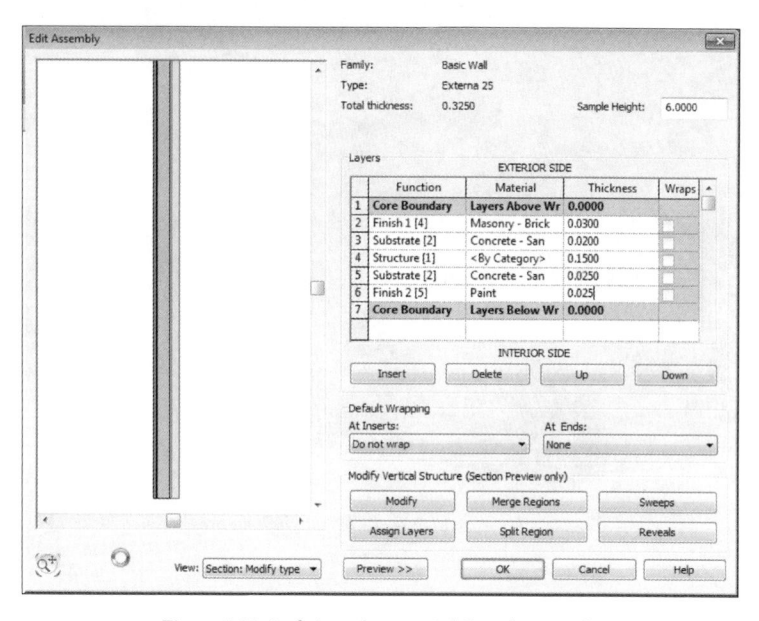

Figura 5.90. Definição do material de cada camada.

Para visualizar melhor as camadas podemos dar zoom dentro da vista do **preview** rolando o botão do mouse ou selecionando a ferramenta **Zoom** no canto inferior esquerdo do **Preview**, Figura 5.91.

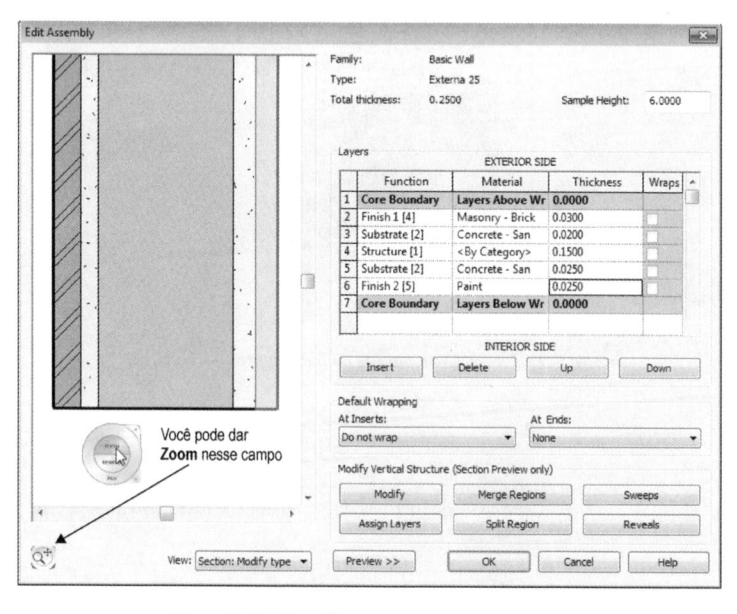

Figura 5.91. Visualização no preview com Zoom.

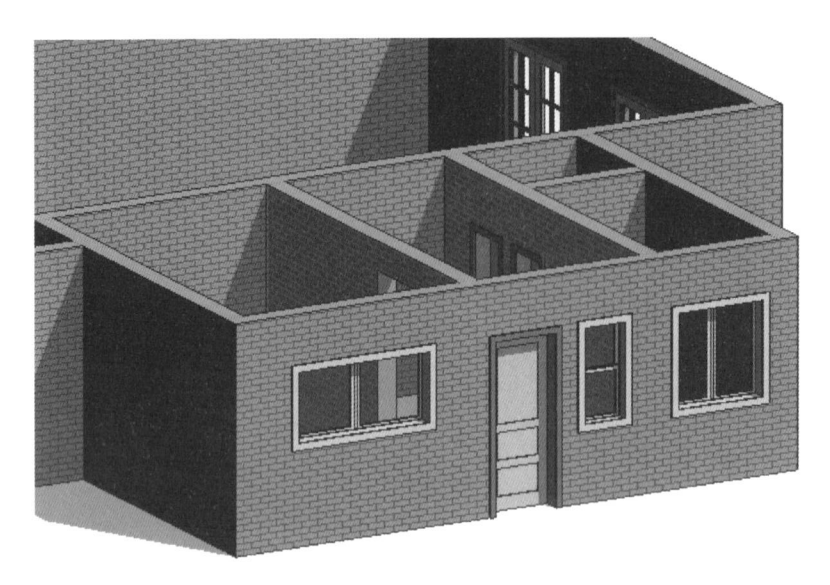

Figura 5.92. Parede Externa 25 aplicada no projeto.

5.7.2. Criação de uma Parede Composta de Elementos na Vertical

Podemos criar paredes com diferentes tipos de material na vertical, como mostram as figuras seguintes. Vamos partir de um estilo existente e modificá-lo. Selecione **Wall** e o tipo **Exterior - Brick on Mtl. Stud**. Depois selecione **Properties** > **Type Properties**.

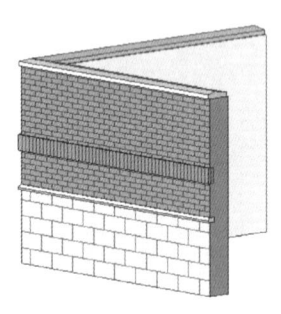

Figura 5.93. Exemplo de parede com elementos na vertical.

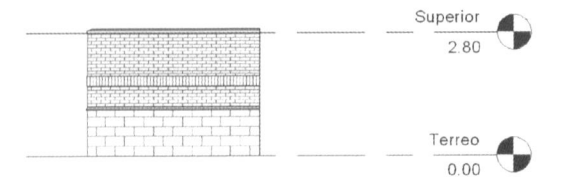

Figura 5.94. Exemplo de parede com elementos na vertical.

Paredes - Walls

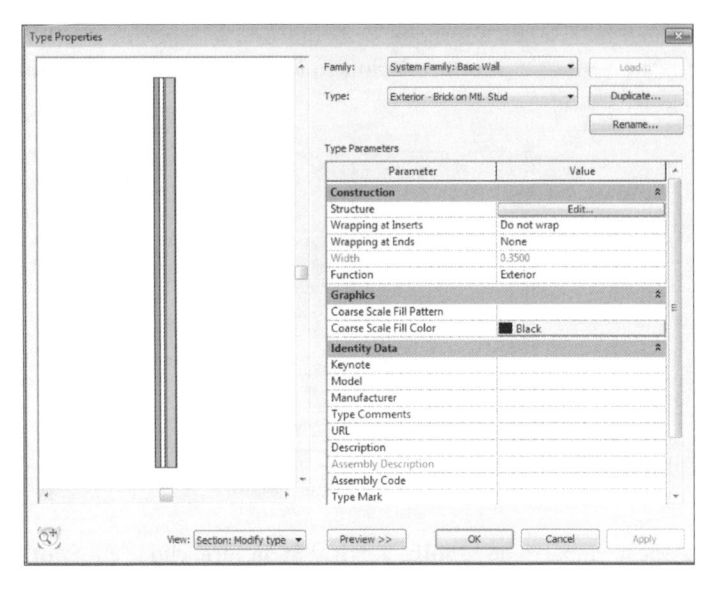

Figura 5.95. Propriedades da parede.

Nessa janela selecione **Duplicate** para copiar essa parede a fim de gerar a nova. Dê o nome Tijolo e Bloco e clique em OK, em seguida selecione **Edit** no campo **Structure** para abrir a janela de diálogo **Edit Assembly**. Nela clique em **Preview** para abrir a amostra da parede, Figura 5.97.

Figura 5.96. Criação da parede composta.

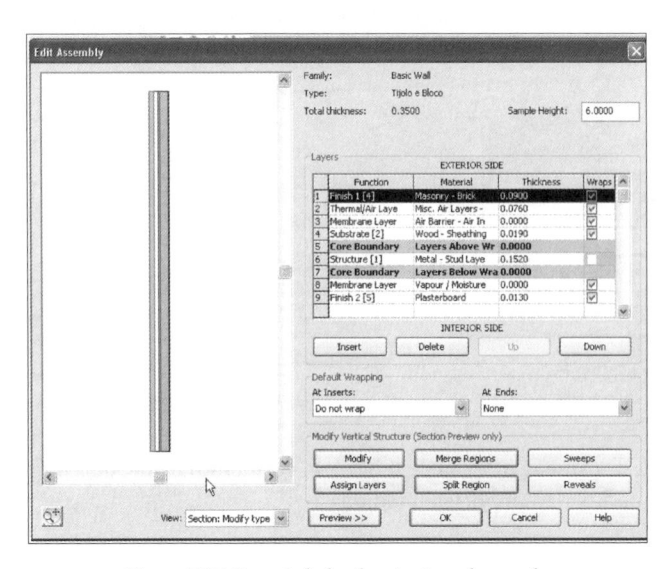

Figura 5.97. Propriedades da estrutura da parede.

No canto inferior esquerdo da janela certifique-se de que está selecionado **Section** em **View** (modo de vista da parede). Para vermos em corte, selecione o ícone da lupa e dê um **Zoom** na parede para deixá-la como na figura seguinte.

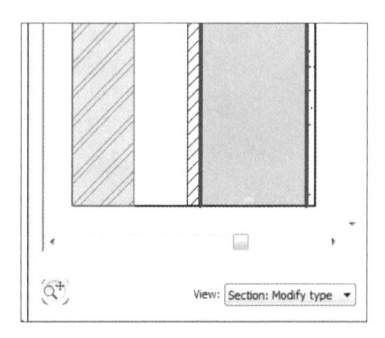

Figura 5.98. Preview da parede.

No lado direito da janela, embaixo de **Modify Vertical Structure**, clique em **Split Region** e a janela deve ficar como na figura seguinte.

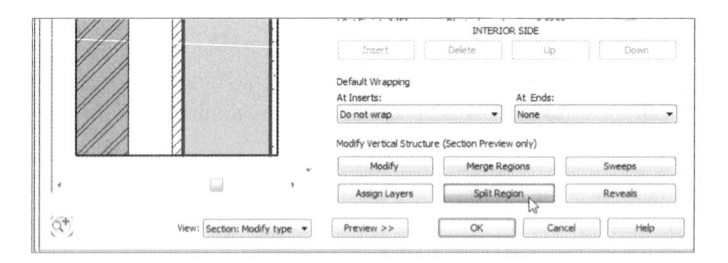

Figura 5.99. Preview da parede.

Clique no lado esquerdo, na amostra da parede, até que apareçam um lápis e a medida da camada, como mostra a Figura 5.100.

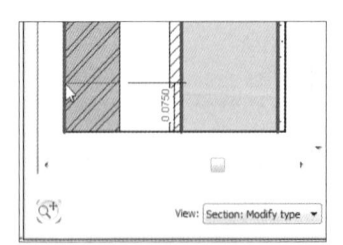

Figura 5.100. Preview da parede.

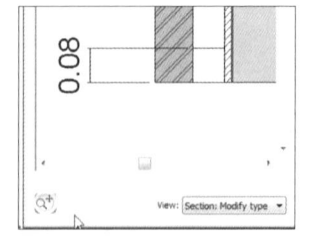

Figura 5.101. Preview da parede com distância da espessura.

Clique nos dois lados da camada externa de tijolo (em vermelho) e note que surge uma linha de cota. Clique em qualquer ponto, não importa a medida.

Paredes - Walls

Para acertar a medida clique no botão **Modify** no lado direito da janela e clique na linha que foi criada na horizontal até que apareça uma seta. Em seguida, clique na caixa de texto da cota provisória e digite 1.05, conforme a Figura 5.103.

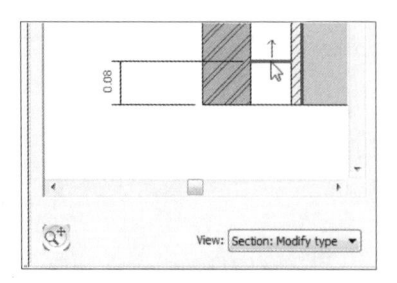

Figura 5.102. Preview da parede.

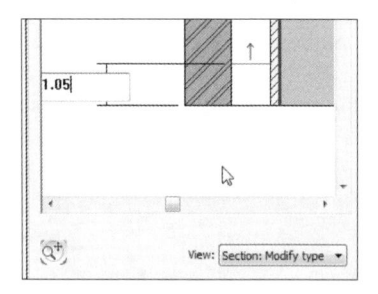

Figura 5.103. Alteração da altura da camada.

Com a lupa dê um zoom para visualizar a linha de corte gerada.

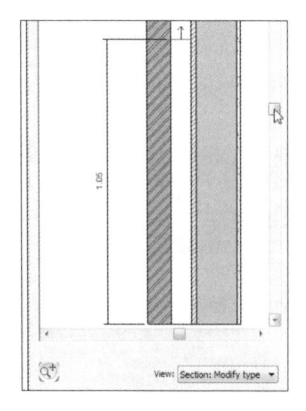

Figura 5.104. Altura da camada alterada.

Agora vamos associar outro material a essa parte da parede. Coloque o cursor na primeira linha de camadas e selecione **Insert** para inserir uma nova. Ao inserir uma nova camada, ela entra como tipo **Structure**; mude para **Finish 1**.

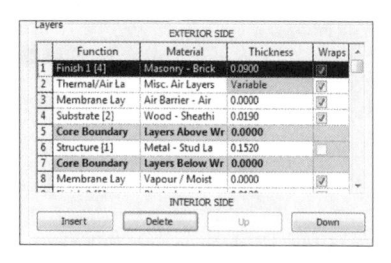

Figura 5.105. Primeira linha de camadas.

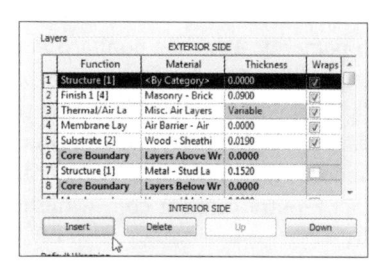

Figura 5.106. Nova camada inserida (Structure).

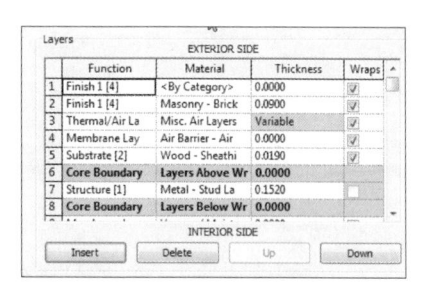

Fig 5.107. Camada alterada para Finish 1.

Clique no campo **Material** para alterar o material na janela **Materials**. Selecione **Masonry - Concrete Block** e clique em OK. Note que a espessura (thickness) dessa camada ficou com zero.

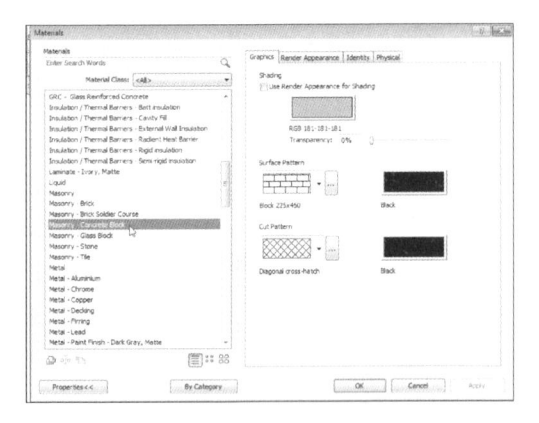

Figura 5.108. Alteração de material da camada.

Clique na primeira camada e selecione **Assign Layers** na parte de baixo da janela de diálogo. No painel de **Preview** ponha o cursor no lado esquerdo da parte dividida da parede e clique para associar a camada a essa parte da parede. Ao associar, note que a hachura dessa parte muda e a espessura da camada também fica igual à outra camada com o mesmo tipo (Finish1).

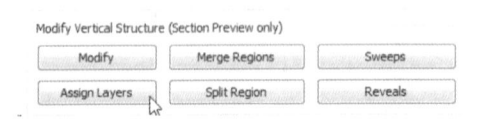

Figura 5.109. Seleção de Assign Layers.

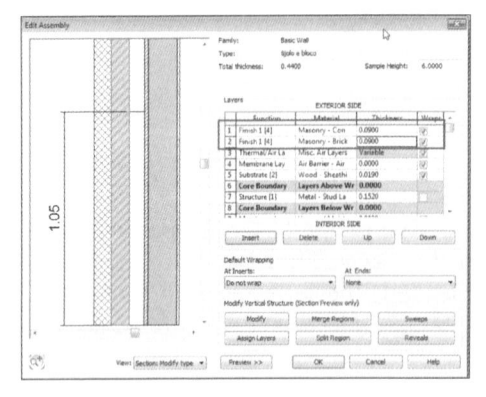

Figura 5.110. Nova camada inserida.

Agora vamos associar um perfil à parte externa dessa parede. Ele vai funcionar como uma proteção à parte superior dessa seção de blocos contra a água. Na parte inferior da janela de diálogo clique em **Sweeps**.

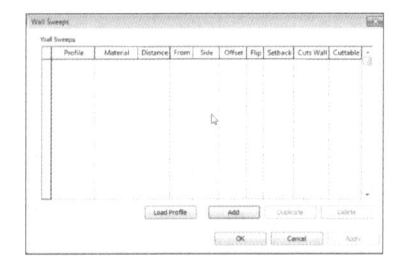

Figura 5.111. Inserção de perfis.

Na janela que se abre vamos selecionar o perfil no campo **Profile**; mas antes precisamos carregar a biblioteca de perfis em **Load Profile**. Clique nesse botão, selecione na janela seguinte **Profile** e nos arquivos listados selecione **M_Sill-Precast**, como mostra a Figura 5.112.

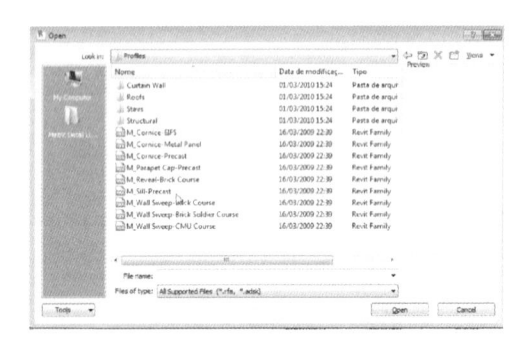

Figura 5.112. Seleção do tipo de perfil.

Em seguida clique em **Add**, no campo **Profile** selecione **M_Sill-Precast: 125mm wide** e abra o campo **Materials**. Selecione **Concret - Cast In Situ** e clique em OK.

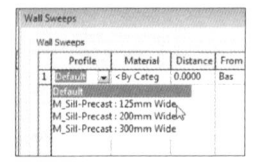

Figura 5.113. Seleção do perfil.

Paredes - Walls

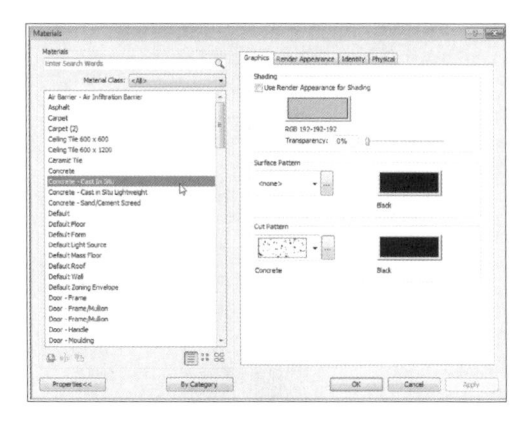

Figura 5.114. Seleção do material do perfil.

Em seguida verifique os campos na janela **Wall Sweeps** que devem estar da seguinte forma:

- **Distance**: digite 1.05m (distância da base)
- **From**: base (ponto de início do perfil)
- **Side**: exterior (lado do perfil)
- **Offset**: 0.00
- **Flip**: desmarcado

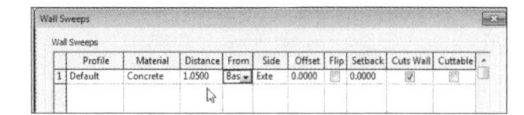

Figura 5.115. Distância do perfil à base da parede.

Para finalizar, clique em OK e veja o **Preview** na janela seguinte.

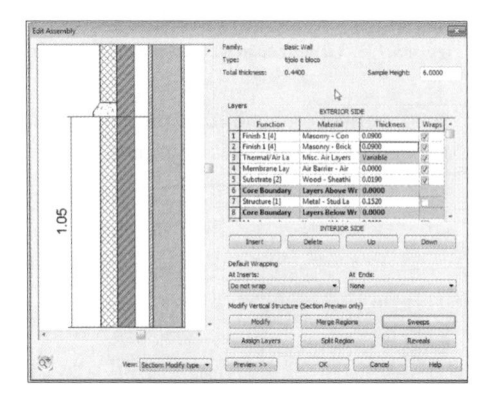

Figura 5.116. Visualização do novo perfil inserido.

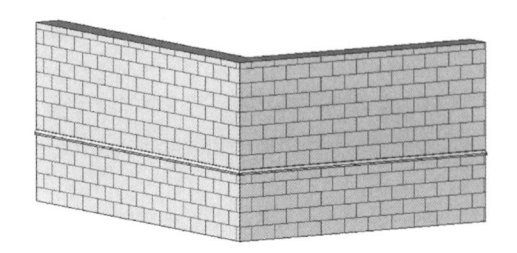

Figura 5.117. Visualização da parede inserida no desenho com o novo perfil.

Vamos inserir mais um perfil na parede. Carregue o perfil **M_Wall Sweep Brick Soldier** pelo botão **Load**, como fizemos anteriormente, e na janela **Wall Seeps** selecione **M_Wall Sweep Brick Soldier Course: 1 Brick**, como mostra a figura. No campo **Materials** selecione **Masonry - Brick Soldier Course**.

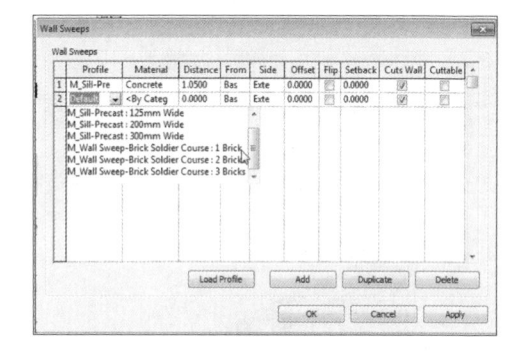

Figura 5.118. Seleção do segundo perfil da parede.

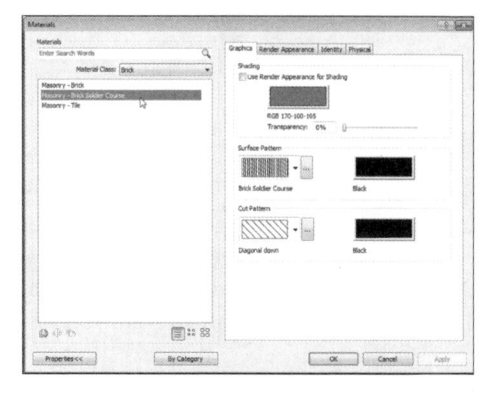

Figura 5.119. Seleção do material do perfil.

Acerte as medidas como na Figura 5.120 e clique em OK para finalizar.

Figura 5.120. Visualização das distâncias dos perfis.

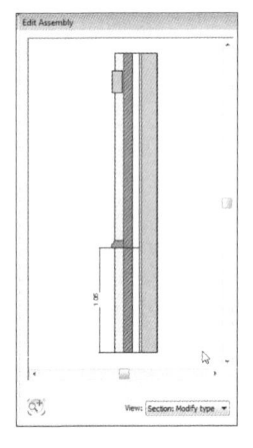

Figura 5.121. Visualização da parede com o perfil.

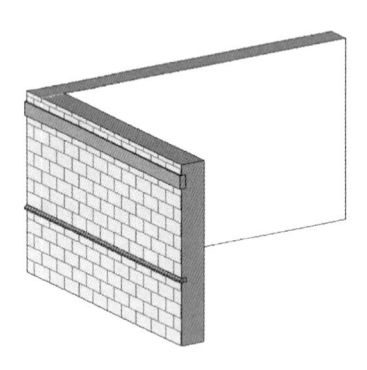

Figura 5.122. Visualização da parede com os perfis.

Para completar a parede insira um perfil na parte superior com os parâmetros da Figura 5.125 usando o perfil **M_Parapet cap-Precast : 300mm wide**. Ele gera uma cobertura para o topo da parede, como mostra a Figura 5.123.

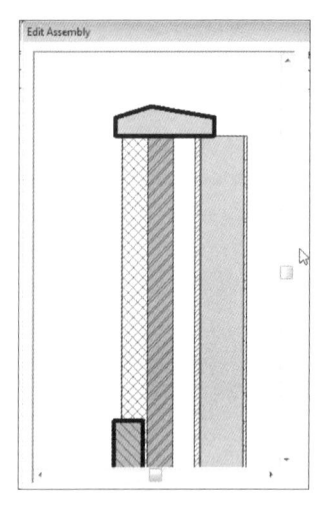

Figura 5.123. Visualização da parede com perfil na parte superior.

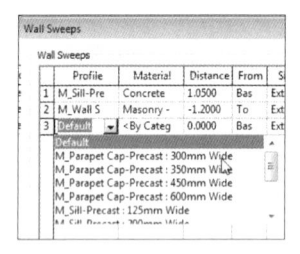

Figura 5.124. Inserção de perfil no topo da parede.

Figura 5.125. Visualização das distâncias dos perfis.

No final, tem-se uma parede com as características mostradas nas figuras seguintes.

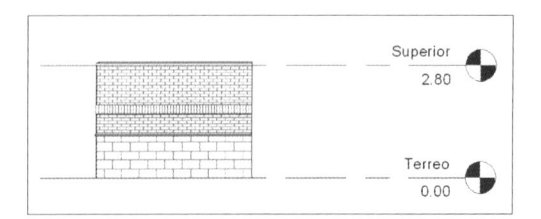

Figura 5.126. Visualização da parede em elevação com os perfis.

Paredes - Walls

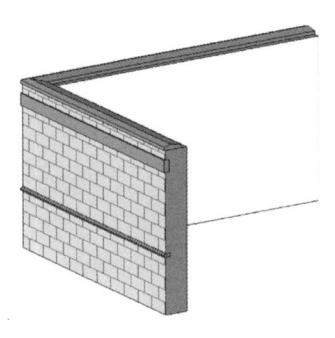

Figura 5.127. Visualização da parede com os perfis.

Podemos ainda inserir outros elementos na parede, tais como molduras. Clique em **Reveals** e em **Add** três vezes para inserir três molduras. Em seguida selecione **M_Reveal_Brick Course: 1Brick** para as três linhas e dê os valores das distâncias, como mostra a Figura 5.129. Deixe o lado com o **Exterior** e em **From** selecione **Base**.

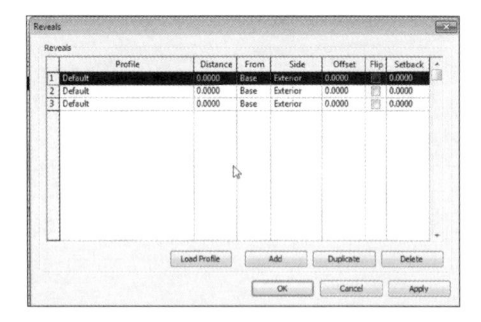

Figura 5.128. Inserção de molduras na parede.

Figura 5.129. Visualização das molduras inseridas.

O resultado deve ser semelhante ao da Figura 5.130.

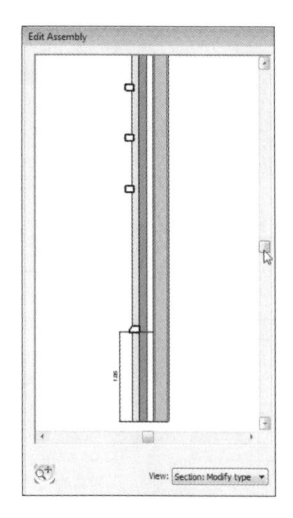

Figura 5.130. Visualização da parede com os perfis e molduras.

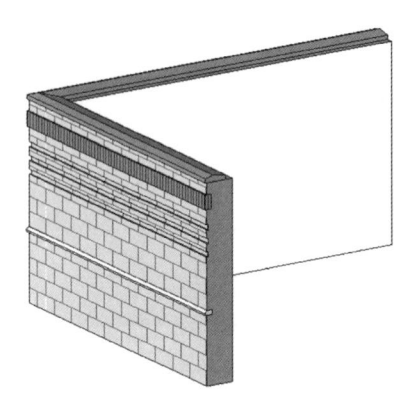

Figura 5.131. Visualização final da parede com os perfis e molduras.

Anotações

Capítulo 6
Ferramentas de Edição

Introdução

Cada objeto selecionado no Revit possui ferramentas próprias de edição apresentadas na aba temporária enquanto esse objeto estiver selecionado. Por exemplo, ao selecionar uma parede, temos a aba Modify Walls, um piso Modify Floors, um telhado Modify Roofs etc. Na aba Modify há ferramentas que atuam em vários objetos. Podemos usar Mirror para espelhar uma parede ou viga e assim por diante. Este capítulo apresenta as ferramentas gerais de edição que estão na aba Modify e algumas utilizadas em vários comandos, tais como Move, Copy. Outras ferramentas específicas são abordadas nos capítulos correspondentes de cada objeto.

Objetivo

- Conhecer as ferramentas gerais de edição de objetos

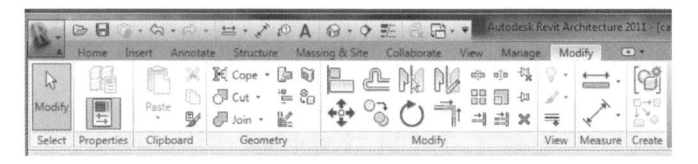

Figura 6.1. Aba Modify.

Figura 6.2. Aba Modify Walls após seleção de uma parede.

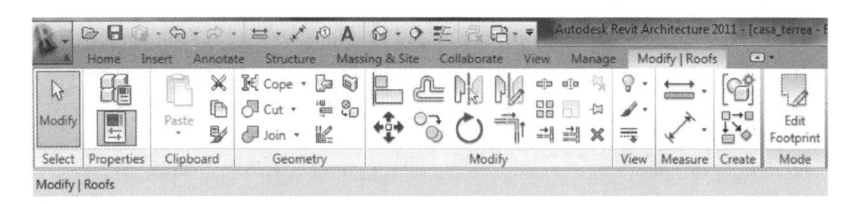

Figura 6.3. Aba Modify Roofs após seleção de um telhado.

🔸 **Importante:** Para editar um objeto, é preciso selecioná-lo antes. Os modos de seleção foram vistos no capítulo 5, junto com paredes.

6.1. Offset - Cópias Paralelas

Faz a cópia paralela de um objeto. Neste exemplo vamos criar várias paredes a partir de uma existente. Ao selecionar o comando **Offset**, surge a barra de opções a seguir na qual devemos fornecer o valor da distância da cópia paralela, neste caso 2m. Em seguida clique na parede que será copiada e uma linha pontilhada surge, dando a distância da cópia, como indica a figura seguinte.

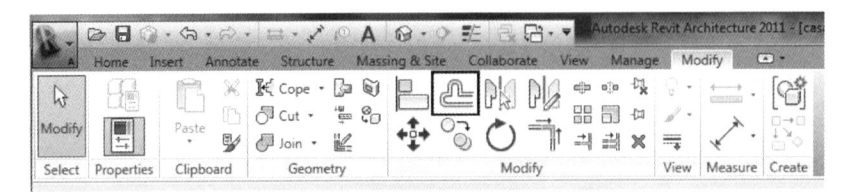

Figura 6.4. Aba Modify.

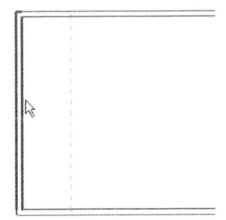

Figura 6.5. Seleção do lado. 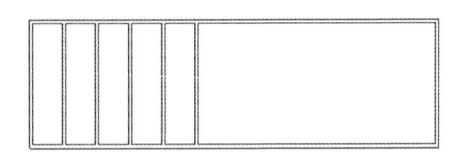 *Figura 6.6. Resultado de vários offsets.*

O lado da cópia é aquele apontado na parede. As Figuras 6.7 e 6.8 mostram a mesma parede sendo apontada pelos dois lados, gerando a linha pontilhada do Offset para cada um dos lados.

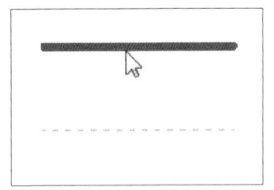

Figura 6.7. Seleção do lado. 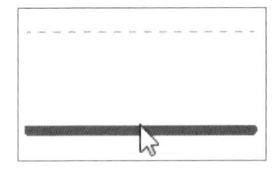 *Figura 6.8. Seleção do lado.*

Importante: Para apagar um objeto, é preciso selecioná-lo e teclar Del ou Delete.

6.2. Trim - Cortar

Funciona em paredes e linhas, formando um canto ou cortando linhas. Neste exemplo vamos cortar as linhas, gerando salas e um corredor. Deve-se clicar na parte da parede/linha que fica.

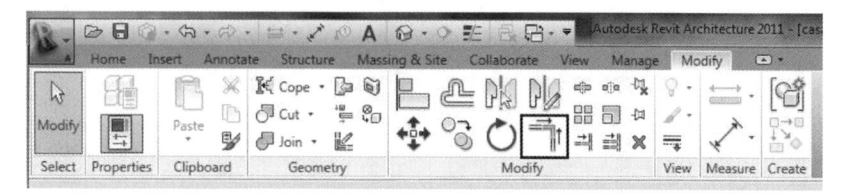

Figura 6.9. Ferramenta Trim.

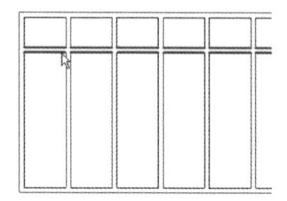

Figura 6.10. Primeira parede selecionada.

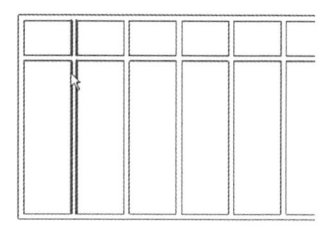

Figura 6.11. Segunda parede selecionada.

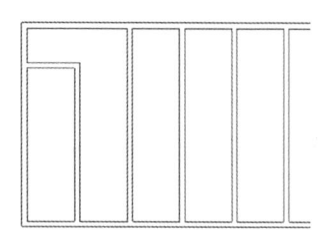

Figura 6.12. Resultado.

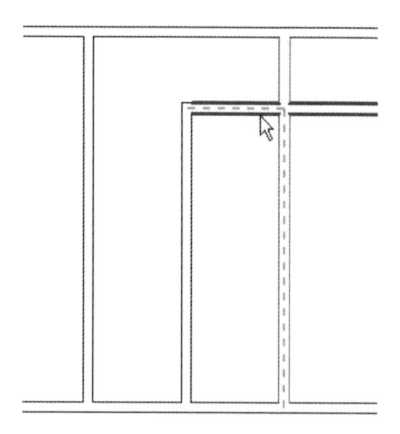

Figura 6.13. Seleção da parede.

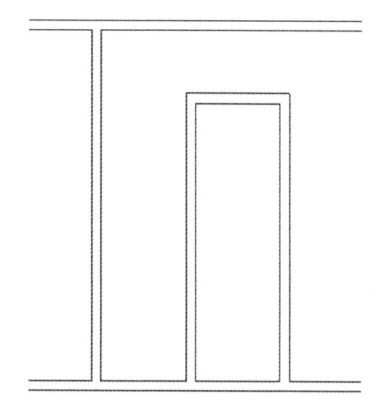

Figura 6.14. Resultado.

Note que, ao selecionar a segunda parede, uma linha pontilhada é apresentada onde será o resultado.

6.3. Extend - Estender

Permite estender ou cortar paredes e linhas. Tem duas opções, sendo para um objeto somente e para vários objetos simultaneamente.

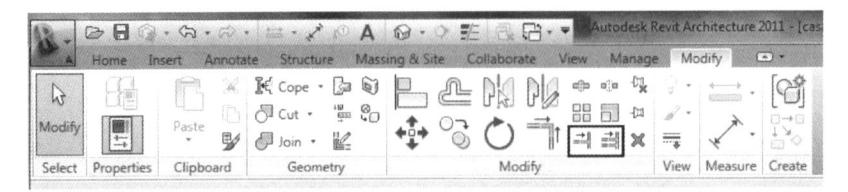

Figura 6.15. Ferramenta Extend.

Para cortar uma parede, selecione **Trim/Extend Single Element**, em seguida a parte da parede que fará o papel da que corta. Depois selecione a parte da parede que fica. Na linha de status, ao entrar no comando, surge a solicitação das Figuras 6.16 e 6.17.

Figura 6.16. Selecione a parede que cortará.

Figura 6.17. Selecione a parte da parede que fica.

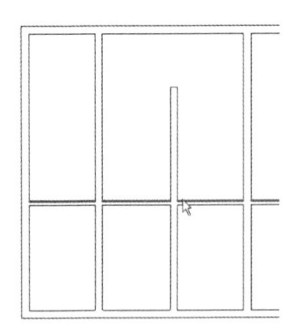

Figura 6.18. Seleção da parede que corta.

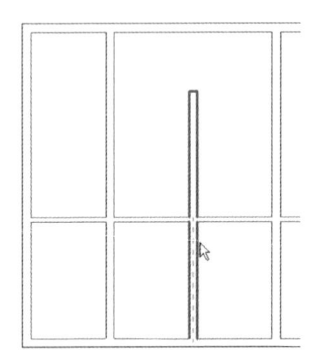

Figura 6.19. Seleção da parede a ser cortada.

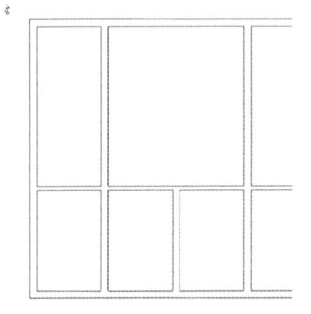

Figura 6.20. Resultado.

Para cortar vários objetos escolha **Trim/Extend Multiple Elements** e selecione a parede que corta. Depois vá selecionando as paredes a serem cortadas na parte que fica.

Select a reference as the trim/extend boundary.

Figura 6.21. Seleção da parede que corta.

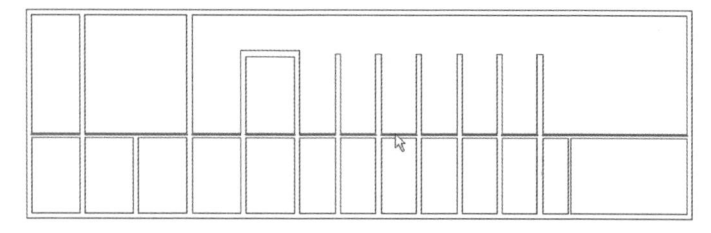

Figura 6.22. Seleção da parede que corta.

Select a line or wall to trim/extend, or click on empty area then select new trim/extend boundary.

Figura 6.23. Seleção da parte da parede que fica.

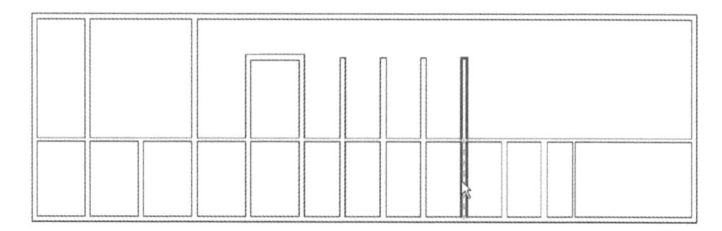

Figura 6.24. Seleção das paredes que serão cortadas na parte que fica.

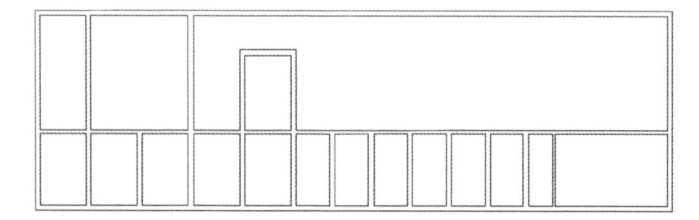

Figura 6.25. Resultado.

Para estender siga o mesmo procedimento, porém selecionando a parede para a qual as outras serão estendidas e depois as paredes a serem estendidas, da seguinte forma:

Select a reference as the trim/extend boundary.

Figura 6.26. Seleção da parede que define o limite da extensão.

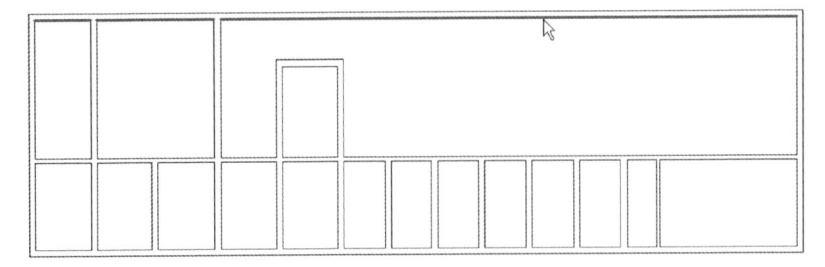

Figura 6.27. Seleção da parede que define o limite da extensão.

Figura 6.28. Seleção da parede a ser estendida.

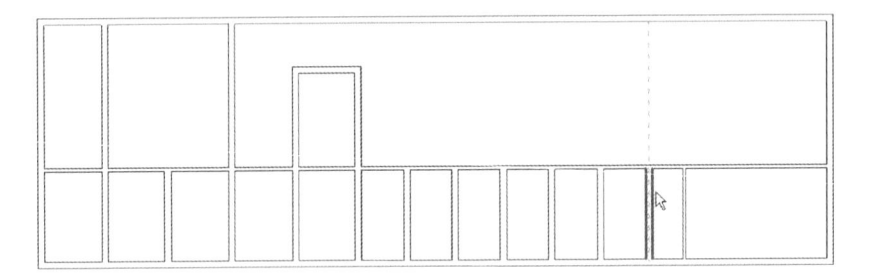

Figura 6.29. Seleção das paredes a serem estendidas.

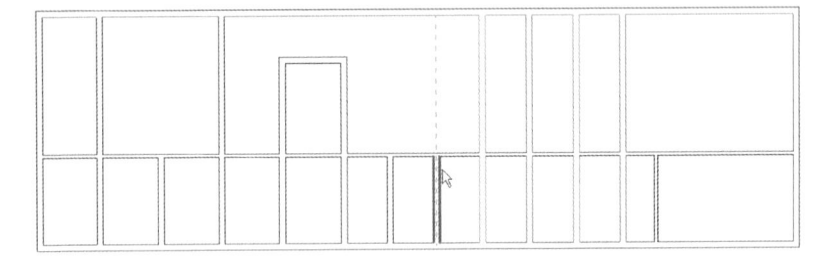

Figura 6.30. Seleção das paredes a serem estendidas.

6.4. Split - Dividir

Permite dividir uma parede ou linha em vários segmentos. Podemos usar esse comando para aplicar diferentes alturas e características a cada parte da parede ou mesmo apagar uma parte dela. Ao entrar no comando, surge um lápis no cursor e devemos selecionar uma parede; ao selecionar, surge uma cota com referência em um canto próximo a ela. Clique e marque a distância desejada. Você também pode alterar o valor na cota provisória. Em seguida clique no segundo ponto da quebra. Note que um novo segmento foi gerado entre os dois pontos.

Ferramentas de Edição

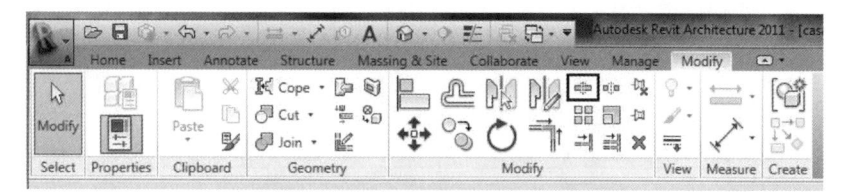

Figura 6.31. Ferramenta Split.

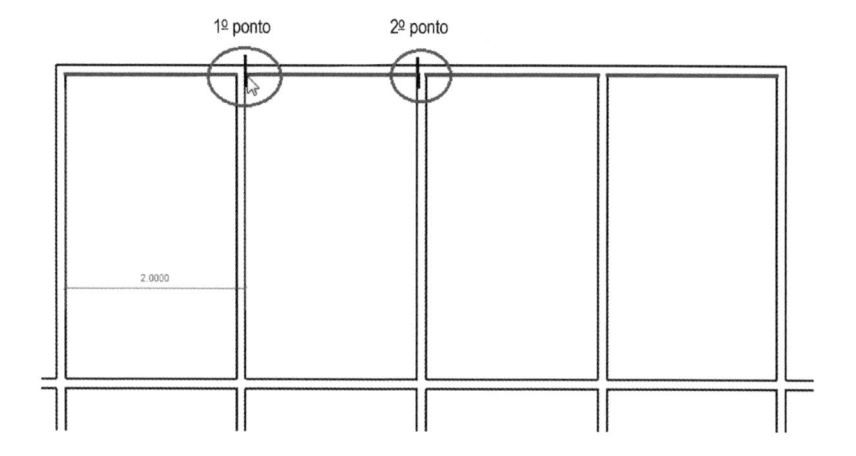

Figura 6.32. Seleção dos dois pontos do corte.

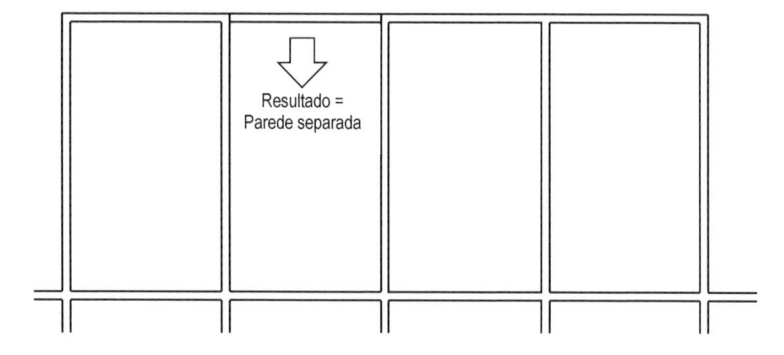

Figura 6.33. Resultado.

Se selecionarmos **Delete Inner Segment** na barra de opções, a parte interna é apagada ao fazer o **Split**.

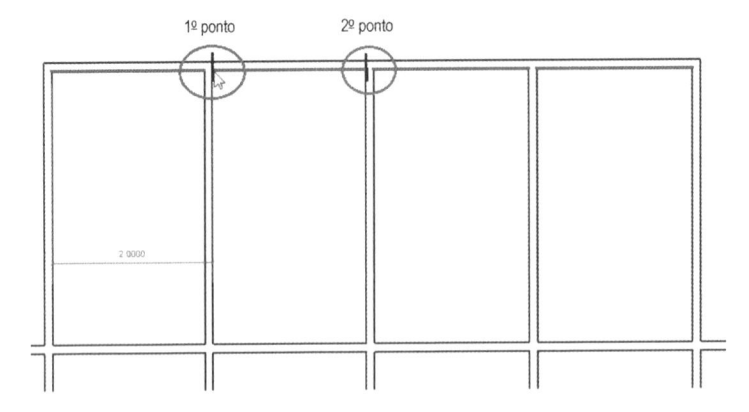

Figura 6.34. Seleção dos dois pontos do corte.

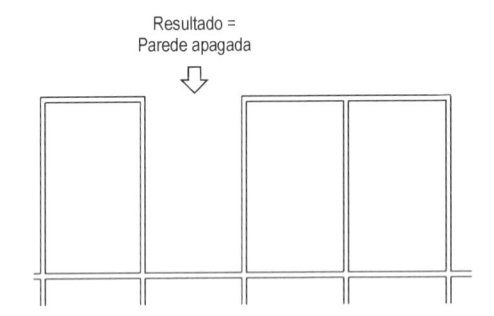

Figura 6.35. Resultado.

6.5. Align - Alinhar

Essa ferramenta permite alinhar paredes. Primeiramente selecionamos a parede à qual a outra será alinhada e em seguida a parede a alinhar. Ao alinhar duas paredes, surge um cadeado que pode ser fechado para que o alinhamento se mantenha. Nesse caso, dependendo da alteração da parede, ela reflete na que estiver alinhada.

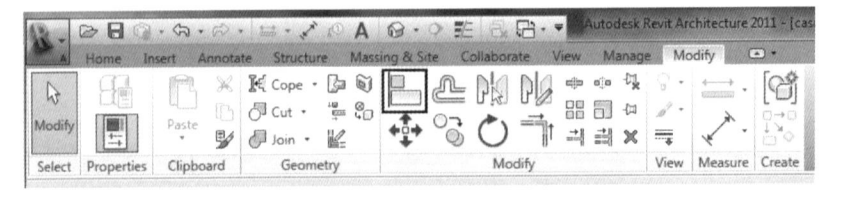

Figura 6.36. Ferramenta Align.

Ferramentas de Edição

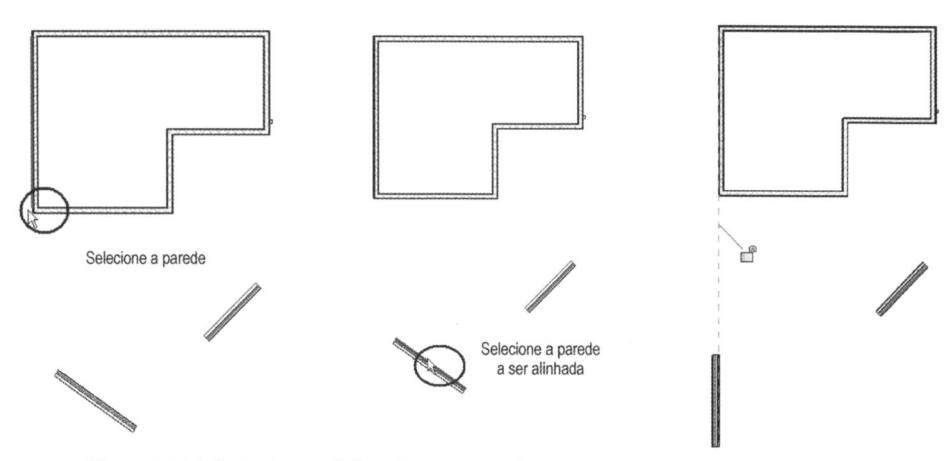

Figura 6.37. Seleção da parede à qual a outra parede será alinhada e da parede a alinhar.

Figura 6.38. Resultado.

6.6. Move - Mover

Na aba **Modify Walls** consta o comando **Move** que permite mover os objetos, sendo neste exemplo a parede. Ele se aplica a vários outros objetos e é apresentado na aba de cada objeto selecionado, por exemplo, piso, viga etc.

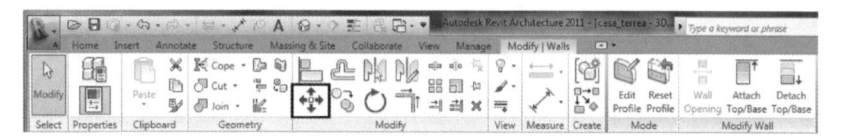

Figura 6.39. Ferramenta Move.

Para mover uma parede, selecione-a clicando nela. Para selecionar mais de uma parede, use as opções **Crossing** e **Window** ou mantenha pressionada a tecla Ctrl para selecionar vários objetos (capítulo 5). Depois de selecionar clique no comando **Move** e marque o ponto base, em seguida defina o novo ponto através da cota provisória.

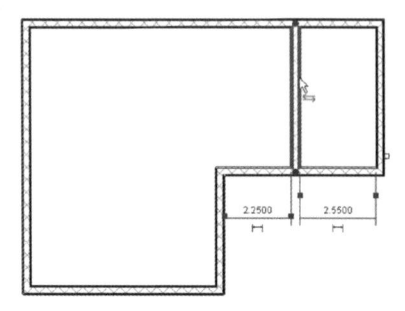

Figura 6.40. Seleção da parede.

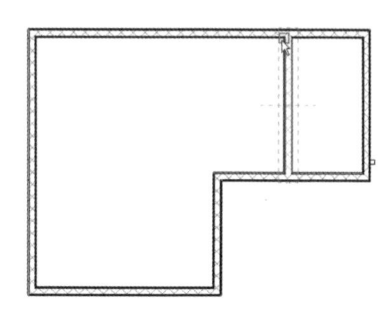

Figura 6.41. Definição do ponto base.

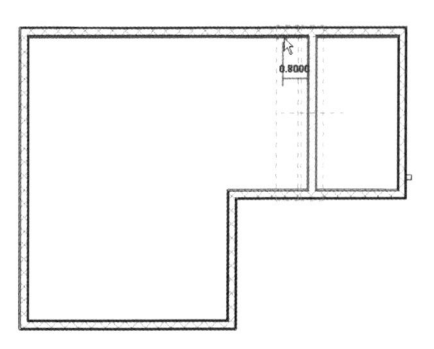

Figura 6.42. Movimentação pela cota provisória.

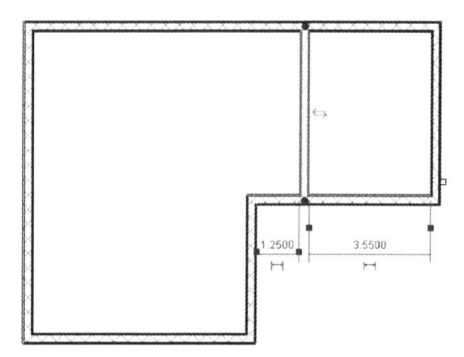

Figura 6.43. Resultado depois de mover 1m para a esquerda.

6.7. Copy - Copiar

Copia objetos previamente selecionados como no comando anterior. Também se aplica a vários objetos e é apresentado na aba de edição correspondente de cada um. Primeiramente selecione os objetos, depois **Copy** na aba **Modify Walls**, em seguida defina o ponto base da cópia e com a cota provisória indique o segundo ponto.

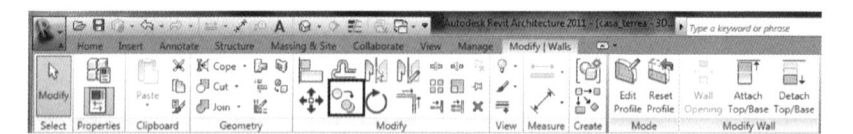

Figura 6.44. Ferramenta Copy.

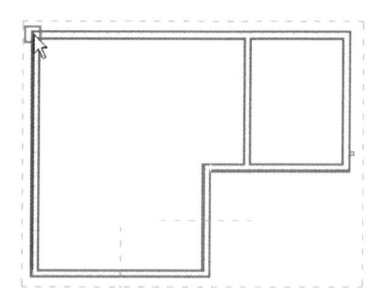

Figura 6.45. Seleção dos objetos e definição do ponto base da cópia.

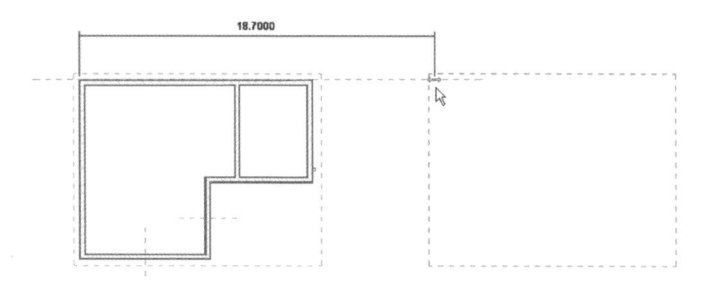

Ferramentas de Edição

Figura 6.46. Definição do ponto da cópia através da cota provisória.

Para gerar múltiplas cópias selecione **Multiple** na barra de opções do comando. A opção **Constrain** restringe os movimentos de forma perpendicular ou colinear ao objeto.

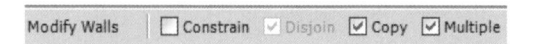

Figura 6.47. Barra de opções da ferramenta Copy.

6.8. Rotate - Rotacionar

Rotaciona um ou mais objetos previamente selecionados. Selecione os objetos e clique em **Rotate** na aba **Modify Walls**. Ao selecionar o comando **Rotate**, surge uma linha de referência e um ponto central do eixo de rotação. Deve-se definir o ângulo inicial e o final da rotação com o cursor posicionado nesses ângulos. Veja a seguir.

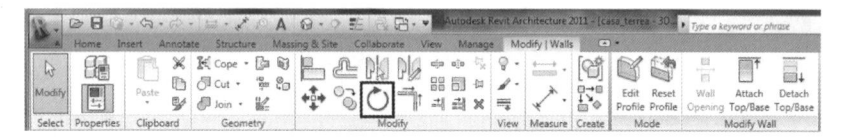

Figura 6.48. Ferramenta Rotate.

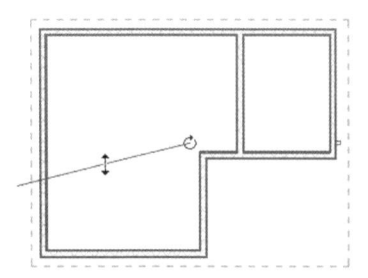

Figura 6.49. Seleção do objeto e do Rotate. 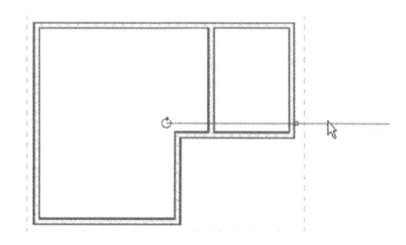   *Figura 6.50. Definição do ângulo inicial (zero).*

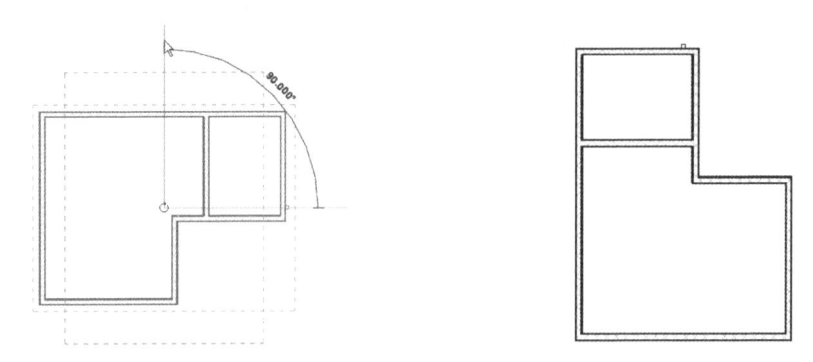

Figura 6.51. Definição do ângulo de rotação (90 graus).   *Figura 6.52. Resultado.*

6.9. Mirror - Espelhar

Faz o espelhamento dos objetos previamente selecionados. Selecione os objetos e clique em **Mirror** na opção **Draw Mirror Axis**, como mostra a figura. Nessa opção vamos desenhar a linha de espelhamento da figura através de dois pontos. Clique no ponto base e defina a distância com a cota provisória, em seguida marque o segundo ponto na vertical, como mostram as figuras.

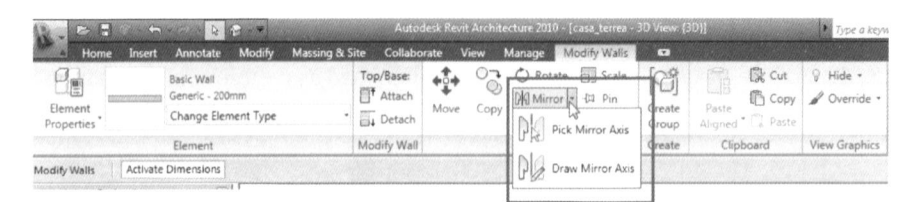

Figura 6.53. Ferramenta Mirror.

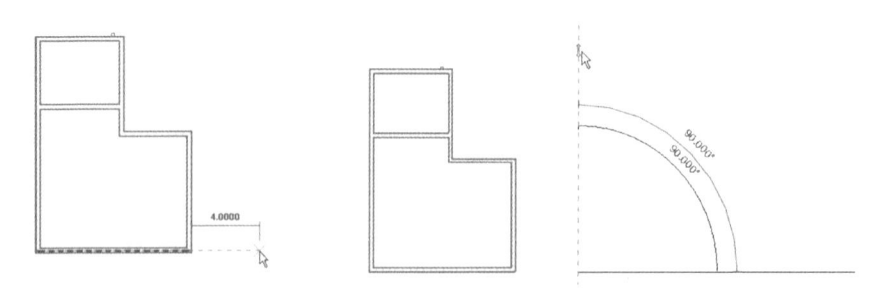

Figura 6.54. Seleção dos objetos.   *Figura 6.55. Definição da linha de espelhamento por dois pontos.*

Ferramentas de Edição

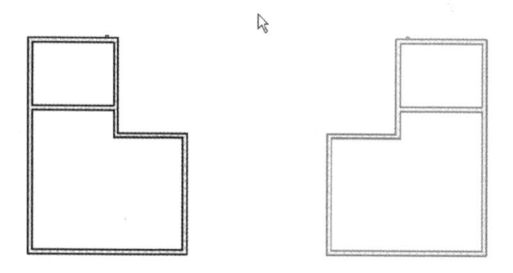

Figura 6.56. Resultado.

6.10. Array - Cópias Ordenadas

Faz cópias ordenadas de objetos previamente selecionados, as quais podem ser lineares ou angulares. Selecione uma parede e clique em **Array**. Na barra de opções surgem as seguintes opções:

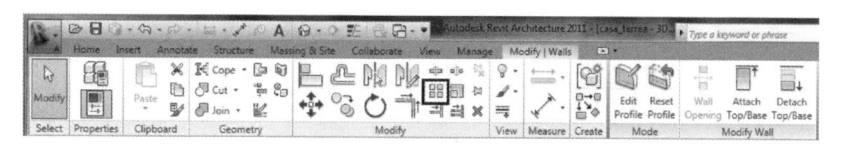

Figura 6.57. Ferramenta Array.

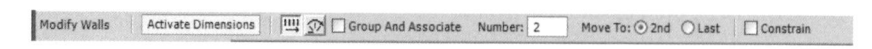

Figura 6.58. Barra de opções da ferramenta Array no modo Linear.

- : define se o Array será linear ou angular.
- **Group And Associate**: agrupa os elementos da cópia. Se não for selecionado, cada elemento fica independente dos outros.
- **Number**: especifica o número de cópias.
- **Move To 2nd**: especifica a distância entre o primeiro e o segundo objetos e todos os outros ficam com a mesma distância.
- **Move To Last**: indica a distância entre o primeiro e o último objetos e todos os outros ficam dispostos entre eles.
- **Constrain**: restringe a cópia no sentido ortogonal e colinear ao objeto selecionado.

Vamos fazer cópias da parede selecionada a cada 3m uma da outra. Depois de selecionar e clicar em Array, marque 7 no campo **Number** e siga os parâmetros da barra de opções da Figura 6.59.

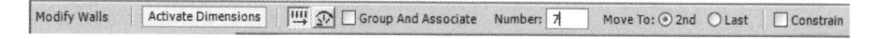

Figura 6.59. Barra de opções da ferramenta Array no modo Linear.

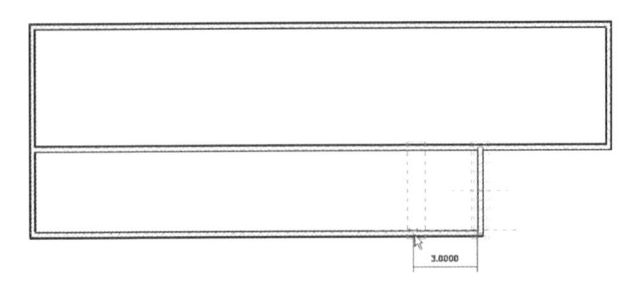

Figura 6.60. Definição da distância.

Com o cursor defina a distância de 3m e clique. Em seguida a cópia é feita.

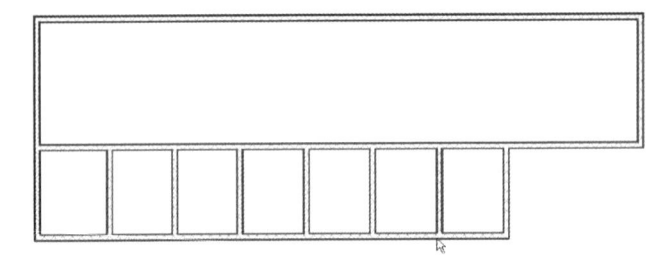

Figura 6.61. Resultado das cópias.

Neste exemplo vamos fazer cópias informando a distância entre a primeira e a última cópias, usando os parâmetros da barra de opções da Figura 6.62.

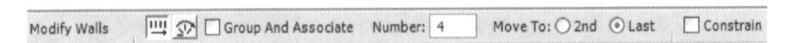

Figura 6.62. Barra de opções da ferramenta Array no modo Linear.

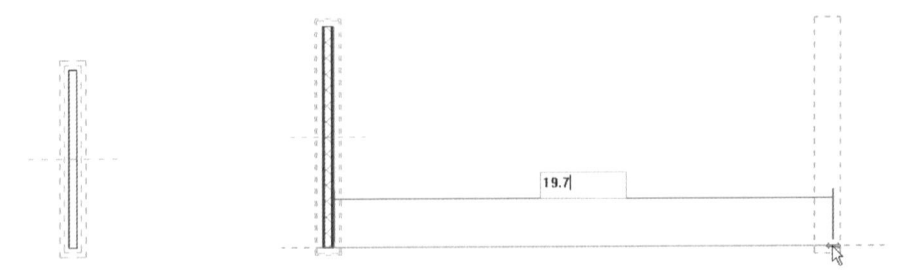

Figura 6.63. Seleção da parede.   *Figura 6.64. Informação da distância.*

Selecione a parede, clique com o botão do mouse para a direita e digite o valor 19.7, conforme a figura, pois a parede do exemplo tem 0.3m. Foram geradas quatro cópias com distância de fora a fora das paredes de 20m.

Ferramentas de Edição

Figura 6.65. Resultado.

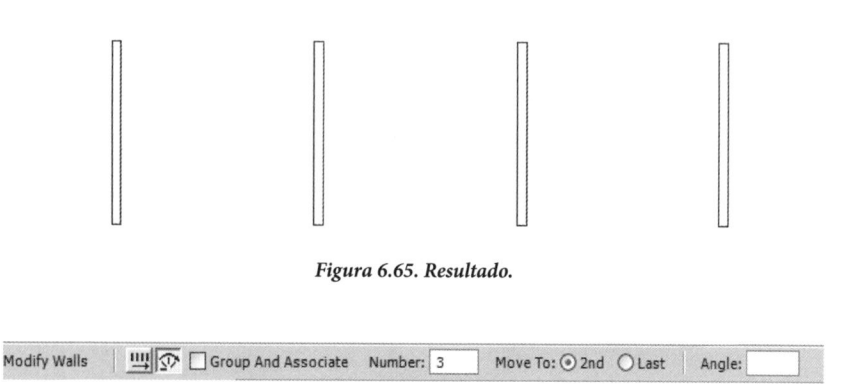

Figura 6.66. Barra de opções da ferramenta Array no modo Angular.

Angle: define o ângulo da cópia. Vamos fazer quatro cópias da cadeira num ângulo de 360 graus.

Selecione a cadeira, clique em **Array** e indique o modo angular, conforme os parâmetros da barra de opções da Figura 6.67.

Figura 6.67. Barra de opções da ferramenta Array no modo Angular.

Note que no centro da cadeira há um ícone do centro da cópia. Arraste o cursor para que ele fique na intersecção das duas linhas, como no figura. Em seguida digite 360 na caixa **Angle** e tecle **Enter**.

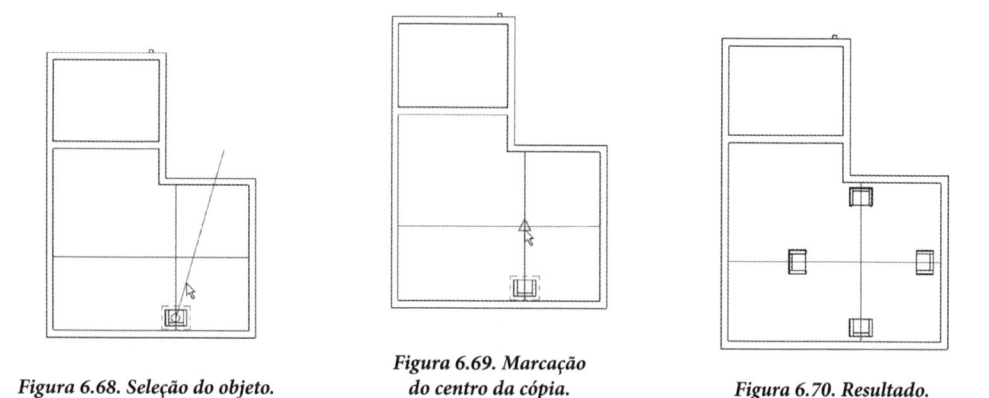

Figura 6.68. Seleção do objeto.

Figura 6.69. Marcação do centro da cópia.

Figura 6.70. Resultado.

Outra possibilidade é marcar o ângulo com o cursor. Selecione a cadeira, arraste o ícone de rotação para o centro na intersecção das linhas, Figura 6.72, e digite 6 no campo **Number**. Clique na parte inferior da cadeira ortogonalmente e na parte superior, gerando um ângulo de 180°, de acordo com a figura. O resultado são seis cópias dentro desse ângulo.

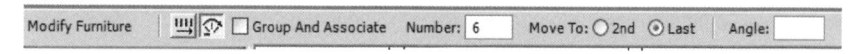

Figura 6.71. Barra de opções da ferramenta Array no modo Angular.

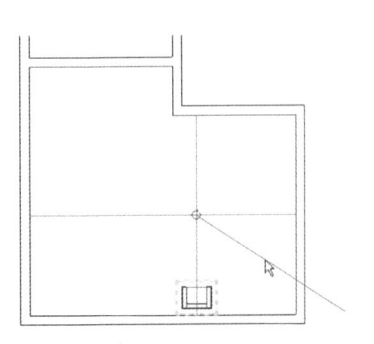

Figura 6.72. Seleção do objeto e marcação do centro da cópia.

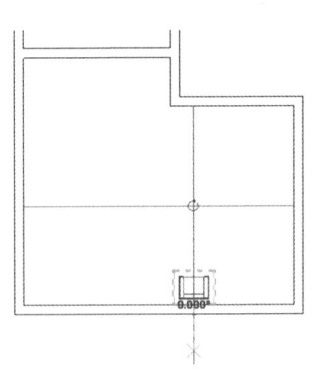

Figura 6.73. Ponto inicial do Array.

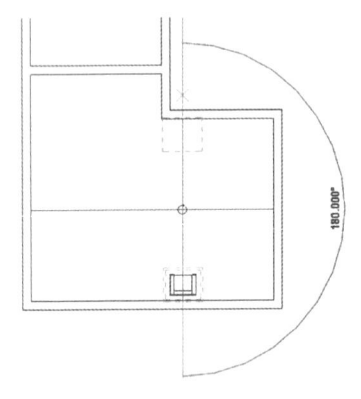

Figura 6.74. Ponto final do Array.

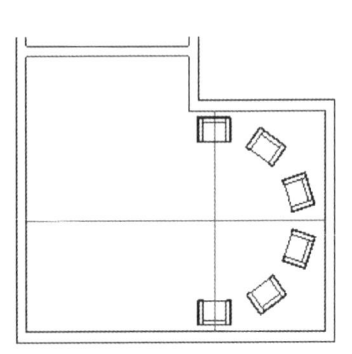

Figura 6.75. Resultado.

6.11. Pin - Fixar

Essa opção trava a posição de um objeto de forma que ele não pode ser movido acidentalmente. Por exemplo, podemos usar **Pin** em paredes de um pavimento que já foi definido para que não se movam ao fazer a distribuição do mobiliário.

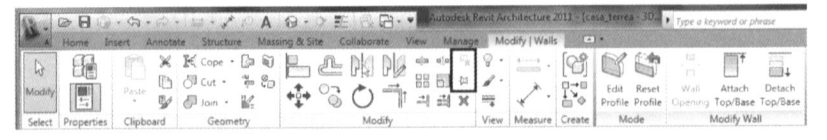

Figura 6.76. Ferramenta Pin.

Ferramentas de Edição   101

Ao selecionar o comando Pin, numa parede surge o ícone de um pino na parede, Figura 6.77.

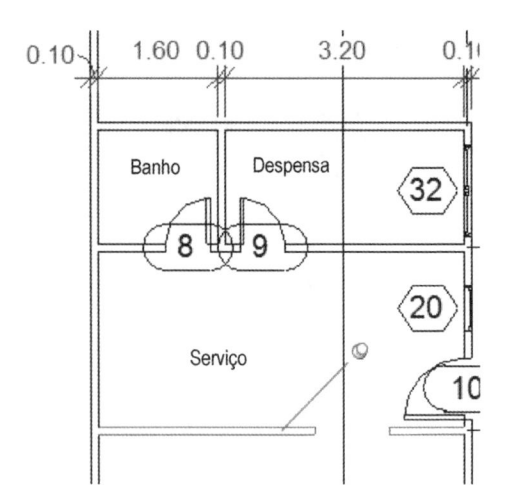

Figura 6.77. Parede com a ferramenta Pin.

6.12. Scale - Escalar

Essa ferramenta atua em paredes e linhas que podem ter suas dimensões alteradas conforme uma escala. Por exemplo, podemos duplicar o tamanho de uma parede em relação ao seu ponto médio. Com os parâmetros da barra de opções selecione a parede, clique no seu ponto médio e ela é duplicada em relação ao meio.

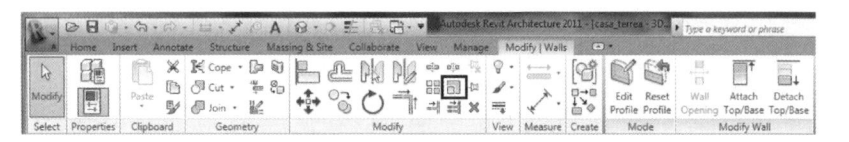

Figura 6.78. Ferramenta Scale.

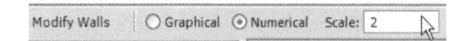

Figura 6.79. Barra de opções da ferramenta Scale.

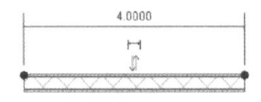

Figura 6.80. Seleção da parede.

Figura 6.81. Marcação do ponto médio.

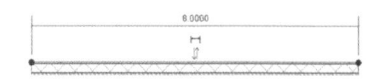

Figura 6.82. Resultado.

6.13. Delete - Apagar

Apaga os objetos selecionados. Também podemos apagar os objetos com a tecla **Del** ou **Delete**.

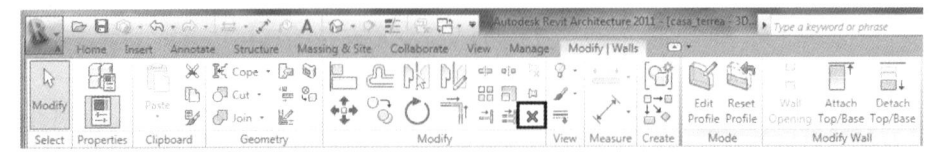

Figura 6.83. Ferramenta Delete.

Capítulo 7

Vistas e Formas de Visualização do Projeto

Introdução

No **Project Browser** o Revit reúne todas as vistas do projeto já criadas no template inicial e todas que forem criadas ao longo de um projeto. Com ele podemos "navegar" entre as vistas, modificar seus nomes e visualizar a relação de todas, tendo uma ideia geral de como o projeto está organizado. Este capítulo descreve como criar vistas de plantas, cortes, elevações, 3D, tabelas, legendas e controlar a aparência dos objetos nas vistas. Diferentemente do AutoCAD, que possui layers com os quais se controla a visibilidade dos objetos, o Revit não possui layers e controla a visibilidade por **vista**, de forma que um objeto pode aparecer numa vista e ser desligado em outra.

Objetivos

- Aprender a criar vistas de corte, elevação e 3D
- Apresentar as propriedades de uma vista
- Criar templates de vista
- Mostrar a barra de visualização de objetos
- Aprender a controlar a visibilidade dos objetos

7.1. Visualização do Projeto - Project Browser

No Revit o modelo em 3D pode ser visto em planta, elevações, cortes, vistas 3D isométricas e perspectivas. Cada vista pode controlar como os objetos são representados, como, por exemplo, em linhas ou em shade, com ou sem os elementos de anotação de desenho, tais como cotas, textos, simbologia etc. e gerar também imagens renderizadas do projeto. A Figura 7.1 exibe uma tela do Revit com várias formas de visualização do desenho.

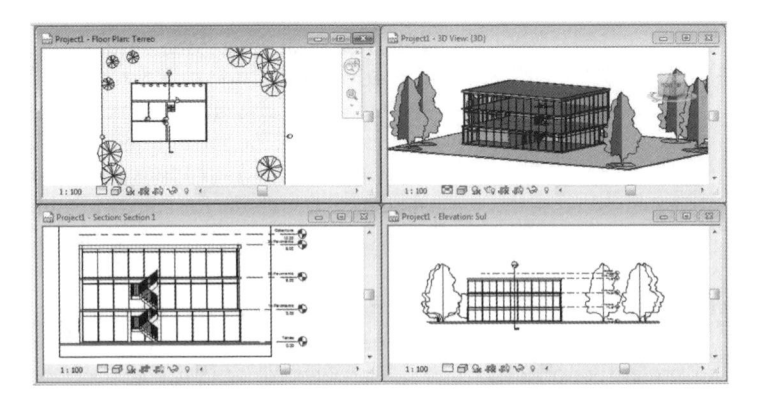

Figura 7.1. Planta, corte, elevação e vista isométrica com representação em shade.

Figura 7.2. Modelo 3D renderizado.

No **Project Browser** ficam organizadas as vistas do projeto. Nele escolhemos a vista com que vamos trabalhar e ela é exibida na tela. Com o **Project Browser** podemos navegar entre as vistas do projeto e ter uma visão em conjunto de todas. A Figura 7.3 mostra o **Project Browser** do projeto das vistas anteriores.

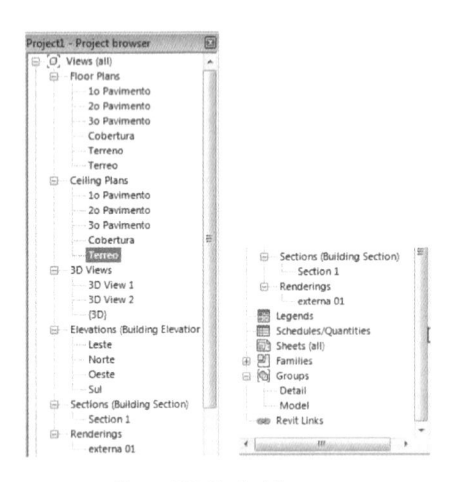

Figura 7.3. Project Browser.

As vistas são essenciais ao projeto e no Revit toda alteração de desenho, como inserção de elementos, cópias etc. feita no projeto reflete em todas as vistas do modelo. Ao iniciar um projeto novo, algumas vistas são criadas automaticamente conforme o template utilizado, depois é possível criar outras vistas e alterar suas propriedades. Somente uma vista é ativada por vez, mas podemos mudar de vista durante a execução de um comando.

As vistas são organizadas no **Project Browser** numa estrutura em árvore. Por exemplo, no item **Floor Plans** (pavimentos) temos os níveis **Terreno**, 1º **Pavimento**, 2º **Pavimento**, 3º **Pavimento** e **Cobertura**. No item **Elevations** (elevações) há East, North, South e West e assim por diante.

Para visualizar uma vista, basta clicar nela que fica ativa na tela toda de forma que, ao abrir muitas vistas, elas ficam atrás da principal (a que estiver aberta por último). Neste exemplo, clicando na vista **Flor Plans** > **Terreo**, a outra abaixo será exibida na tela ocupando toda a área; a cada vista selecionada ocorre o mesmo.

🖎 *Observação: Para visualizar a tela com a área gráfica e somente o Project Browser do lado esquerdo, desligue a janela Properties. Para ligar a janela Properties novamente, digite PP.*

Vistas e Formas de Visualização do Projeto

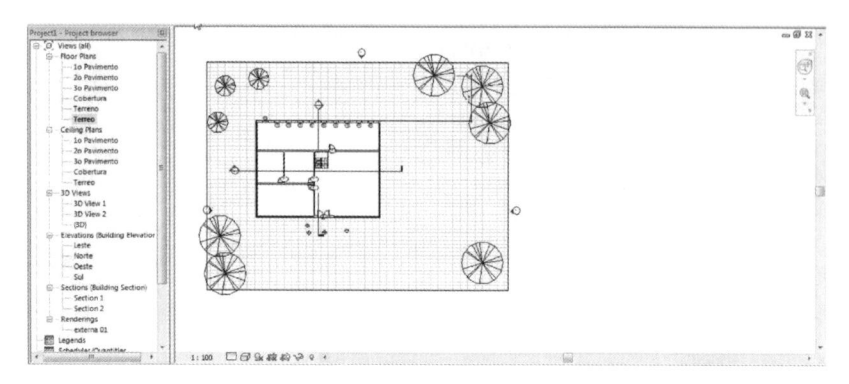

Figura 7.4. Vista do pavimento Terreo.

Além do **Project Browser** no qual ficam agrupadas as vistas, na aba **View** temos os comandos que controlam a maneira como elas são exibidas e outros para criá-las. No painel **Windows** ficam as opções que controlam a disposição delas na tela. Se houver várias vistas abertas, o Revit pode organizá-las automaticamente de duas formas, sendo **Cascade** e **Tile**.

Figura 7.5. Vista do pavimento térreo.

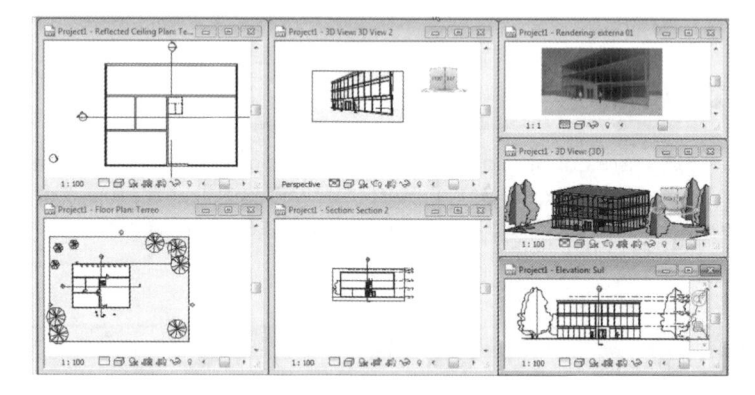

Figura 7.6. Vistas organizadas com a opção Tile.

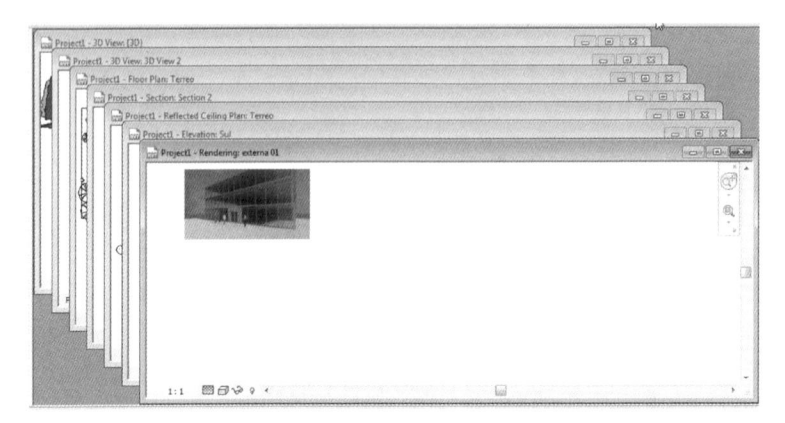

Figura 7.7. Vistas organizadas com a opção Cascade.

Para organizar a partir daí é preciso fechar as vistas que não estão em uso e a qualquer momento abri-las novamente. A opção **Switch Windows** permite visualizar todas as vistas abertas e selecionar a principal, **Close Hidden** fecha todas as vistas que estiverem abertas e escondidas por trás e **Replicate** copia a vista ativa.

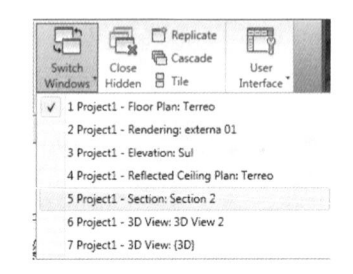

Figura 7.8. Seleção de uma vista entre as abertas.

7.2. Criação de Vistas

As vistas de corte, 3D, entre outras são criadas no projeto por comandos no painel **Create**, como mostra a Figura 7.9. Ao trabalhar em 3D, é imprescindível visualizar o projeto de várias formas e pontos de vista para evitar erros e facilitar a compreensão. A seguir acompanhe cada uma delas.

Aba View > Create

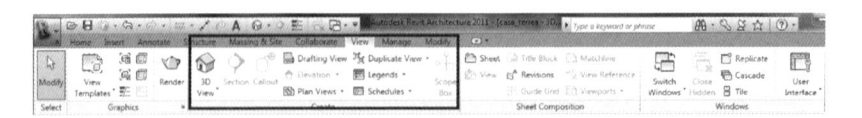

Figura 7.9. Aba View - comandos para criar outras vistas.

7.2.1. 3D View - Vista 3D

Cria uma vista em 3D do modelo. Para isso clique em **Default 3D**. A vista padrão em 3D é exibida na tela e no **Project Browser** ela é criada com o nome 3D. Em seguida é possível modificar a posição do desenho em 3D com os comandos **Zoom**, **Pan**, **View Cube** e **Steering Wheel**, e com as teclas **Shift**

Vistas e Formas de Visualização do Projeto

+ **botão Scroll** girar o desenho em 3D e salvar a nova posição com a opção **Duplicate View**. Para renomear a vista, clique com o botão direito do mouse no nome **3D** no **Project Browser** e selecione **Rename**.

Aba View > Create > 3D View

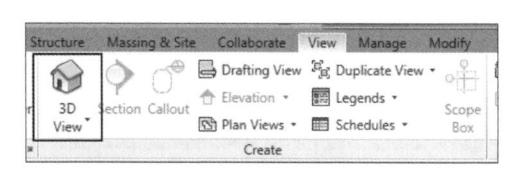

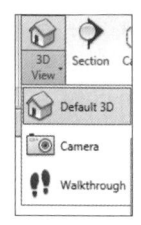

Figura 7.10. Aba View - 3D View.   *Figura 7.11. 3D View.*

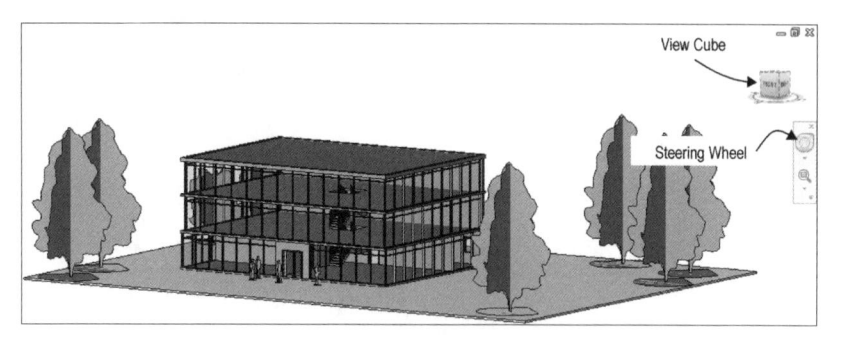

Figura 7.12. Resultado da seleção da vista 3D View.

Para duplicar uma vista 3D clique com o botão direito do mouse no seu nome e selecione **Duplicate View**, Figura 7.13.

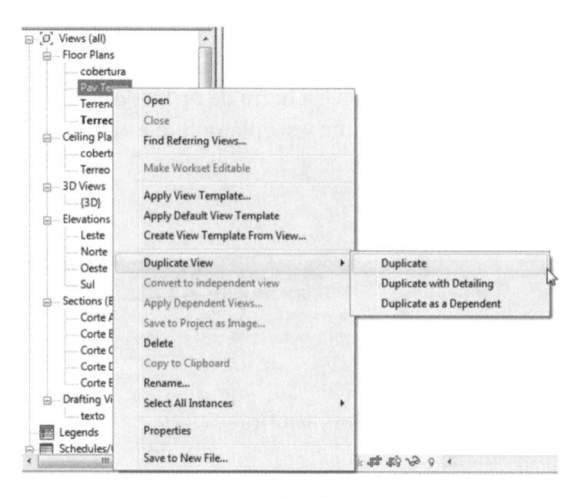

Figura 7.13. Duplicação de uma vista.

Em seguida é gerada a vista Copy of (3D). Para renomear clique com o botão direito do mouse, selecione **Rename** e digite um novo nome, Figura 7.14.

Figura 7.14. Renomeação de uma vista.

Com a tecla Shift pressionada e o botão Scroll do mouse gire a vista como no exemplo seguinte.

Figura 7.15. Resultado do giro na vista 3D.

7.2.2. Section - Corte

Cria cortes de um projeto. Clique em **Section** e a barra de opções é exibida na tela, na qual devemos fornecer a escala do corte. Em seguida, em uma vista plana clique nos pontos de início e fim do corte, como mostra a Figura 7.16.

Aba View > Create > Section

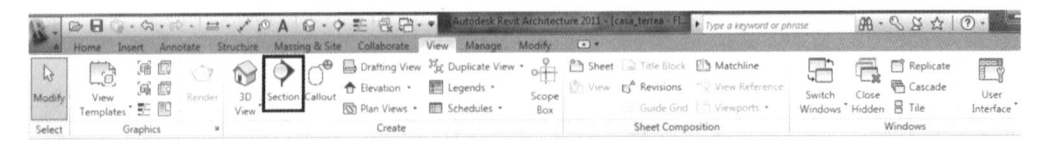

Figura 7.16. Aba View - Section.

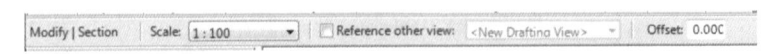

Figura 7.17. Barra de opções do comando Section.

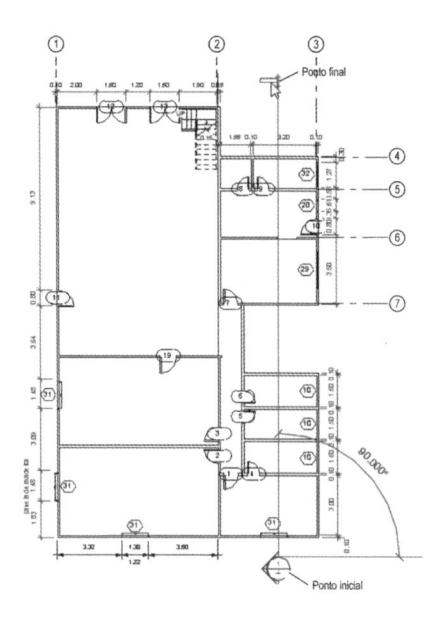

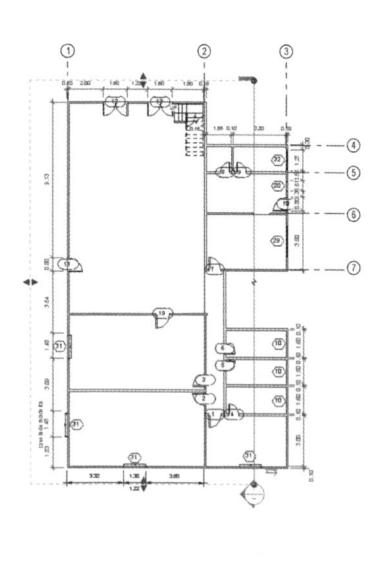

Figura 7.18. Definição dos pontos do corte. *Figura 7.19. Resultado dos pontos definidos.*

Para visualizar o corte, clique nele no **Project Browser**, em **Sections**. O primeiro corte gerado tem o nome de **Section 1**.

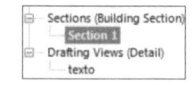

Figura 7.20. Nome do corte gerado.

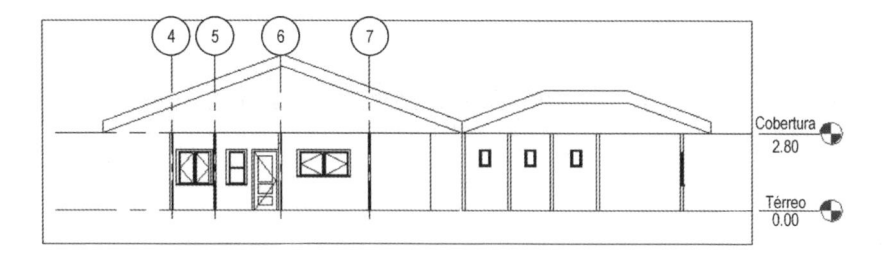

Figura 7.21. Corte gerado.

Após clicar nos dois pontos, o corte é criado e na linha de corte são exibidos os ícones e as setas de controle azuis que podem ser usadas para editá-lo, clicando e arrastando-as. A linha tracejada define o campo de visão do corte. Desta forma, com os pontos de controle é possível definir o que será exibido no corte e sua profundidade. Para inverter o lado do corte, clique nas setas azuis na parte inferior dele, como mostram as figuras a seguir.

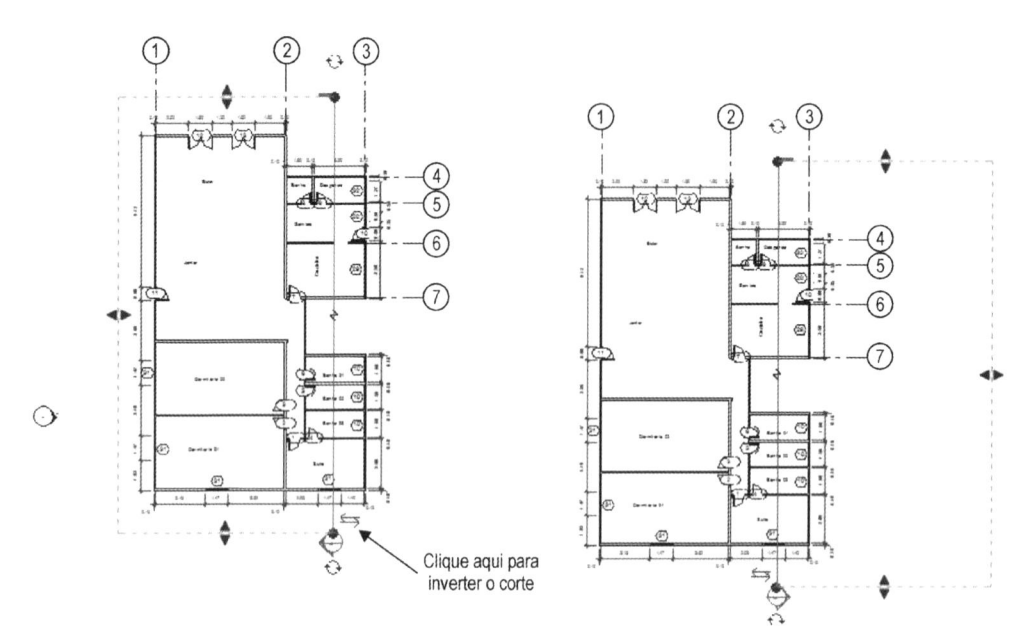

Figura 7.22. Inversão do lado do corte.   *Figura 7.23. Lado invertido.*

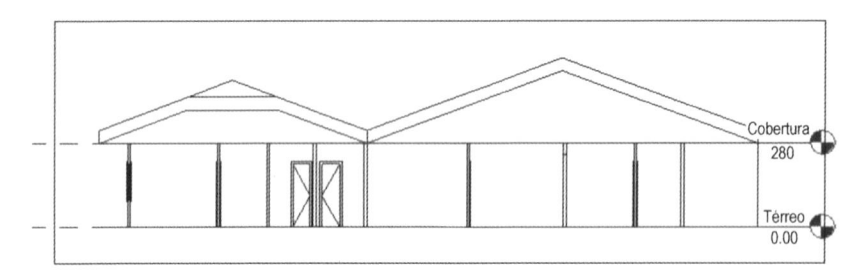

Figura 7.24. Resultado com lado invertido.

Ao gerar o corte, é criada a vista **Section 1** e ao gerar outro, a **Section 2** e assim por diante. Para renomeá-lo, clique nele com o botão direito e selecione **Rename**.

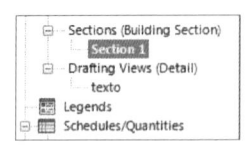

Figura 7.25. Corte criado. 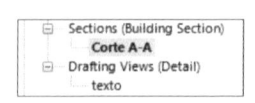   *Figura 7.26. Corte renomeado.*

7.2.3. Elevation - Elevações

Cria uma vista de elevação. Ao selecionar **Elevation** no painel **Create**, surge um ícone no cursor e você deve clicar no ponto do desenho onde ficará o ícone que representa a posição da vista.

Aba View > Create > Elevation

Vistas e Formas de Visualização do Projeto

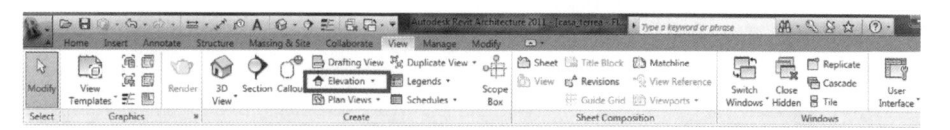

Figura 7.27. Aba View Elevation.

No **Project Browser** o nome da nova vista será **Elevation 1 - a** e assim por diante para novas vistas de elevação. Você pode renomear a vista clicando com o botão direito do mouse no seu nome, no **Project Browser**, e selecionando **Rename**.

Figura 7.28. Barra de opções do comando Elevation - definição da escala da elevação.

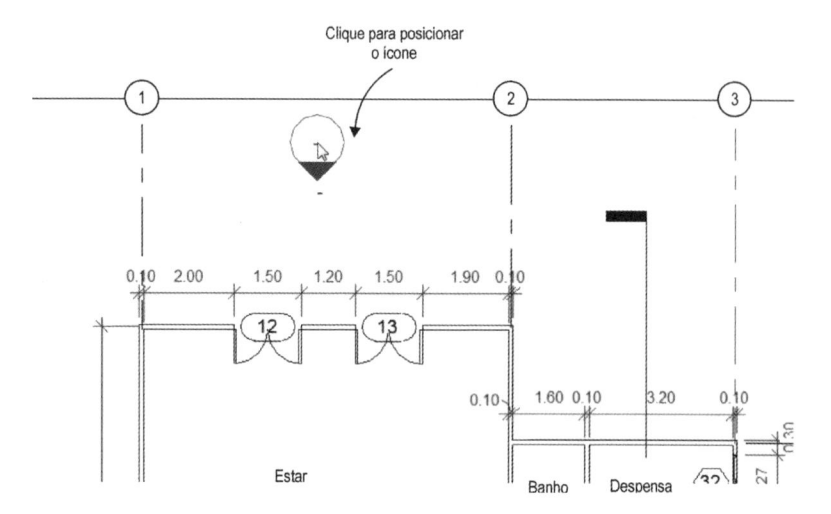

Figura 7.29. Posicionamento da elevação.

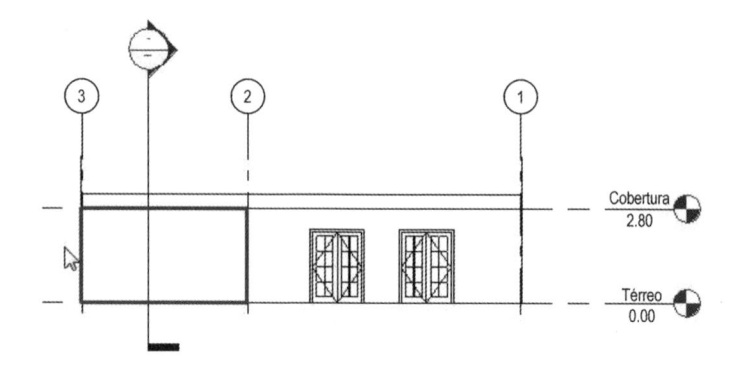

Figura 7.30. Resultado da vista de elevação criada neste exemplo.

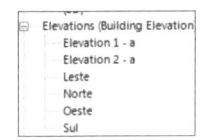

Figura 7.31. Elevações criadas.

7.2.4. Plan Views - Vistas em Planta

Cria vistas planas do projeto. Isso ocorre automaticamente quando são feitos os níveis de pavimentos em um projeto. É possível duplicar uma vista plana já existente para trabalhar outros detalhes nela. Ao criar um pavimento, o Revit automaticamente gera uma vista do forro (**Ceiling Plans**) desse pavimento. Clique em **Plan View > Floor Plan** para criar uma vista plana, desmarque a opção **Do not duplicate existing views**, selecione o pavimento para o qual vai gerá-la e clique em OK. É criada a vista Terreo (1) e assim por diante. Para renomear clique no nome da vista com o botão direito do mouse e selecione **Rename**.

Aba View > Create > Plan Views

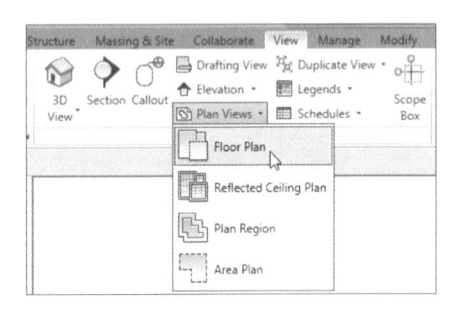

Figura 7.32. Aba View - Floor Plan.

❦ **Importante:** Ao criar uma vista em planta, não se gera um novo pavimento. Os pavimentos são criados com a ferramenta Level.

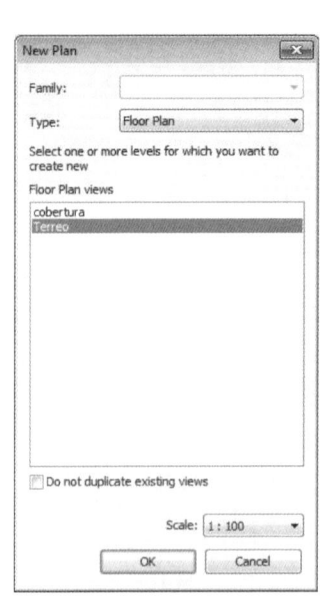

Figura 7.33. Criação da vista plana.

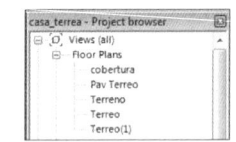

Figura 7.34. Vista plana Terreo(1) criada.

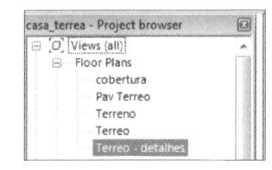

Figura 7.35. Vista Terreo(1) renomeada.

A opção **Reflected Ceiling Plan** é semelhante a esta, porém a vista criada corresponde à de um pavimento, mas no forro. **Plan Region** cria uma vista plana de parte de outra vista. **Area Plan** cria uma planta plana para utilizar com esquemas de área.

Vistas e Formas de Visualização do Projeto

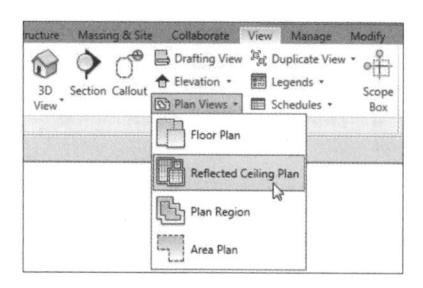

Figura 7.36. Outras opções da criação de vistas.

7.2.5. Duplicate View - Duplicar Vista

O objetivo da duplicação é gerar mais detalhes de uma vista em outra sem sobrecarregá-las, e ao montar as folhas para imprimir não podemos inserir a mesma vista em duas folhas diferentes. É preciso duplicá-la também para permitir a inserção da mesma vista em mais de uma folha.

Aba View > Create > Duplicate View

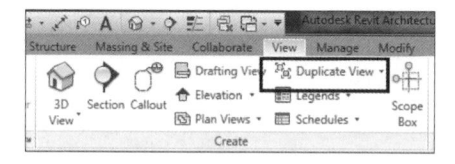

Figura 7.37. Aba View - Duplicate View.

Essa opção cria uma cópia da vista corrente do desenho. Podemos renomeá-la clicando com o botão direito do mouse em seu nome no **Project Browser** e selecionando **Rename**.

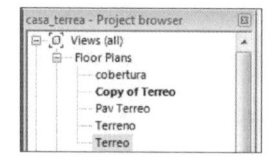

Figura 7.38. Vista Terreo duplicada.

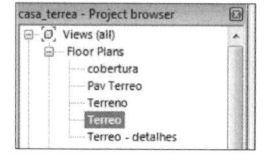

Figura 7.39. Vista renomeada.

As outras opções, ao duplicar uma vista, são:

- **Duplicate**: cria uma cópia da vista corrente **sem** os objetos de anotação, tais como textos, cotas e símbolos.
- **Duplicate With Detailing**: copia a vista corrente **com** os objetos de anotação, tais como textos, cotas e símbolos.
- **Duplicate as a Dependent**: cria uma cópia da vista corrente **com** as propriedades inerentes a ela. Na vista **Dependent** podemos ver somente uma parte do desenho, inserir uma **Matchline** para indicar onde a vista foi dividida e visualizar referências de links de outras vistas. Útil em desenhos muito grandes, em que divisão das vistas facilita a manipulação do desenho.

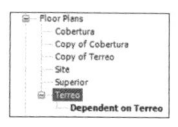

7.2.6. Legends - Legendas

Gera vistas de legendas para o projeto, as quais são utilizadas para listar componentes do desenho e símbolos usados. Ao entrar no comando, surge a caixa de diálogo da Figura 7.41 na qual devemos inserir o nome e a escala da vista. Em seguida, no **Project Browser**, é criada a vista.

Aba View > Create > Legends

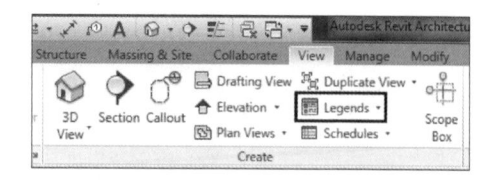

Figura 7.40. Aba View - Legends.

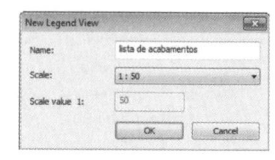

Figura 7.41. Criação da vista de legenda.

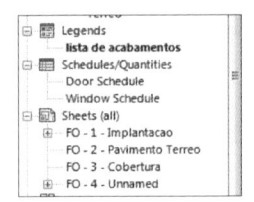

Figura 7.42. Vista - lista de acabamentos - criada.

Na vista criada, para inserir os símbolos de famílias existem vários métodos:

1. No **Project Browser** clique nas famílias de símbolos anotativos (Annotation) e arraste para a área gráfica. Os elementos são inseridos na escala definida na vista.

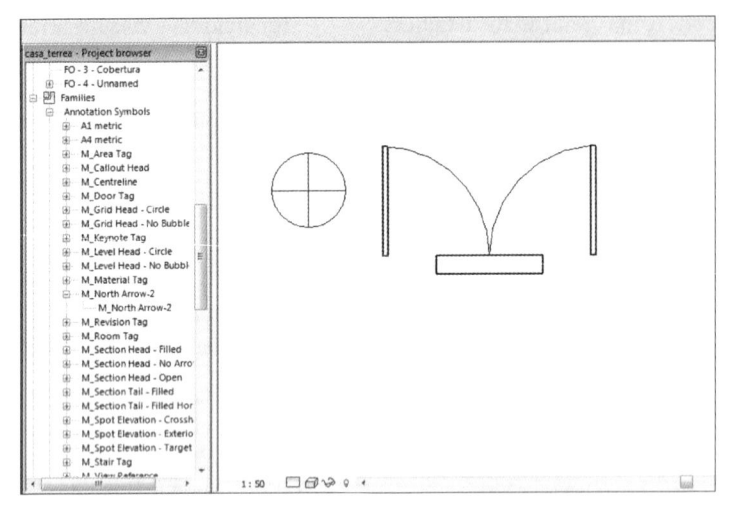

Figura 7.43. Inserção de símbolos na vista de legenda.

2. Vá até a **aba Annotate > painel Detail > Component drop-down > Legend Component**. Na barra de opções selecione a família e insira o símbolo.

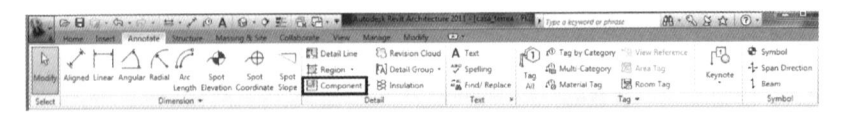

Figura 7.44. Inserção de símbolos de componentes.

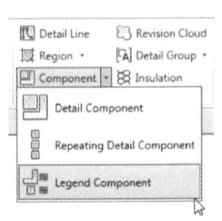

Figura 7.45. Seleção de Legend Component.

Alguns elementos podem ser visualizados em planta, em vista ou em corte. Na caixa **View** da barra de opções podemos definir em que posição eles devem ser inseridos. Para componentes podemos definir o comprimento do elemento que está em **Host Lenght**. Por exemplo, numa porta podemos definir o tamanho da parede que será mostrada junto com a porta.

Figura 7.46. Barra de opções para criação de vista de legenda.

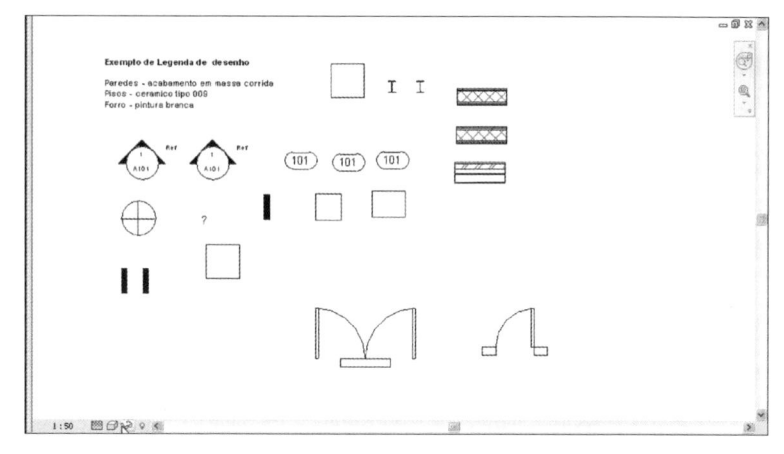

Figura 7.47. Vista de uma legenda.

Para alterar a visibilidade de uma porta que pode ser vista em planta ou em elevação selecione a porta e clique em **View** na barra de opções exibida na Figura 7.48.

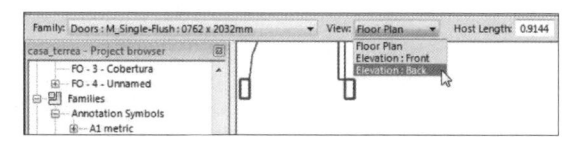

Figura 7.48. Alteração da vista de um símbolo.

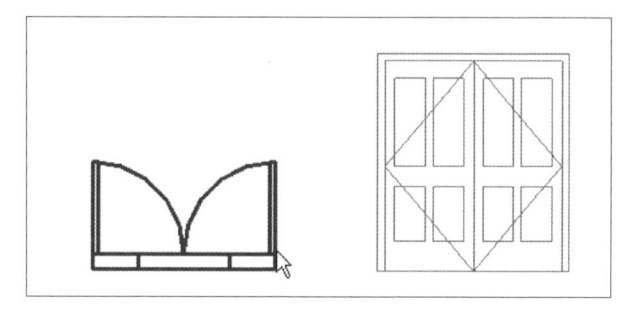

Figura 7.49. Porta em planta e alterada para elevação.

3. Acesse **aba Annotate > painel Text > Text** para inserir textos na vista da legenda. Eles são estudados com mais detalhes no capítulo 15.

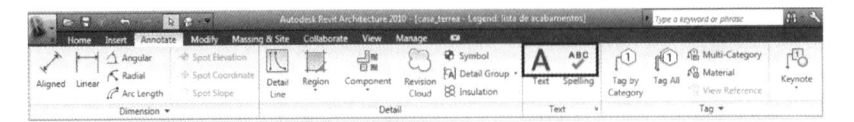

Figura 7.50. Aba Annotate - Text.

7.2.7. Schedules - Tabelas

Cria uma vista com tabelas de esquadrias, materiais, paredes, vigas, pilares etc. As tabelas no Revit são geradas com vistas. Tudo que estiver no projeto pode ser listado. Neste exemplo vamos gerar uma tabela de portas. Ao entrar no **Schedule**, devemos selecionar a categoria da tabela, conforme a Figura 7.52. Selecione **Doors**, em seguida os itens que devem ser listados na tabela, por exemplo, largura, altura. Clique em **Height** (altura), em **Add** e assim por diante nos campos que deseja inserir na tabela.

Aba View > Create > Schedules

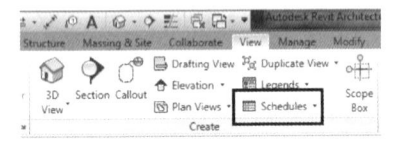

Figura 7.51. Aba View - Schedules.

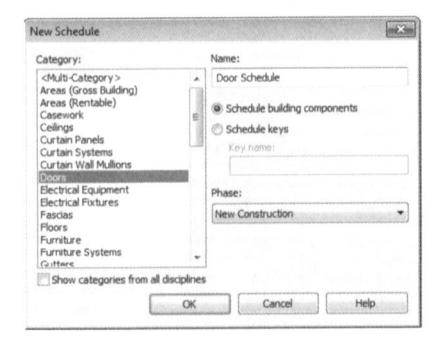

Figura 7.52. Criação da tabela de portas - Door Schedule.

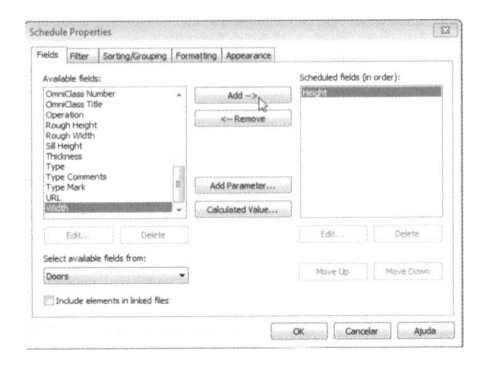

Figura 7.53. Adição de campos à tabela.

Depois de adicionar os itens você pode mudar a ordem clicando em **Move Up** e **Move Down**, apagá-los em **Delete** ou removê-los com **Remove**.

Em seguida clique em OK e a tabela é inserida na tela, como mostra a Figura 7.54, e a vista **Door Schedule** é criada.

Door Schedule		
Type	Height	Width
porta_int	2.10	0.70
porta_int	2.10	0.70
porta_int	2.10	0.70
porta_int	2.10	0.60
porta_int	2.10	0.60
porta_int	2.10	0.60
porta_int	2.10	0.70
porta_int	2.10	0.60
porta_int	2.10	0.60
porta_ext	2.10	0.80
porta_ext	2.10	0.80
porta balc	2.10	1.50
porta balc	2.10	1.50
porta_int	2.10	0.70

Figura 7.54. Tabela gerada.

Figura 7.55. Tabela criada em Schedules/Quantities no Project Browser.

Vistas e Formas de Visualização do Projeto

Para alterar os campos de uma tabela já inserida, selecione a vista da tabela no **Project Browser** e com o botão direito do mouse selecione **Properties**, como mostra a Figura 7.56. Em **Instance Properties** selecione **Edit** no campo **Fields**.

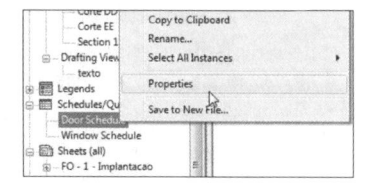

Figura 7.56. Seleção da tabela a ser alterada.

Figura 7.57. Propriedades da tabela.

Ao selecionar **Edit**, surge a janela de diálogo **Schedule Properties**. Faça as alterações desejadas, clique em OK e a tabela é atualizada.

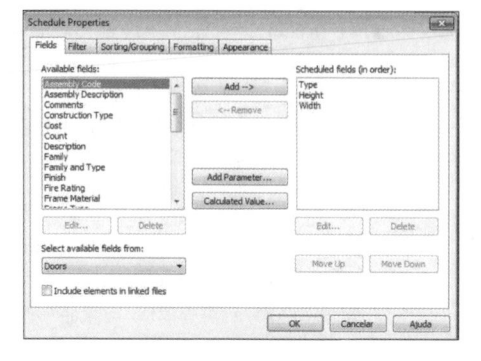

Figura 7.58. Propriedades da tabela.

7.2.8. Drafting View - Vista de Detalhes

Essa opção cria uma vista para desenho de detalhes que não têm conexão com o projeto. Nessa vista os detalhes devem ser desenhados com os comandos de linha etc. do Revit.

Aba View > Create > Drafting View

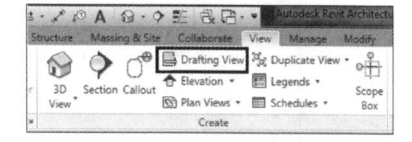

Figura 7.59. Aba View - Drafting View.

Ao selecionar o comando, são solicitados o nome da vista e a escala, em seguida é criada uma vista com a tela em branco na qual devem ser feitos os detalhes com comandos de desenho. Essa vista não tem vínculo com o projeto.

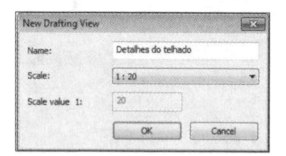

Figura 7.60. Criação da vista de detalhes.

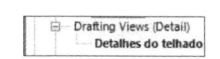

Figura 7.61. Vista criada.

7.3. View Properties - Propriedades da Vista

Cada vista do Revit tem propriedades que podem ser configuradas e alteradas por vista. Desta forma, cada uma delas pode ser apresentada de modo diferente. Essas propriedades podem ser configuradas em **View Properties** na janela de diálogo da Figura 7.62. A janela **Properties** exibe as propriedades da vista quando não há nenhum elemento selecionado.

Acompanhe a descrição de cada propriedade da vista:

Figura 7.62. View Properties.

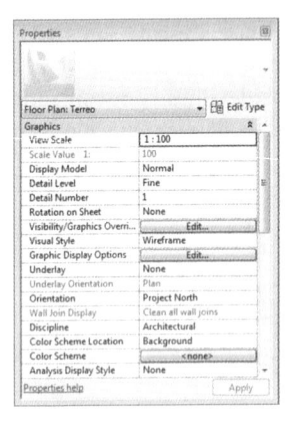

Figura 7.63. Propriedades da vista.

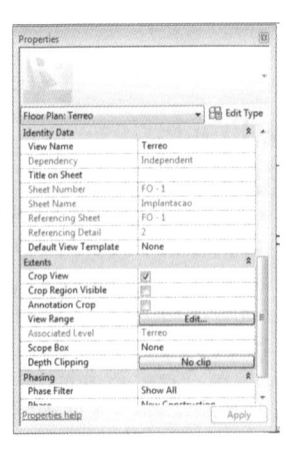

Figura 7.64. Propriedades da vista.

Parâmetro	Descrição
View Scale	Define a escala da vista na folha. Clique na linha para alterar. Na barra de visualização da vista também é apresentada essa opção.
Scale View	Permite criar uma escala. Só é habilitada se a opção Custom for ativada em View Scale.
Display Model	Há três possibilidades: Normal, que mostra o modelo e os objetos de detalhes tais como textos, linhas, cotas etc.; Do Not Display, que esconde o modelo e mostra somente os objetos de detalhes como textos, símbolos linhas; As Underlay, que exibe os elementos de detalhe e o modelo em um tom mais apagado.
Detail View	Define o grau de detalhamento das linhas do desenho. Tem as opções Coarse: mais simplificado; Medium: mostra alguns detalhes; Fine: mais detalhado possível. Na barra de visualização da vista também é apresentada essa opção.
Visibility/Graphics Overrides	Permite definir a apresentação de cada objeto do Revit por categoria na vista por meio da janela de diálogo Visibility/Graphics Overrides. Essa opção é abordada no final do capítulo, item 7.7.
Model Graphics Style	Para estabelecer como será apresentado o modelo em 3D. Wireframe mostra o modelo em forma de arame; Hidden Line exibe o modelo com as linhas de trás escondidas; Shading mostra o modelo sombreado; Shading with Edges ilustra o modelo sombreado com as linhas das arestas. Na barra de visualização da vista também é apresentada essa opção.
Graphic Display Options	Controla as sombras e arestas do desenho na visualização em 3D.
Discipline	Define a área do projeto; Architectural, Structural, Mechanical, Electrical e Coordination.
Color Scheme	Define o padrão de cores a aplicar. Quando é utilizada a opção Rooms, é visível em planta. O comando Room será estudado no capítulo 15.
View Name	Mostra o nome da vista; também é apresentado no Project Browser.

Vistas e Formas de Visualização do Projeto

Parâmetro	Descrição
Title on Sheet	Apresenta o nome da vista como ele aparece na folha.
View Range	Controla o campo de visualização das vistas em 3D, permitindo definir a altura de corte do topo da vista e da parte inferior. Com isso é possível definir a profundidade de uma vista e o que ela vai mostrar. Os detalhes são descritos mais adiante.
Phase Filter	Filtra a exibição dos elementos do modelo, dependendo da fase do projeto definida em Phase.
Phase	Para determinar fases do projeto.
Crop View and Crop Region Visible	Cria uma moldura ao redor do projeto. É possível clicar e arrastá-la para modificar a região do desenho visualizada. Para desligar o corte, desmarque a caixa Crop Region; para desligar a moldura e manter o corte, desmarque a caixa Crop Region Visible. Veja a seguir como gerar a moldura.

tra a Figura 7.68. No desenho surge a moldura. Selecionando-a, podemos clicar nas setas azuis e arrastar a vista, cortando parte dela. Veja as figuras a seguir.

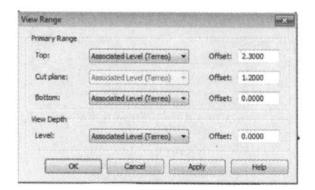

Figura 7.67. Janela de diálogo View Range.

Figura 7.65. Barra de visualização.

Figura 7.68. Botão Crop View.

Figura 7.66. Janela de diálogo Visibility/Graphics Overrides.

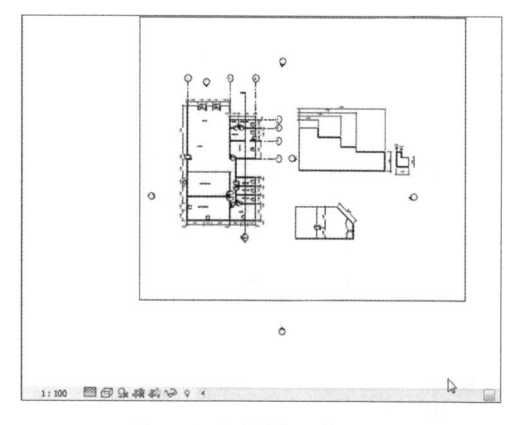

Figura 7.69. Moldura de corte.

Crop View and Crop Region Visible: para cortar parte de uma vista na barra de visualização, selecione o botão **Crop View**, como mos-

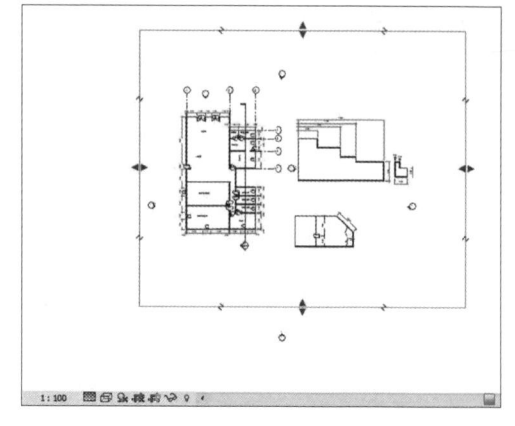

Figura 7.70. Moldura selecionada.

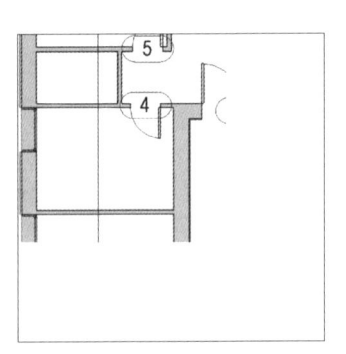

Figura 7.72. Thin Lines ON.

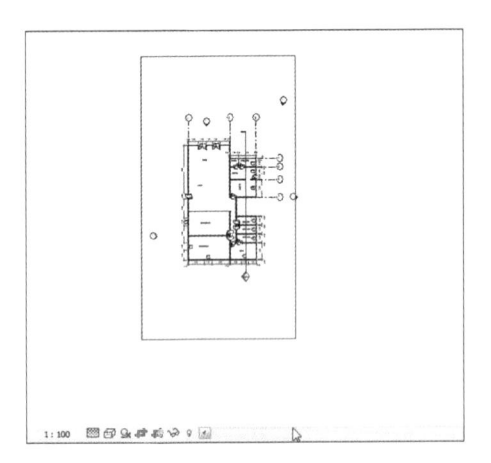

Figura 7.71. Região cortada.

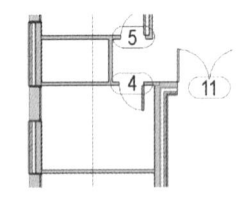

Figura 7.73. Detail Level - Fine com Shading with Edges.

7.4. Thin Lines - Linhas Finas

No Revit as linhas de desenho podem ser exibidas com espessura ou finas. Na aba **View** do painel **Graphics** podemos ligar/desligar **Thin Lines** e o resultado se aplica a todas as vistas do desenho. As vantagens de visualizar linhas finas são a maior visibilidade do desenho e a facilidade de selecionar pontos finais e intersecções.

Aba View > Graphics > Thin Lines

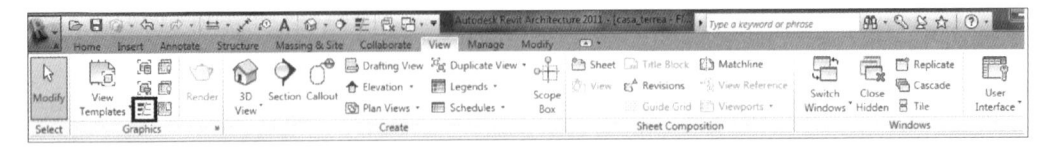

Figura 7.74. Aba View - Thin Lines.

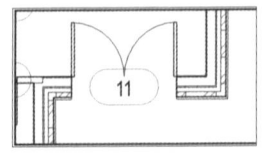

Figura 7.75. Thin Lines ON.

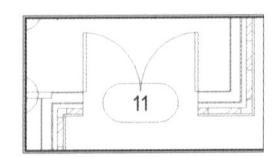

Figura 7.76. Thin Lines OFF.

7.5. View Templates

Os parâmetros da forma de apresentação de uma vista são previamente definidos num template. Na instalação do programa alguns templates já vêm configurados para serem aplicados às vistas e é possível criar outros para condições específicas. Na aba **View** selecione **View Templates** e em seguida **View Templates Settings**. Surge a janela de diálogo **View Templates**.

Aba View > Graphics > View Templates

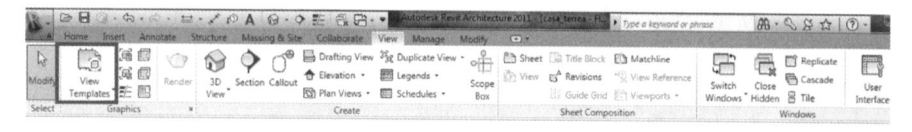

Figura 7.77. Aba View - View Templates.

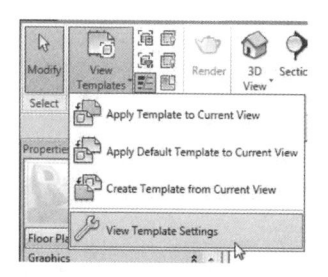

Figura 7.78. View Templates Settings.

No lado esquerdo dessa janela de diálogo, em **Names** estão listados alguns templates já criados para cada tipo de vista, por exemplo, 3D, corte, elevações etc. Conforme selecionamos um template, sua configuração é exibida do lado direito em **View Properties**.

As propriedades da vista são as seguintes:

- **View Scale**: escala da vista.
- **Display Model**: permite esconder o modelo para uma vista de detalhe ou visualizar de forma que a vista do modelo fique em tom mais claro para servir de referência à vista de detalhe.
- **Detail Level**: define o nível de detalhe da vista; **Coarse** é o modo mais simplificado; **Medium** mostra alguns detalhes dos objetos e **Fine** exibe todos os detalhes dos objetos.
- **V/G Overrides Model**: para editar as características dos elementos do modelo a partir da janela de diálogo **Visibility/Graphic Overrides**.

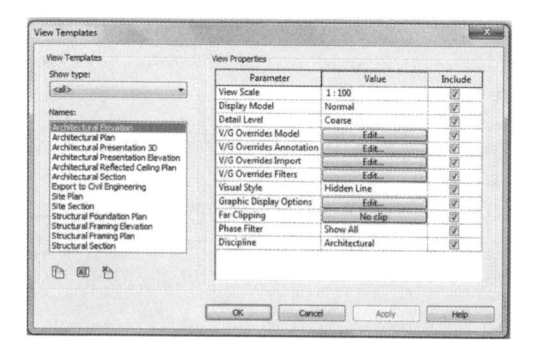

Figura 7.79. View Templates Settings.

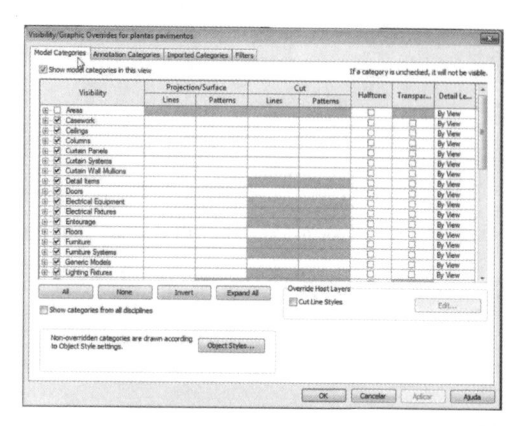

Figura 7.80. Janela de diálogo Visibility/Graphic Overrides - aba Model Categories.

- **V/G Overrides Annotation**: permite editar as características dos elementos de anotação a partir da janela de diálogo **Visibility/Graphic Overrides**.

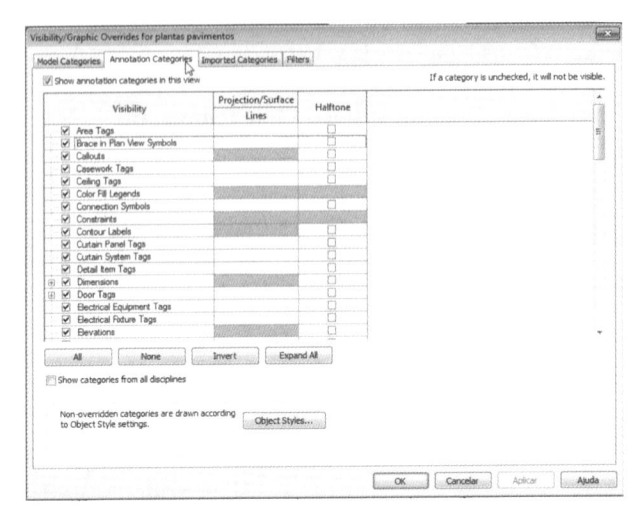

Figura 7.81. Janela de diálogo Visibility/Graphic Overrides - aba Annotation Categories.

- **V/G Overrides Import**: para editar as características dos elementos importados no projeto a partir da janela de diálogo **Visibility/Graphic Overrides**.

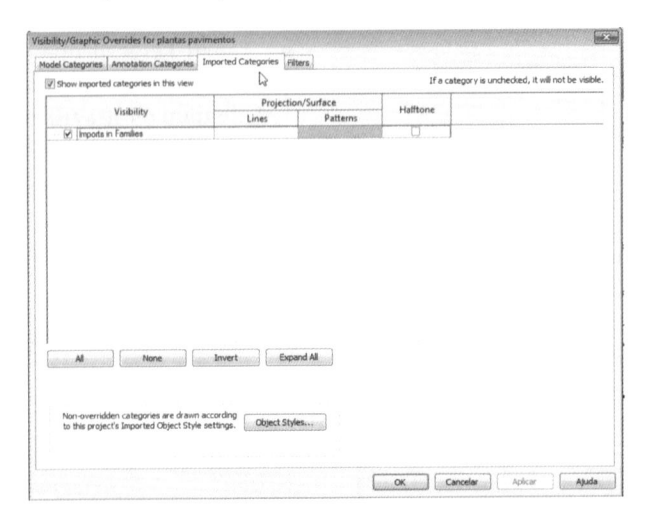

Figura 7.82. Janela de diálogo Visibility/Graphic Overrides - aba Imported Categories.

Vistas e Formas de Visualização do Projeto

- V/G Overrides Filters: permite editar as características dos filtros a partir da janela de diálogo Visibility/Graphic Overrides.

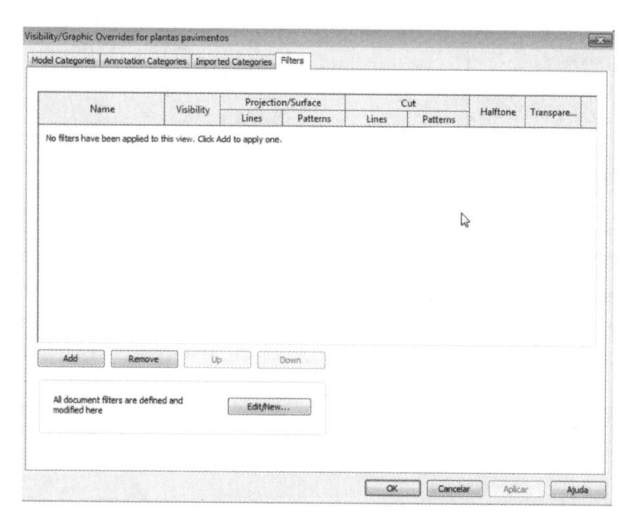

Figura 7.83. Janela de diálogo Visibility/Graphic Overrides - aba Filters.

- **Visual Style**: define o estilo de apresentação do desenho na tela. As opções são:
  - **Wireframe**: mostra o desenho em 3D em forma de arame, com todas as arestas.
  - **Hidden Line**: esconde as linhas de trás do desenho em 3D.
  - **Shaded**: exibe o desenho em cores definidas nos objetos (Type Properties).
  - **Shaded With Edges**: mostra o desenho em 3D com as cores e as linhas das arestas.
  - **Consitent Colors**: mostra a imagem usando as cores ajustadas para o material do objeto.
- **Realistic**: mostra a imagem aplicando os materiais definidos nos objetos, dando aparência realística ao modelo. Os efeitos de luz se modificam de acordo com a posição do modelo.

- **Graphic Display Options**: adiciona sombra, define a posição do Sol e controla a exibição das arestas dos objetos.

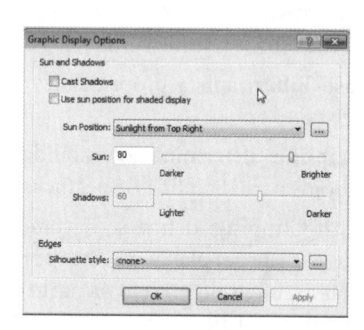

Figura 7.84. Janela de diálogo Graphic Display Options.

- **Far Clipping**: define se haverá corte no modelo ou não em vista de corte ou elevação e como serão apresentadas as vistas cortadas na janela de diálogo **Far Clipping**. O corte pode apresentar as linhas do projeto na parte cortada ou não, conforme ilustra a Figura 7.85.

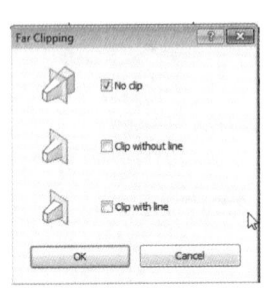

Figura 7.85. Janela de diálogo Far Clipping.

- **View Range**: define a profundidade do corte para vista em planta e corte a partir do pavimento/level.

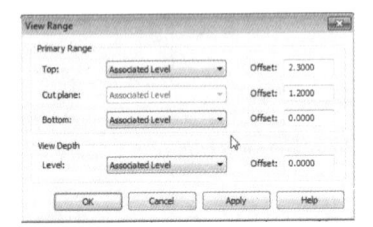

Figura 7.86. Janela de diálogo View Range.

- **Orientation**: orienta o projeto para o Norte ou True North (Norte Verdadeiro).
- **Phase Filter**: aplica propriedades de fase na vista.
- **Discipline**: determina a visibilidade dos símbolos para disciplinas específicas.
- **Depth Clipping**: define se haverá ou não corte na vista em planta. O corte pode apresentar as linhas do projeto na parte cortada ou não, conforme ilustra a Figura 7.87.

Figura 7.87. Janela de diálogo Depth Clipping.

- **Rendering Settings**: define as configurações do render para vistas 3D.

Depois de definir os parâmetros de visibilidade para uma vista, podemos criar um template para ela, o qual pode ser aplicado em qualquer outra vista.

Para criar um template a partir da configuração de uma vista já definida, selecione o botão **Duplicate** na janela de diálogo ou **Create Template From Current View** em **View Templates** ou no **Project Browser** clique com o botão direito do mouse no nome da vista e selecione **Create View Template From View**.

Figura 7.88. Duplicar template.

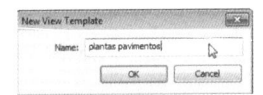

Figura 7.89. Nome do novo template.

Depois de duplicar e mudar o nome, edite as propriedades e o template já pode ser aplicado em uma vista.

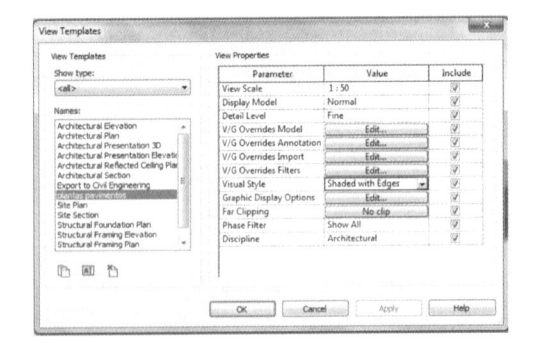

Figura 7.90. Template criado.

Vistas e Formas de Visualização do Projeto

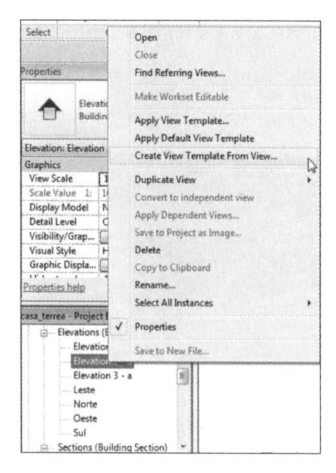

Figura 7.91. Criar template a partir de um existente.

Para aplicar um template a uma vista, deixe-a corrente e selecione **Apply Template to Current View** no painel **Graphics** em **View Templates**. Selecione o template do quadro **Names**, clique em **Apply** e em **OK**.

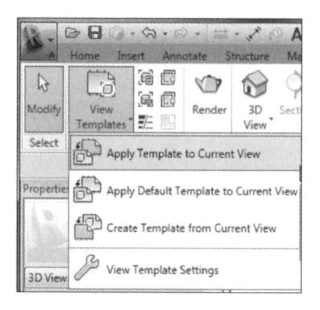

Figura 7.92. Aplicação de novo template na vista.

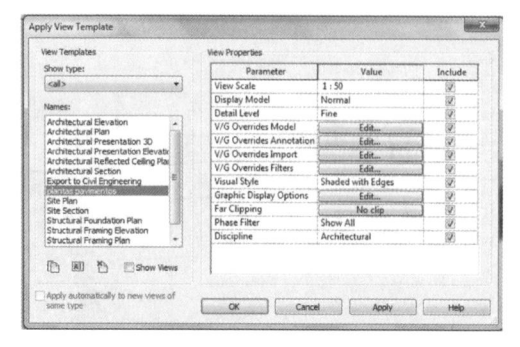

Figura 7.93. Seleção do novo template.

Ou selecione a vista no **Project Browser** e clique no botão direito do mouse, como mostra a Figura 7.91, então selecione **Apply View Template**.

7.6. Temporary Hide/Isolate - Isolar Objetos Temporariamente

Podemos esconder temporariamente alguns objetos do projeto ou isolar um elemento temporariamente para que somente ele fique visível na tela. Muitas vezes o desenho fica com muitos elementos, o que dificulta a edição, e esse procedimento elimina esse problema. Na barra de visualização temos o ícone de óculos para acionar as seguintes possibilidades depois de selecionar um objeto qualquer no projeto (paredes, janelas, portas etc.):

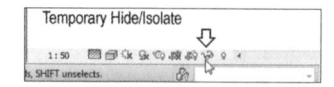

Figura 7.94. Seleção do Temporary Hide/Isolate.

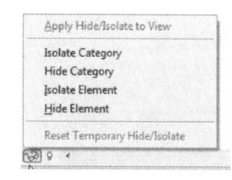

Figura 7.95. Seleção do Isolate Category.

- **Isolate Category**: isola uma categoria de elementos. Por exemplo, selecionando uma porta, somente as portas ficam visiveis.
- **Hide Category**: esconde uma categoria. Por exemplo, selecionando uma parede, todas as paredes ficam invisíveis.
- **Isolate Element**: isola somente o elemento selecionado, escondendo **todos** os demais.
- **Hide Element**: esconde somente o elemento selecionado.

No exemplo seguinte escolhemos uma janela e selecionamos **Isolate Category**, então somente as janelas são exibidas.

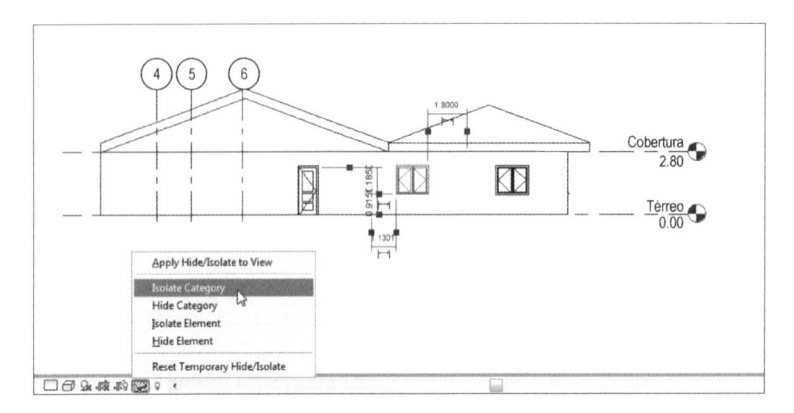

Figura 7.96. Seleção da janela para isolar a categoria.

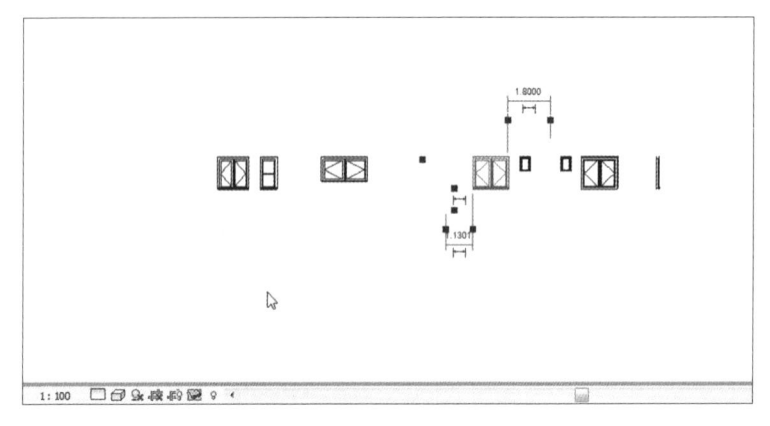

Figura 7.97. Resultado do isolamento da categoria janela.

Para reverter a situação, selecione **Reset Temporary Hide/Isolate**.

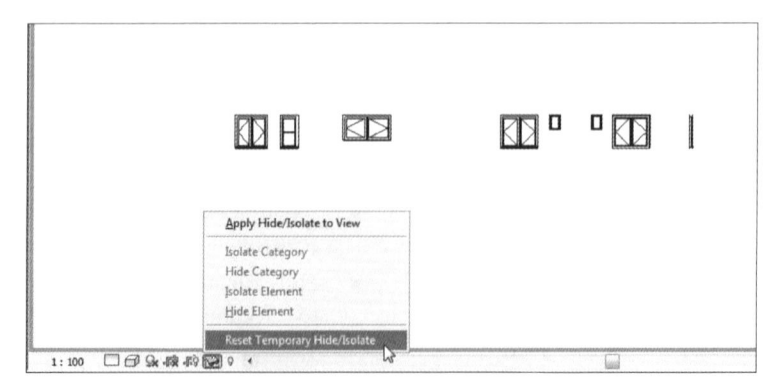

Figura 7.98. Seleção do Reset para reverter o isolamento da categoria janela.

7.7. Controle da Visibilidade dos Objetos

A visibilidade dos objetos pode ser controlada por vista para mostrar os elementos de uma maneira específica em cada vista através de um template, como vimos anteriormente. Com isso controlamos a apresentação dos elementos em 2D e 3D e os estilos de linha na tela.

O Revit não tem layers como em outros softwares, como AutoCAD, que agrupam objetos e podem ser ligados/desligados; o controle é por elemento/objeto.

Veremos a seguir como definir as propriedades de visualização de cada objeto. O ideal é defini-las num template de vista e aplicar sobre as vistas. A alteração da propriedade de um objeto pelo **Visibility/Graphics** se sobrepõe ao ajuste feito no template.

Na aba **View** no painel **Graphics** selecione **Visibility/Graphics** ou digite VG. Em seguida surge a janela de diálogo da Figura 7.100.

Aba View > Graphics > Visibility/Graphics

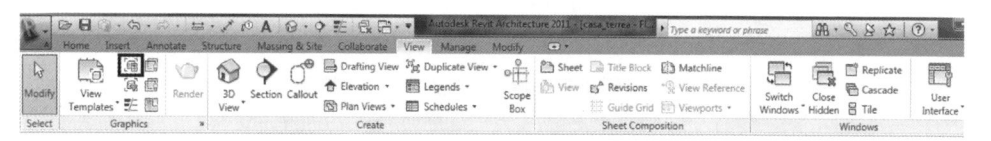

Figura 7.99. Aba View - Visibility/Graphics.

Nessa janela de diálogo temos abas para controlar os diferentes tipos de objetos, sendo **Model Categories** (objetos do modelo), **Annotation Categories** (objetos de anotação, textos, cotas, símbolos) e **Imported** (elementos de outros arquivos). Esse quadro é diferente para cada desenho, configurando de forma específica os objetos em cada projeto.

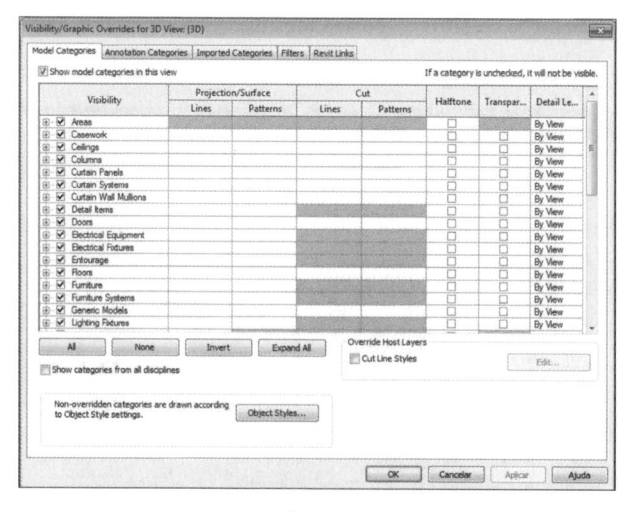

Figura 7.100. Model Categories - objetos do modelo.

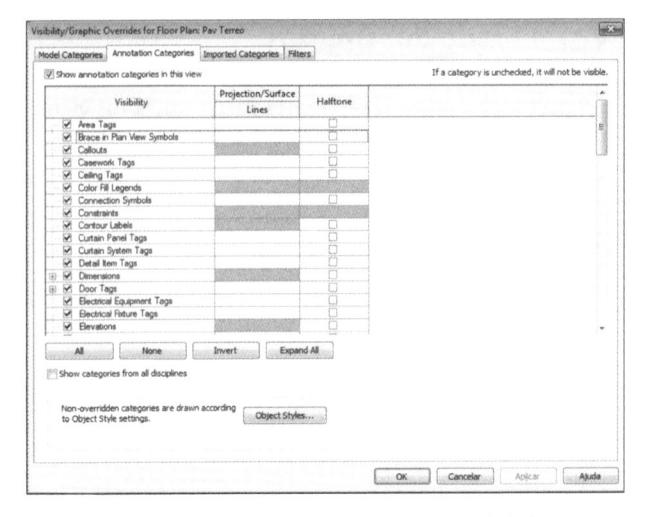

Figura 7.101. Annotation Categories - cotas, símbolos.

Figura 7.102. Imported Categories - elementos de outros arquivos.

Na coluna **Visibility** estão listados os elementos do desenho, por exemplo, **Doors**, e a caixa marcada define que ele é exibido. Para não exibir as portas, desmarque a caixa e clique em **Aplicar**, como no exemplo seguinte.

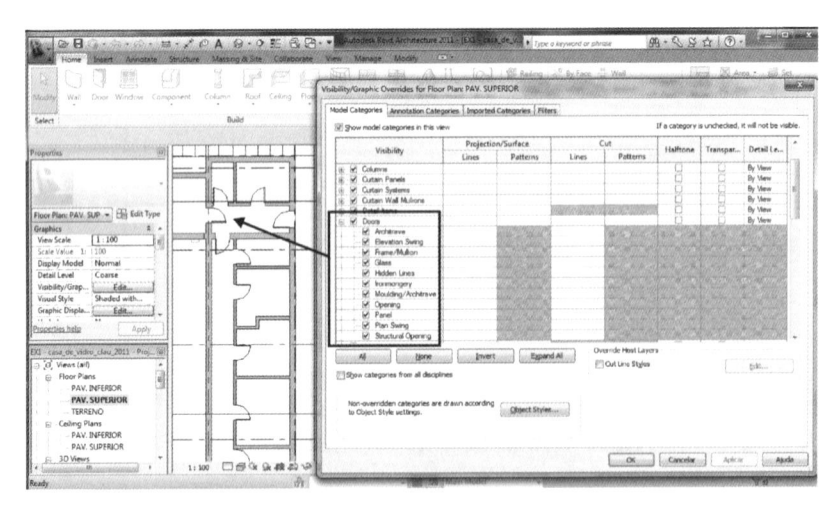

Figura 7.103. Portas exibidas.

Vistas e Formas de Visualização do Projeto

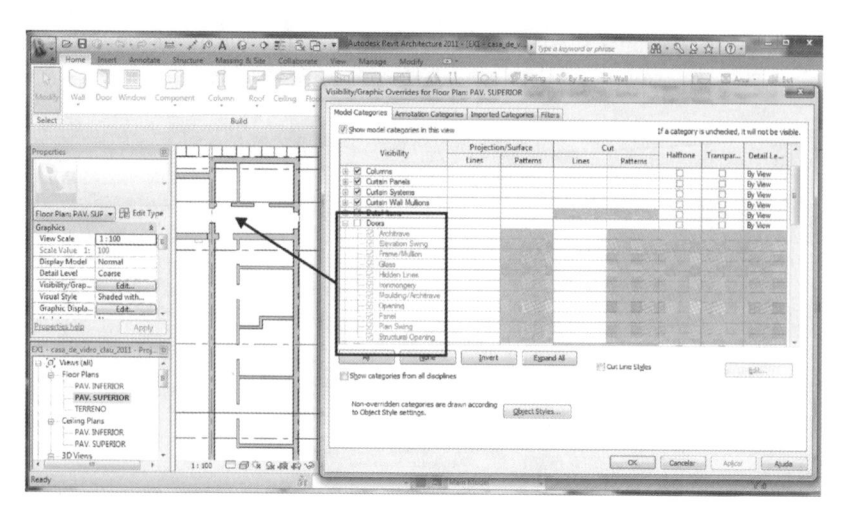

Figura 7.104. Desligando as portas.

Para ligar novamente a porta, clique na caixa **Doors**.

As portas possuem vários componentes que podem ser gerenciados separadamente. Por exemplo, o arco de abertura da porta é um elemento separado e se chama **Plan Swing**; para abrir os componentes da porta, clique no sinal de + ao lado da caixa e eles aparecem. Clique na caixa **Plan Swing** e em **Aplicar**. Note que o arco de abertura é desligado.

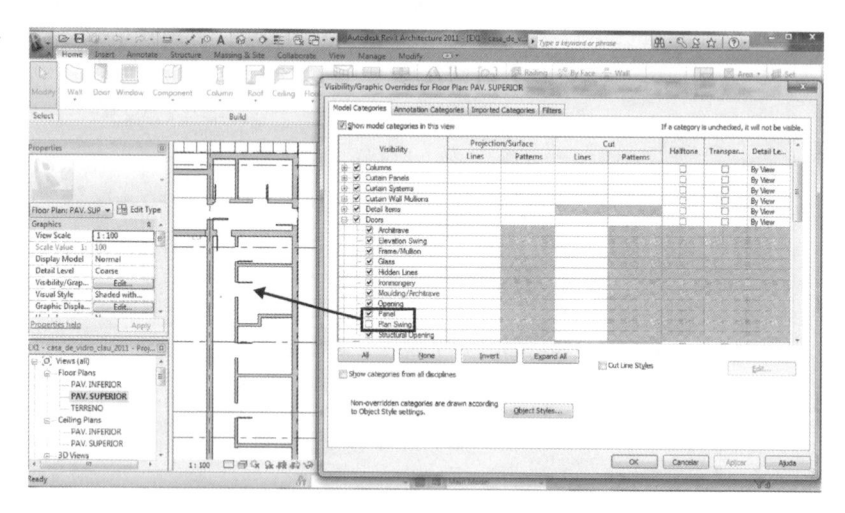

Figura 7.105. Desligando o arco de abertura das portas.

As propriedades de visibilidade também controlam o tipo de linha e a cor dos objetos. A seguir vamos descrever como mudar o tipo e a cor da linha de um objeto.

Todos os objetos vêm com uma predefinição de estilos de visibilidade encontrados ao clicar em **Object Styles** na parte inferior da janela **Visibility/Graphics Overrides**.

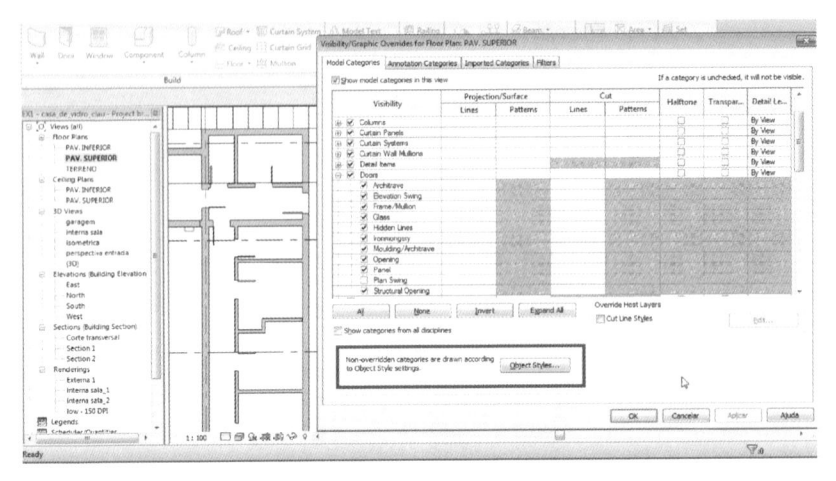

Figura 7.106. Seleção de Object Styles.

Essa tabela tem as configurações predefinidas e podemos consultar, por exemplo, o tipo de linha para o painel da porta em **Doors/Panel**. A Figura 7.107 mostra que o painel da porta tem linha com peso 2 na vista em corte, peso 1 em projeção e a cor preta no padrão sólido. Clicando nos campos, eles podem ser alterados. As configurações do **Object Styles** são válidas para todas as vistas do Revit, portanto se você pretende alterar a configuração de um objeto para todas as vistas, deve fazer isso em **Object Styles**.

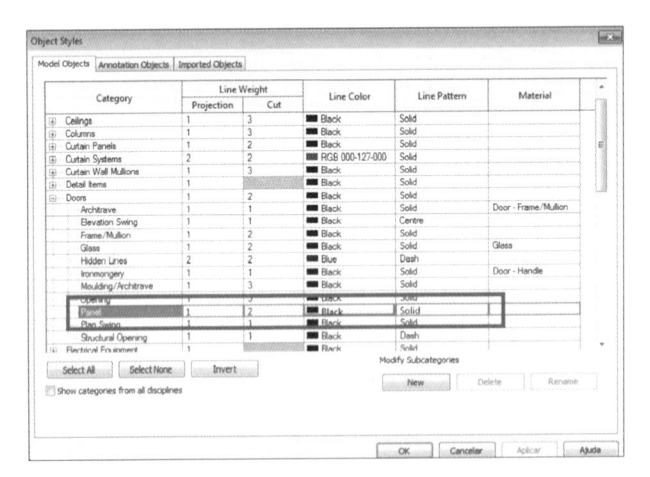

Figura 7.107. Seleção de Object Styles.

Vistas e Formas de Visualização do Projeto

Para alterar a visibilidade de um objeto só para uma vista específica, acione a vista em questão e selecione **Visibility/Graphics** ou digite VG. Em seguida, na janela de diálogo **Visibility/Graphics Overrides for Floor Plan: PAV.SUPERIOR** faça as alterações necessárias e elas se apresentam somente na vista ativa.

Neste exemplo há duas vistas no desenho, Pav. Inferior e Pav. Superior, e a ativa é a Pav. Superior.

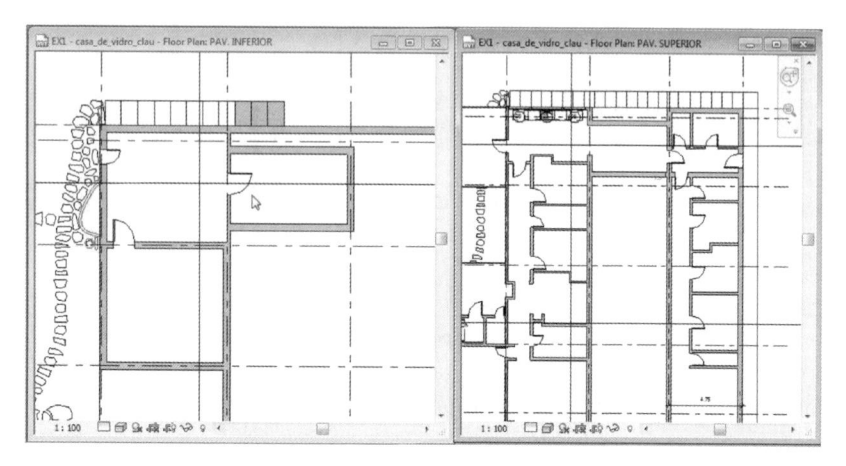

Figura 7.108. Dois pavimentos na tela.

Note que a janela de diálogo aberta é referente ao pavimento superior.

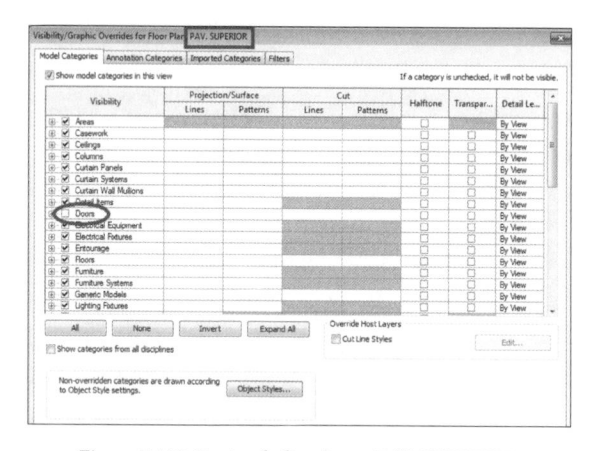

Figura 7.109. Portas desligadas no PAV. SUPERIOR.

Desligamos as portas no pavimento superior e as portas do inferior continuam sendo exibidas.

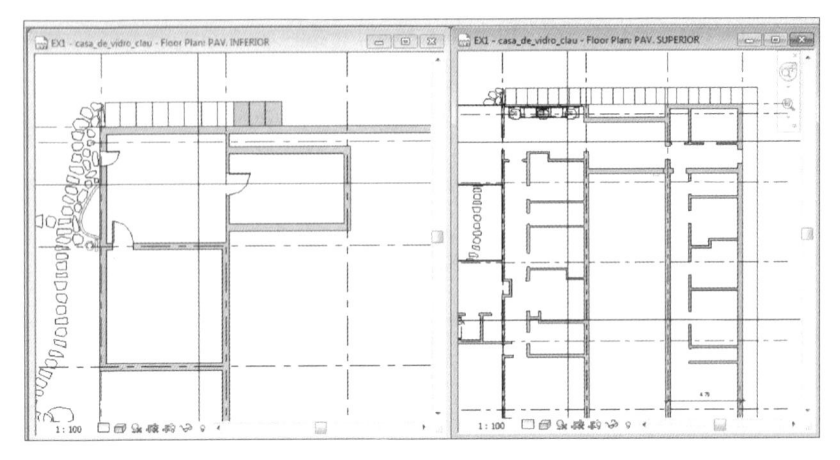

Figura 7.110. Portas desligadas no pavimento superior e exibidas no inferior.

Os campos na janela de diálogo **Visibility/Graphics Overrides** são os seguintes:

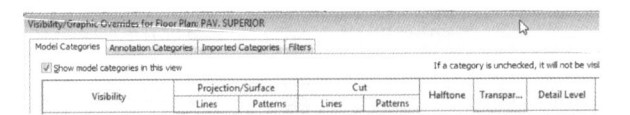

Figura 7.111. Campos da janela Visibility/Graphics Overrides.

Visibility	Descrição
Projection/Surface	Configuração para linhas e hachuras em projeção e vista
Lines	Tipo, cor e peso da linha
Patterns	Tipo, cor e padrão da hachura
Cut	Configuração para linhas e hachuras em corte
Lines	Tipo, cor e peso da linha
Patterns	Tipo, cor e padrão da hachura
Haltone	Deixa o objeto com meio-tom de cor numa aparência desbotada
Transparency	Deixa o objeto transparente com as arestas aparentes
Detail Level	Permite definir o nível de detalhe entre Coarse, Medium e Fine, como nas vistas

7.8. Seleção do Elemento no Desenho com Menus de Atalho

Podemos selecionar elementos no desenho em uma vista, clicar no botão direito do mouse e selecionar o menu de atalho para alterar a visibilidade do elemento por categoria, elemento ou filtrar objetos com características semelhantes.

Vistas e Formas de Visualização do Projeto

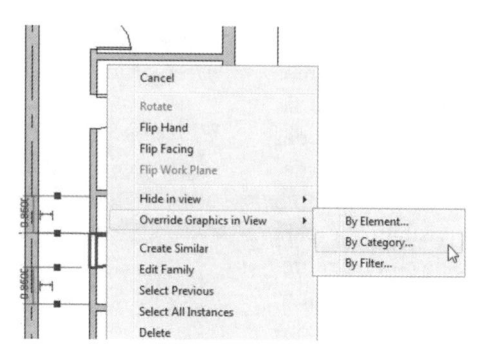

Figura 7.112. Seleção do elemento por categoria.

- **By Element**: modifica a visibilidade **somente** para o elemento selecionado na vista ativa. Marcando essa opção, surge a janela de diálogo da Figura 7.113 na qual é possível alterar as características das linhas e hachuras para o **elemento** selecionado.

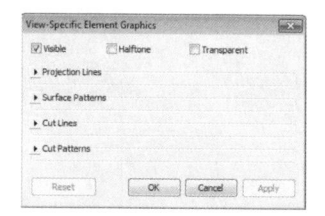

Figura 7.113. Características por elemento.

- **By Category**: modifica a visibilidade para a categoria selecionada. Por exemplo, **todas** as portas na vista ativa são alteradas. Selecionando essa opção, surge a janela de diálogo da Figura 7.114 na qual é possível alterar as características das linhas e hachuras para a **categoria** selecionada.

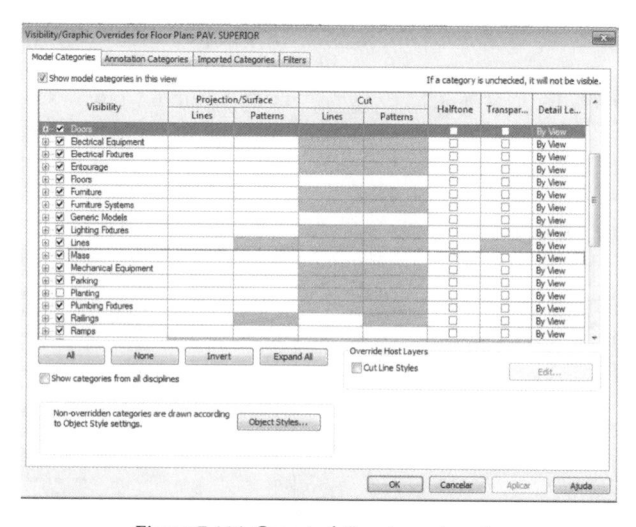

Figura 7.114. Características por categoria.

- **By Filter**: permite filtrar elementos pelas suas propriedades; por exemplo, podemos selecionar todas as portas de um certo fabricante com determinada altura ou todas as paredes do tipo **exterior** com uma determinada espessura. Isso facilita muito a seleção e a definição de visibilidade para um grupo de objetos que devam ter representação semelhante. Ao selecionar **Filter**, surge a janela da Figura 7.115 na qual configuramos o filtro. Selecione Edit/New e dê um nome ao filtro.

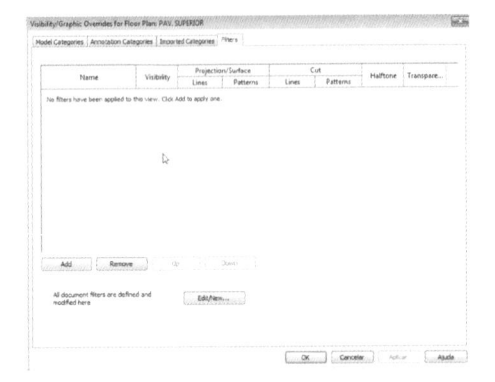

Figura 7.115. Seleção por filtros.

Em seguida, clique no ícone da Figura 7.116 para criar um filtro, então atribua um nome a ele.

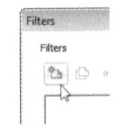

Figura 7.116. Novo filtro.

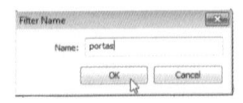

Figura 7.117. Nome do filtro.

Surge a janela com todos os filtros e categorias. Desmarque todos e deixe somente **Doors**.

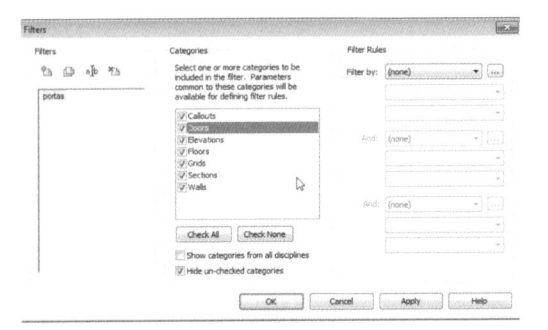

Figura 7.118. Lista dos objetos selecionados.

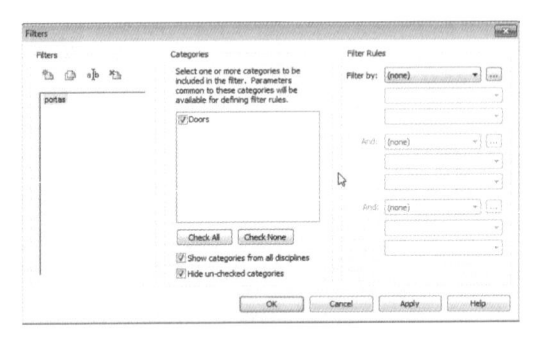

Figura 7.119. Eliminação de objetos, deixando somente Doors.

No campo **Filter Rules** selecione **Family Name**, um nome de porta e clique em OK. Estamos criando um filtro para selecionar somente essas portas. Em seguida é pedido um nome para o filtro; digite **portas** e clique em OK. O filtro é criado.

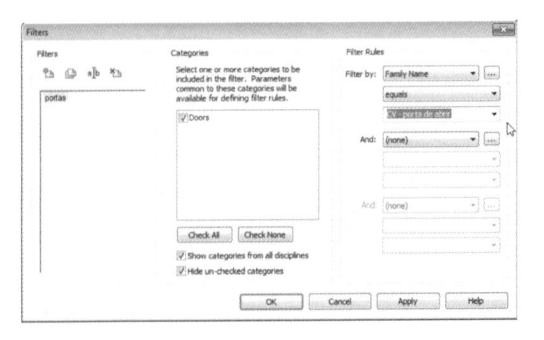

Figura 7.120. Seleção das características do filtro portas.

Vistas e Formas de Visualização do Projeto

Figura 7.121. Filtro criado.

Na janela ficam dois filtros, sendo um já existente e o **portas** criado. Para usar esse filtro, desmarque o anterior e deixe somente portas selecionado.

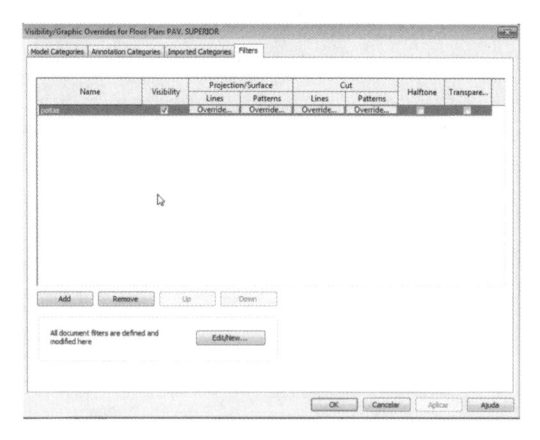

Figura 7.122. Filtro portas criado.

Anotações

Capítulo 8

Portas e Janelas

Introdução

As portas e janelas são elementos que ficam hospedados nas paredes, portanto somente podem ser inseridos nelas. O Revit traz uma biblioteca de portas e janelas que são as famílias (Families). Algumas já estão carregadas no template inicial e outras estão disponíveis para serem carregadas conforme a necessidade. Elas podem ser inseridas numa vista em planta, elevação ou 3D. Ao inserir uma porta ou janela, o programa automaticamente corta a parede para colocá-la na abertura resultante. Ao remover a porta ou janela, a abertura é automaticamente fechada. Podemos criar famílias de portas e janelas por meio de templates de criação desses elementos a partir de arquivos RFT.

Objetivos

- Aprender a inserir portas e janelas no projeto
- Criar portas e janelas
- Modificar os parâmetros das portas e janelas

8.1. Inserção de Portas

Para inserir uma porta, selecione **Door** na aba **Home** e em seguida clique em **Properties** para selecionar o tipo da porta. Surge a lista das portas dessa família na caixa de rolagem. Escolha uma porta e no desenho clique numa parede. A porta é inserida com a folha do lado da parede em que o cursor tocar.

Aba Home > Build > Door

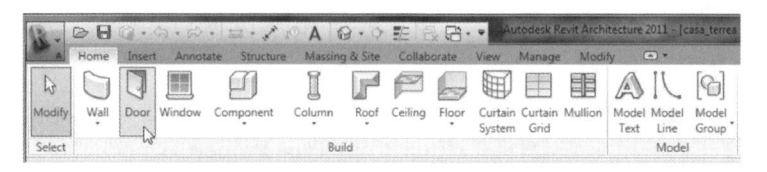

Figura 8.1. Caixa para seleção dos tipos de porta.

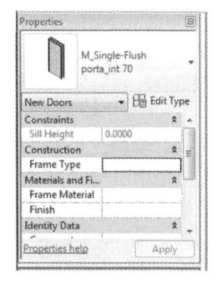

Figura 8.2. Seleção dos tipos de porta.

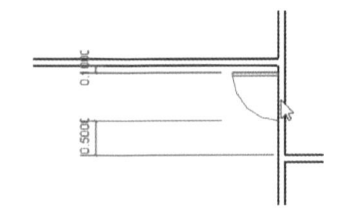

Figura 8.3. Seleção do ponto de inserção da porta.

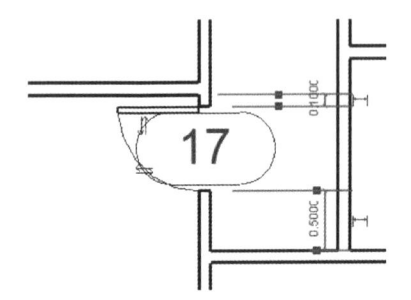

Figura 8.4. Porta já inserida.

Figura 8.5. Porta em 3D.

Depois de inserida, podemos alterar o lado de abertura e a posição da porta por meio de ícones que são exibidos ao selecionar a porta e a cota provisória da distância da porta até a parede, clicando nela e digitando outro valor.

⯈ **Dica:** *Clique na barra de espaço, ao inserir a porta, para mudar o lado da dobradiça tanto durante a inserção como depois de inseri-la.*

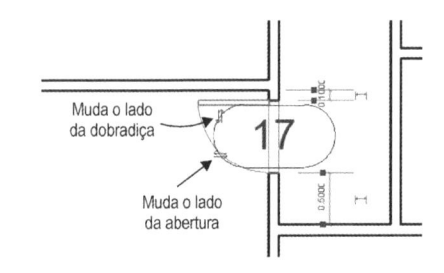

Figura 8.6. Ícones de edição do lado da abertura e dobradiça.

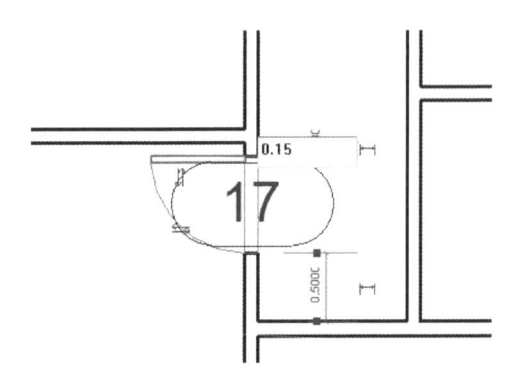

Figura 8.7. Edição da cota provisória.

8.1.1. Modificações de Parâmetros das Portas

Depois de inserida, a porta pode ser modificada. Com **Type Properties** podemos modificar as dimensões e os materiais e essas alterações refletem em todas as portas do mesmo tipo, e no **Properties** mudar direção e lado de abertura, pavimento e material, modificações refletidas somente na porta selecionada.

Type Properties: selecione a porta e clique em **Type Properties** na aba **Modify Doors**. Em seguida surge a janela de diálogo **Type Properties**, na qual as modificações refletem em todas as portas desse tipo selecionado. As modificações possíveis são descritas em seguida.

Portas e Janelas

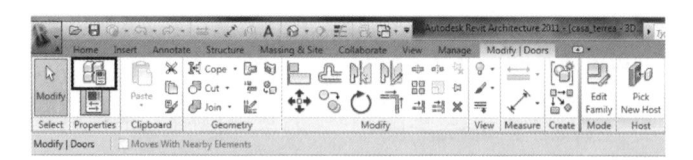

Figura 8.8. Seleção do Type Properties.

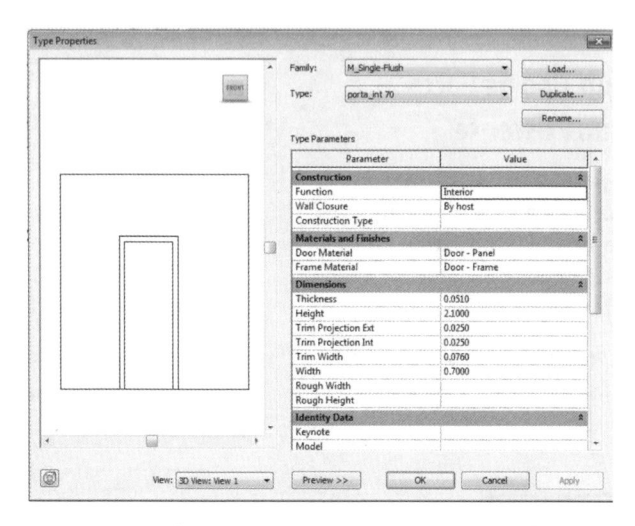

Figura 8.9. Janela Type Properties - propriedades do tipo da porta.

Clique no botão **Preview** para visualizar a porta junto com as propriedades.

- **Door Material**: material da porta usado na renderização e cor usada no modo shade.
- **Frame Material**: material da moldura da porta usado na renderização e cor usada no modo shade.
- **Thickness**: espessura.
- **Height**: altura.
- **Width**: largura.
- **Trim Projection Ext**: profundidade da moldura do lado externo da porta.
- **Trim Projection Int**: profundidade da moldura do lado interno da porta.
- **Trim Width:** largura da moldura da porta.
- **Properties**: selecione a porta e na caixa **Properties** é possível alterar os parâmetros de uma ou de todas as portas selecionadas por meio do **Select All Instances** (clicando no botão direito do mouse). As modificações refletem **somente** nas portas selecionadas, sendo possíveis as seguintes:

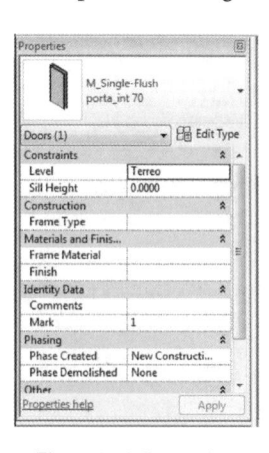

Figura 8.10. Properties - propriedades da porta selecionada.

- **Level**: pavimento; se desenhar por engano em outro pavimento, é só mudar.
- **Sill Height**: altura do peitoril. Nas portas em geral o valor é zero; elas se apoiam no piso.
- **Phase**: fase da obra.
- **Head Height**: altura da verga da porta.

8.1.2. Criação de um Tipo de Porta a partir de um Existente

Para criar um tipo de porta o processo é semelhante à criação de uma nova parede. Copiamos uma porta existente e modificamos suas propriedades. Também podemos criar famílias de portas a partir de templates de famílias.

1. Na aba **Home** > **Door** selecione em **Properties** uma porta na lista de portas existentes.

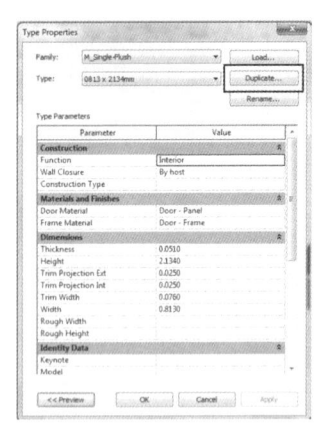

Figura 8.12. Duplicação da porta.

Figura 8.13. Nome da porta.

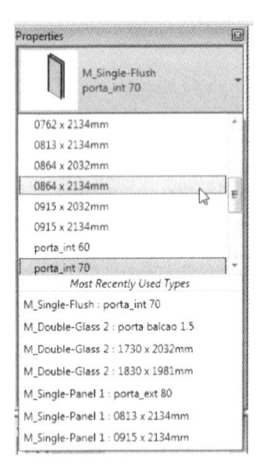

Figura 8.11. Seleção de um tipo de porta.

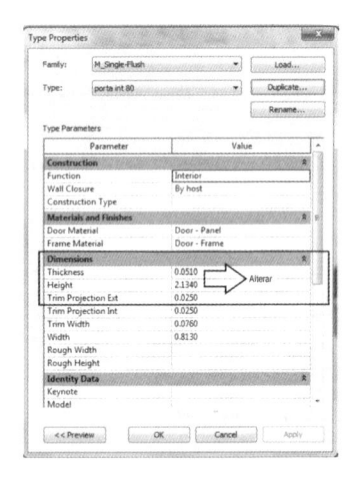

Figura 8.14. Porta criada - porta int 80.

2. Em seguida selecione **Type Properties** e na caixa de dialogo clique em **Duplicate**. Dê um nome à nova porta.

3. Note que a janela **Type Properties** mostra a porta que foi criada. É preciso alterar as características da porta para que fique com 0.80m e altura de 2.10m da seguinte forma:
   - **Thickness**: espessura; digite 0.05.
   - **Height**: altura; digite 2.10.
   - **Width**: largura; digite 0.8.

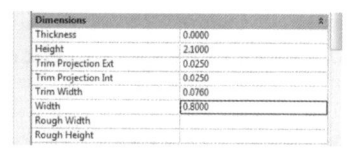

Figura 8.15. Alteração das propriedades geométricas da porta.

4. Agora essa porta de 80cm faz parte desse arquivo. Ela não vai aparecer em novos arquivos.

> **Dica:** *Para inserir portas sem a etiqueta com a numeração, desmarque a caixa* **Tag on Placement** *na barra de opções ao inseri-las.*

Figura 8.16. Inserção de portas sem a etiqueta de numeração.

8.1.3. Inserção do Novo Tipo de Porta

Para inserir uma porta de outro tipo que não está na lista do desenho, é preciso carregar outra família de portas a partir de um arquivo. Na aba **Place Door** selecione **Load Family**, como mostra a Figura 8.17.

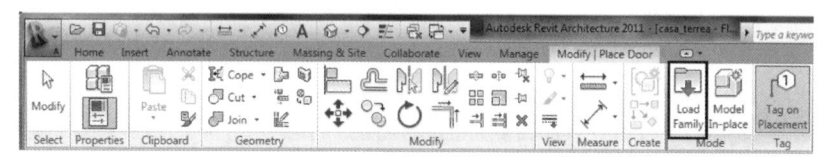

Figura 8.17. Aba Place Door - Load Family.

Ou também pode clicar na aba **Insert** > painel **Load from Library** > **Load Family**.

Figura 8.18. Aba Insert - Load Family.

Surge a janela do Windows na qual devemos selecionar outra família de portas. Escolha **Doors**, Figura 8.19.

Na próxima janela as famílias são exibidas. Conforme você seleciona uma família, o preview do tipo de porta aparece na janela do canto superior direito da tela. Selecione uma delas e volte ao desenho, Figura 8.20.

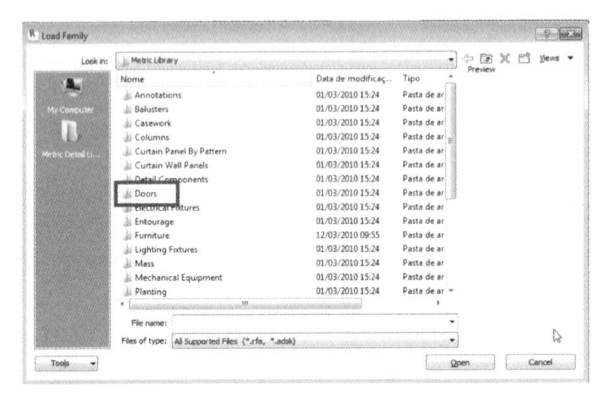

Figura 8.19. Inserção de portas sem a etiqueta de numeração.

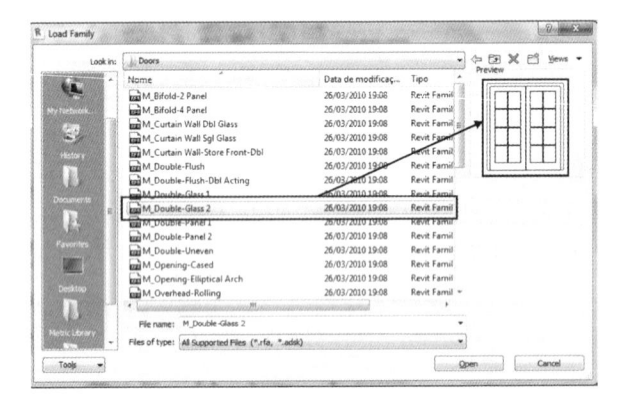

Figura 8.20. Seleção do tipo/família.

No desenho selecione **Door**, na aba **Home**, e na caixa **Properties** veja a nova família.

A partir desse momento os tipos de porta dessa família podem ser utilizados no projeto e também é possível criar outros a partir deles, como na criação de tipos de porta citada anteriormente. Ao salvar o arquivo de projeto, a família carregada fica junto com ele.

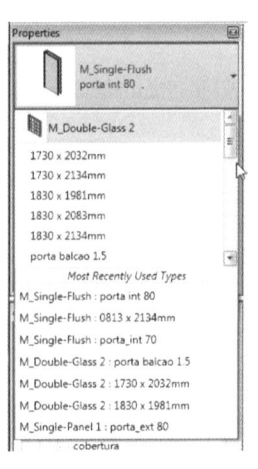

Figura 8.21. Nova família de portas inserida.

8.2. Inserção de Janelas

Para inserir uma janela, selecione **Window** na aba **Home** e clique em **Properties** para selecionar o tipo da janela.

Aba Home > Build > Window

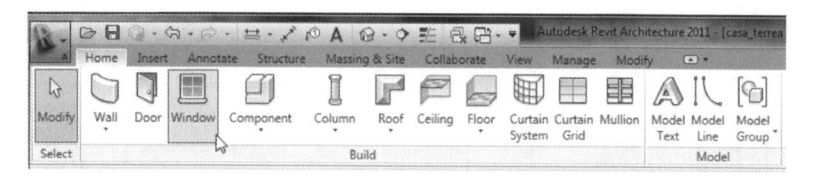

Figura 8.22. Aba Home - Window.

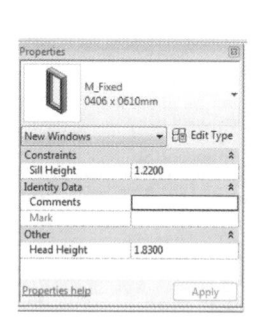

Figura 8.23. Caixa Properties para seleção dos tipos de janela.

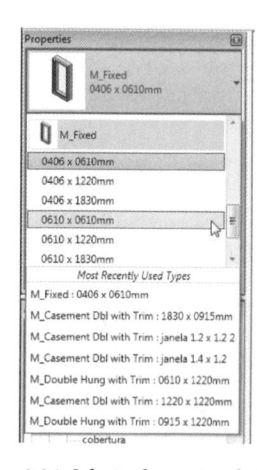

Figura 8.24. Seleção de um tipo de janela.

Selecione uma janela e no desenho clique numa parede. A janela é inserida na parede que o cursor tocar.

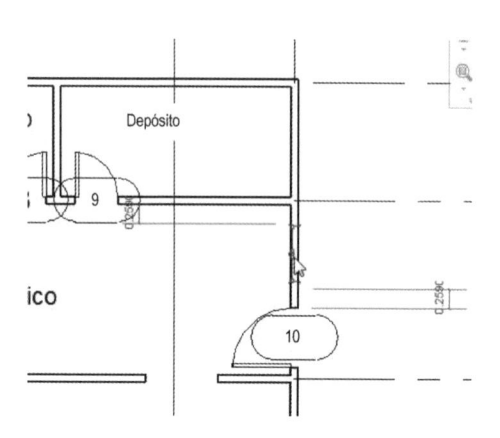

Figura 8.25. Inserção da janela.

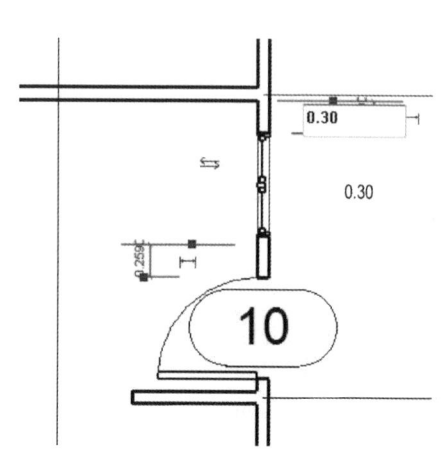

Figura 8.26. Edição da cota provisória.

Ao inseri-la, suas medidas em relação à parede têm uma cota provisória, como na porta. Depois de inserir, edite a cota para acertar a posição da janela, que é então realocada.

Para inverter o lado de dentro e de fora da janela, clique no ícone das setas, como na porta. Depois de inserida, a janela pode ser copiada, movida e modificada.

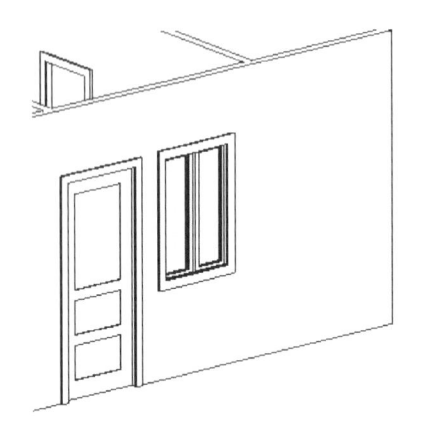

Figura 8.27. Janela na vista 3D.

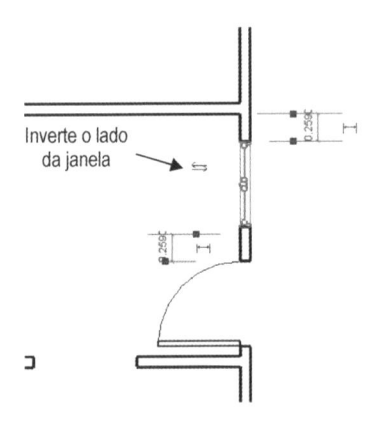

Figura 8.28. Inversão do lado da janela.

8.2.1. Modificações de Parâmetros das Janelas

Com **Type Properties** é possível modificar as dimensões e os materiais e essas alterações refletem em todas as janelas do mesmo tipo. Em **Properties** se pode alterar pavimento e material, refletindo somente na janela selecionada.

- **Type Properties**: selecione a janela e clique em **Type Properties** na aba **Modify Windows**. Em seguida surge a janela de diálogo **Type Properties**, na qual as modificações realizadas refletem em todas as janelas desse tipo selecionado. As modificações possíveis são:

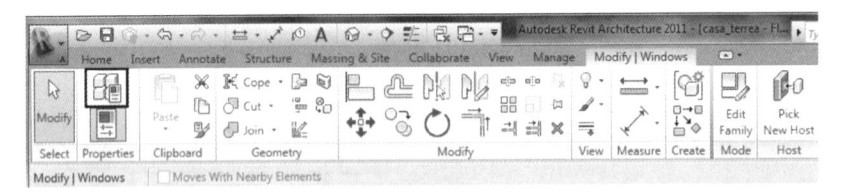

Figura 8.29. Seleção de Type Properties.

Clique no botão **Preview** para visualizar a janela junto com as propriedades:
- **Materials and Finishes**: material usado na renderização e cor usada no modo shade.
- **Height**: altura.
- **Default Sill Height**: peitoril.
- **Trim Projection - Ext**: profundidade da moldura do lado externo da janela.
- **Trim Projection - Int**: profundidade da moldura do lado interno da janela.
- **Trim Width - Exterior**: largura da moldura do lado externo.

Portas e Janelas

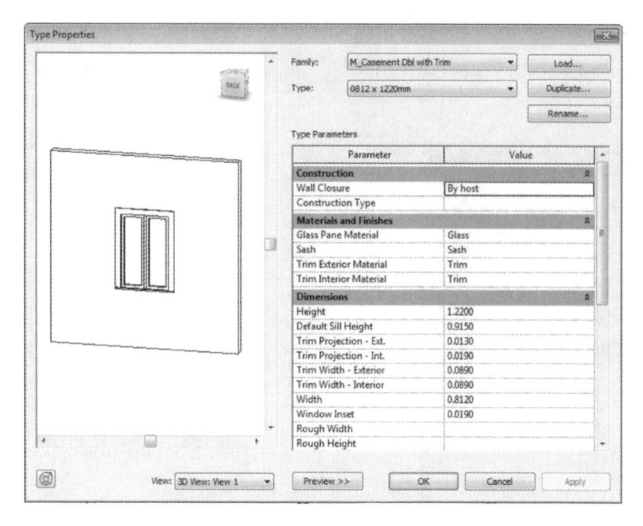

Figura 8.30. Type Properties da janela - propriedades do tipo da janela.

- **Trim Width - Interior**: largura da moldura do lado interno.
- **Width**: largura.
- **Window Inset**: profundidade da esquadria.
- **Properties**: selecione a porta e em **Properties** é possível fazer alterações nos parâmetros de uma ou de todas as janelas selecionadas com **Select All Instances** (clicando no botão direito do mouse), as quais refletem **somente** nas janelas selecionadas. As modificações possíveis são:

- **Sill Height**: altura do peitoril.
- **Phase**: fase da obra.
- **Head Height**: altura da verga.

8.2.2. Criação de um Tipo de Janela

Para criar um tipo de janela o processo é semelhante à criação de uma porta. Copia-se uma janela existente e modificam-se suas propriedades.

1. Na aba **Home > Window** selecione uma janela na lista de janelas existentes.

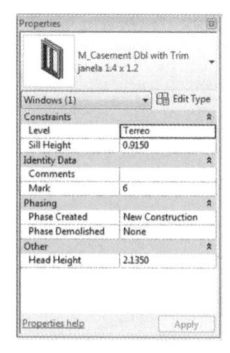

Figura 8.31. Properties da janela - propriedades da janela selecionada.

- **Level**: pavimento; se desenhar por engano em outro pavimento, basta mudar.

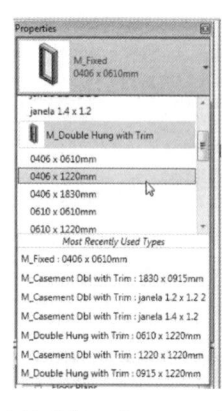

Figura 8.32. Seleção de um tipo de janela.

2. Em seguida selecione **Type Properties** e na caixa de diálogo clique em **Duplicate**. Dê um nome à nova janela.

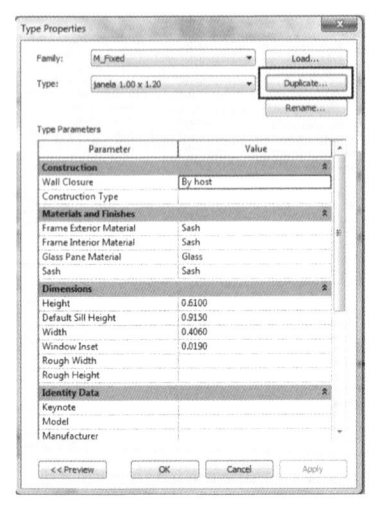

Figura 8.33. Duplicação da janela.

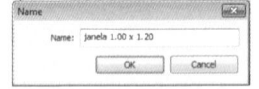

Figura 8.34. Nome da janela.

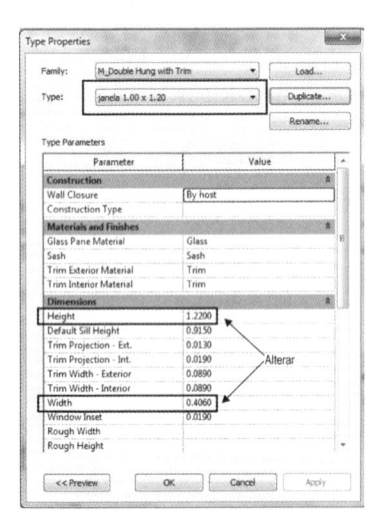

Figura 8.35. Janela criada.

3. Note que **Type Properties** se abre com a janela que foi criada. É preciso alterar suas características para que ela fique com 1m e altura de 1.2m da seguinte forma:
   - **Height**: altura; digite 1.20.
   - **Width**: largura; digite 1.00.

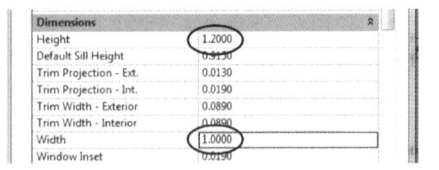

Figura 8.36. Alteração das medidas da nova janela.

4. Agora a janela de 1m faz parte desse arquivo, portanto ela não vai aparecer em novos arquivos.

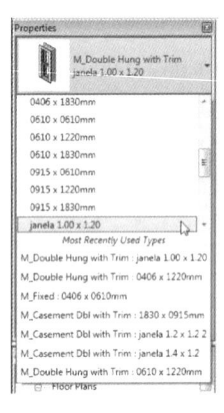

Figura 8.37. Janela criada no desenho.

> **Dica:** Para inserir janelas sem a etiqueta com a numeração, desmarque a caixa **Tag on Placement** na barra de opções ao inseri-las.

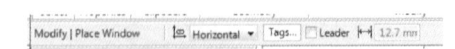

8.2.3. Inserção de Novo Tipo de Janela

Para inserir um tipo de janela que não está na lista do desenho, é preciso carregar outra família de janelas a partir de um arquivo, da mesma forma como foi feito com as portas. Na aba **Modify/Place Window** selecione **Load Family**, como mostra a figura.

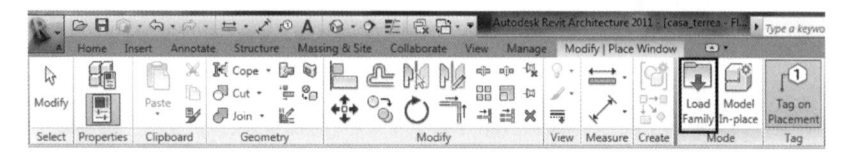

Figura 8.38. Aba Place Window - Load Family.

Ou também pode clicar na aba **Insert** > painel **Load from Library** > **Load Family**.

Figura 8.39. Aba Insert - Load Family.

Surge a janela do Windows na qual devemos selecionar outra família de janelas. Escolha **Windows**.

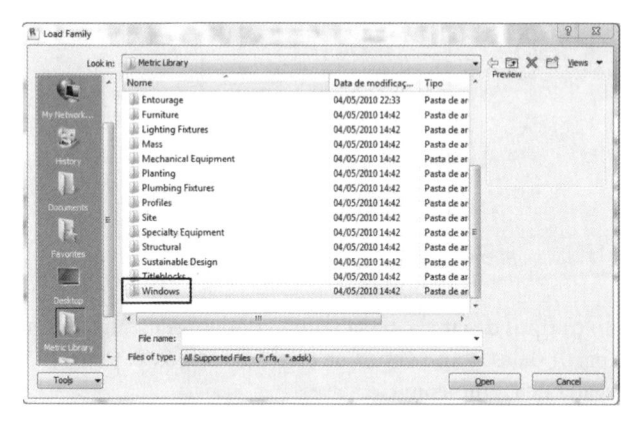

Figura 8.40. Seleção da pasta com as famílias de janelas.

Na próxima janela as famílias são exibidas. Conforme você seleciona uma **família**, o preview do tipo de janela aparece na janela do canto superior direito da tela. Selecione uma delas e volte ao desenho.

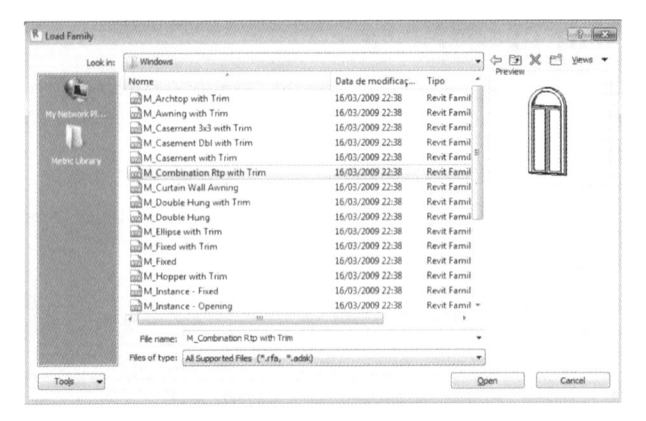

Figura 8.41. Seleção do tipo/família.

No desenho selecione **Window**, na aba **Home**, e na caixa **Properties** veja a nova família.

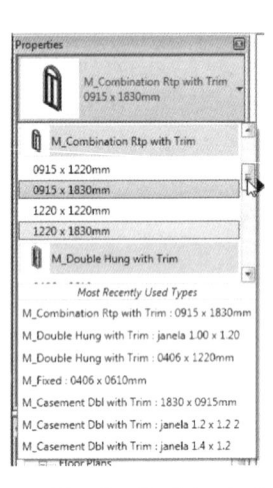

Figura 8.42. Nova família de janelas inserida.

A partir deste momento os tipos de janela dessa família podem ser utilizados no projeto e também é possível criar outros a partir deles, como vimos na criação de tipos de janelas. Ao salvar o arquivo de projeto, a família carregada fica junto com ele.

Capítulo 9

Introdução

Pisos e forros são elementos baseados em pavimentos. No Revit podemos criar pisos com o comando Floor e forros com o comando Ceiling. O programa traz vários tipos de piso e forro predefinidos. O piso funciona como uma laje de forma que ela é criada com o comando Floor. Depois de inseridos, eles podem ser editados de várias formas pelas propriedades ou pela alteração da forma geométrica, por exemplo, abrindo furos nos pisos para passagem de uma escada. Para criar um tipo de piso ou forro, o processo é semelhante à criação de uma parede ou elemento do Revit. Copiamos um elemento existente e modificamos suas propriedades.
Os forros servem para hospedar luminárias, equipamentos elétricos, detectores de fumaça etc.

Objetivos

- Aprender a inserir pisos planos e inclinados
- Inserir forros
- Criar aberturas em pisos e forros
- Gerar forros com Grid

9.1. Inserção de Pisos - Floor

O piso é uma superfície horizontal que suporta elementos do edifício apoiados nele. Para criar um piso, precisamos definir seu contorno por meio de linhas ou seleção de paredes. O contorno do piso precisa ser uma poligonal fechada. Ao inserir um piso, especificamos seu pavimento. O topo do piso é colocado, por padrão, na cota do pavimento em que ele é criado, sendo sua espessura projetada para baixo. O comando **Floor** está na aba **Home** no painel **Build**, como mostra a Figura 9.1. Na janela de diálogo **Properties** podemos especificar uma altura do topo da superfície do piso a partir da cota do piso.

Aba Home > Build > Floor

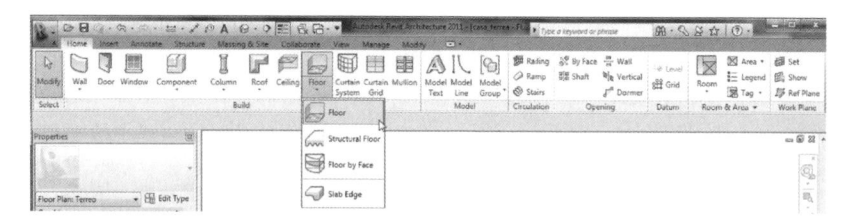

Figura 9.1. Aba Home - ferramenta Floor.

O Revit possui os seguintes tipos de piso:

- **Floor**: é um piso convencional que pode ser usado para definir uma laje.
- **Structural Floor**: mesmo que o anterior, porém tem propriedades estruturais além das do **Floor**.
- **Floor by Face**: cria os pisos a partir de um estudo de massa/volume em que a forma do volume define a forma do piso.

- **Flor Slab Edge**: cria pisos em cuja borda há uma forma irregular.

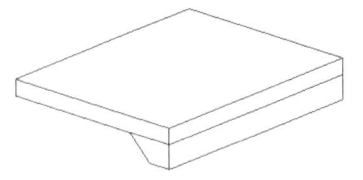

Figura 9.2. Exemplo de Floor Slab Edge.

1. Para inserir um piso plano, selecione **Floor** > **Floor** e note que a aba muda para **Create Floor Boundary**.

2. Em seguida temos duas opções, sendo selecionar paredes preexistentes ou desenhar o contorno com os comandos de desenho Linha, Arco, Círculo, Polígono etc. no painel **Draw** e compor a poligonal do piso. Esse modo chama-se **Sketching**. Neste exemplo vamos selecionar as paredes do desenho. Na barra de status existe a solicitação **"Pick walls to create lines"**. Se não houver, selecione a ferramenta **Pick Wall** no painel **Draw**, como destaca a Figura 9.3. Clique com o mouse na parede e note que uma linha rosa salienta a parede selecionada. Pode ser que a linha selecionada não seja a desejada; por exemplo, às vezes pode ser selecionada a linha de dentro da parede, mas desejar a de fora, como no desenho a seguir. Neste caso clique nas setas azuis e a parede selecionada se inverte.

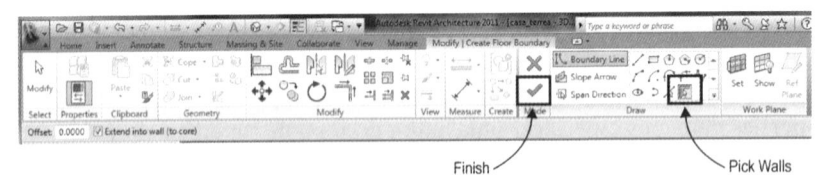

Figura 9.3. Aba Create Floor Boundary - seleção de Pick Walls.

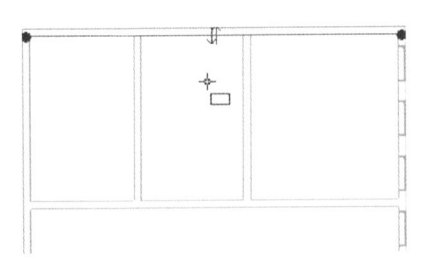

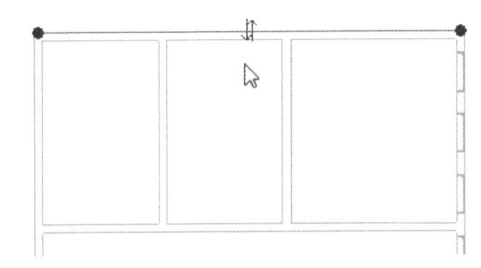

Figura 9.4. Seleção de uma parede.   *Figura 9.5. Inversão do lado de seleção da parede.*

3. Selecione outras paredes do projeto até concluir uma poligonal, como mostra a Figura 9.6.
4. Para encerrar clique no botão **Finish** no final da aba **Modify/Create Floor Boundary**.

Pisos e Forros

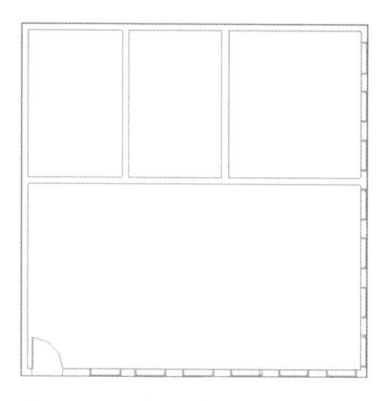

Figura 9.6. Seleção de todas as paredes.

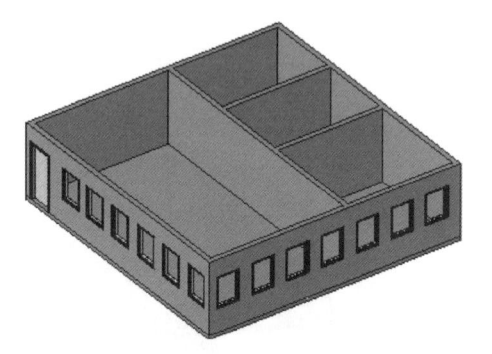

Figura 9.7. Resultado em 3D depois do Finish.

5. Se, ao selecionar uma parede com linhas que passam sobre outras paredes, gerando uma divisão no piso, não quiser fazer a divisão, edite a linha com os Grips azuis no ponto final da linha até o ponto desejado.

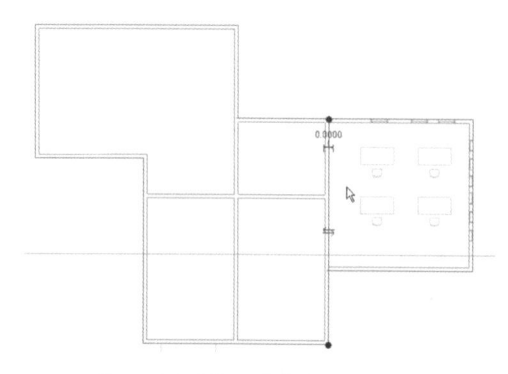

Figura 9.8. Edição da linha com Grips.

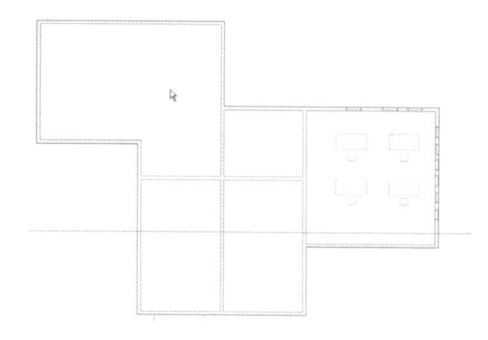

Figura 9.9. Poligonal fechada.

Neste exemplo vamos criar um piso em forma irregular usando o modo **Sketching**.

1. Vamos inserir um piso plano. Selecione **Floor** > **Floor** e note que a aba muda para **Create Floor Boundary**. Selecione o painel **Draw** > **Line** e desenhe uma linha, selecione Arco e faça um arco na ponta e assim por diante, alternando entre as opções até formar uma poligonal fechada.

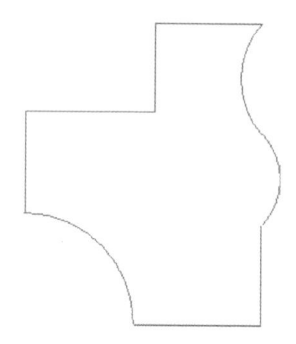

Figura 9.10. Dessenho da poligonal.

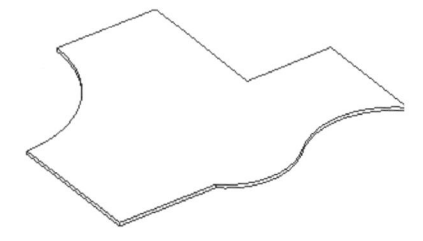

Figura 9.11. Poligonal fechada.

2. Para encerrar clique no botão **Finish** no final da aba **Modify/Create Floor Boundary**.

9.1.1. Criação de Pisos Inclinados

Para criar pisos inclinados primeiramente criamos o piso horizontal, em seguida alteramos suas características. Há três maneiras de criar um piso inclinado:

- Pela definição de uma direção de inclinação;
- Pela definição de propriedades de duas linhas paralelas;
- Pela definição da propriedade de uma única linha.

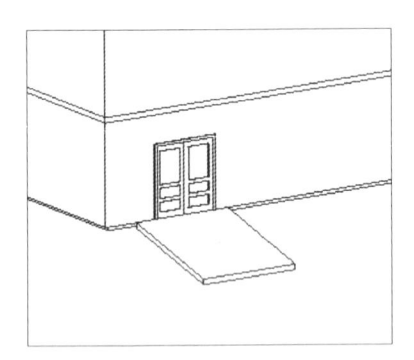

Figura 9.12. Piso inclinado.

A seguir acompanhe um exemplo de cada tipo.

9.1.2. Pela Definição de uma Direção de Inclinação - Slope Arrow

1. Crie um piso horizontal, como mostra a figura com linhas.

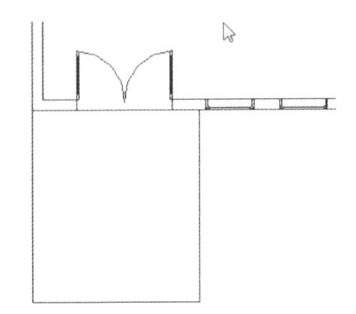

Figura 9.13. Piso plano.

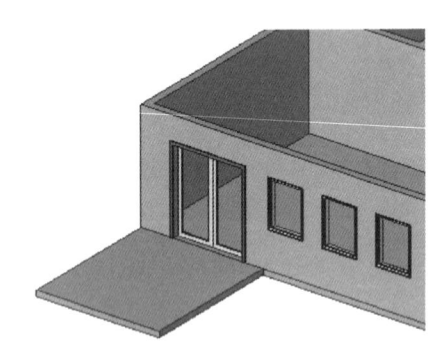

Figura 9.14. Piso plano em 3D.

2. Selecione o piso e na aba **Modify Floors** escolha **Edit Boundary**. Essa aba muda para **Modify Floors > Edit Boundary**. Selecione então **Slope Arrow**, como mostra a Figura 9.16.

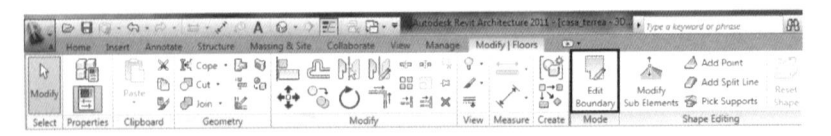

Figura 9.15. Aba Modify Floors - seleção de Edit Boundary.

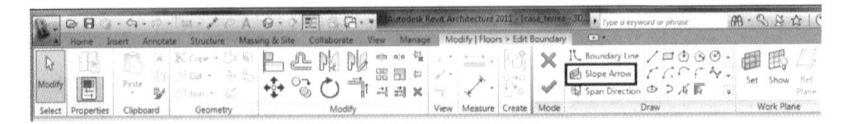

Figura 9.16. Seleção da opção Slope Arrow.

3. Depois de selecionar **Slope Arrow**, clique num local para definir o ponto inicial da seta (Arrow), que vai dar o sentido de inclinação do piso. Em seguida clique para definir o ponto final.

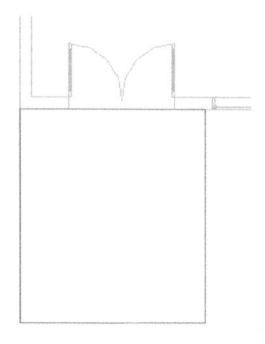

Figura 9.17. Piso selecionado.

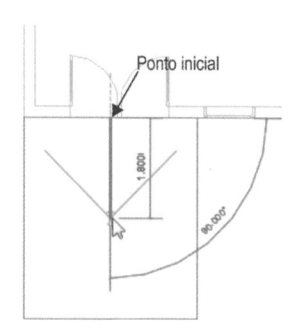

Figura 9.18. Ponto inicial da inclinação.

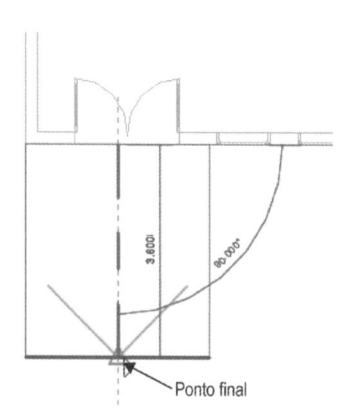

Figura 9.19. Ponto final da inclinação.

4. Depois de definido o ponto final, surge uma seta azul que dá a direção da inclinação.

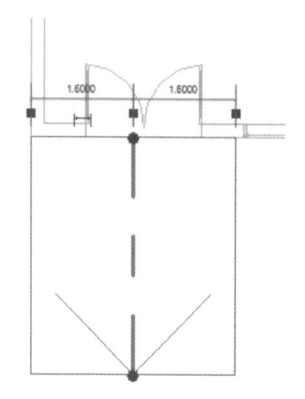

Figura 9.20. Resultado.

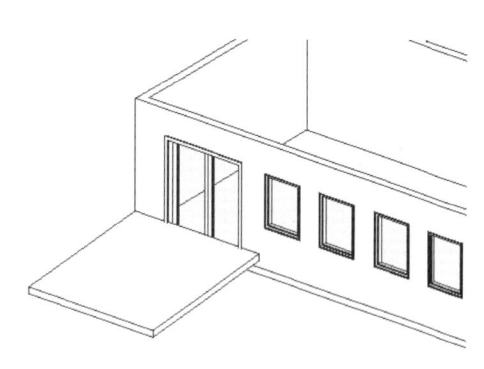

Figura 9.21. Resultado em 3D.

5. Para encerrar clique no botão **Finish** no final da aba **Modify Floors > Edit Boundary**.

6. Agora vamos mudar as propriedades do piso. Selecione o piso e clique em **Edit Boundary** em **Modify Floors**. Quando surgir a seta no piso, clique nela e no botão direito do mouse e selecione **Properties**, como indica a Figura 9.22.

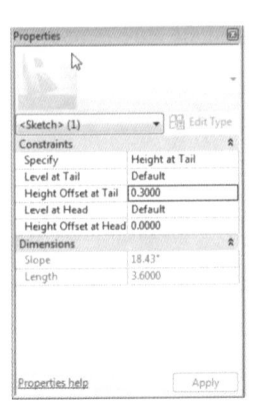

Figura 9.22. Seleção de Properties da seta.

7. Surge a janela de diálogo **Instant Properties** com as propriedades da inclinação do piso. Em **Specify** podemos escolher **Height at Tail** ou **Slope**. Na primeira opção definimos a altura do piso na parte de trás e na segunda indicamos uma inclinação do piso em graus. A seguir, observe as formas de cada opção:

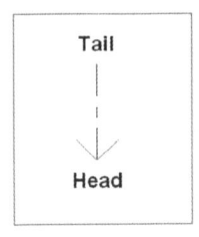

Figura 9.23. Definição do Tail e do Head.

Se escolher Height at Tail

- **Level at Tail**: pavimento na parte de trás da seta.
- **Height Offset at Tail**: especifique o quanto a parte de trás da seta está acima do pavimento dela.
- **Level at Head**: indique o pavimento da ponta da seta.
- **Height Offset at Head**: especifique o quanto acima do pavimento da ponta da seta ela termina.

Se escolher Slope - Inclinação

- **Level at Tail**: pavimento na parte de trás da seta.
- **Height Offset at Tail**: especifique o quanto a parte de trás da seta está acima do pavimento dela.
- **Slope**: dê a inclinação do piso.

Figura 9.24. Seleção de Slope.

Figura 9.25. Seleção de Height at Tail.

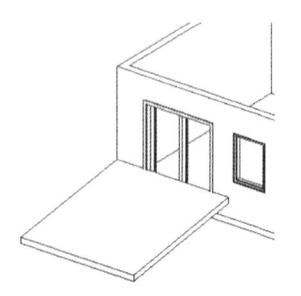

Figura 9.26. Resultado.

Pisos e Forros

Neste exemplo vamos definir os seguintes parâmetros com **Height at Level** para ter o resultado mostrado em seguida:

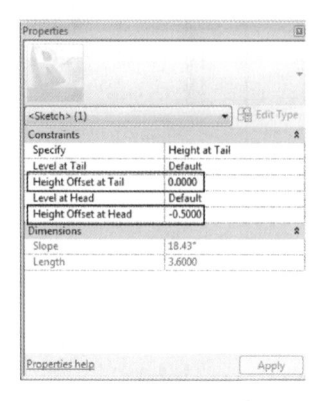

Figura 9.27. Definição da altura no Tail (parte de trás) e distância da base.

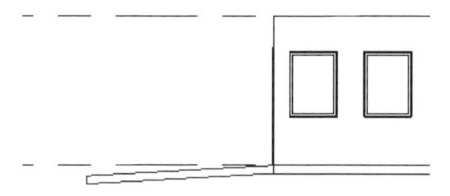

Figura 9.28. Posição inicial.

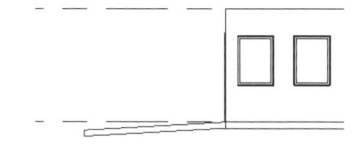

Figura 9.29. Resultado com os parâmetros definidos.

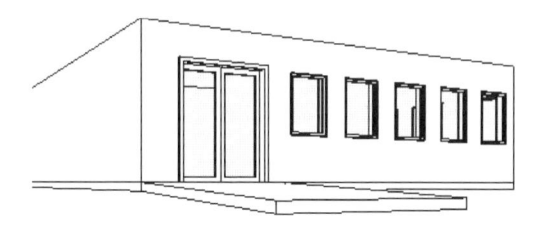

Figura 9.30. Resultado em 3D.

Para finalizar clique em **Finish**.

> **Dica:** *Sempre use a vista 3D para verificar as alterações.*

9.1.3. Pela Definição das Propriedades de Linhas Paralelas

1. Crie um piso.
2. Selecione o piso em uma vista plana e clique em **Edit Boundary** em **Modify Floors**.
3. Pressione **Ctrl**, selecione duas linhas paralelas, clique no botão direito do mouse e selecione **Properties**. Clique em **Defines Constant Height**.
4. Clique em OK.

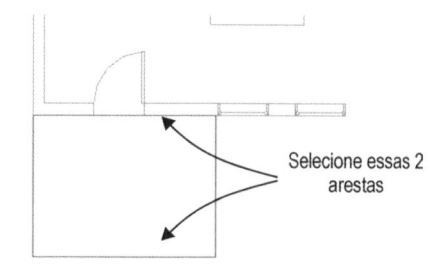

Figura 9.31. Seleção das arestas.

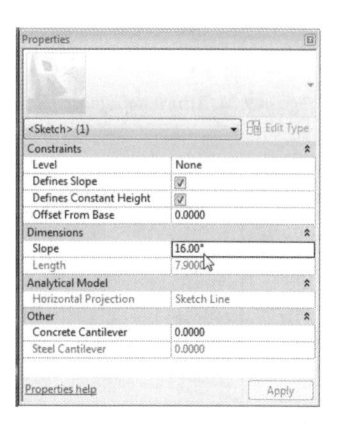

Figura 9.32. Definição da altura constante nas arestas.

5. Clique com o botão direito do mouse nas mesmas linhas individualmente e digite um valor diferente em **Offset From Base** para uma delas.
6. Para finalizar clique em **Finish**.

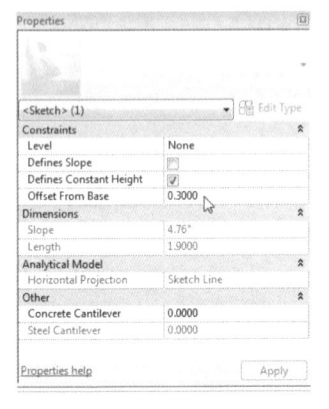

Figura 9.33. Altura da primeira aresta.

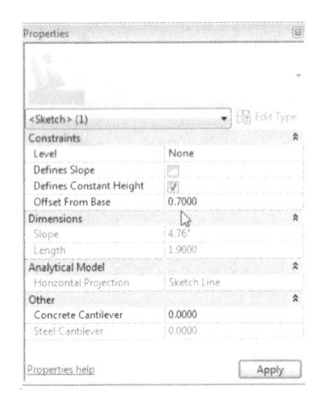

Figura 9.34. Altura da segunda aresta.

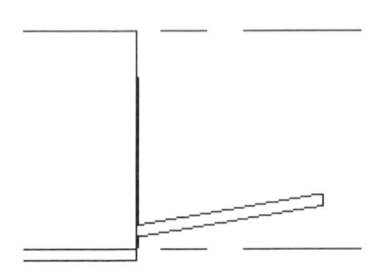

Figura 9.35. Resultado com os parâmetros definidos.

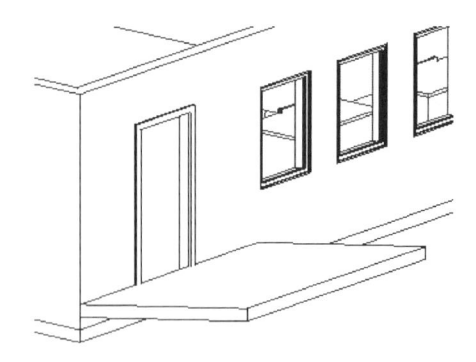

Figura 9.36. Resultado em 3D.

9.1.4. Pela Definição das Propriedades de uma Única Linha

1. Crie um piso.
2. Selecione o piso em uma vista plana e clique em **Edit Boundary** em **Modify Floors**.
3. Selecione uma linha, clique no botão direito do mouse, selecionando **Properties**, e clique em **Defines Constant Height**.
4. Selecione a propriedade **Defines Slope** e digite um valor para a inclinação no campo **Slope**.
5. Para finalizar clique em **Finish**.

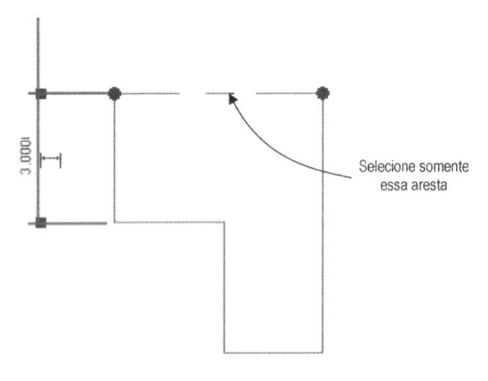

Figura 9.37. Seleção de uma única aresta.

Pisos e Forros

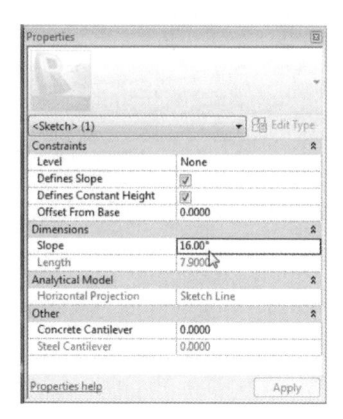

Figura 9.38. Definição de Slope e inclinação.

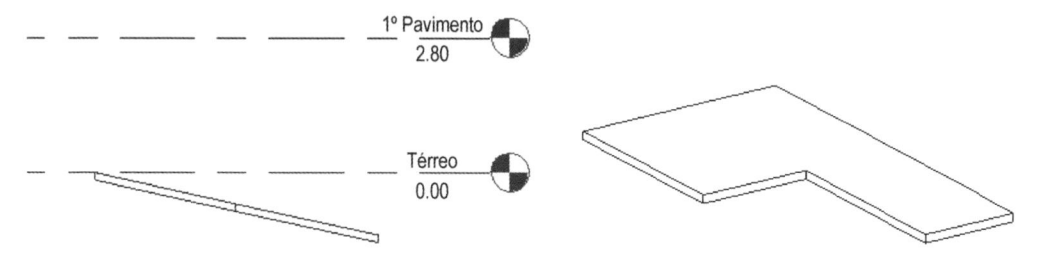

Figura 9.39. Resultado com os parâmetros definidos.

Figura 9.40. Resultado em 3D.

9.2. Criação de Aberturas em Pisos

As aberturas em pisos são inseridas para criar uma passagem de escada, mezanino etc. Elas são feitas após a criação do piso, da seguinte forma:

1. Selecione um piso e na aba **Modify Floors** escolha **Edit Boundary**.

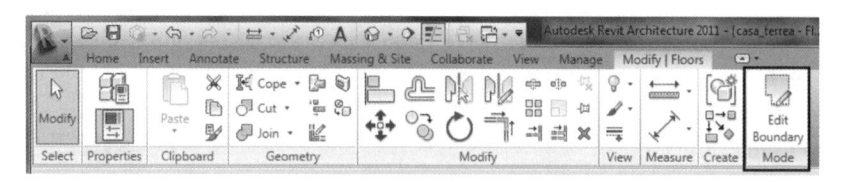

Figura 9.41. Seleção de Edit Boundary.

2. Na aba **Modify Floors > Edit Boundary** selecione **Boundary Line** e no painel **Draw** escolha a ferramenta mais adequada para criar a forma da abertura do piso. Essa forma deve ser uma poligonal **fechada** e não pode ter linhas em sobreposição ou cruzadas. Para finalizar clique em **Finish Floor**.

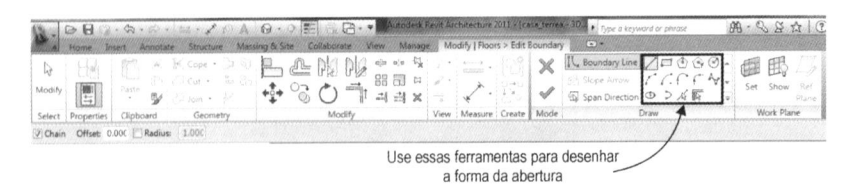

Figura 9.42. Seleção das ferramentas de desenho.

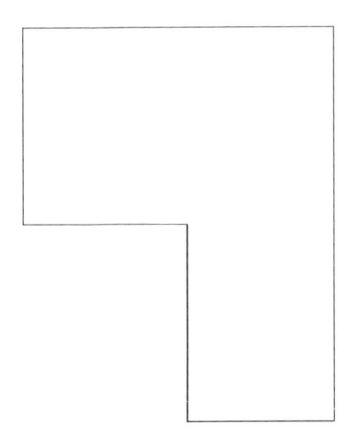

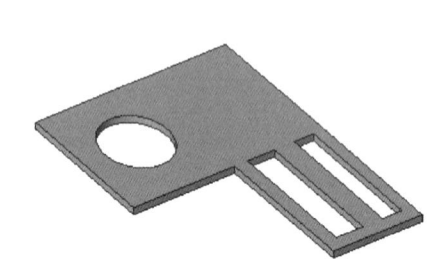

Figura 9.43. Piso inicial.

Figura 9.44. Piso com aberturas.

> **Importante:** Para remover a abertura ou editá-la, use o mesmo procedimento para alterar a forma do furo ou apagar as bordas indesejadas.

9.3. Inserção de Forros - Ceiling

O forro é uma superfície horizontal que fica abaixo do piso do pavimento seguinte com uma distância definida em suas propriedades. Para criar um forro, precisamos definir seu contorno através de linhas ou de área fechada por paredes. O contorno precisa ser uma poligonal fechada. Ao inserir um forro, especificamos seu pavimento. O forro é colocado, por padrão, numa altura em relação ao pavimento em que ele é criado, sendo sua espessura projetada para cima. O comando para inserir é **Ceiling** e está na aba **Home** no painel **Build**, como mostra a Figura 9.45.

Aba Home > Build > Ceiling

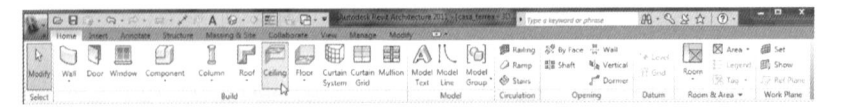

Figura 9.45. Comando Ceiling - forro.

Ao entrar no comando, a aba da **Ribbon** muda para **Place Ceiling**. Devemos indicar o tipo de forro em **Element**, em seguida escolher entre usar paredes para definir o contorno ou desenhá-lo.

Pisos e Forros

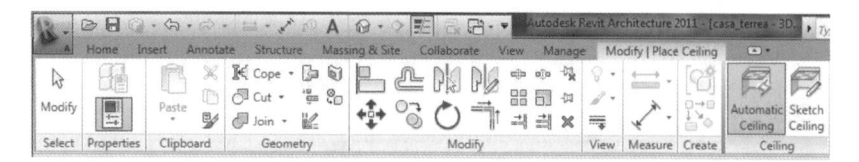

Figura 9.46. Aba Place Ceiling - seleção do tipo de forro.

Na linha de status abaixo, à esquerda da tela, surge a mensagem da Figura 9.47, que solicita clicar numa área cercada por paredes para criar o forro. Se essa opção for a mais adequada, clique na área, Figura 9.48, e o forro é criado na área selecionada.

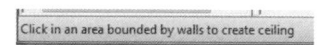

Figura 9.47. Mensagem na linha de status.

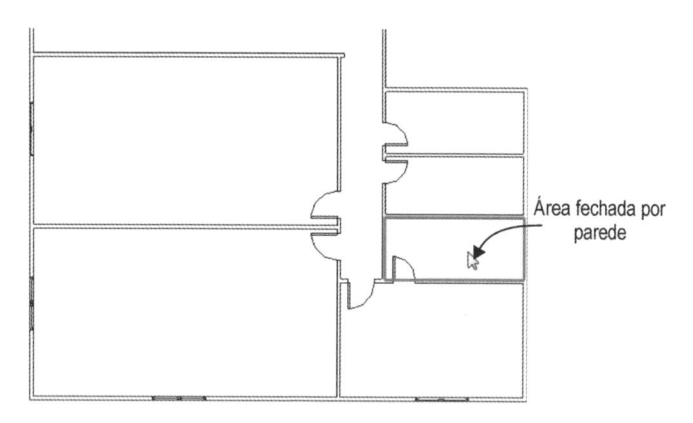

Figura 9.48. Seleção de uma área fechada por paredes.

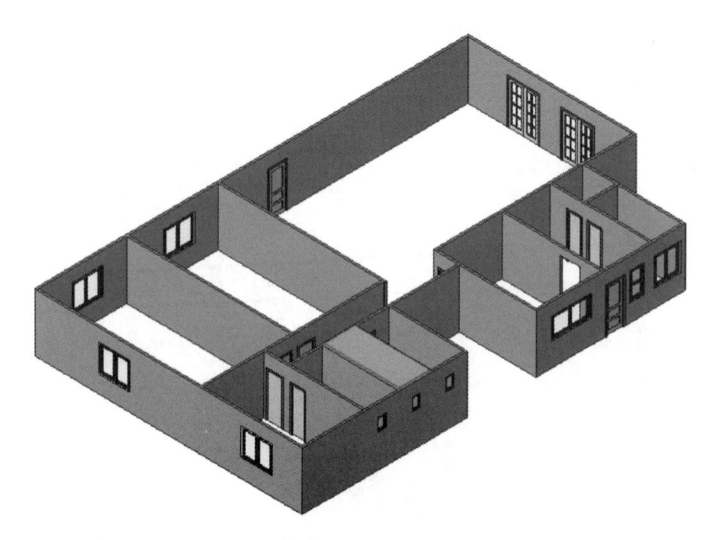

Figura 9.49. Criação do forro numa área fechada por paredes.

Para desenhar o forro de forma livre, clique em **Sketch Ceiling** na aba **Place Ceiling** e use uma das ferramentas de desenho do painel **Draw** que surge na aba **Create Ceiling Boundary**, como mostra a figura seguinte. Para finalizar ambas as opções, clique em **Finish Ceiling**.

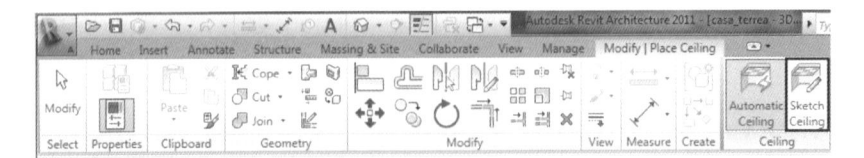

Figura 9.50. Seleção Sketch Ceiling para desenhar o forro de forma livre.

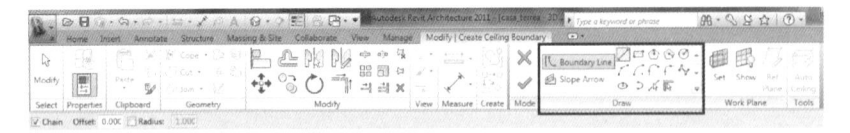

Figura 9.51. Ferramentas para desenhar o forro de forma livre.

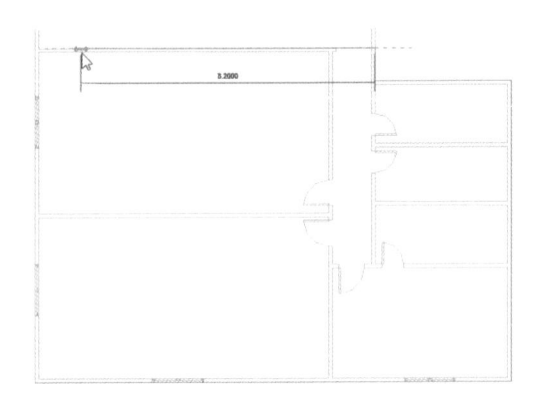

Figura 9.52. Desenho de forro com a opção Sketch.

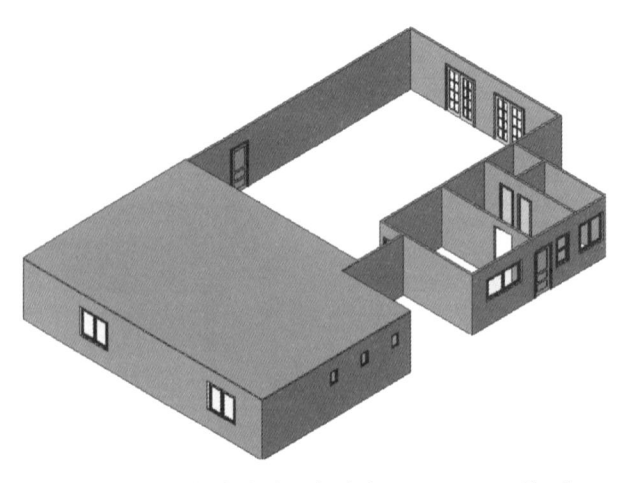

Figura 9.53. Resultado do desenho de forro com a opção Sketch.

Pisos e Forros

Na janela de diálogo **Instance Properties** podemos especificar uma altura do piso até o forro a partir da cota do piso.

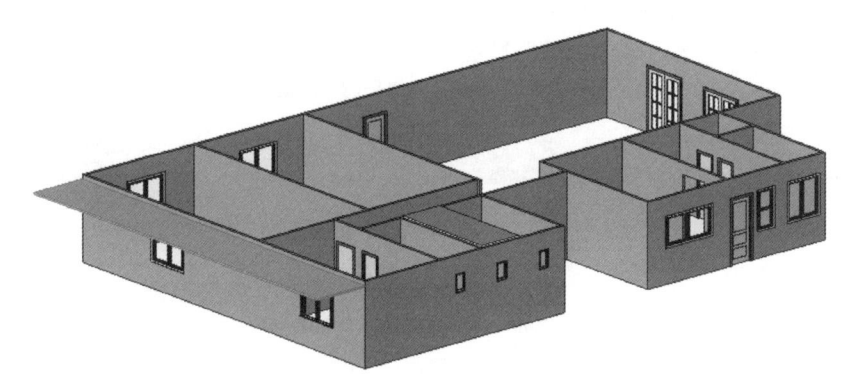

Figura 9.54. Definição da altura do forro.

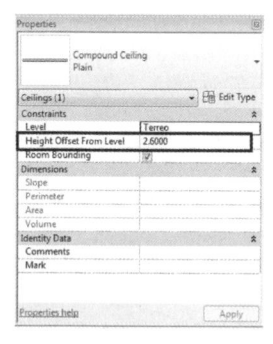

Figura 9.55. Definição da altura do forro.

Para visualizar o forro, a melhor vista é de corte, conforme mostra a Figura 9.56, que mostra o piso, as paredes e o forro abaixo do piso do pavimento superior e a cota provisória que surge ao selecionar o forro. Essa cota pode ser alterada clicando nela e digitando outro valor.

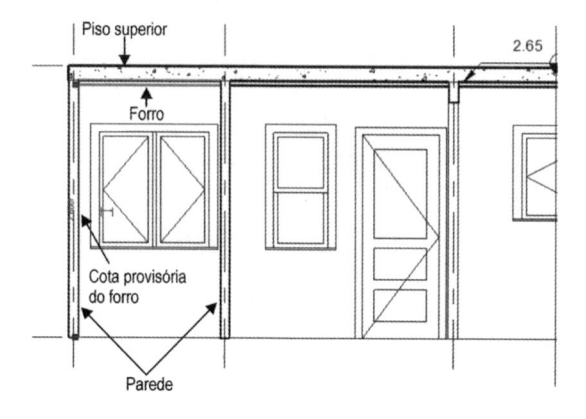

Figura 9.56. Definição da altura do forro.

9.4. Criação de Aberturas em Forros

As aberturas em forros são semelhantes às criadas em pisos e inseridas para criar uma passagem de escada, mezanino etc. Elas são criadas após a criação do forro, da mesma forma que no piso:

Selecione um forro e na aba **Modify Ceiling** escolha **Edit Boundary**, Figura 9.57.

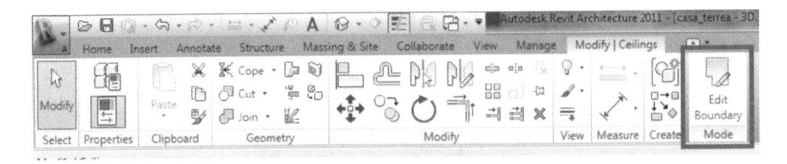

Figura 9.57. Aba Modify Floors - Edit Boundary.

Clique no ícone com as ferramentas de desenho.

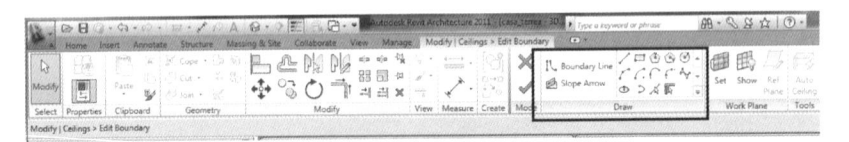

Figura 9.58. Ferramentas de desenho para corte em forros.

Selecione uma das ferramentas para desenhar a forma do furo e clique em **Finish Ceiling**.

As figuras seguintes mostram as aberturas criadas em um forro.

Figura 9.59. Forro passando pela escada.

Pisos e Forros

Figura 9.60. Forro cortado para passagem da escada.

9.5. Visualização de Forros

O forro é desenhado numa altura em relação ao piso do pavimento e o Revit gera as vistas em planta, imaginando um corte horizontal no pavimento a 1.5m, portanto o forro **não** é exibido na vista em planta ao selecionar o pavimento em **Floor Plans** no menu **Browser**. No Revit existe a opção de usar a vista **Ceiling Plans** especificamente para visualizar os forros, a qual é criada para todos os pavimentos gerados. Também é possível alterar essa linha de corte pelo **View Range** no **Visibility Properties** se quiser visualizar o forro em planta, mas não é usual.

A Figura 9.61 mostra uma planta com os forros inseridos no pavimento Terreo, ao selecioná-lo em **Ceiling Plans**.

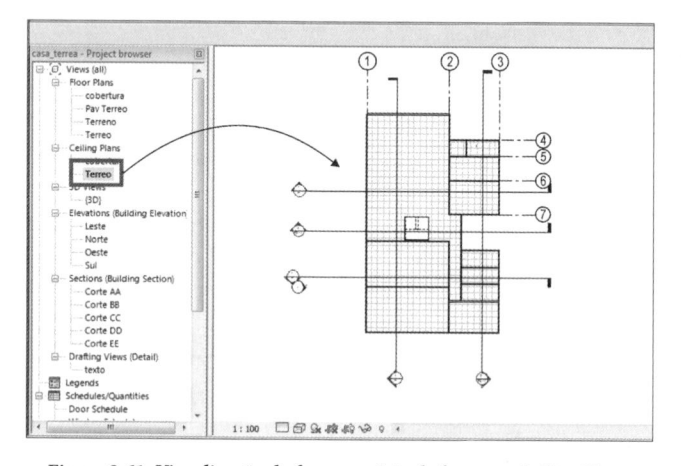

Figura 9.61. Visualização do forro na vista de forro em Ceiling Plans.

O forro usado neste exemplo com a hachura em malha é do tipo 600x600 Grid para melhor visualização. Para alterar o tipo, selecione o forro inserido, em **Element** marque **Change Element Type** e mude o tipo.

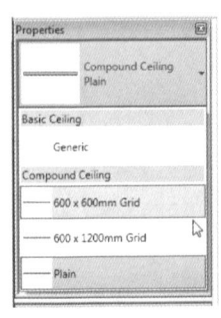

Figura 9.62. Mudança do tipo de forro.

📌 **Dica:** *Para selecionar o forro com mais facilidade, use uma vista 3D ou um corte.*

9.6. Criação de Forros com Grid

Os forros com Grid têm uma malha predefinida que pode ser alterada de acordo com o projeto. Para inserir esse tipo de forro selecione em **Element** o tipo "600 x 600mm Grid", como mostra a Figura 9.63.

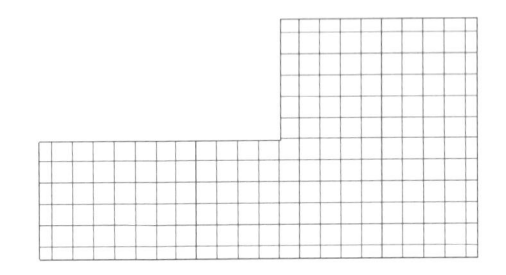

Figura 9.63. Forro com Grid.

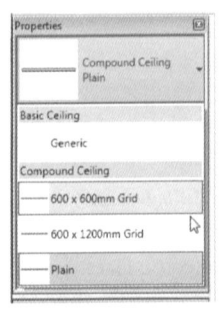

Figura 9.64. Seleção do forro com Grid.

Para criar uma modulação, gere outro tipo duplicando o primeiro. Selecione o forro, no painel **Element** escolha **Instance Properties** e na janela **Instance Properties** clique em **Edit Type**.

Figura 9.65. Instance Properties do forro de tipo Grid.

Na janela **Type Properties** clique em **Duplicate** para gerar a cópia.

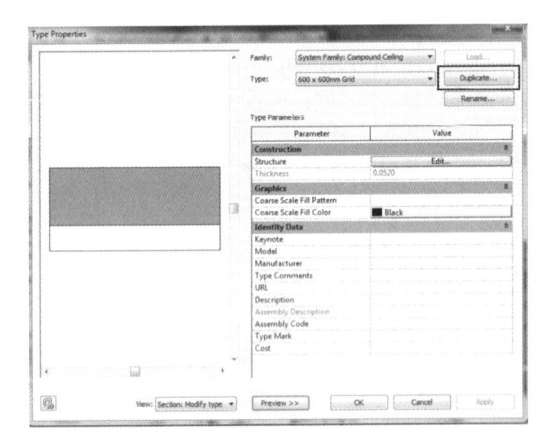

Figura 9.66. Duplicação do tipo de forro.

Dê um nome ao novo forro.

Figura 9.67. Nome do novo forro.

Em seguida surge a janela **Type Properties** do novo forro; agora basta editar as propriedades para gerar as medidas novas.

Pisos e Forros

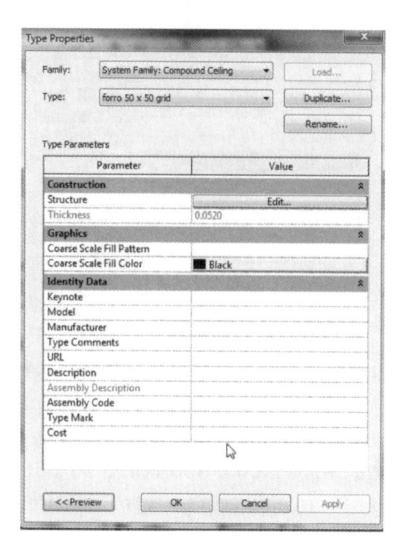

Figura 9.68. Propriedades do novo forro.

Clique em **Structure > Edit** e na tela semelhante à da Figura 9.69 edite o campo **Structure > Thickness**. Digite a medida da espessura do forro. Em **Finish > Thickness** clique nos três pontos para definir a malha do forro.

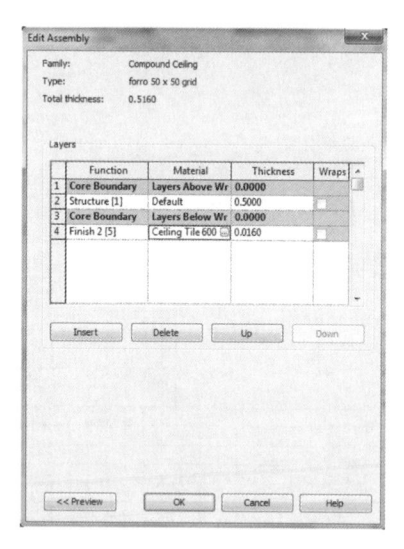

Figura 9.69. Estrutura do novo forro.

Na janela seguinte vamos editar a hachura da representação do forro em planta para 50 x 50cm da seguinte forma:

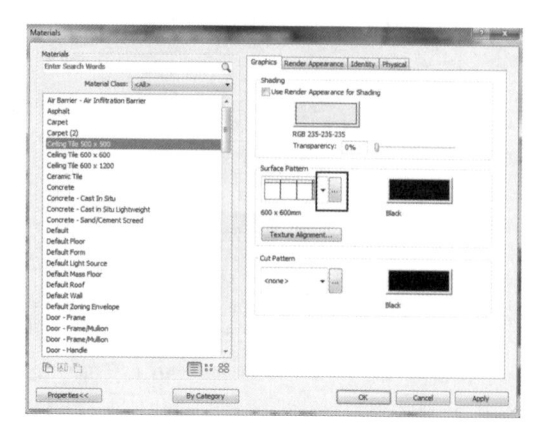

Figura 9.70. Edição do material do novo forro.

Selecione o acabamento **Ceiling Tile 600 x 600**, clique no botão direito do mouse e escolha **Duplicate**. Na janela que se abre digite **Ceiling Tile 500 x 500**.

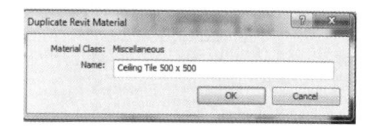

Figura 9.71. Nome do novo forro.

Clique no botão do padrão de hachura em **Surface Pattern**, como mostra a Figura 9.72.

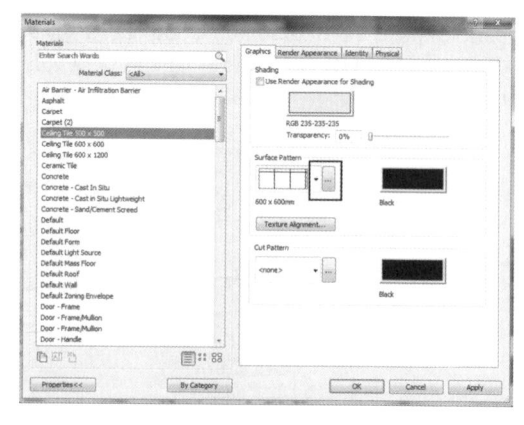

Figura 9.72. Edição da hachura do material.

O padrão 600x 600mm fica selecionado. Clique em **Edit**. Na janela **Modify Pattern Properties** edite o nome e as medidas da hachura.

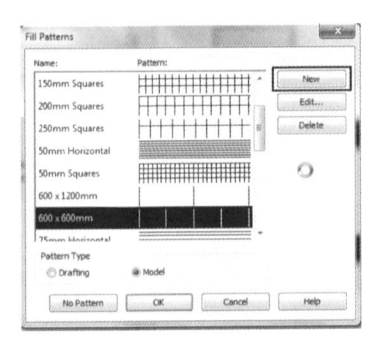

Figura 9.73. Criação de hachura para o forro.

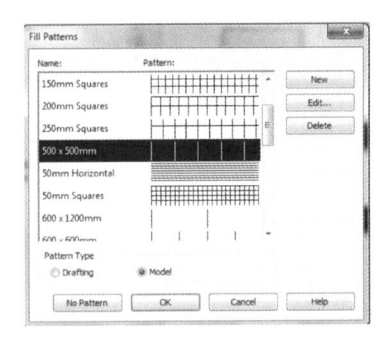

Figura 9.76. Hachura criada com 500 x 500mm.

Para finalizar clique em OK em todas as janelas e veja que foi criado o tipo **Forro 50 x 50 Grid**, que agora será aplicado no forro selecionado.

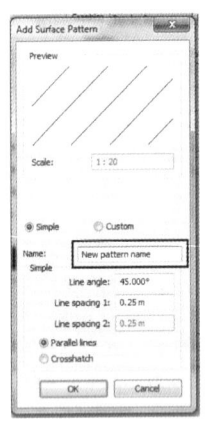

Figura 9.74. Nome do novo padrão.

Este deve ser o resultado final. Clique em **OK** para finalizar e o padrão 500 x 500 já está criado. Clique em **OK** em todas as janelas para voltar ao desenho.

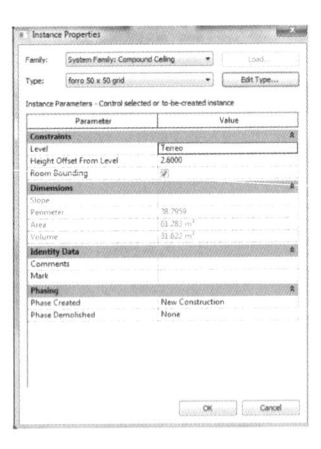

Figura 9.77. Forro de 50 x 50 criado.

Forro de 50 x 50cm

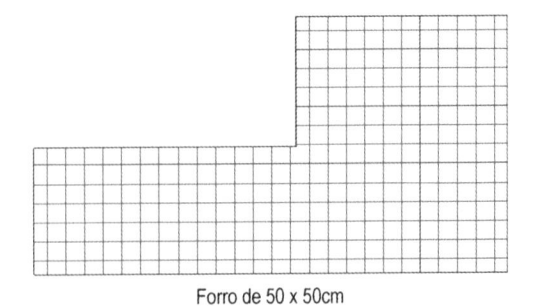

Figura 9.78. Forro de 50 x 50 criado a partir do forro de 60 x 60.

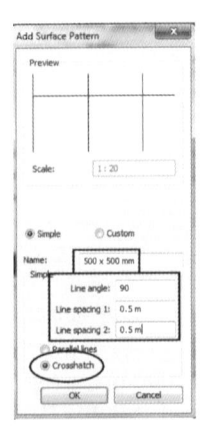

Figura 9.75. Alteração das medidas e do ângulo.

Capítulo 10
Estrutura - Pilares e Vigas

Introdução

O **Revit Architecture** possui elementos estruturais, como pilares, vigas e outros de fundação que são paramétricos e podem ser alterados de acordo com o projeto estrutural. O **Revit Structure** dispõe de ferramentas completas para um projeto estrutural. O ideal é trabalhar com os dois produtos integrados, formando uma solução completa BIM (Building Information Modeling), mas se não for o seu caso, você pode utilizar as ferramentas estruturais do **Revit Architecture**, que são paramétricas, portanto editáveis, e compatibilizar facilmente com o projeto estrutural.

Este capítulo mostra como inserir os elementos estruturais do projeto, tendo como referência paredes previamente criadas ou iniciando o projeto com um Grid (eixos) de referência e inserindo pilares e vigas a partir desse eixo. Ensina como vincular pilares a um piso, forro ou viga. A vantagem de associar um pilar a um piso, forro ou viga é que, se o pavimento ou a altura desses objetos for alterado, o pilar é alterado também.

Objetivos

- Aprender a inserir pilares em paredes e em Grids
- Criar pilares
- Vincular pilares a forros, telhados e vigas
- Inserir vigas horizontais e inclinadas
- Criar vigas

10.1. Inserção de Pilares - Columns

Os pilares são divididos em dois tipos, sendo **Architectural Column** e **Structural Column**. A diferença básica entre eles é que a **Architectural Column** é um pilar com características arquitetônicas para dar forma ao elemento e a **Structural Column** tem aspectos de pilar estrutural e é lida pelo **Revit Structure** como um elemento estrutural, além de se comportar de maneira diferente na intersecção com outros elementos estruturais, como, por exemplo, vigas.

Para inserir um pilar, selecione **Architectural Column** na aba **Home**, como mostra a Figura 10.1.

Aba Home > Build > Column > Architectural Column

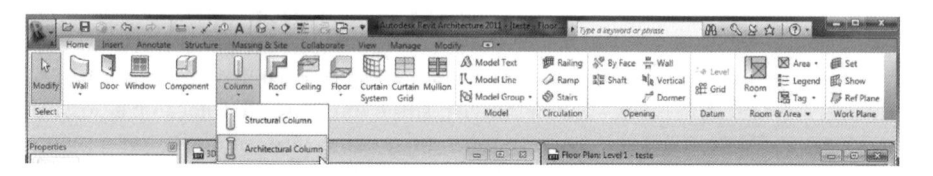

Figura 10.1. Aba Home - seleção de Architectural Column.

Figura 10.2. Seleção do tipo de pilar.

Figura 10.3. Barra de opções da seleção de Architectural Column.

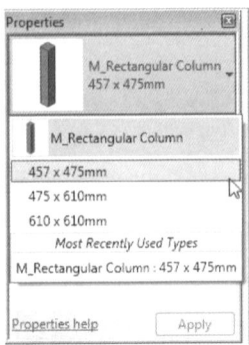

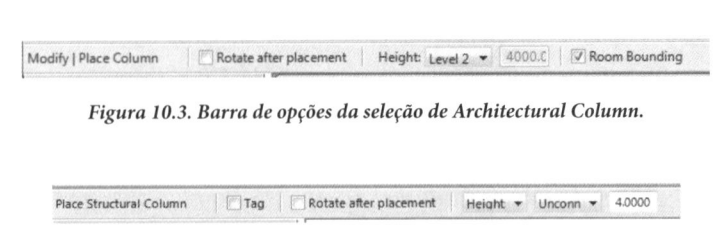

Figura 10.4. Barra de opções da seleção de Structural Column.

> **Dica:** A Structural Column se une a elementos estruturais do projeto, tais como vigas, fundações e paredes, e a Architectural Column se une apenas a paredes.

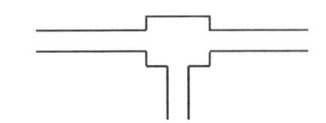

Figura 10.6. Pilar inserido em planta.

Na aba **Place Column** selecione o tipo do pilar na lista de opções, Figura 10.2.

Ao entrar nesse comando, a barra de opções mostra as seguintes opções, Figuras 10.3 e 104.

- **Rotate after placement**: habilita a rotação assim que o ponto de inserção é definido.
- **Height**: indica a altura.
- **Room Bounding**: define se o pilar será considerado área de contorno de paredes na ferramenta Room ou se será ignorado.
- **Tag**: insere um tag (rótulo) com informações, se os tags tiverem sido carregados.

Vamos inserir pilares em paredes neste exemplo. No projeto posicione o cursor onde deve ficar o pilar. Note que nas paredes próximas surgem linhas de centro para facilitar a inserção.

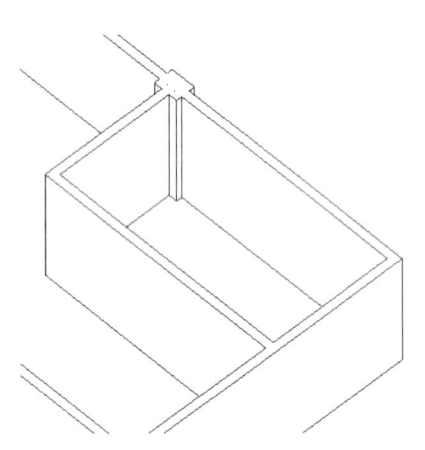

Figura 10.7. Pilar inserido em 3D.

Depois de inserir um pilar no projeto ele pode ser copiado, movido e rotacionado com as ferramentas de edição vistas no capítulo 6. O pilar pode ser rotacionado logo em seguida da inserção, se a opção **Rotate after Placement** na barra de opções estiver habilitada. Nesse caso, ao inserir, surge um ícone de rotação e é possível girar o pilar como ilustram as figuras a seguir. Para inserir outros pilares, basta seguir essa forma ou copiar.

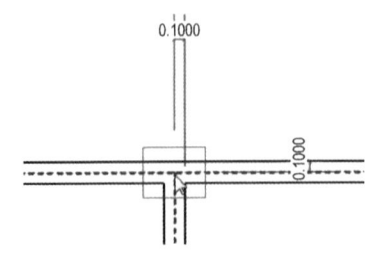

Figura 10.5. Inserção do pilar.

Estrutura - Pilares e Vigas

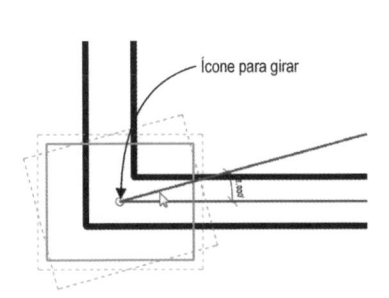

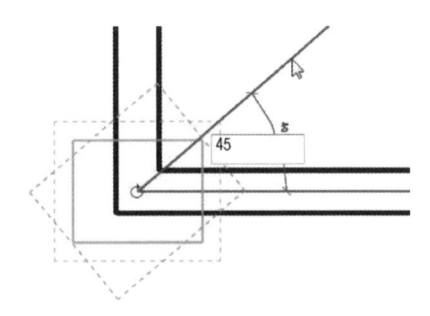

Figura 10.8. Inserção do pilar com rotação.

Figura 10.9. Ângulo de rotação.

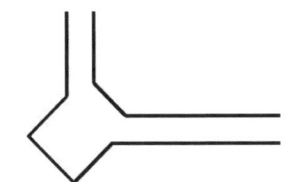

Figura 10.10. Resultado.

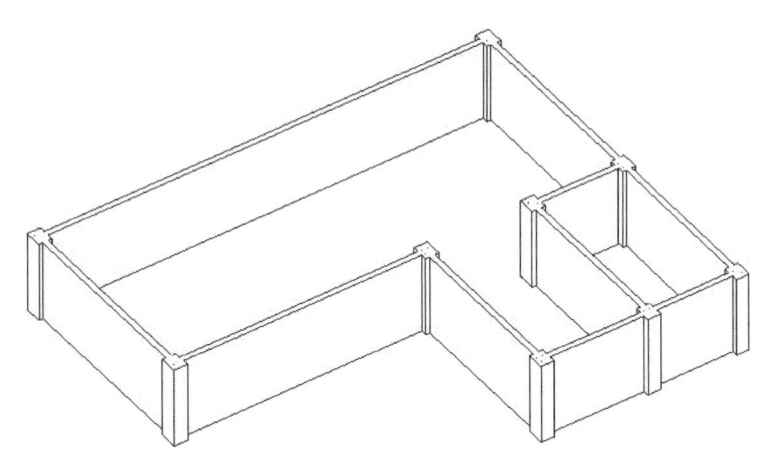

Figura 10.11. Pilares inseridos no projeto.

> **Dica:** Os pilares podem ser inseridos numa vista 2D ou 3D.

10.1.1. Inserção de Pilares em Grids

Além de inserir pilares em paredes, podemos usar um Grid de eixos de construção para posicionar os pilares com mais precisão. Neste caso, crie um Grid com o comando Grid, capítulo 4, em seguida insira os pilares nos eixos, clicando nas intersecções.

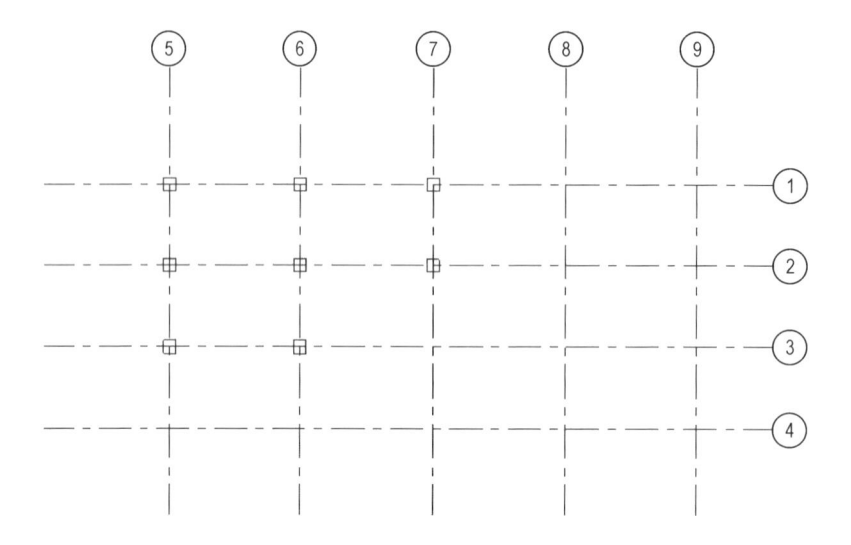

Figura 10.12. Pilares inseridos no Grid (eixos).

Os pilares do tipo **Structural Colum** são inseridos em Grids automaticamente, selecionando a opção **On Grids** na aba **Place Structural Column**. Clique em **On Grids**, selecione os Grids e clique em **Finish** na aba **Place Structural Column > At Grid Intersection**, como mostra a figura seguinte.

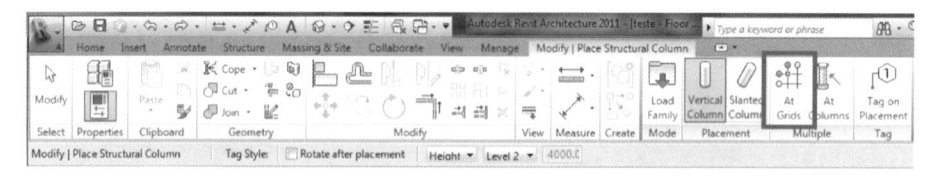

Figura 10.13. Seleção de Structural Columns - inserção On Grids.

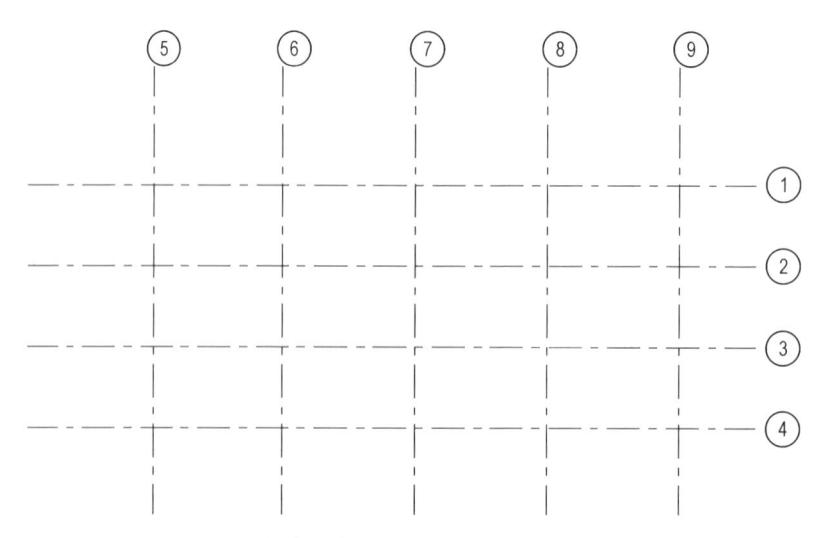

Figura 10.14. Grids - selecionar todos com Crossing ou Window.

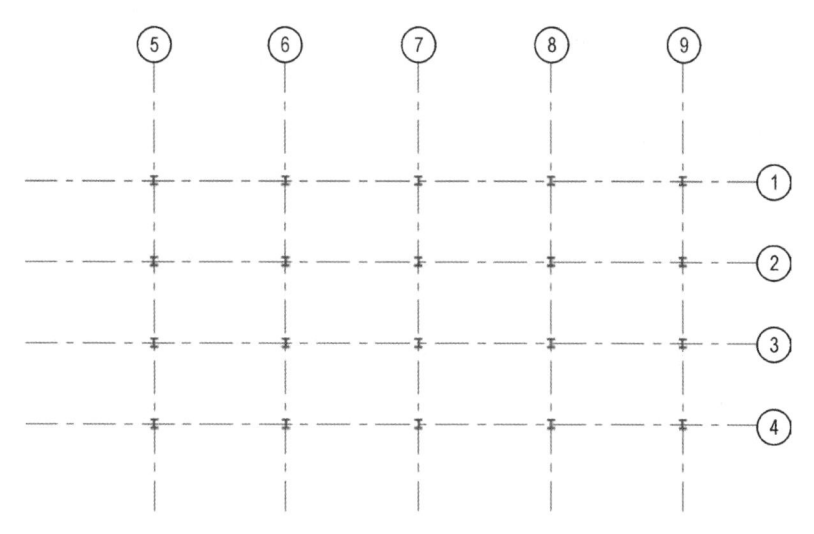

Figura 10.15. Pilares inseridos nas intersecções dos eixos.

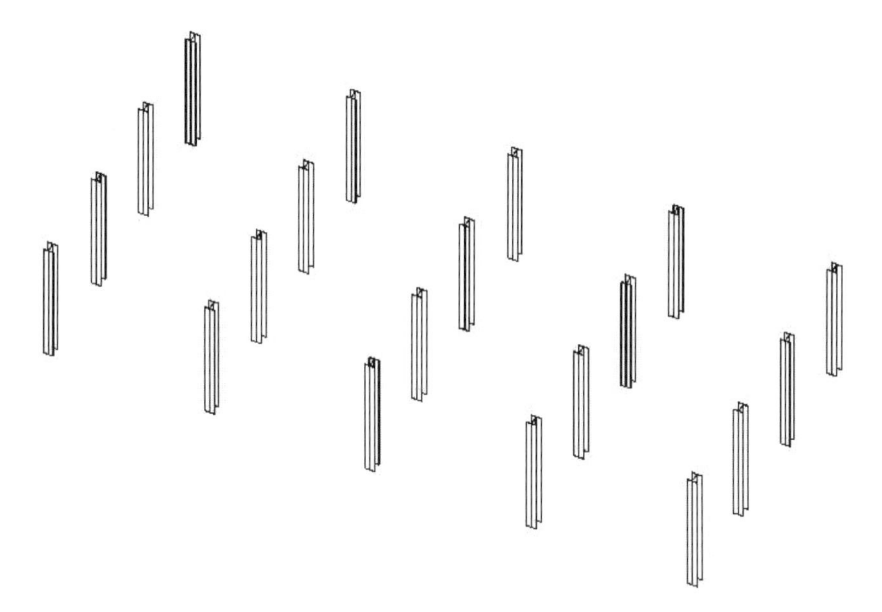

Figura 10.16. Resultado em 3D após a inserção dos pilares.

10.1.2. Propriedades dos Pilares

As propriedades dos pilares **Architectural Column** e **Structural Column** são parecidas, mas as **Structural Columns** possui outras que a **Architectural** não tem. A seguir veremos as duas possibilidades.

Propriedades da Architectural Columns

Selecione um pilar **Architectural Column** e escolha **Properties**. Estas são as propriedades do pilar selecionado. Quando alteradas, modificam **somente** os pilares selecionados.

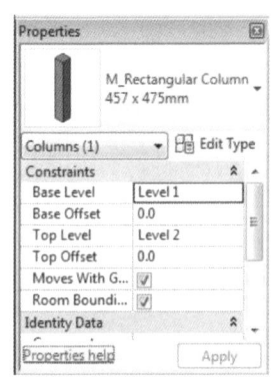

Figura 10.17. Propriedades dos pilares Architectural Column.

- **Base Level**: pavimento no qual está o pilar.
- **Base Offset**: distância da base do pilar a partir da base do pavimento.
- **Top Level**: pavimento no qual termina o pilar.
- **Top Offset**: distância do topo do pilar a partir do pavimento no qual ele termina.
- **Moves With Grid**: move os pilares conforme o Grid é movido.
- **Room Bounding**: define se o pilar será considerado área de contorno de paredes na ferramenta Room ou se será ignorado.

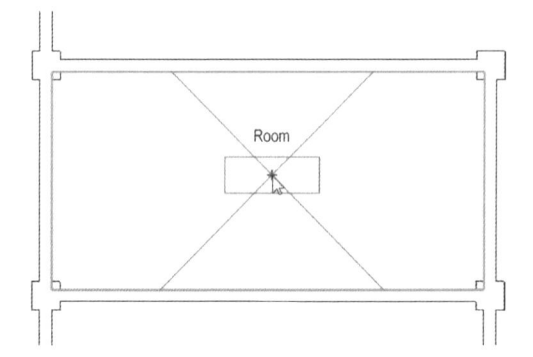

Figura 10.18. Pilar com Room Bounding desligado.

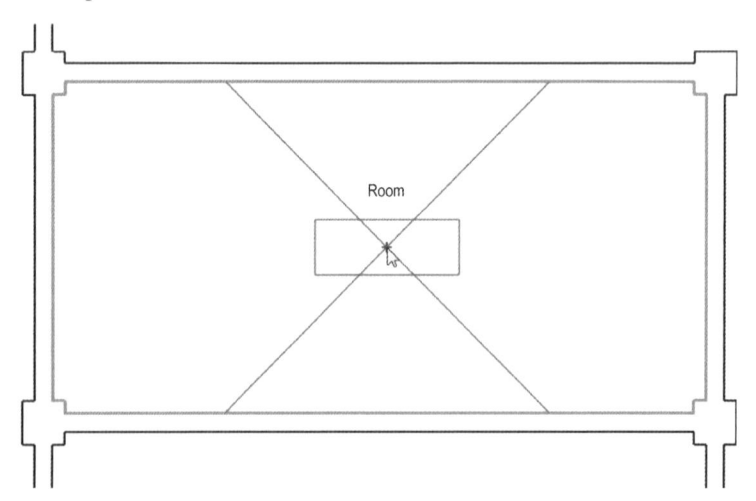

Figura 10.19. Pilar com Room Bounding ligado.

As propriedades do tipo estão em **Type Properties**, como mostra a Figura 10.20. Quando alteradas, mudam **todos** os pilares do mesmo tipo inseridos no projeto.

Estrutura - Pilares e Vigas

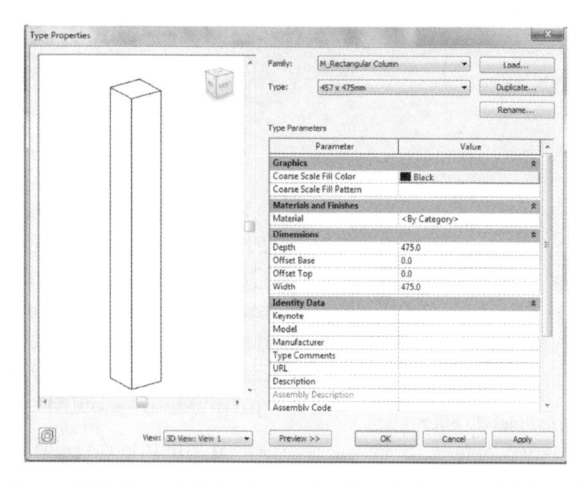

Figura 10.20. Propriedades do tipo do pilar (Architectural Column).

- **Dimensions**: dimensões.
- **Depth**: profundidade.
- **Offset Base**: distância da base do pilar a partir da base do pavimento.
- **Offset Top**: distância do topo do pilar a partir do pavimento no qual ele termina.
- **Width**: largura.

Graphics

- **Coarse Scale Fill Color**: define a cor da representação em modo Coarse.
- **Coarse Scale Fill Pattern**: indica a hachura em modo Coarse.
- **Material and Finishes**: material do pilar.

> **Dica:** Para expandir a janela, clique em Preview.

Propriedades das Structural Columns

Vamos carregar uma família de pilares de concreto do tipo estrutural em **Load Family** na aba **Modify/Place Structural Column**, como mostra a figura seguinte.

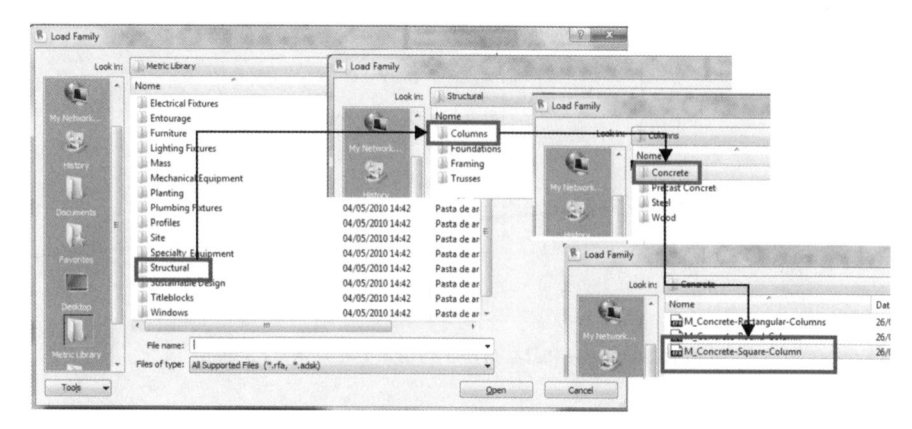

Figura 10.21. Seleção da família de pilar de concreto.

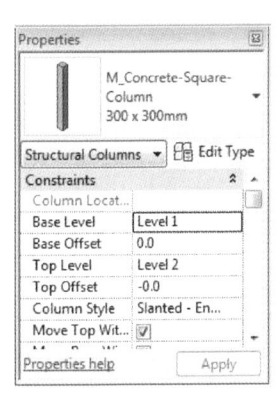

Figura 10.22. Propriedades do pilar selecionado (Structural Column).

- **Base Level**: pavimento no qual está o pilar.
- **Base Offset**: distância da base do pilar a partir da base do pavimento.
- **Top Level**: pavimento no qual termina o pilar.
- **Top Offset**: distância do topo do pilar a partir do pavimento no qual ele termina.
- **Moves With Grid**: move os pilares conforme o Grid é movido.
- **Room Bounding**: define se o pilar será considerado área de contorno de paredes na ferramenta Room ou se será ignorado.

As propriedades do tipo estão em **Type Properties**, como mostra a figura seguinte. Quando alteradas, mudam **todos** os pilares do mesmo tipo inseridos no projeto. As propriedades variam dependendo da família do pilar. As figuras seguintes mostram dois tipos de pilares, um quadrado e outro em forma de I.

- **b**: medida do pilar; como é de uma família de pilar quadrado, só definimos uma medida.
- **b, h, r, s, t**: medidas de cada face do pilar. Ao criar as famílias dos pilares pelo arquivo .RFA, essas medidas são exibidas em cada face.

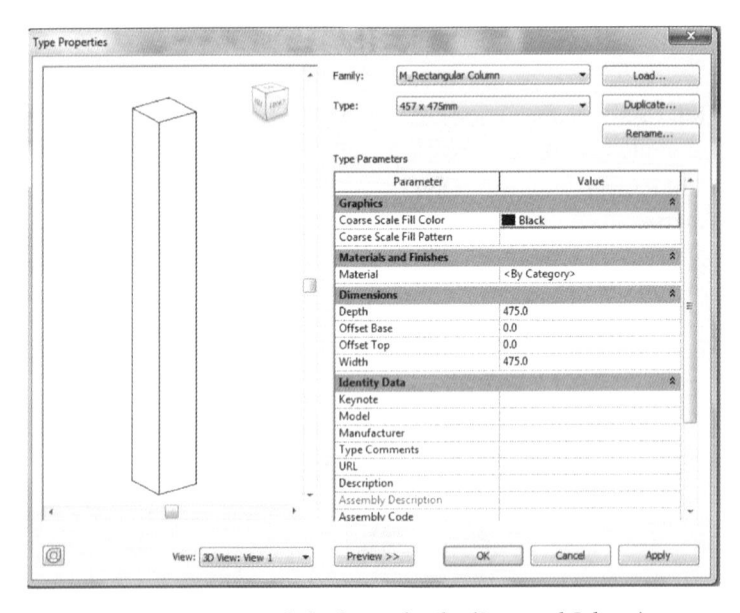

Figura 10.23. Propriedades do tipo do pilar (Structural Column).

Estrutura - Pilares e Vigas

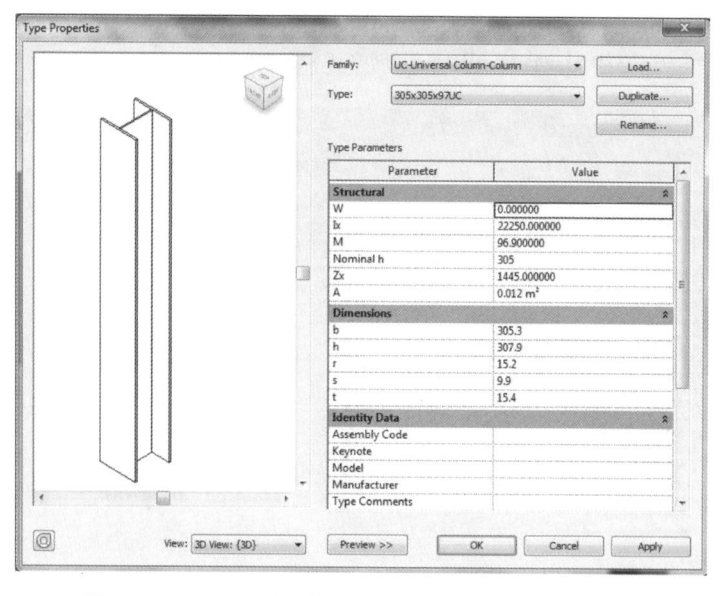

Figura 10.24. Propriedades do tipo do pilar (Structural Column).

10.1.3. Criação de Outro Tipo de Pilar

Para criar um tipo de pilar, ou família, seguimos o mesmo procedimento dos outros objetos do Revit, ou seja, a partir da duplicação e da alteração de um existente. Vamos criar um pilar de 20 x 20cm a partir de um existente.

1. Selecione o pilar e clique em **Type Properties**. Na janela que se abre selecione **Duplicate**.

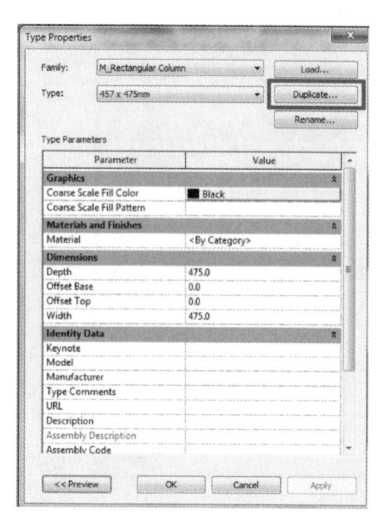

Figura 10.25. Duplicação de um pilar.

2. Dê um nome ao pilar e clique em OK.

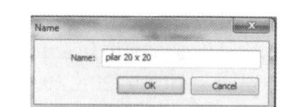

Figura 10.26. Nome do novo pilar.

3. Na janela seguinte note que ele já foi criado, porém está com as propriedades do anterior. Altere a profundidade (Depth) e a largura (Width).

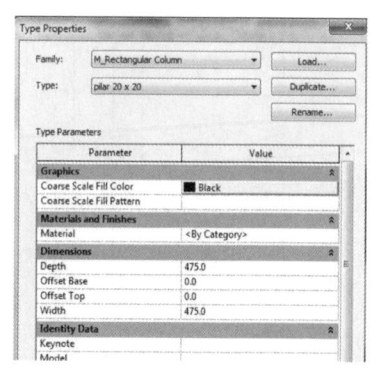

Figura 10.27. Propriedades do tipo do pilar anterior - alterar para 200 x 200mm.

4. Para alterar o material clique nos três pontinhos em Material. Nessa janela configure o material selecionando **Concrete - Cast In Situ** e pressione OK para finalizar.

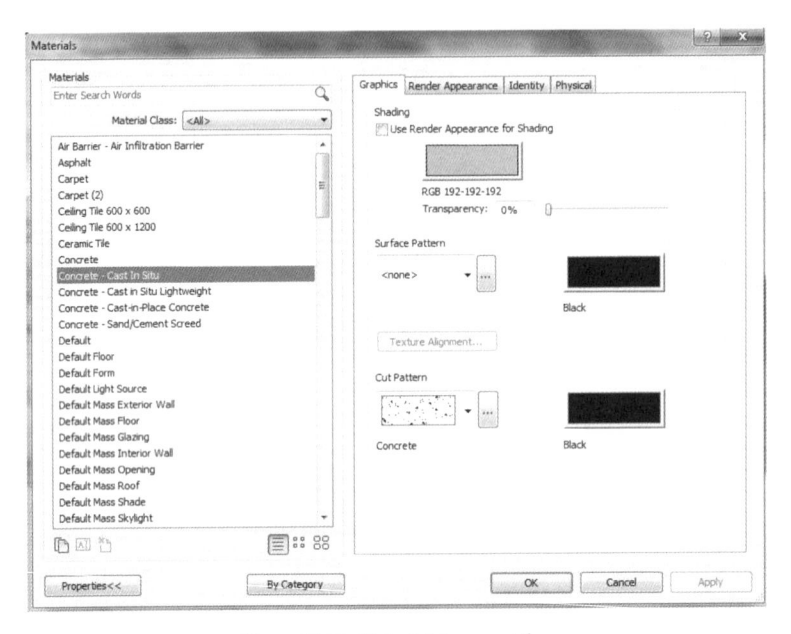

Figura 10.28. Material do novo pilar.

5. Na última tela veja como ficaram as características selecionadas. A partir desse momento o arquivo possui o pilar concreto 20 x 20. Clique em OK e o pilar selecionado na tela já é do tipo criado.

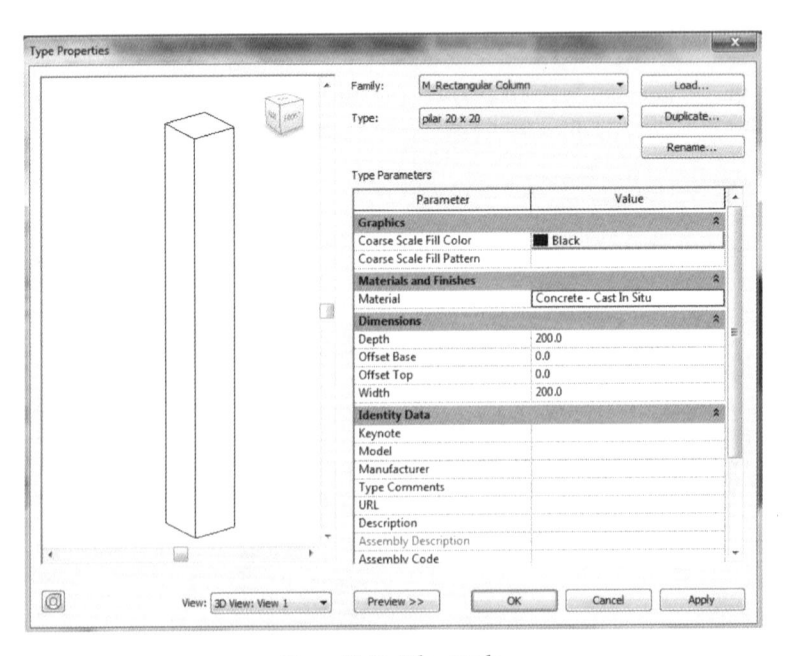

Figura 10.29. Pilar criado.

10.1.4. Associação dos Pilares com Vigas, Forros, Telhados - Attach

Os pilares não se associam (conectam) automaticamente a pisos, forros e telhados. Isso deve ser feito posteriormente à inserção deles na opção **Attach**, que surge na aba **Modify Columns** após a seleção de um ou vários pilares.

A vantagem de associar um pilar a um piso, forro ou viga é que, se o pavimento ou a altura desses objetos for alterado, o pilar é alterado também.

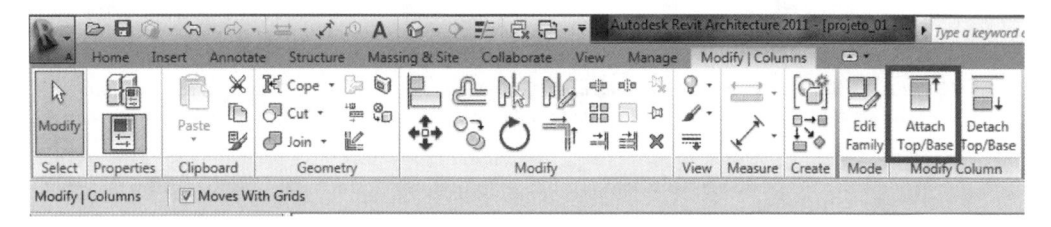

Figura 10.30. Aba Modify Columns - seleção de Attach Top/Base.

No exemplo seguinte há uma viga sobre os pilares e o pilar pode ser associado à viga de forma que, se o pavimento ou posição da viga se altera, o pilar acompanha. No desenho o pilar atravessa a viga e com a associação ele termina na viga.

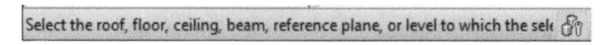

Figura 10.31. Linha de status ao selecionar Attach

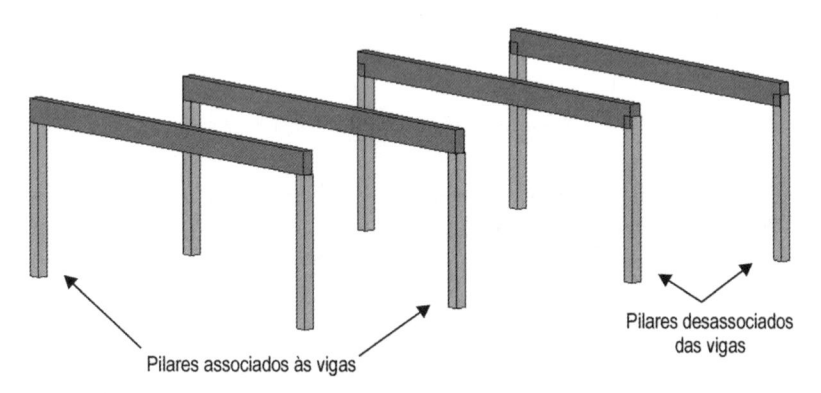

Figura 10.32. Pilares associados a vigas e desassociados.

Selecione o pilar (ele muda de cor e fica azul) e clique em **Attach Top/Base**. O pilar é automaticamente cortado até a altura da viga, conforme mostram as figuras seguintes.

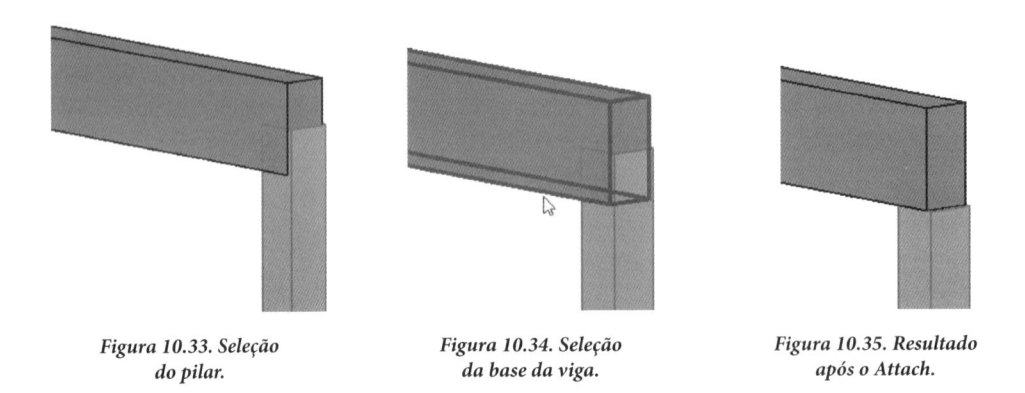

Figura 10.33. Seleção do pilar. *Figura 10.34. Seleção da base da viga.* *Figura 10.35. Resultado após o Attach.*

O mesmo procedimento pode ser aplicado em um piso que esteja num pavimento acima dos pilares, Figura 10.36.

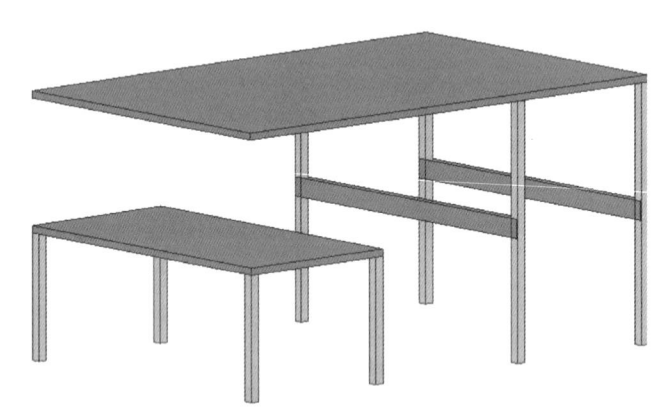

Figura 10.36. Pilares associados a pisos.

No exemplo seguinte há pilares associados a vigas e outros não associados. Ao mudar a altura da viga no pilar do conjunto da esquerda ao qual está associado, ele acompanha a altura da viga. No exemplo do conjunto da direita alteramos a altura da viga e o pilar permaneceu na mesma altura.

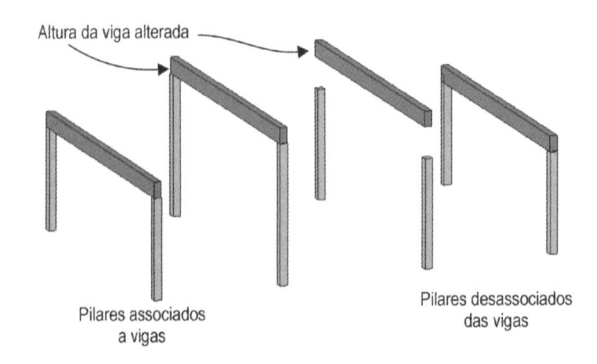

Figura 10.37. Alteração da altura de vigas com pilares associados a elas e não associados.

> **Observação:** As vigas são abordadas no item 10.2 deste capítulo.

Os pilares do tipo **Architectural Columns** comportam-se da maneira descrita anteriormente, ou seja, podemos associá-los a elementos arquitetônicos como pisos, forros, vigas e planos de referência. Os pilares **Structural Columns** já se comportam de maneira diferente.

O Revit trata elementos estruturais como **Structural Columns**, **Beams** (vigas), **Foundation** (fundação) e **Braces** (vigas) de forma que, ao serem inseridos, eles se unem (join) automaticamente por serem de estrutura. Para fazer o **Attach** em **Structural Columns** com vigas é preciso modificar suas propriedades.

As **Structural Columns** podem ser associadas a pisos, forros, telhados e planos de referência (elementos arquitetônicos) sem problemas. Só não podem ser associadas à viga porque esta é um elemento estrutural. Ao inserir uma viga sobre **Structural Columns**, é feito o join automaticamente. A figura seguinte mostra **Structural Columns** sendo associadas a pisos e forros.

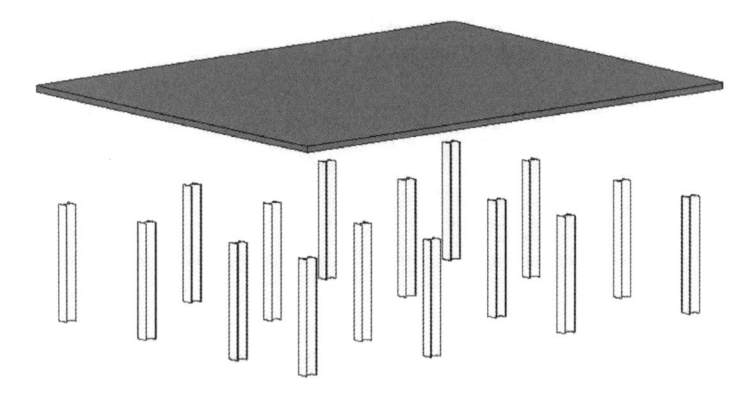

Figura 10.38. Pilares Structural Columns no térreo e piso no segundo pavimento.

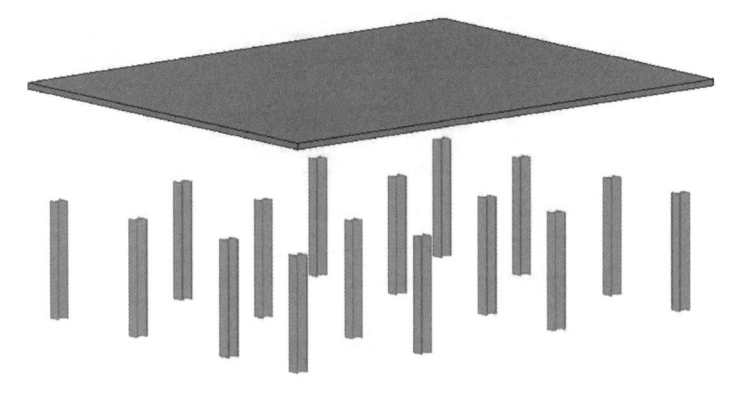

Figura 10.39. Seleção dos pilares e comando Attach no piso.

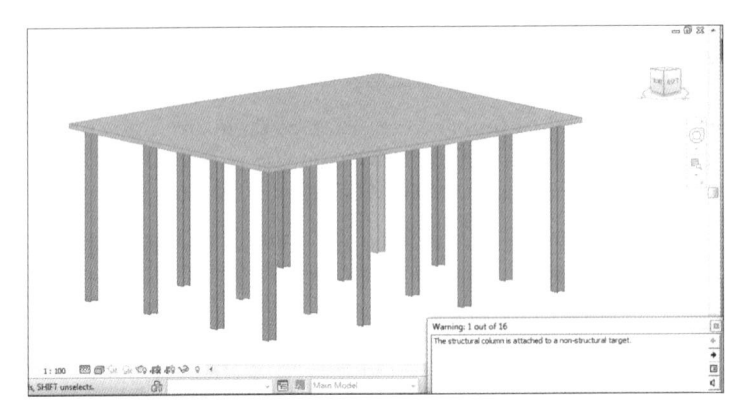

Figura 10.40. Resultado final dos pilares do térreo até o piso do segundo pavimento.

Como a **Structural Column** tem um comportamento diferente, ao associá-la a um elemento arquitetônico, surge a mensagem da Figura 10.41. É somente um aviso e não uma falha ou impossibilidade de conexão do pilar com o piso. Clique na tela para retirar a mensagem.

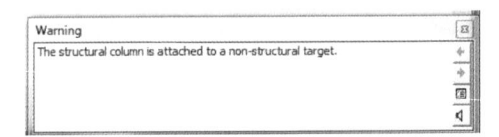

Figura 10.41. Mensagem alerta que o pilar Structural foi associado e um elemento não estrutural (piso).

10.1.5. Remoção da Associação de Pilares a Pisos, Forros, Vigas

Para remover a associação do pilar aos objetos, selecione um ou vários pilares e escolha **Detach Top/Base** na aba **Modify Structural Columns**, como mostra a Figura 10.42.

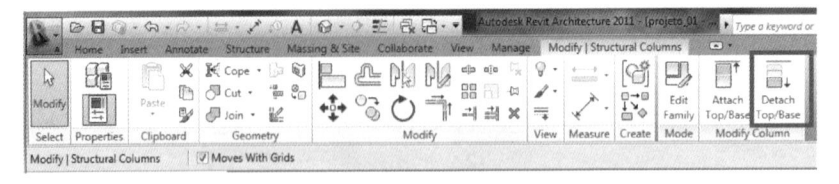

Figura 10.42. Aba Modify Structural Columns - seleção de Detach Top/Base.

Na barra de status surge a mensagem para selecionar um piso, forro etc.

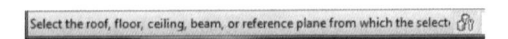

Figura 10.43. Barra de status depois da seleção de Detach Top/Base.

Estrutura - Pilares e Vigas

Selecione o piso e em seguida a desassociação é feita. No desenho pode não haver nenhuma alteração, porém os objetos já não estão mais associados. Neste exemplo desassociamos os dois pilares da direita do piso e mudamos a altura do piso para um pavimento abaixo. Note que os pilares que estavam associados mudaram para a altura do piso e os outros que desassociamos se mantiveram.

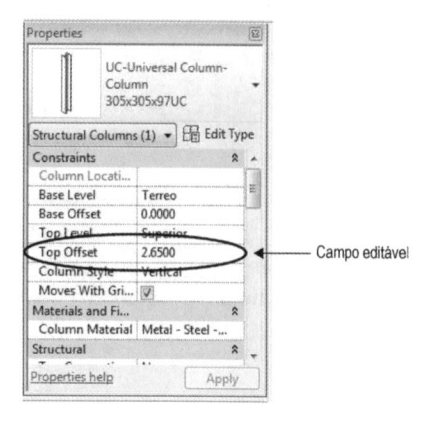

Figura 10.46. Propriedades do pilar desassociado do piso.

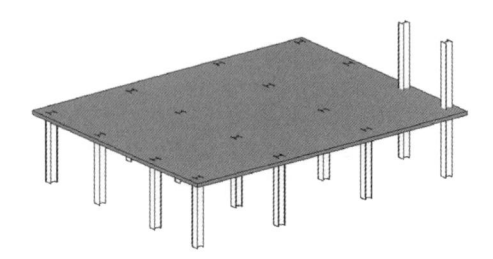

Figura 10.44. Resultado depois de desassociar somente dois pilares.

A Figura 10.45 mostra as propriedades de um pilar associado ao piso; veja que o campo

Top Offset tem valor de 2.65 e não está habilitado para edição porque está associado. A Figura 10.46 exibe as propriedades do mesmo pilar depois de desassociado, com o campo **Top Offset** já liberado para edição.

A desassociação foi feita, mas o **Top Offset** não voltou à condição de zero. Isso pode ser feito com a edição desse campo, então o pilar volta a terminar no pavimento que estiver em **Top Level**.

10.2. Inserção de Vigas - Beam

As vigas como os pilares são elementos estruturais do projeto e também paramétricas. Podemos inserir vigas com medidas estimadas e depois do cálculo estrutural reconfigurá-las para os parâmetros baseados na análise de engenharia. O Revit traz algumas famílias de vigas de vários tipos, tais como concreto, madeira, ferro e outros podem ser criados por meio das famílias.

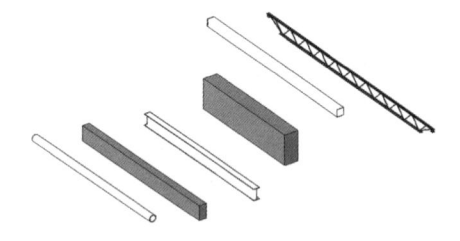

Figura 10.47. Exemplos de vigas do Revit.

Para inserir uma viga selecione **Beam** na aba **Structure**, como mostra a Figura 10.48.

Aba Structure > Beam

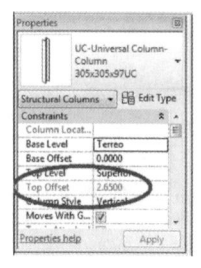

Figura 10.45. Propriedades do pilar associado ao piso.

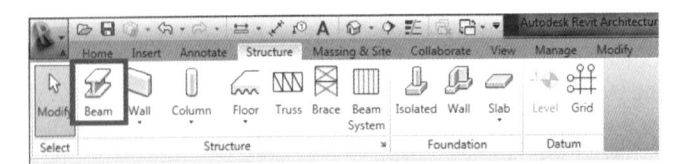

Figura 10.48. Aba Structure - seleção de Beam (viga).

Podemos selecionar uma viga na lista em **Properties** ou carregar outro tipo em **Load Family** na aba **Modify/Place Beam**. Vamos carregar uma viga de concreto para este exemplo. Clique em **Load Family**.

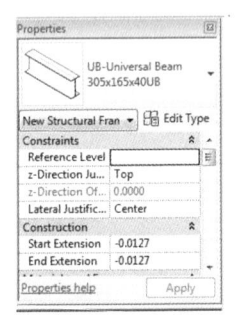

Figura 10.49. Lista de vigas disponíveis.

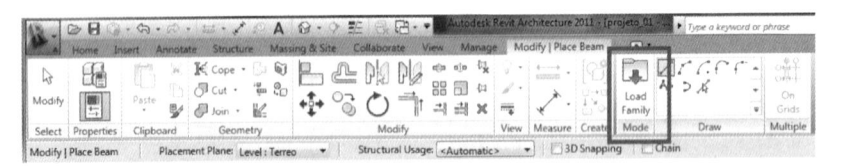

Figura 10.50. Aba Modify/Place Beam - seleção de Load Family.

Em seguida selecione nas pastas a viga de concreto em **Structural** > **Framing** > **Concrete** > **M_Concrete-Retangular Beam**, Figura 10.51.

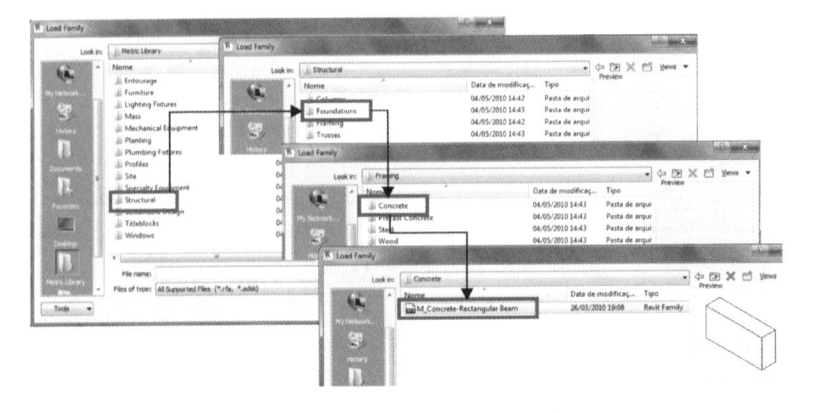

Figura 10.51. Carregar uma família das vigas de concreto.

Estrutura - Pilares e Vigas

Depois de carregar, surge a lista dos tipos de vigas de concreto da família.

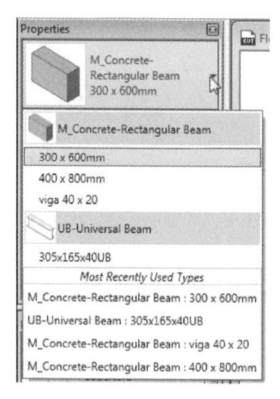

Figura 10.52. Lista das vigas de concreto da família carregada.

Selecione a viga de 300x600. Para inseri-la podemos usar as ferramentas de desenho do painel Draw da aba **Modify/Place Beam**. Vamos usar linha neste exemplo. Clique no ponto inicial da viga e no ponto final. Para entrar com as medidas digite o valor na caixa da cota provisória. Podemos inserir em 2D numa vista em planta ou na vista 3D.

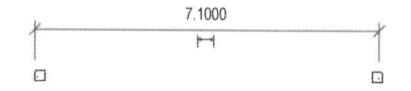

Figura 10.53. Definição dos pontos inicial e final.

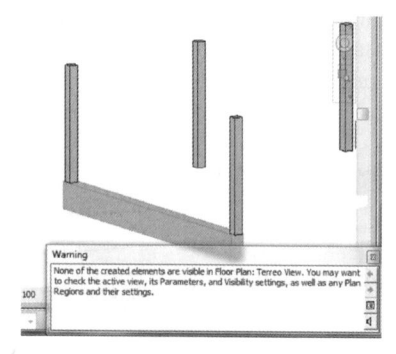

Figura 10.54. Resultado.

Ao inserir uma viga pelos pontos inicial e final, o cursor automaticamente liga o Snap em pontos geométricos de pilares e paredes, tais como centro de parede e de pilar. A viga é inserida na cota 0 (zero) do pavimento, como mostra a Figura 10.54, e uma mensagem indica que ela não será visualizada na vista plana devido aos parâmetros. É preciso mudar o **View Range**, pois o corte para vista em planta é feito em 1.2m. Em seguida mudamos a altura da viga em **Properties**. Selecione a viga e altere o valor de **Start Level Offset** e **End Level Offset** na caixa **Properties**, como mostra a Figura 10.55.

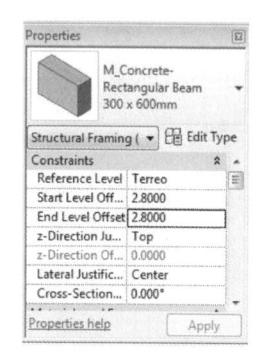

Figura 10.55. Alteração da altura da viga.

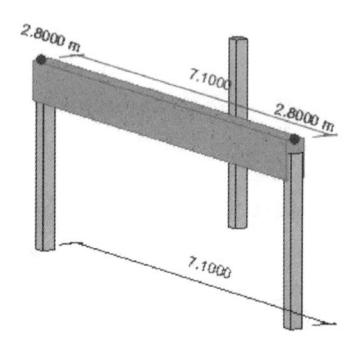

Figura 10.56. Resultado.

Ao entrar no comando **Beam**, a barra de opções mostra os seguintes campos:

- **Placement Plane**: selecione o pavimento de inserção da viga.

- **Structural Usage**: esse campo permite selecionar o tipo de uso estrutural da viga; ele pode ser alterado posteriormente em **Properties**.

- **3D Snaping**: ativa o Snap em 3D; útil para desenhar vigas em telhados ou inclinadas em modo 3D, Figura 10.57.
- **Chain**: ao ativar essa opção, o Revit usa o ponto final de uma viga como ponto inicial da viga seguinte, ou seja, o desenho se dá em sequência.

Figura 10.57. Barra de opções da ferramenta Beam (viga).

Depois de inseridas as vigas elas podem ser copiadas, movidas, rotacionadas. Neste exemplo vamos copiar as vigas acima dos outros pilares.

A melhor vista para copiá-las sem ter de alterar o **View Range** da planta é a 3D vista de topo, Figura 10.58. Selecione a vista 3D e clique no **View Cube** na parte do topo, como mostra a figura. O **View Cube** é estudado em detalhes no capítulo 17 referente à visualização em 3D e renderização.

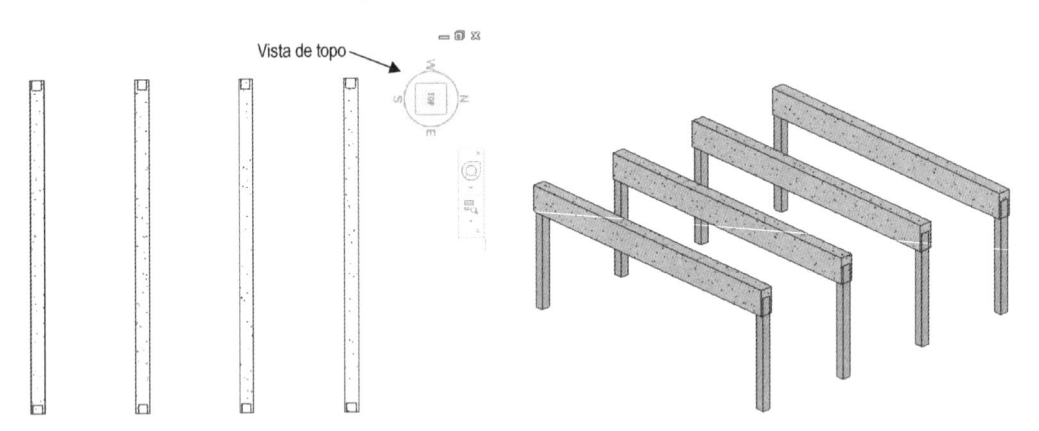

Figura 10.58. Vista de topo em 3D para copiar.

Figura 10.59. Resultado.

10.2.1. Inserção de Vigas em Grids

As vigas podem ser inseridas em **Grids** se eles tiverem elementos estruturais (Structural columns, Structural Walls ou outras vigas) na intersecção dos eixos, usando a opção **On Grids** na aba **Modify/Place Beam**. A viga é inserida entre dois elementos. Se os pilares (Columns) não forem **Structural Columns**, as vigas não são inseridas e surge a mensagem da Figura 10.62.

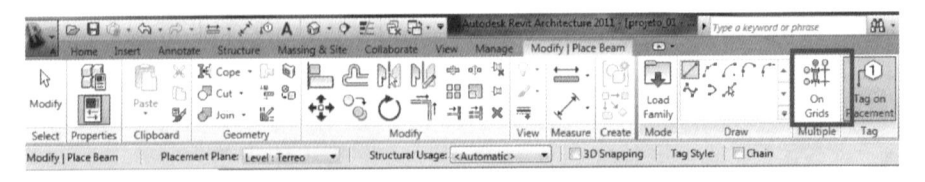

Figura 10.60. Aba Modify/Place Beam - seleção de On Grids.

Estrutura - Pilares e Vigas

Figura 10.61. Barra de status ao selecionar a opção On Grids.

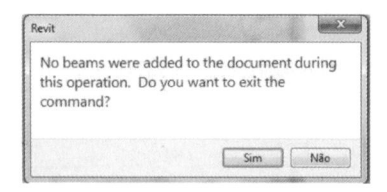

Figura 10.62. Mensagem alerta que as vigas não foram inseridas no projeto devido à seleção de pilares Architectural.

Ao selecionar essa opção, marque os Grids no desenho e clique em **Finish** na aba **Modify/Place Beam > On Grid Lines**, Figura 10.63.

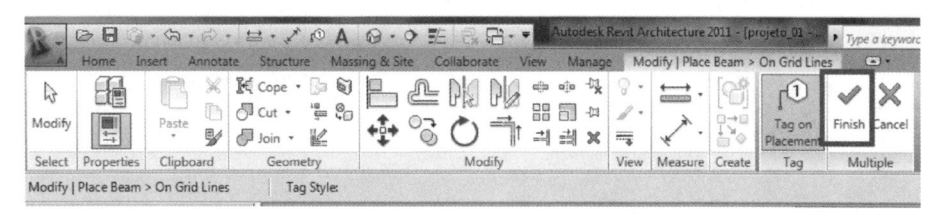

Figura 10.63. Aba Modify/Place Beam - seleção de Finish após a escolha dos grids.

Dica: Essa opção (On Grids) só é habilitada numa vista em planta.

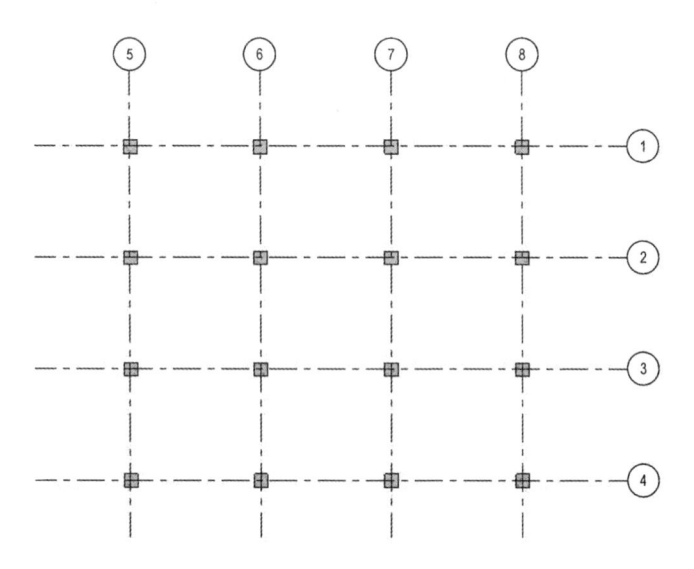

Figura 10.64. Grids com pilares do tipo Structural Columns inseridos nos eixos.

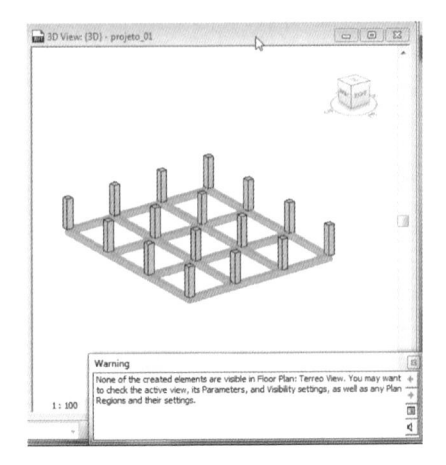

Figura 10.65. Vigas inseridas nos eixos dos pilares.

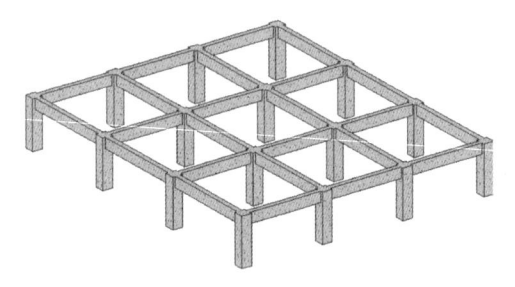

Figura 10.66. Resultado final - vigas com alturas alteradas.

🌱 **Dica:** As vigas criadas são independentes, portanto é possível apagar uma delas.

10.2.2. Propriedades das Vigas

Elas variam de acordo com o tipo da família, sendo concreto, ferro, madeira etc. Cada tipo tem as propriedades peculiares ao material no sentido de fabricação como estrutura. A seguir apresentam-se as propriedades (Properties) de quatro tipos de viga: concreto, ferro em T e em I e madeira. Outras propriedades, tais como plano, material e ângulo, são comuns a todos os tipos.

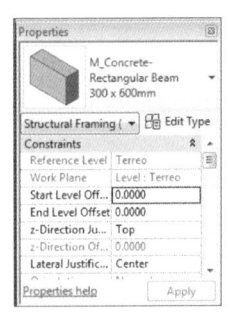

Figura 10.67. Viga de concreto.

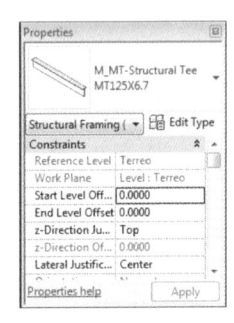

Figura 10.68. Viga de ferro em T.

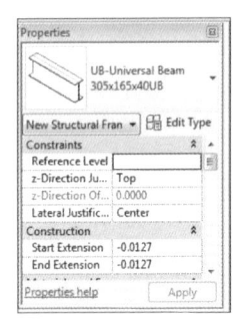

Figura 10.69. Viga de ferro em I.

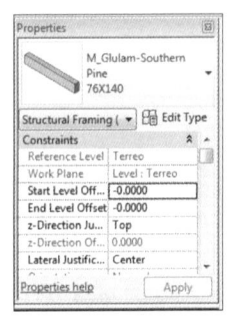

Figura 10.70. Viga de madeira.

Estrutura - Pilares e Vigas

- **Reference Level**: pavimento no qual a viga foi inserida.
- **Work Plane**: plano em que a viga foi inserida.
- **Start Level Offset**: distância do ponto inicial da viga a partir de sua base.
- **End Level Offset**: distância do ponto final da viga a partir de sua base.
- **z-Direction Justification**: posição da viga em relação ao eixo Z. As opções são Top/Bottom/Center/Other.
- **z-Direction Offset Value**: só é habilitada quando a opção do item anterior for **Other**. Determina a distância da viga no eixo Z em relação à sua base.
- **Lateral Justification**: posição da viga em relação à vista plana. As opções são side 1, side 2 e center.
- **Cross section Rotation**: ângulo da viga em relação ao seu eixo.

10.2.3. Vigas Inclinadas

Para criar vigas inclinadas, por exemplo, tesouras de um telhado, primeiramente criamos as vigas e depois mudamos as propriedades **Start Level Offset** e **End Level Offset**. Desta forma podemos dar qualquer inclinação às vigas.

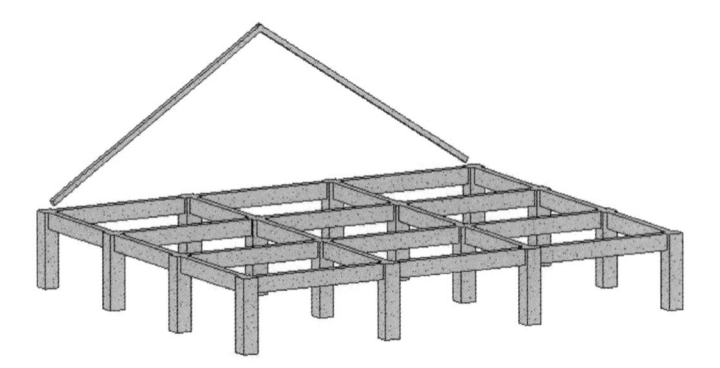

Figura 10.71. Viga inclinada.

Figura 10.72. Alturas das vigas.

As propriedades que definem as alturas da viga no início e no fim, quando alteradas, determinam a inclinação dela. Assim, desenhamos em vista plana com precisão de posição para depois definir as alturas.

A altura também pode ser alterada ao selecionar a viga pela cota provisória, como mostra a Figura 10.74.

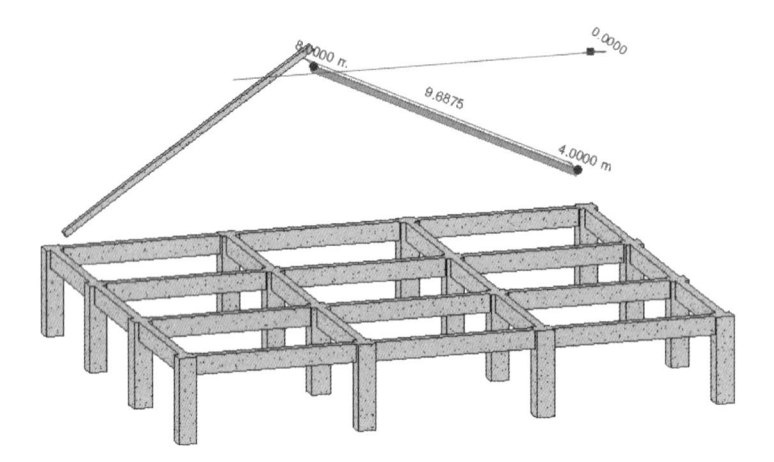

Figura 10.73. Cotas das vigas - alturas e comprimento.

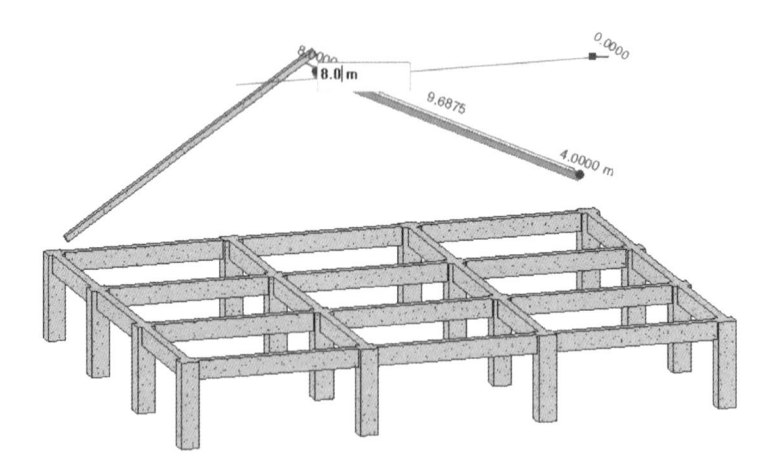

Figura 10.74. Alteração da cota de altura da viga.

Capítulo 11

Introdução

Este capítulo mostra como inserir escadas retas, em L e em U e corrimão no projeto, alterar as suas propriedades e modificar a geometria da escada. É possível criar escadas em praticamente qualquer forma no Revit e o corrimão é gerado automaticamente com elas, apesar de ser um elemento separado. Também é possível inseri-lo depois, separadamente, em pisos para gerar guarda-corpo. Depois de inseridos, a escada e o corrimão podem ser modificados, pois são elementos paramétricos. Escadas em edifícios podem ser repetidas para todos os pavimentos com os mesmos parâmetros.

Objetivos

- Aprender a inserir escada no projeto
- Alterar a escada
- Criar escadas em múltiplos pavimentos de edifícios
- Inserir corrimão em pisos e alterar suas propriedades e percurso

11.1. Inserção de Escadas - Stairs

A escada pode ser desenhada de três formas:

- **Run**: pelo desenho do sentido da subida em que já definimos o caminho e o tipo, por exemplo, reta, em U, em L. O Revit já especifica as bordas pela largura.
- **Boundary**: em que desenhamos as bordas com ferramentas de desenho, permitindo várias formas, em seguida os degraus através de Raiser.
- **Raiser**: definimos os degraus que podem ser retos ou curvos.

Para inserir uma escada, selecione **Stairs** na aba **Home**, como mostra a Figura 11.1.

Aba Home > Circulation > Stairs

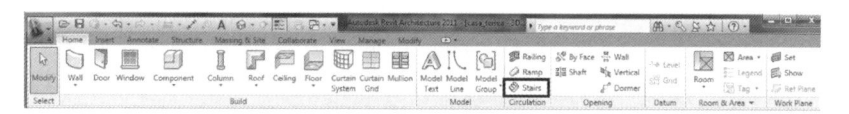

Figura 11.1. Aba Home - ferramenta Stair.

Na aba **Modify/Create Stairs Sketch** selecione a opção **Run** e **Line** no painel **Draw**. Desta forma se pode desenhar uma escada através da linha reta, em L ou em U.

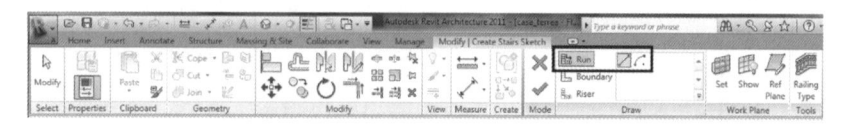

Figura 11.2. Aba Modify/Crate Stair - seleção de Run.

11.1.1. Escada Reta

Para inserir uma escada reta, clique no seu ponto inicial, em seguida no ponto final. O cálculo da escada acontece de acordo com a altura a vencer baseada no **Base Level** e no **Top Level** das propriedades na caixa **Properties**. Neste exemplo vamos criar uma escada que sai do térreo e vai a um pavimento a 2.8m. A fórmula do cálculo está definida em **Type Properties** da escada e pode ser alterada.

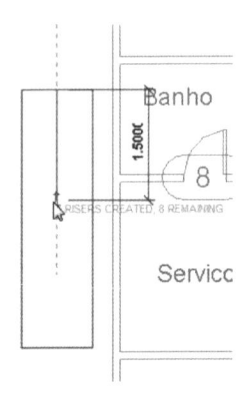

Figura 11.3. Ponto inicial.

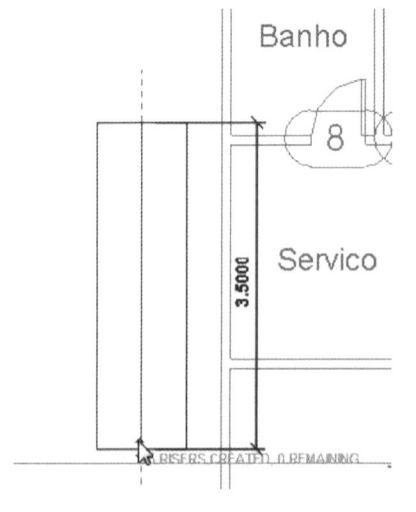

Figura 11.4. Ponto final.

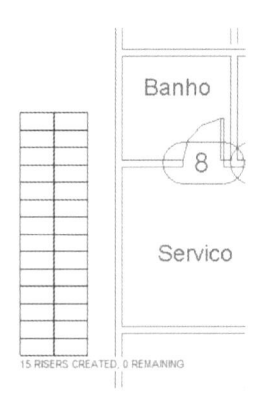

Figura 11.5. Resultado.

O primeiro ponto a ser informado define a parte de baixo da escada e o segundo, a parte superior. A escada é desenhada com linhas de cores diferentes que representam cada parte dela: linhas em verde indicam a borda, linha azul é o caminho por onde se desenvolve a escada e as linhas pretas são os degraus. Ao clicar em dois pontos, define-se uma escada reta como a do exemplo. Depois de clicar no primeiro ponto, note que surge um texto em cinza-claro indicando quantos degraus (risers) já foram inseridos (created) e quantos ainda restam (remaining) de acordo com a altura predefinida. Se clicar num ponto antes de incluir todos os degraus que faltam, é criado um patamar. Se prosseguir desta forma, pode criar vários patamares para uma mesma escada.

Depois de definir os pontos inicial e final, clique em **Finish** (botão com símbolo ✓ no painel **Mode**) e a escada é desenhada em 2D e 3D, como mostram as Figuras 11.6 e 11.7.

O corrimão é desenhado automaticamente, porém é um elemento separado da escada e pode ser apagado dos dois lados ou de um lado só, caso deseje. Existem outros tipos de corrimão para serem substituídos ou modificados. No final do capítulo são descritos outros detalhes dos corrimãos.

Escadas e Corrimão

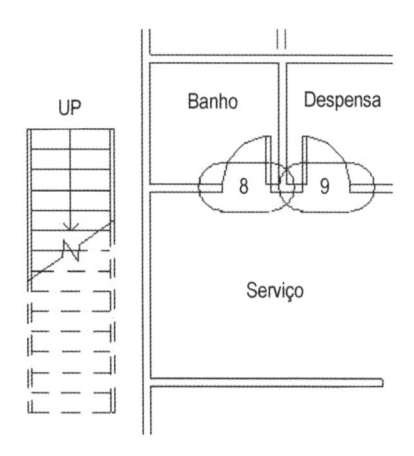

Figura 11.6. Escada finalizada em 2D.

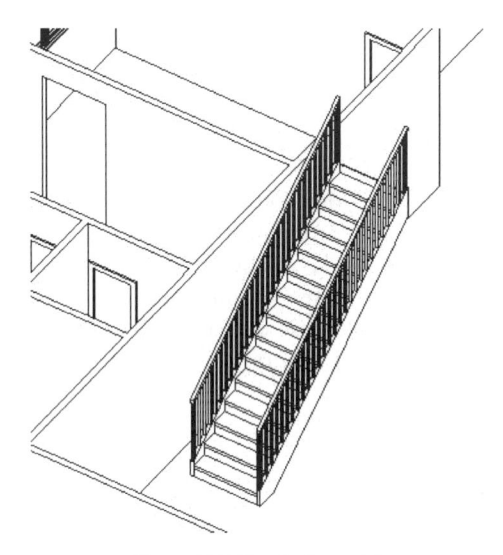

Figura 11.7. Resultado em 3D.

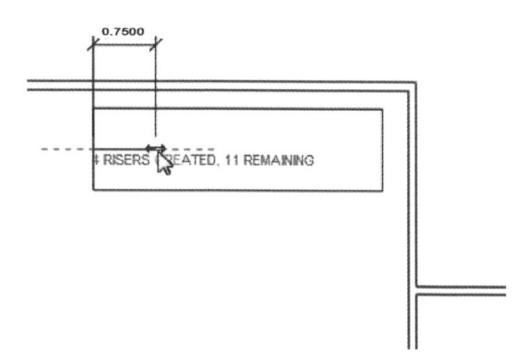

Figura 11.8. Ponto inicial da primeira etapa.

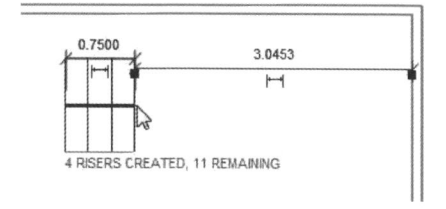

Figura 11.9. Ponto final da primeira etapa.

Em seguida é preciso clicar no ponto inicial da segunda etapa. Note que, ao procurá-lo, surge uma linha guia no eixo. Clique nele para fazer o ângulo reto da escada e marque o ponto final, conforme as figuras seguintes.

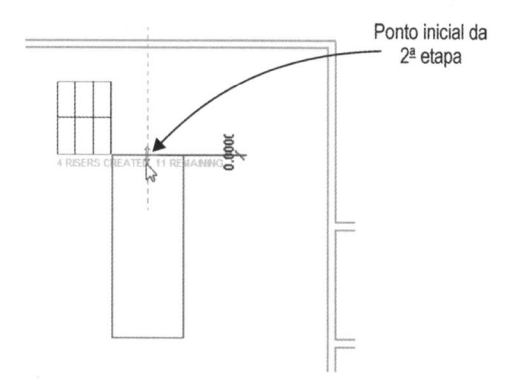

Figura 11.10. Ponto inicial da segunda etapa.

11.1.2. Escada em L

Para desenhar uma escada em L proceda de modo semelhante, definindo com Line os pontos da seguinte forma: defina o primeiro ponto e o número de degraus dessa etapa, clicando no segundo ponto depois de visualizar o número de degraus. Neste exemplo são quatro degraus nessa etapa.

Depois de concluir a escada, ela pode ser movida com Move para posicioná-la corretamente no projeto. Neste exemplo ela foi posicionada no canto da parede.

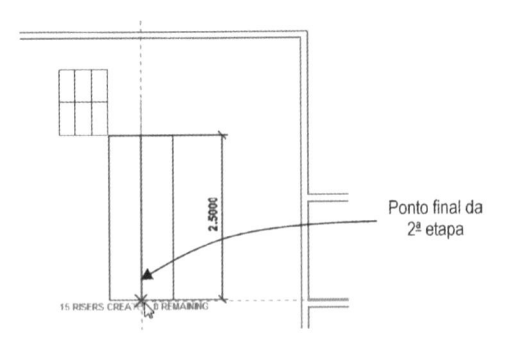

Figura 11.11. Ponto final da segunda etapa.

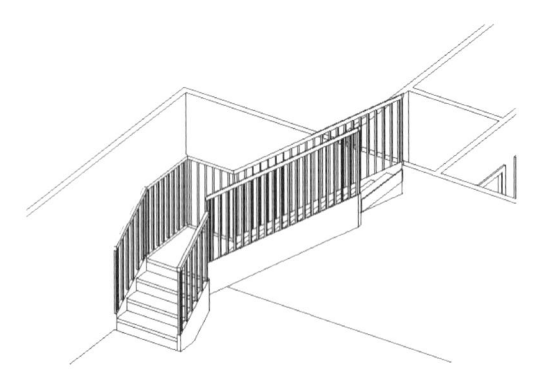

Figura 11.14. Resultado em 3D.

11.1.3. Escada em U

Para desenhar uma escada em U, devemos definir o número de degraus em cada lado do U da seguinte forma: marque com Line o ponto inicial e desenhe sete degraus. Veja em cinza o aviso sobre o número de degraus já criados ao clicar no segundo ponto.

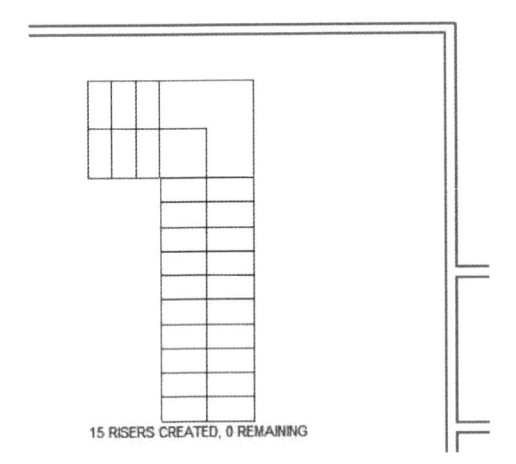

Figura 11.12. Resultado.

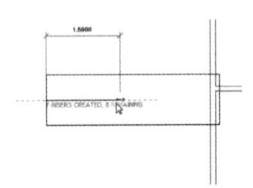

Figura 11.15. Ponto inicial da primeira etapa.

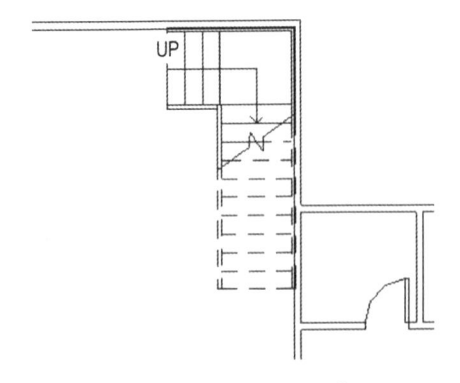

Figura 11.13. Resultado após Finish e Move.

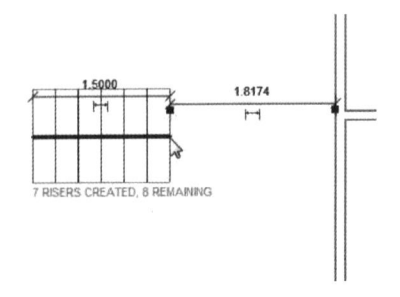

Figura 11.16. Ponto final da primeira etapa.

Escadas e Corrimão

Marque o ponto inicial da segunda etapa, como mostram as figuras, alinhando as duas etapas do U para que a escada fique simétrica.

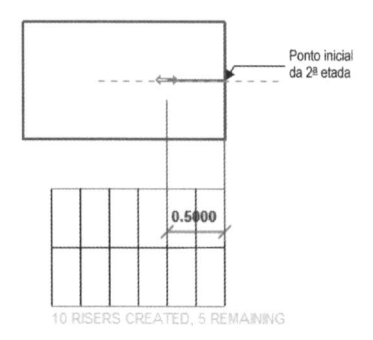

Figura 11.17. Ponto inicial da segunda etapa.

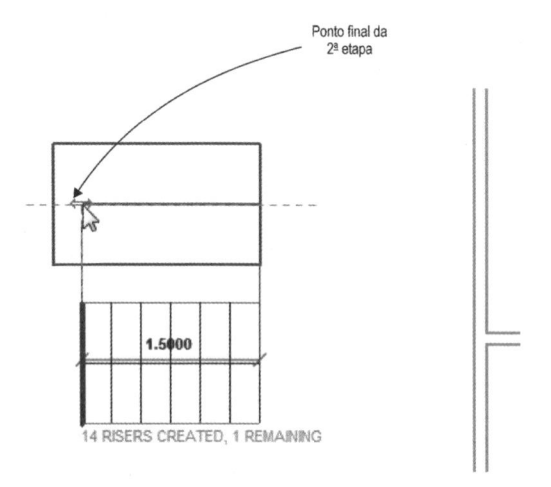

Figura 11.18. Ponto final da segunda etapa

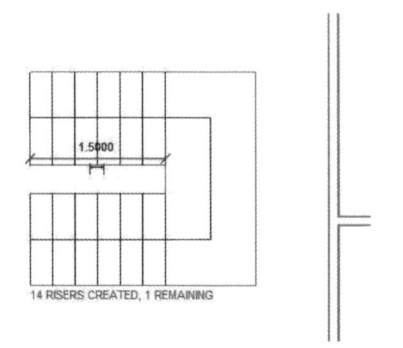

Figura 11.19. Resultado.

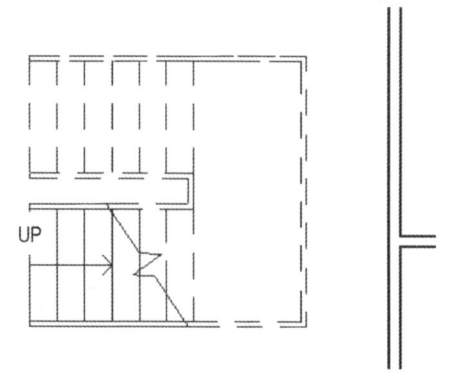

Figura 11.20. Resultado após o Finish.

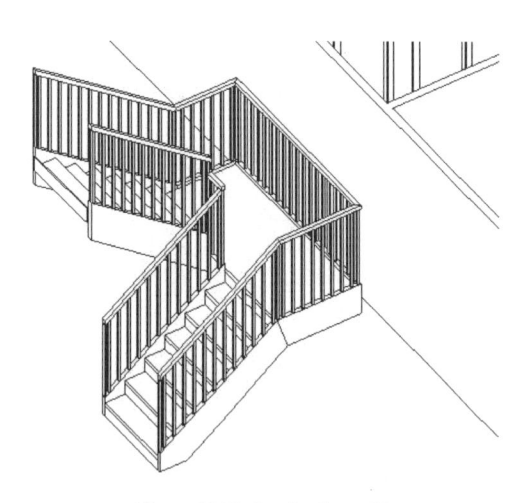

Figura 11.21. Resultado em 3D.

11.2. Propriedades da Escada

Depois de criar a escada, podemos mudar as suas propriedades ou o seu tipo. As escadas são famílias do tipo **System Family**, portanto não é possível carregar outros tipos, somente duplicar e modificar os existentes para criar outros. Selecione uma escada criada para que suas propriedades sejam apresentadas na caixa **Properties**, como ilustram as figuras seguintes. A escada apresentada é do tipo **Monilitic Stair**, mas o **Revit** traz outros tipos, como se vê na caixa **Properties**, Figura 11.24.

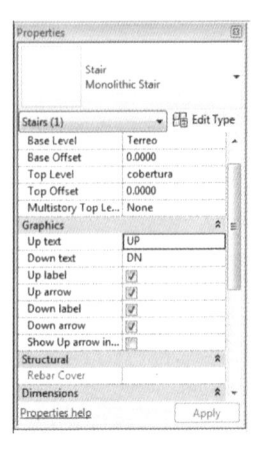

Figura 11.22. Properties.

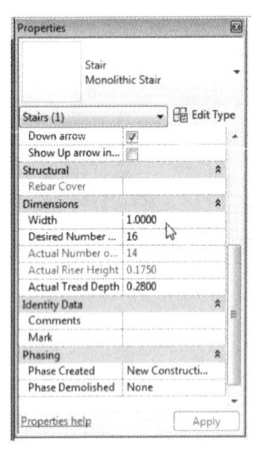

Figura 11.23. Properties.

Figura 11.24. Lista dos tipos de escada.

- **Base Level**: pavimento da base da escada.
- **Base Offset**: distância da base ao início da escada.
- **Top Level**: pavimento do topo da escada.
- **Top Offset**: distância do topo ao final da escada.
- **Multistory Top Level**: pavimento do topo para escadas de múltiplos andares.

Graphics

- **Up text**: texto para o símbolo UP em planta. O padrão é UP.
- **Down text**: texto para o símbolo DOWN em planta. O padrão é DN.
- **Up label**: exibe ou esconde o texto UP em planta.
- **Up arrow:** mostra ou esconde a seta UP em planta.
- **Down label**: exibe ou esconde o texto DN em planta.
- **Down arrow**: mostra ou esconde a seta DN em planta.
- **Show Up arrow in all views**: apresenta a seta UP em todas as vistas do projeto.

Dimensions

- **Width**: largura da escada.
- **Desired Number of Risers**: o número de degraus é calculado com base na altura.
- **Actual Number of Risers**: normalmente esse número é igual ao anterior. Essa propriedade é somente de leitura.
- **Actual Riser Height**: exibe a altura do degrau. Esse valor é igual ou menor que o **Maximum Riser Height** na fórmula do cálculo da escada em **Type Properties**.
- **Actual Tread Depth**: profundidade do degrau. Esse valor pode ser alterado sem a necessidade de criar um novo tipo de escada. A fórmula também pode alterar esse valor para adequar ao cálculo. Para acessar as propriedades do cálculo da escada, devemos visualizar a janela **Type Properties**. Para acessar clique no botão **Edit Type**, em

Escadas e Corrimão

seguida em **Calculation Rules**, conforme as figuras seguintes.

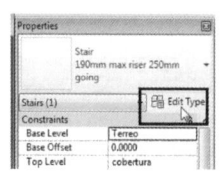

Figura 11.25. Botão Edit Type.

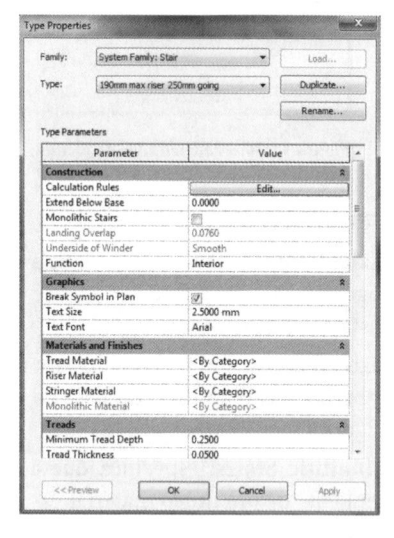

Figura 11.26. Propriedades do tipo de escada.

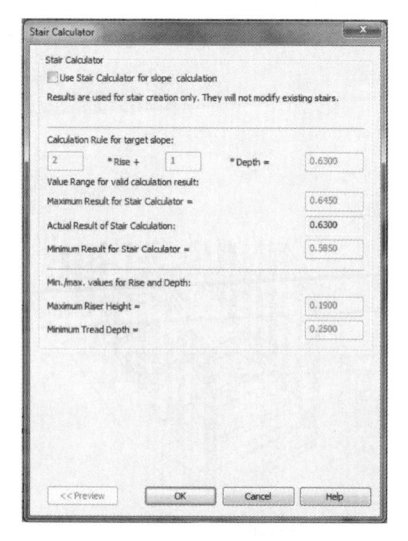

Figura 11.27. Cálculo da escada.

- **Stair Calculator**: nessa janela definimos a forma de cálculo da escada.
- **Use Stair Calculator for slope calculation**: clique nesse botão para usar a fórmula de cálculo para a escada.
- **Results are used for stair cration only. They will not modify existing stairs**: o resultado só se aplica à criação de escadas. Ele não modifica escadas existentes.
- **Calculation Rule for target slope**: regra de cálculo segundo a fórmula de cálculo de conforto da escada.
- **Value Range for valid calculation result**: valores para um cálculo válido para a escada.
- **Maximum Result for Stair Calculator**: valor máximo para o cálculo.
- **Actual Result of Stair Calculation**: valor do cálculo atual.
- **Minimum Result for Stair Calculator**: valor mínimo para o cálculo.
- **Min./max values for Rise and Depth**:
  - **Maximum Riser Height**: altura máxima do degrau.
  - **Minimum Tread Depth**: profundidade mínima do degrau.

> **Dica:** Você poder alterar as medidas do piso da escada (tread) e da altura do degrau (riser) nas propriedades de acordo com as necessidades da escada a ser criada. Garantem-se os valores mínimos e máximos para o conforto segundo a fórmula de Blondel utilizada mundialmente.

A Figura 11.28 exibe a nomenclatura das partes da escada de acordo com as propriedades para facilitar a compreensão:

- **Riser**: espelho.
- **Tread**: piso/degrau.
- **Stringer**: suporte lateral de acabamento da escada.
- **Nosing**: saliência do degrau para fora da estrutura da escada. Esse valor pode ser zero e o degrau fica rente à estrutura.

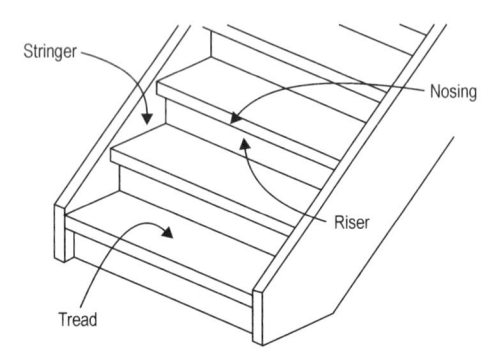

Figura 11.28. Partes da escada.

A seguir encontram-se as propriedades do tipo da escada. Selecione uma escada, clique em **Type Properties** e surge a janela de diálogo **Type Properties**, Figuras 11.29 e 11.30.

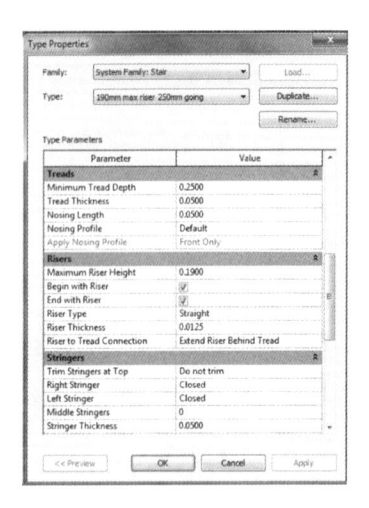

Figura 11.30. Propriedades da escada.

Construction

- **Calculation Rules**: acessa a janela de diálogo em que se define a regra de cálculo vista no item anterior.
- **Extend Below Base**: altura do suporte lateral em relação ao nível da base da escada, Figura 11.31.
- **Monilitic Stairs**: especifica que a escada será feita de um único material.
- **Landing Overlap**: habilitado quando a escada é monolítica. Se o parâmetro **Winder** for **Stepped**, esse valor controla a distância da face do espelho e do degrau de baixo.

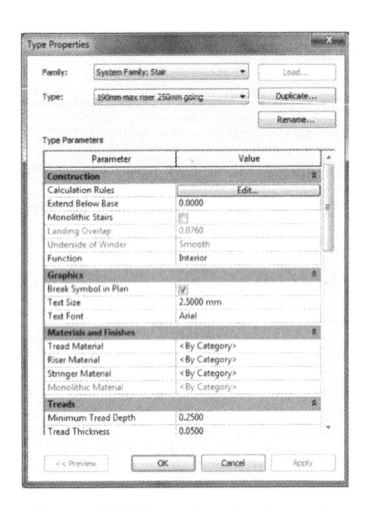

Figura 11.29. Propriedades da escada.

Extend Below base = -0.30   Extend Below base = 0   Extend Below base = 0.30

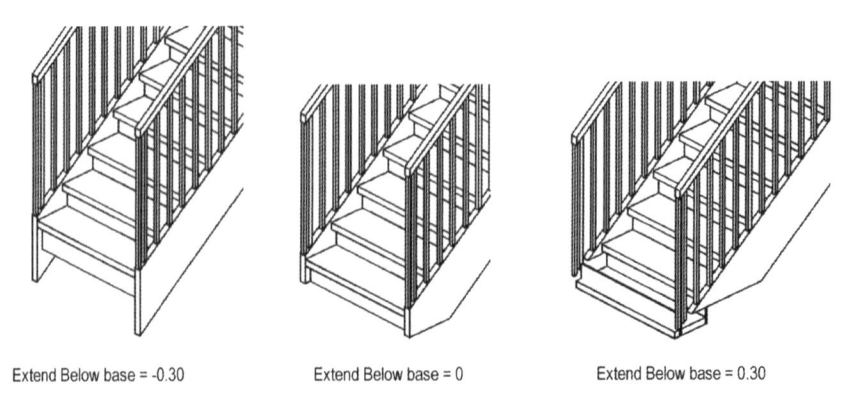

Figura 11.31. Propriedade Extend Below Base.

- **Underside of Winder**: habilitado quando a escada é monolítica. Se a escada tiver **Winder**, ele pode ser na forma Smooth (suave) ou Stepped (mais reto).
- **Function**: função da escada, se interna ou externa.

Graphics

- **Break Symbol in Plan**: controla como será o símbolo de corte em planta.
- **Text Size**: altura da letra do texto UP/DN.
- **Text Font**: fonte da letra do texto UP/DN.

Materials and Finishes

- **Tread Material**: material do piso.
- **Riser Material**: material do espelho.
- **Stringer Material**: material do suporte lateral.
- **Monolitic Material**: material da estrutura - para a escada toda do mesmo material.

Treads

- **Minimum Tread Depth**: valor mínimo para o piso do degrau. Se esse valor for excedido, surge uma mensagem de alerta.
- **Tread Thickness**: espessura do piso.
- **Nosing Lenght**: medida do degrau que excede a estrutura da escada.
- **Nosing Profile**: permite escolher um perfil arredondado com várias medidas.
- **Apply Nosing Profile**: especifica onde o perfil será aplicado; frente, lado etc.

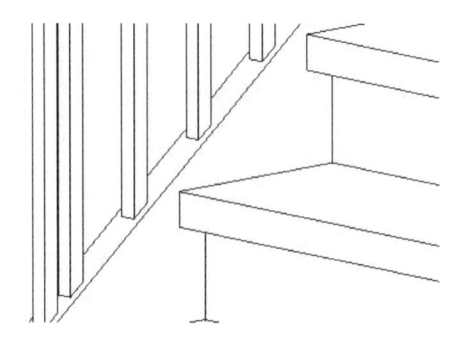

Figura 11.32. Degrau sem perfil.

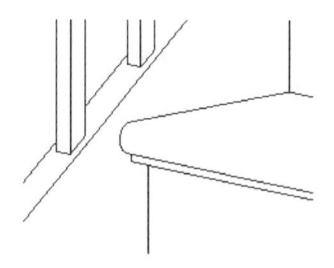

Figura 11.33. Degrau com perfil de raio de 40mm.

Riser

- **Maximum Riser Height**: define a altura máxima de cada espelho da escada (altura do degrau).
- **Begin with Riser**: se selecionado, insere um espelho no início da escada.

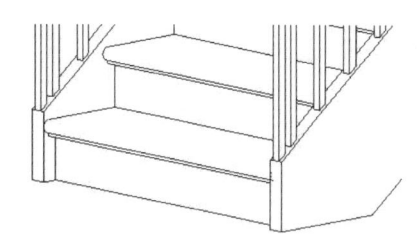

Figura 11.34. Degrau com espelho no início.

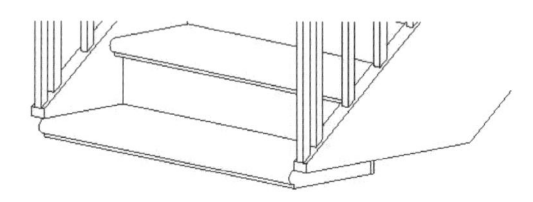

Figura 11.35. Degrau sem espelho no início.

- **End with Riser**: se selecionado, insere um espelho no final da escada.
- **Riser Type**: define o tipo do espelho (Straight, Slanted ou None) ou desliga-o.

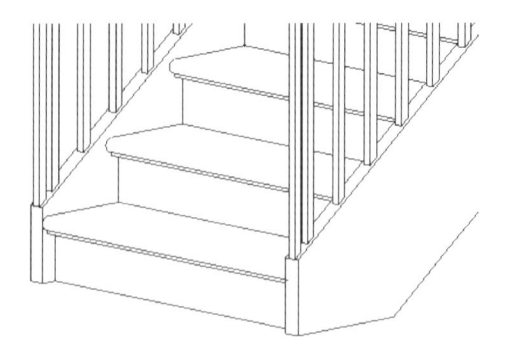

Figura 11.36. Espelho Straight.

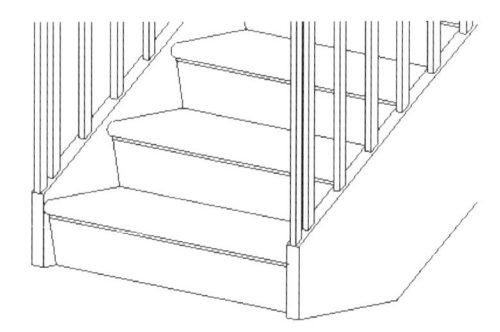

Figura 11.37. Espelho Slanted.

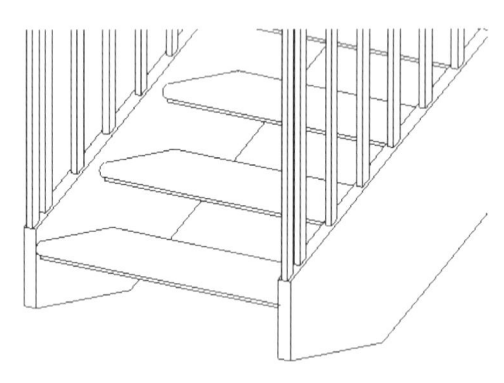

Figura 11.38. Degrau sem espelho (None).

- **Riser Thickness**: espessura do espelho.
- **Riser to Tread Connection**: define se o espelho ajusta-se atrás (behind) ou embaixo (under) do piso.

Stringers

- **Trim Stringers at Top**: indica o acabamento do suporte lateral da escada no topo da escada. Essa opção só é visível se **End With Riser** estiver desligada. As opções são **Do Not Trim** em que o suporte é cortado na vertical num ponto no topo, **Match Level** que corta o suporte horizontalmente de acordo com a altura do degrau e **Match Landing Stringer** que corta na mesma altura do topo do suporte.
- **Right Stringer**: define como será o suporte do lado direito da escada. As opções são **Closed** que encobre os degraus, **Open** em que o suporte é cortado nos degraus e **None** que desliga o suporte.
- **Left Stringer**: determina como será o suporte do lado esquerdo da escada.

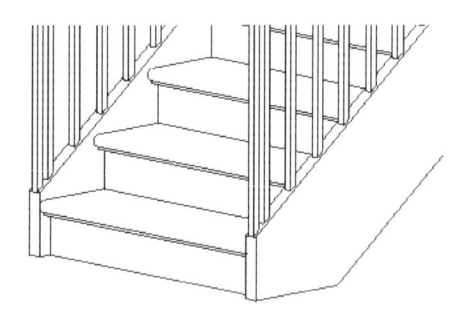

Figura 11.39. Suporte Closed.

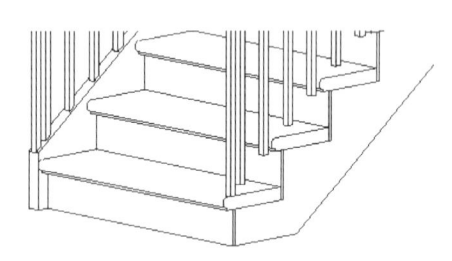

Figura 11.40. Suporte Open.

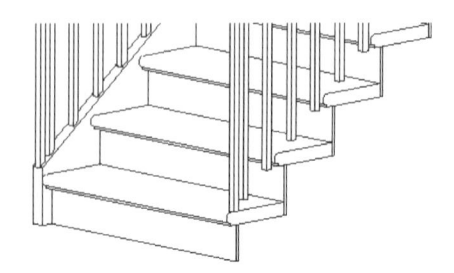

Figura 11.41. Sem suporte (None).

Escadas e Corrimão

- **Middle Stringers**: define o número de suportes entre o direito e o esquerdo.
- **Stringer Thickness**: espessura do suporte.
- **Stringer Height**: altura do suporte.
- **Open Stringer Offset**: habilitado somente quando selecionar Open Stringer. Define a distância do suporte a partir da lateral da escada para dentro. A Figura 11.42 mostra uma escada vista de baixo com suporte de 0.2cm para dentro da escada.

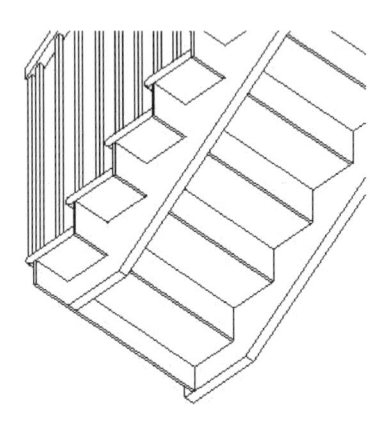

Figura 11.42. Suporte direito movido para dentro da escada.

- **Stringer Carriage Height**: permite atribuir uma distância entre o suporte e o degrau.

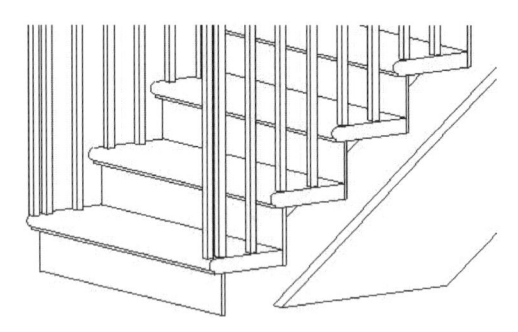

Figura 11.43. Distância do suporte ao degrau.

- **Landing Carriage Height**: define uma altura em relação ao piso do suporte para escadas em U na parte central.

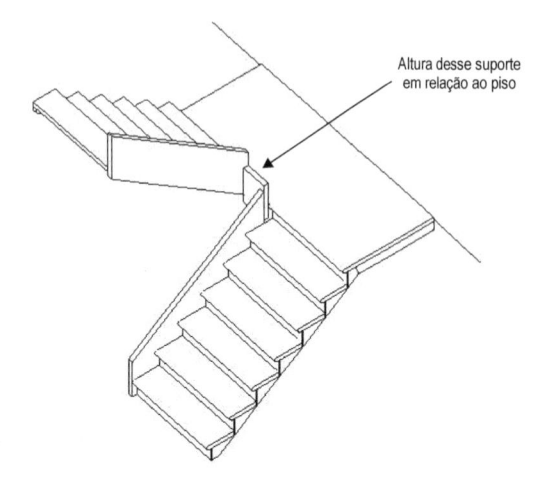

Figura 11.44. Distância do suporte central em escadas em U.

11.3. Escadas de Múltiplos Andares

Para criar uma escada que se repita em vários pavimentos, todos eles devem necessariamente ter a mesma altura. Crie seis pavimentos e desenhe uma escada como a das figuras seguintes.

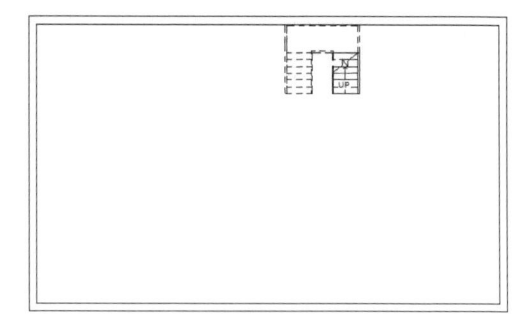

Figura 11.45. Escada em planta.

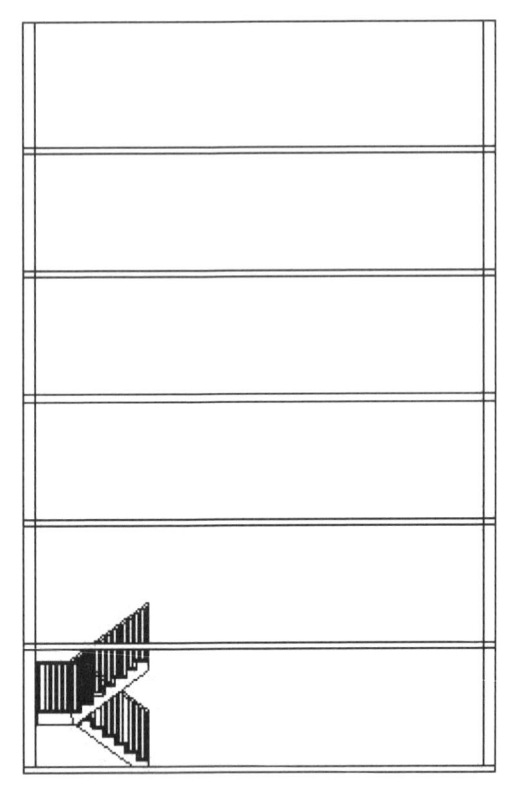

Figura 11.46. Escada em corte.

Em seguida selecione a escada criada e em **Properties** escolha em **Multistory Top Level** o último pavimento, neste exemplo **Cobertura**. As escadas devem se repetir como na Figura 11.48.

Figura 11.47. Properties - definição de Multistory Top Level.

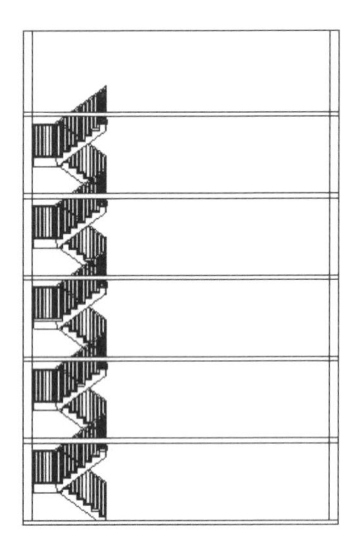

Figura 11.48. Vista em corte.

11.4. Modificação de Escadas

11.4.1. Inversão do Sentido de Subida

Depois de criada a escada reta, em L ou em U, podemos inverter o sentido de subida selecionando a escada em planta e clicando na seta que surge ao selecionar a escada, como mostra a figura seguinte.

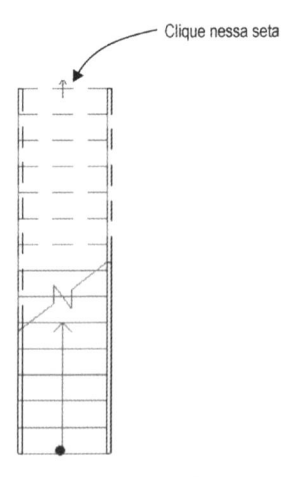

Figura 11.49. Seleção da seta.

Escadas e Corrimão

Figura 11.50. Escada em 3D.

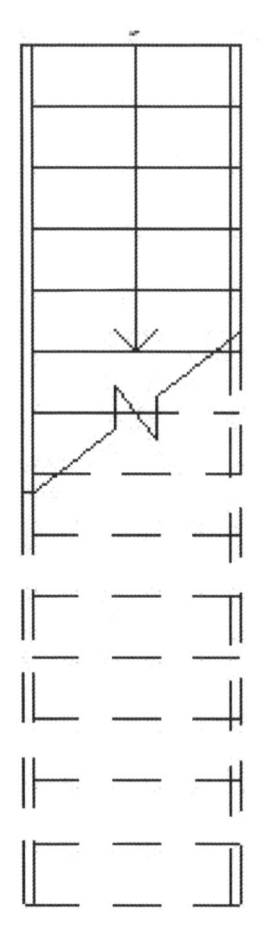

Figura 11.51. Escada invertida.

Figura 11.52. Resultado depois de invertida.

11.4.2. Alteração no Desenho da Escada

Podemos alterar a forma da escada de várias maneiras, como a seguir:

1. Selecione uma escada como a da Figura 11.53.

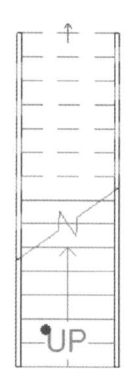

Figura 11.53. Seleção da escada.

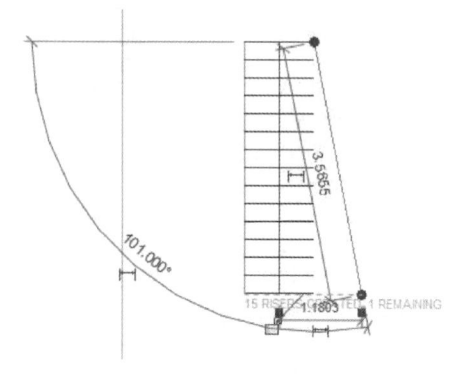

Figura 11.54. Selecione o Grip e arraste.

2. Selecione **Edit Sketch** na aba **Modify Stairs**, clique no **Grip** do ponto final de uma das bordas da escada e arraste para o lado.

3. Em seguida clique em **Finish** na aba **Modify Stairs** e veja o resultado.

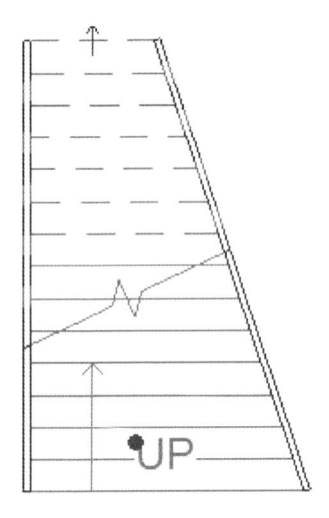

Figura 11.55. Resultado depois do Finish.

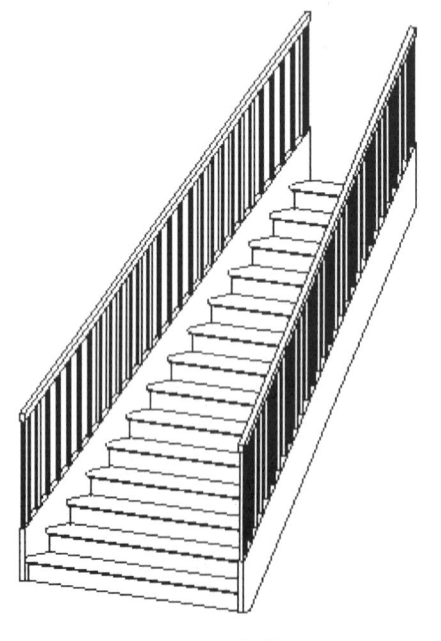

Figura 11.56. Resultado em 3D.

4. Selecione a escada e **Edit Sketch** na aba **Modify Stairs**.

5. Apague a linha desenhada no último exemplo.

6. No painel **Draw** selecione **Boundary** e veja as opções de desenho que surgem. Selecione **Start-End-Radius Arc** para desenhar um arco por três pontos. Marque os pontos do arco, como mostra a figura, e clique em **Finish**.

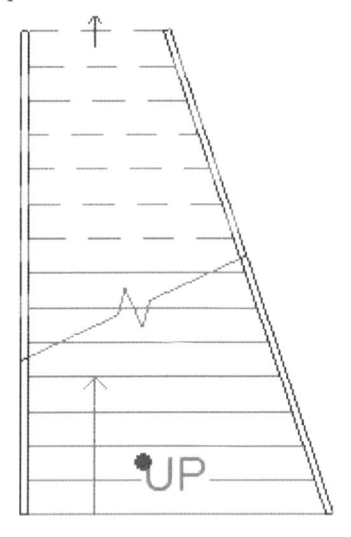

Figura 11.57. Seleção da escada.

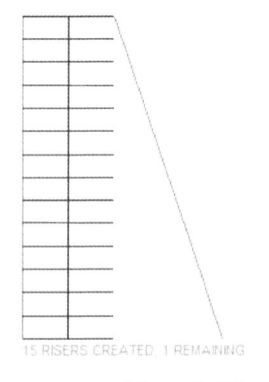

Figura 11.58. Seleção da linha.

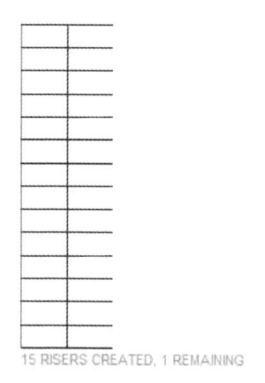

Figura 11.59. Apagar a linha.

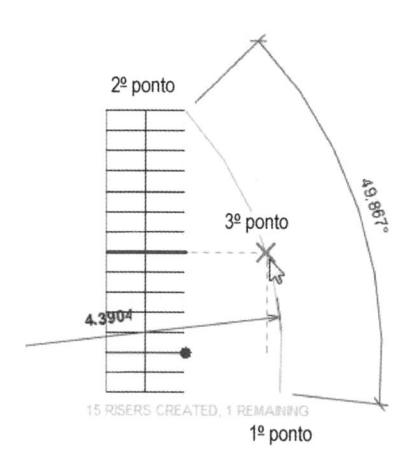

Figura 11.60. Desenho do arco.

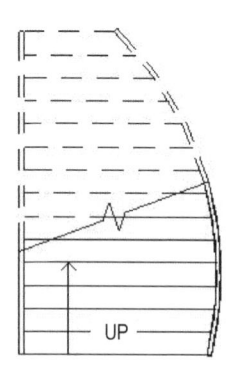

Figura 11.61. Resultado depois do Finish.

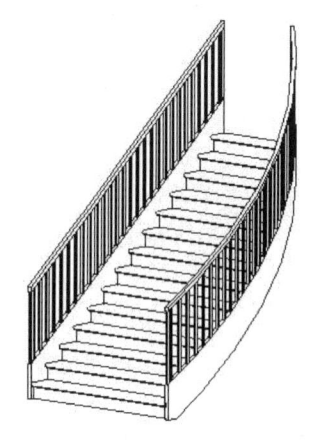

Figura 11.62. Resultado em 3D.

7. Selecione uma escada em U, como na Figura 11.63, e selecione **Edit Sketch** na aba **Modify Stairs**.

8. Selecione **Boundary** no painel **Draw** e o retângulo, então desenhe um retângulo no patamar da escada, como na Figura 11.64.

9. Com a ferramenta **Split** no painel **Modify** da aba **Modify/Edit Stairs** corte as arestas e apague as partes que sobraram do retângulo com a ferramenta Delete, para ficar semelhante à Figura 11.65.

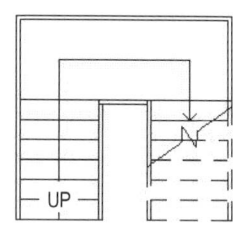

Figura 11.63. Seleção da escada.

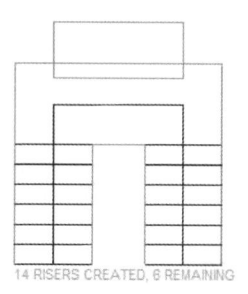

Figura 11.64. Desenho do retângulo.

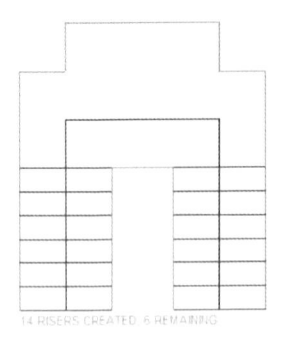

Figura 11.65. Edição com Split e Delete.

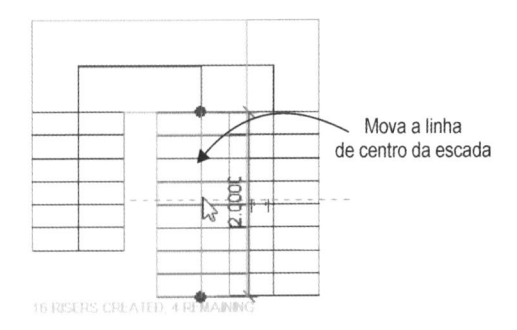

Figura 11.68. Movimentação da linha de centro.

10. Clique em **Finish** para encerrar.

Figura 11.66. Resultado em 3D.

Desta forma, podemos editar as bordas das escadas definindo outras formas, apagar e inserir degraus por meio do **Edit Sketch**, selecionando as linhas dos degraus e deletando ou copiando-as para inserir mais degraus. Em uma escada em U podemos alterar a linha de centro da escada, movendo-a para unir ou separar os dois lados da escada.

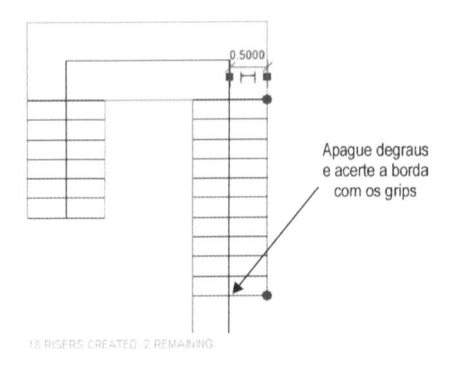

Figura 11.67. Apagar degraus.

11.5. Corrimão - Railings

O corrimão é inserido automaticamente com a escada e poder ser apagado, caso não seja necessário. Os dois lados são independentes, portanto é possível eliminar um e manter o outro. Também se pode criar corrimão em outros objetos, tais como pisos para gerar guarda-corpo, em varandas e mezaninos, entre outras aplicações.

Esse elemento pertence a uma família do tipo **System Family**, portanto não é possível carregar outros tipos, somente duplicar e modificar os existentes para criar outros. O Revit traz três tipos de corrimão.

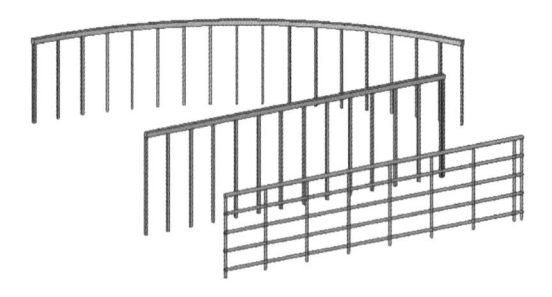

Figura 11.69. Tipos de corrimão.

Para inserir um corrimão independente da escada, selecione **Railing** na aba **Home**.

Aba Home > Circulation > Railing

Escadas e Corrimão

Figura 11.70. Aba Home - seleção de Railing.

A aba muda para **Modify/Create Railing Path**. Com as ferramentas de desenho do painel **Draw** desenhe o percurso do corrimão no piso, como ilustra a Figura 11.72.

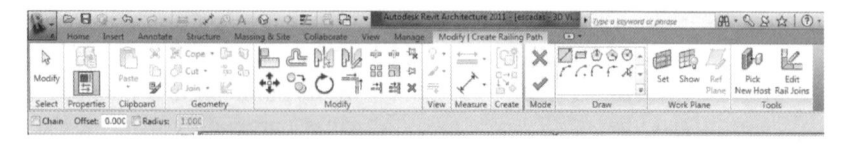

Figura 11.71. Aba Modify/Create Railing Path.

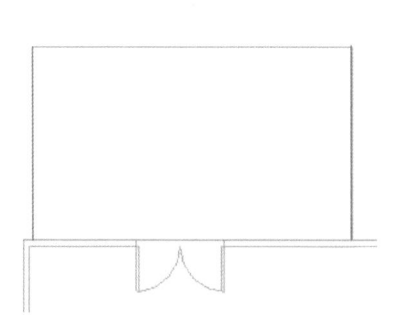

Figura 11.72. Desenho do percurso do corrimão.

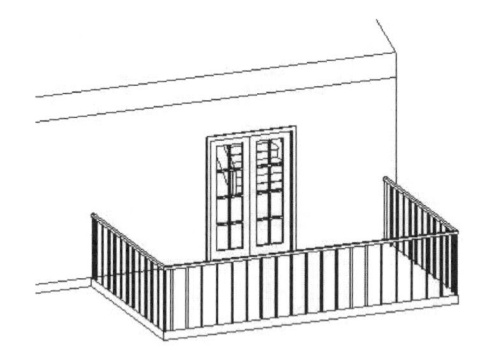

Figura 11.73. Resultado em 3D.

11.5.1. Tipos de Propriedade do Corrimão

Depois de inserir o corrimão, selecione-o e na caixa **Properties** escolha os tipos na lista, havendo somente três disponíveis. Clicando no botão **Edit Type**, é possível duplicar um tipo e alterar as propriedades criando outro tipo.

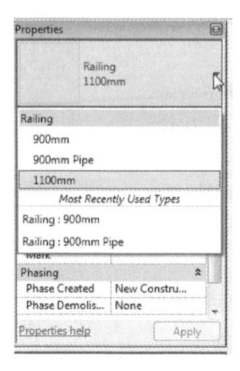

Figura 11.74. Tipos do corrimão selecionado.

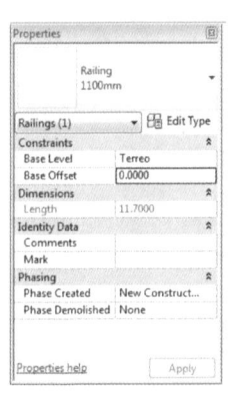

Figura 11.75

- **Base Level**: pavimento da base.
- **Base Offset**: distância da base.

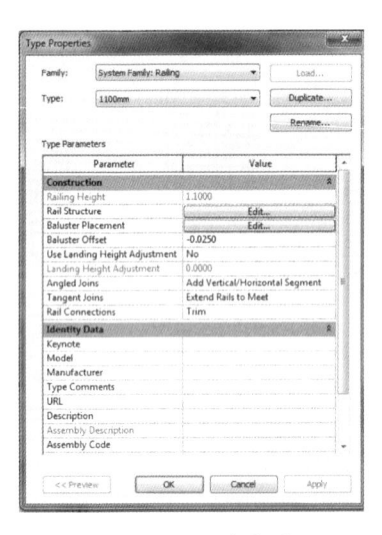

Figura 11.76. Propriedades do tipo.

- **Railing Height**: altura da parte mais alta do corrimão.
- **Rail Structure**: define os parâmetros da estrutura do corrimão, como perfil, alturas, material em outra janela de diálogo.
- **Balauster Placement**: indica os parâmetros do suporte do corrimão em outra janela de diálogo.
- **Balauster Offset**: distância do suporte até a base do corrimão.

- **Use Landing Height Adjustment**: especifica como será controlada a altura do corrimão.
- **Landing Height Adjustment**: aumenta ou diminui a altura do corrimão.
- **Angled Joins**: define como será o encontro de duas partes do corrimão numa escada.
- **Tangent Joins**: indica como será o encontro de duas partes do corrimão numa escada.
- **Rail Connections**: define a conexão de duas partes do corrimão. Use Weld para corrimão em tubo e Trim para os de perfil reto.

11.5.2. Alteração do Corrimão

Para alterar o corrimão já inserido no desenho, selecione-o. Em seguida é possível alterar o seu lado em uma escada. No exemplo seguinte a escada está com as propriedades **Right** e **Left Stinger** ajustadas para **None** e o corrimão não encosta nos degraus porque ele está afastado da borda. Pode-se ajustá-lo para que ele fique dentro da escada usando a seta que surge ao selecionar o corrimão, como mostra a figura seguinte.

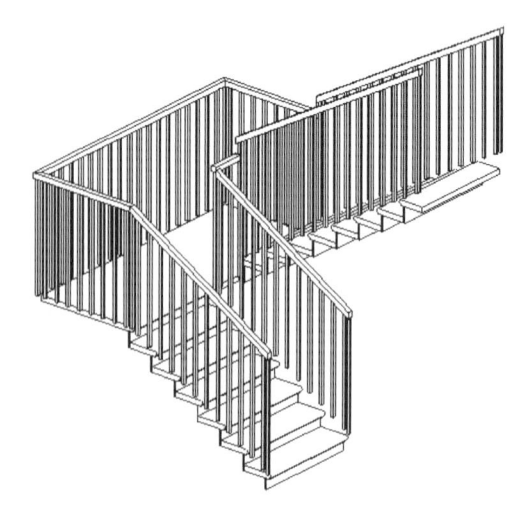

Figura 11.77. Corrimão não encosta no degrau.

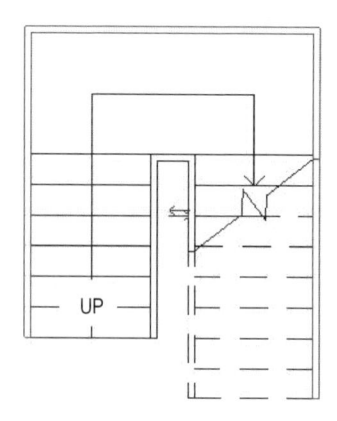

Escadas e Corrimão

Figura 11.78. Corrimão selecionado e setas de inversão exibidas ao lado dele.

Selecione cada corrimão separadamente e clique nas setas para inverter o lado. Veja nas Figuras 11.79 e 11.80 os lados colocados dentro da escada e os suportes ajustando-se aos degraus.

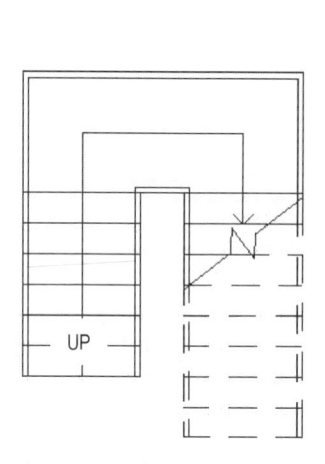

Figura 11.79. Corrimão invertido. 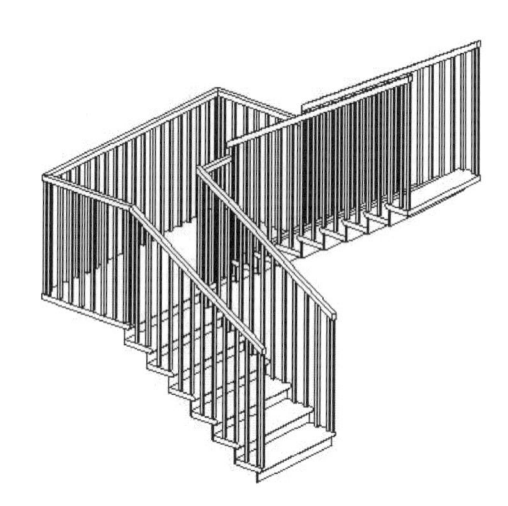   *Figura 11.80. Resultado com o ajuste.*

Para alterar o percurso de um corrimão já inserido, selecione-o e clique em **Edit Path** na aba **Modify Railings**, como mostra a Figura 11.81.

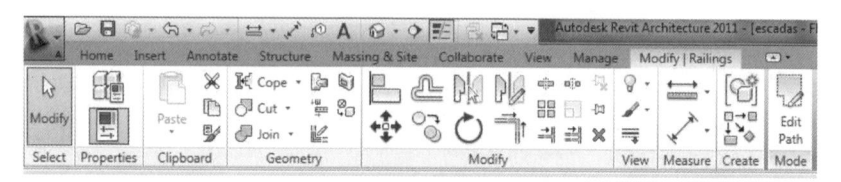

Figura 11.81. Aba Modify Railings.

Em seguida, na aba **Modify/Railings > Edit Path** selecione as ferramentas de edição (para apagar, mover etc.) do percurso do corrimão e clique em **Finish** no painel **Mode** para encerrar.

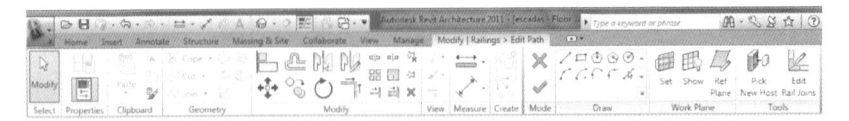

Figura 11.82. Aba Modify/Railings > Edit Path.

No exemplo a seguir o percurso foi editado diminuindo o corrimão de um dos lados da escada.

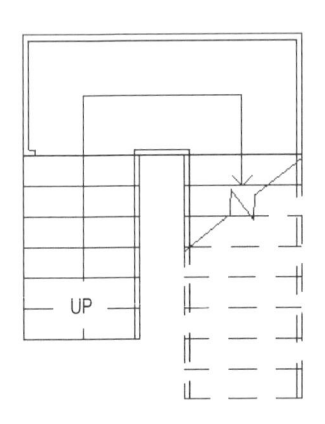

Figura 11.83. Corrimão reduzido. 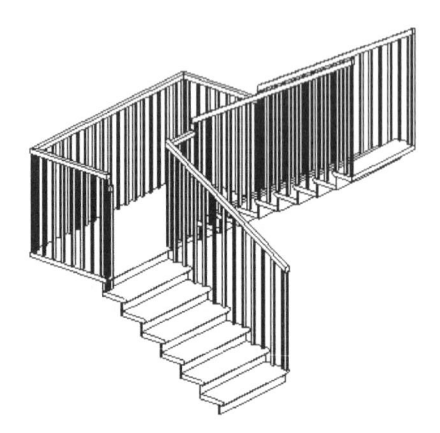   *Figura 11.84. Resultado em 3D.*

Capítulo 12

Telhados - Roof

Introdução

É possível criar telhados no Revit de três formas, sendo pelo perímetro das águas do telhado, pela extrusão de um perfil ou por um estudo de massa, gerando uma cobertura de forma mais orgânica. Depois de inserido, pode-se modificar as propriedades da água do telhado, editar a inclinação, eliminar água etc.

Objetivos

- Inserir telhados pela definição da poligonal das águas
- Inserir telhados pela extrusão de um perfil
- Aprender a editar telhados
- Criar aberturas em telhados
- Aprender a criar mansardas

12.1. Inserção de Telhados

Para inserir um telhado, selecione **Roof** na aba Home, como mostra a figura.

Aba Home > Build > Roof

Figura 12.1. Aba Home - seleção de Roof.

Em **Roof** temos as seguintes opções para criação do telhado com várias formas:

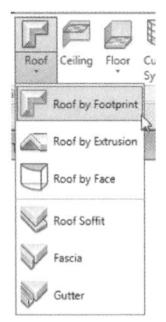

Figura 12.2. Opções de criação de telhado.

12.1.1. Inserção de Telhados por Poligonal da Água

Roof By Footprint: essa opção cria o telhado a partir da definição do seu contorno através do desenho com linhas ou pela seleção de paredes, definindo um perímetro fechado.

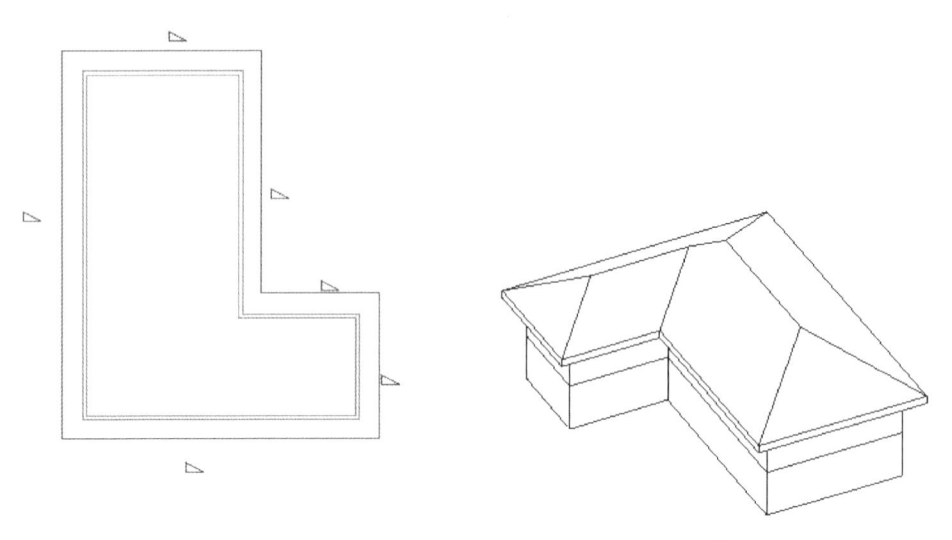

Figura 12.3. Seleção das paredes.   *Figura 12.4. Telhado em 3D.*

Antes de criar um telhado, é interessante gerar um pavimento para ele, por exemplo, cobertura. Este exemplo cria o telhado a partir de paredes existentes que definem seu contorno. Deixe o pavimento ativo com as paredes e clique em **Roof By Footprint**. Note que a aba muda para **Modify/Create Roof Footprint** e na linha de status surge a mensagem **Pick Walls to create lines**.

Na barra de opções temos o seguinte:

- **Defines slope**: define uma água; se desligado, faz o telhado plano.
- **Overhang**: largura do beiral.
- **Extend to wall core**: estende até o meio da parede.

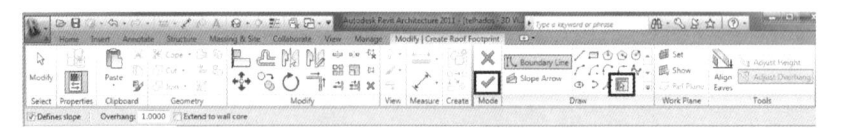

Figura 12.5. Aba Modify/Create Roof Footprint.

Defina o valor do beiral para 1 em **Overhang** e clique numa das paredes. A primeira água é definida com inclinação de 30°. Vá clicando nas outras até completar o contorno, como mostra a Figura 12.7.

Para finalizar clique no botão **Finish** com um sinal de ✓ na aba **Mode**, como destacado na Figura 12.5, e veja o resultado a seguir. Ao clicar em **Finish**, surge uma janela com a pergunta **Would you like to attach the highlighted walls to the roof?** Responda **Não** à pergunta, que significa: você quer associar as paredes ao telhado? Vamos fazer isso depois.

Telhados - Roof

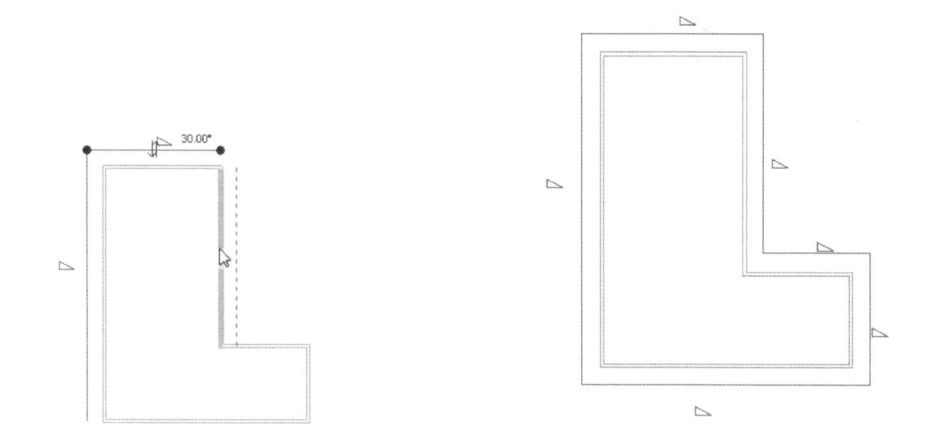

Figura 12.6. Seleção das paredes.

Figura 12.7. Todas as paredes selecionadas.

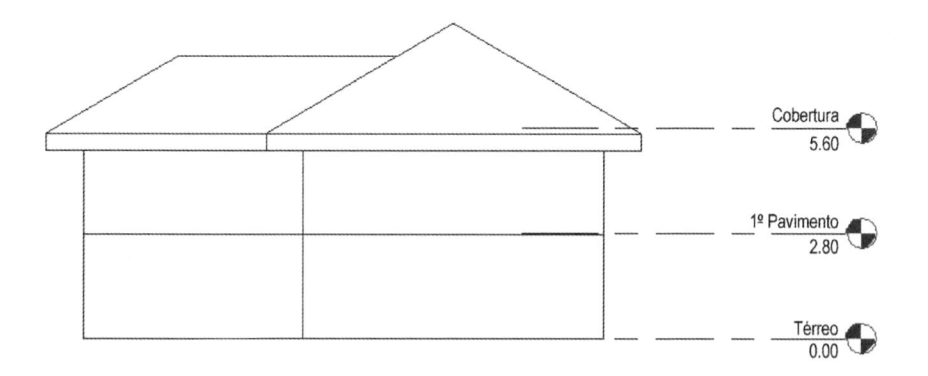

Figura 12.8. Telhado em elevação.

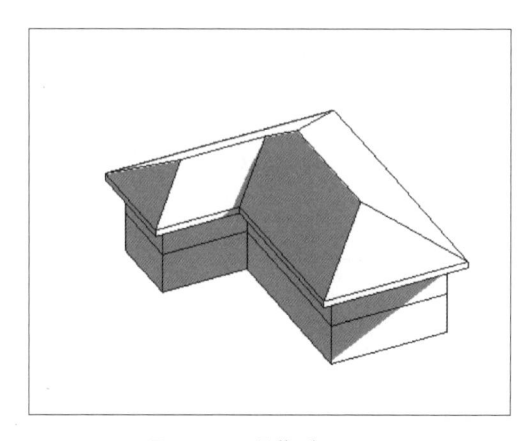

Figura 12.9. Telhado em 3D.

12.1.2. Inserção de Telhados por Extrusão de um Perfil

Roof By Extrusion: cria uma cobertura através da extrusão de um perfil predefinido. A sequência é esta: criam-se as paredes, em seguida define-se o plano no qual será criado o perfil com **Ref Plane**, aciona-se o comando **Roof By Extrusion** e ele permite mudar o plano de trabalho para aquele criado e então desenha-se o perfil. Ao finalizar o comando, o telhado é criado.

Para criar um telhado por extrusão, vamos partir de um desenho com paredes como na Figura 12.11.

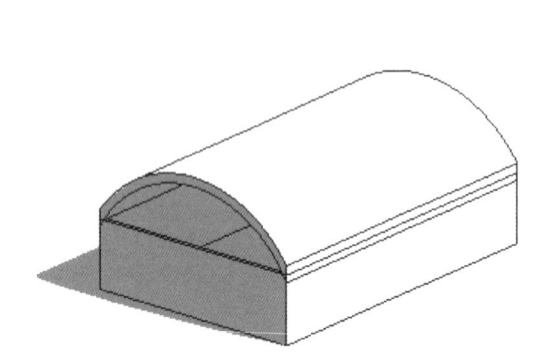

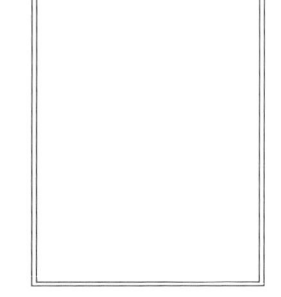

Figura 12.10. Telhado por extrusão de um perfil.

Figura 12.11. Paredes.

Em seguida, cria-se um plano de referência para desenhar o perfil. Selecione **Ref Plane** na aba **Home** e clique nos dois pontos da parede de trás, como mostra a Figura 12.12. Para finalizar clique em Esc e depois acione a vista **East**.

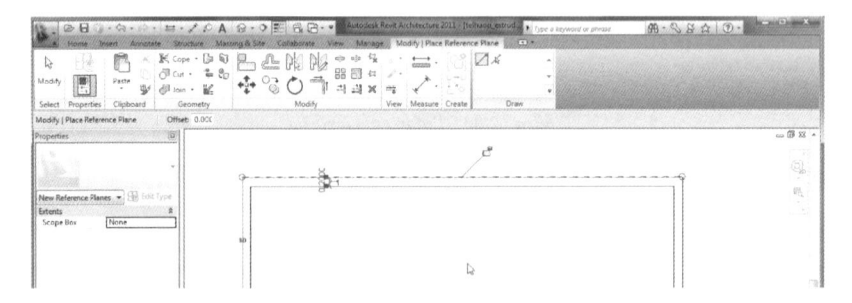

Figura 12.12. Criação do plano de referência.

Figura 12.13. Vista East.

Telhados - Roof

Nessa vista é possível ver o plano criado. Selecione o plano, na caixa **Properties** atribua o nome **telhado** ao plano e clique em **Apply**, Figura 12.14.

Figura 12.14. Caixa Properties - nome do plano de referência.

Na aba **Home** selecione **Roof > Roof By Extrusion**. Na janela **Work Plane** que se abre selecione em **Pick a Plane** o plano **Telhado** e clique em OK.

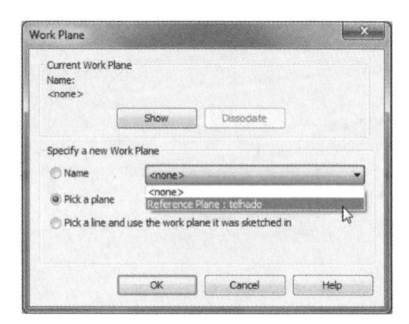

Figura 12.15. Janela Work Plane - selecione o plano telhado.

Por estarmos em uma vista plana, surge a janela **Go to View** para selecionar a vista em que será desenhado o perfil. Selecione a vista **South** e clique em **Open View**.

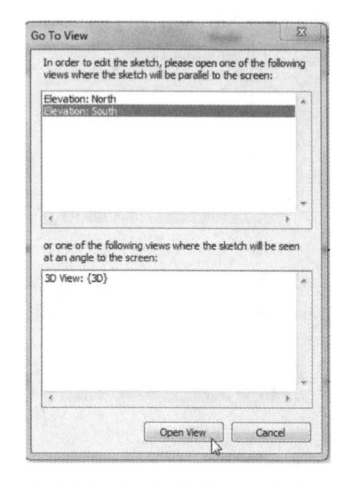

Figura 12.16. Janela Go To View - selecione South.

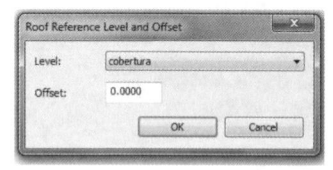

Figura 12.17. Janela Roof Reference Level and Offset.

Em seguida aparece a janela **Roof Reference Level and Offset** para seleção do pavimento; selecione o pavimento da cobertura e clique em OK. Ele fica ativo para o desenho do perfil, como mostra a Figura 12.18.

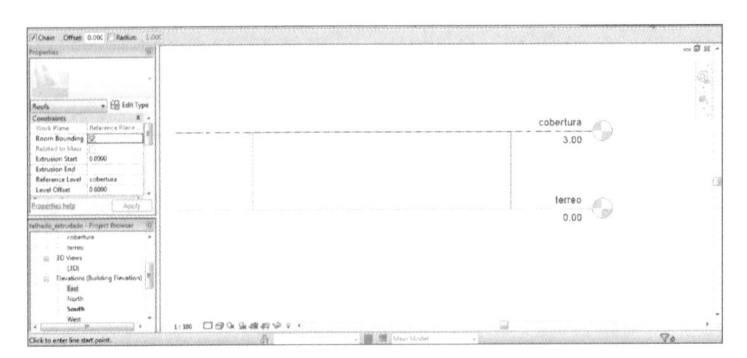

Figura 12.18. Ativação do pavimento da cobetura.

Selecione o arco por três pontos na aba **Modify/Create Extrusion Roof Profile** e desenhe o arco sobre as paredes, conforme a Figura 12.20, definindo os pontos inicial, final e a altura.

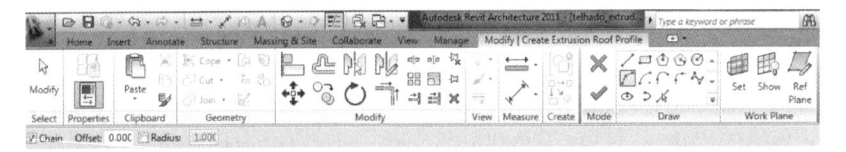

Figura 12.19. Aba Modify/Create Extrusion Roof Profile - seleção de arco por três pontos.

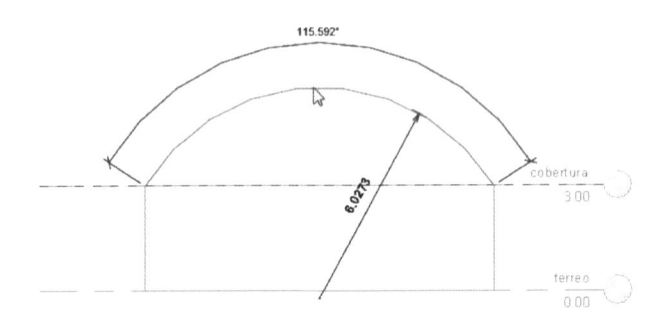

Figura 12.20. Definição dos pontos do arco.

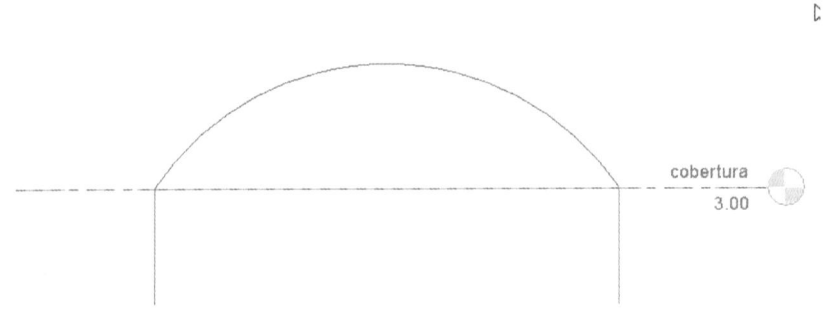

Figura 12.21. Resultado com o perfil desenhado.

Telhados - Roof

Clique no botão **Finish** do painel **Mode** e o telhado por extrusão é criado, conforme a Figura 12.22.

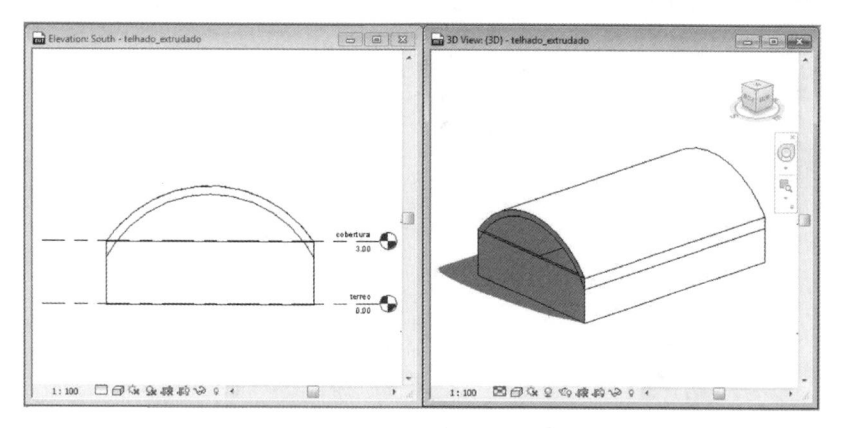

Figura 12.22. Resultado do telhado com o perfil extrudado.

A altura da base do telhado é alterada em suas propriedades em **Level Offset**.

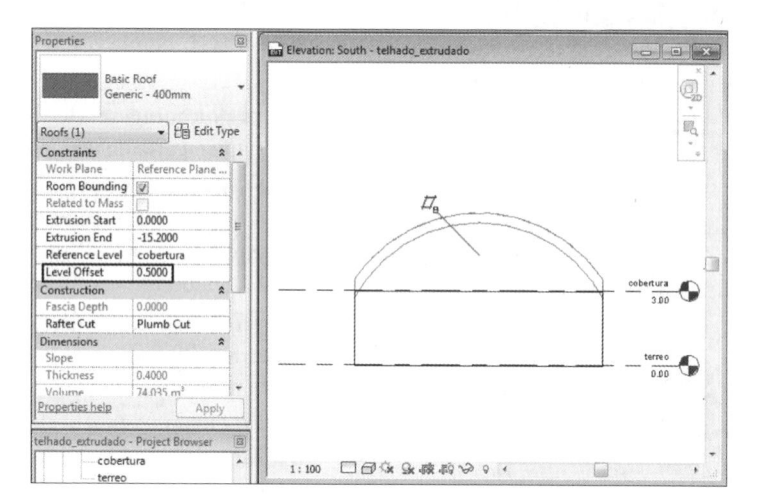

Figura 12.23. Alteração da posição da base do telhado extrudado.

Por meio do desenho do perfil qualquer forma pode ser criada para o telhado. No exemplo seguinte apagamos o telhado anterior e geramos outro perfil.

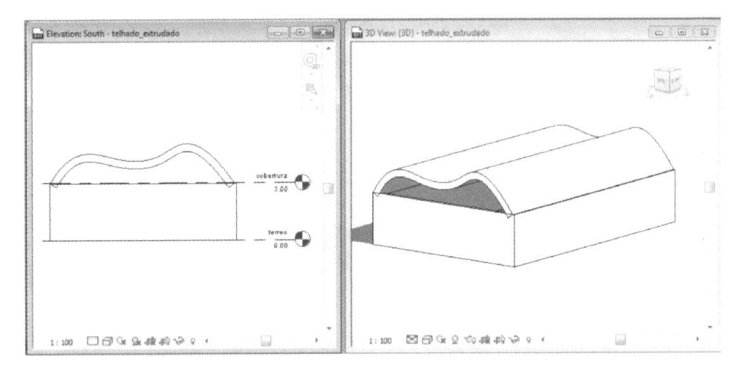

Figura 12.24. Criação de um perfil para gerar a cobertura.

12.2. Propriedades dos Telhados

As propriedades dos telhados podem ser modificadas, incluindo estrutura e inclinação. Elas variam conforme o tipo de telhado e a forma como foi construído.

Selecione um telhado e veja em **Properties** as propriedades do telhado selecionado. Quando alteradas, modificam **somente** o telhado selecionado.

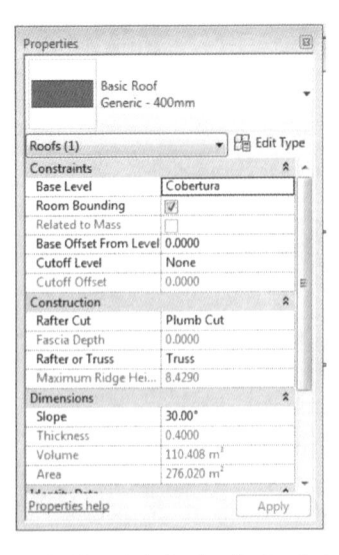

Figura 12.25. Propriedades do telhado selecionado.

Constraints

- **Base Level**: define o pavimento do telhado.
- **Room Bounding**: se selecionado, define que o telhado é parte de uma **room boundary**.
- **Base Offset from Level**: indica a altura do telhado em relação ao pavimento a que ele pertence; pode ser acima ou abaixo. Essa opção é habilitada em **Roof By Footprint**.
- **Cutoff Level**: especifica o pavimento de corte do telhado acima do qual a geometria não é mostrada.
- **Cutoff Offset**: define a altura do corte acima ou abaixo do pavimento especificado em **Cutoff Level**.
- **Extrusion start**: indica o ponto inicial da extrusão. Essa opção só é habilitada em telhados por extrusão.
- **Extrusion end**: define o ponto final da extrusão. Essa opção só é habilitada em telhados por extrusão.
- **Reference Level**: pavimento de referência do telhado; o padrão é o pavimento mais alto do projeto. Essa opção só é habilitada em telhados por extrusão.
- **Level Offset**: altura do telhado em relação ao **Reference Level**. Essa opção só é habilitada em telhados por extrusão.

Construction

- **Rafter Cut**: essa opção define a forma do corte no beiral (**Plumb Cut/Two-Cut Plumb/Two-Cut Square Eave**). Para as opções **Two-Cut Plum** e **Square** é necessário atribuir um valor a **Fascia Depth**.

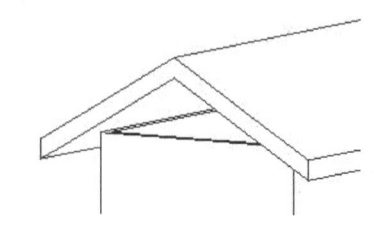

Figura 12.26. Corte no prumo - Plumb Cut.

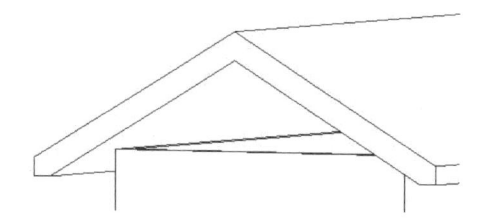

Figura 12.27. Corte Two-Cut Plumb - Fascia Depth com 0.3m.

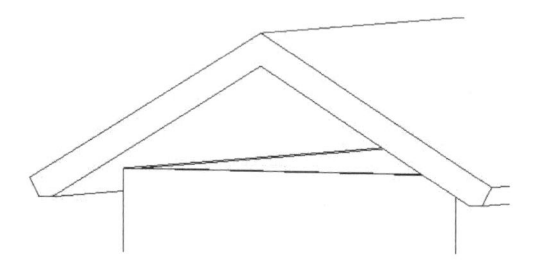

Figura 12.28. Corte Two-Cut Square Eave.

- **Fascia Depth**: largura do espelho de beiral.
- **Rafter or Truss**: essa propriedade só afeta telhados construídos pela seleção de paredes.
- **Maximum Ridge Height**; altura máxima do telhado em relação à base. Essa opção é habilitada ao criar **Roof By Footprint**.

Dimensions

- **Slope**: define a inclinação da água do telhado.
- **Thickness**: define a espessura do telhado.
- **Volume**: volume gerado.
- **Area**: área gerada.

A seguir veremos as propriedades do tipo. O Revit traz alguns tipos de telhado definidos, como é possível ver na caixa **Properties**. Vamos selecionar um telhado e clicar no botão que lista os tipos, conforme a Figura 12.29.

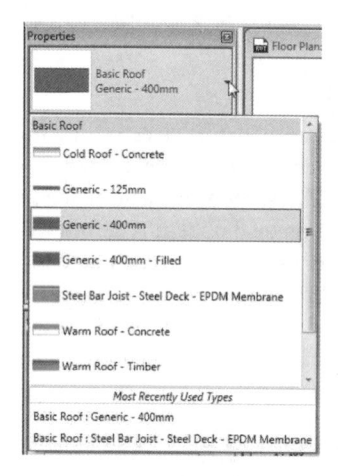

Figura 12.29. Lista dos tipos de telhado.

A seguir selecione o botão **Edit Type** na caixa **Properties** para acionar a janela de diálogo **Type Properties** com as propriedades do tipo, Figura 12.30. Cada tipo de telhado selecionado tem suas propriedades. Os telhados são famílias **System Families**, portanto para criar outros tipos duplicamos um existente. Basicamente cada tipo de telhado tem suas diferenças na estrutura, como se vê nas propriedades em seguida.

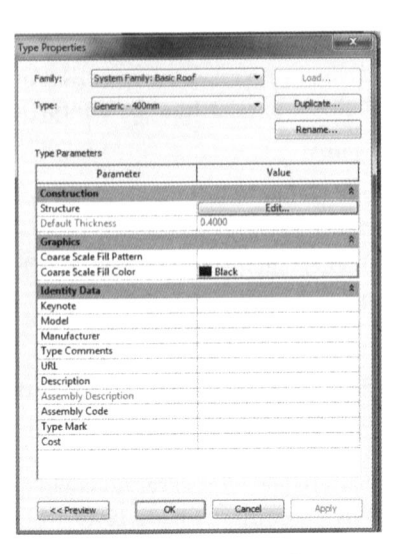

Figura 12.30. Propriedades do tipo.

Construction

- **Structure**: define a estrutura do telhado pela configuração de camadas. Clicando em **Edit**, surge a janela de diálogo da Figura 12.31 na qual podemos definir as camadas, como foi estudado em paredes. O botão **Insert** permite inserir camadas e definir o tipo de cada uma delas. Por exemplo, podemos definir a camada do madeiramento e a das telhas.

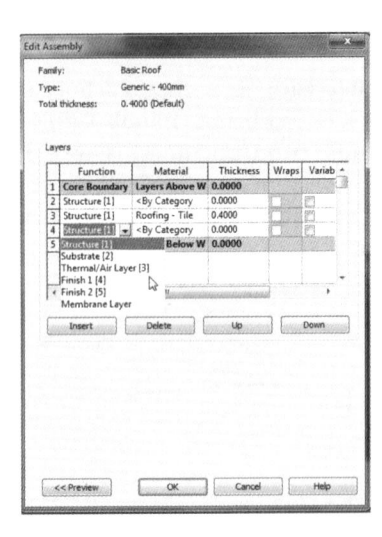

Figura 12.32. Inserção de camadas na estrutura.

- **Default Thickness**: espessura do telhado definida no item anterior de acordo com as espessuras das camadas.

Graphics

- **Coarse Scale Fill Pattern**: hachura definida para o telhado, quando exibido no nível de detalhe Coarse.
- **Coarse Scale Fill Color**: cor da hachura definida para o telhado, quando exibido no nível de detalhe Coarse.

12.3. Edição de Telhados

Depois de criado o telhado, podemos eliminar as águas desnecessárias e mudar as inclinações. No exemplo seguinte vamos eliminar uma água. Selecione o telhado criado no exemplo anterior e na aba **Modify Roofs** clique em **Edit Footprint**, Figura 12.33.

Ao selecionar essa opção, o telhado entra no modo de edição, como mostra a Figura 12.34. A aba **Modify/Roofs > Edit Footprint** apresenta as ferramentas de edição.

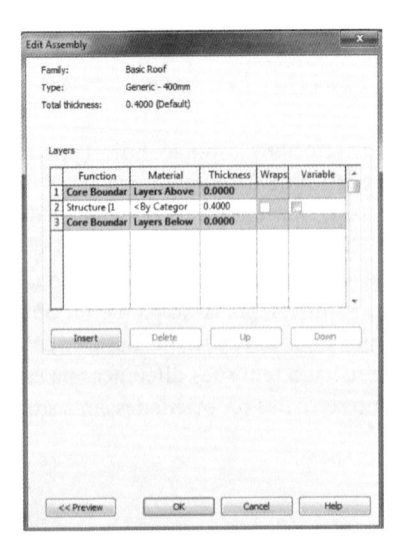

Figura 12.31. Definição da estrutura do telhado.

Telhados - Roof

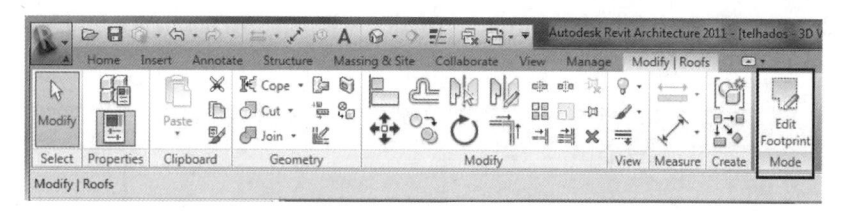

Figura 12.33. Aba Modify Roofs exibida depois de selecionar o telhado.

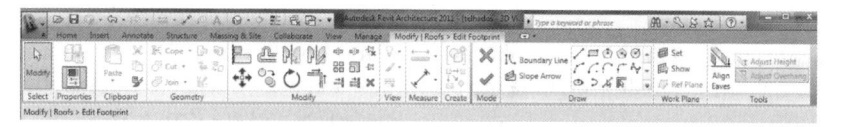

Figura 12.34. Aba Modify/Roofs > Edit Footprint.

Selecione a linha que representa a água, conforme a figura, e clique em **Defines Slope** na barra de opções para desmarcar essa opção, em seguida no botão **Finish** no painel.

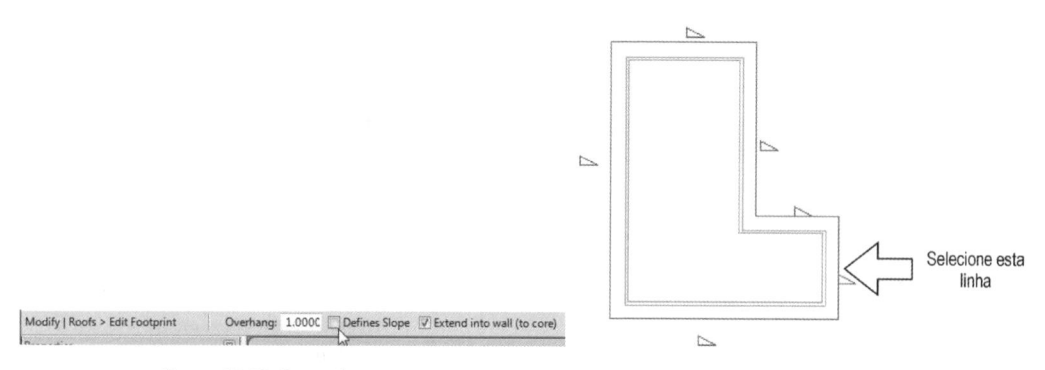

Figura 12.35. Barra de opções - seleção de Defines Slope.

Figura 12.36 - Seleção da parede para eliminar a água.

O resultado deve ser semelhante à Figura 12.37. Uma água foi apagada, gerando um oitão na parede. Agora vamos estender a parede até o telhado.

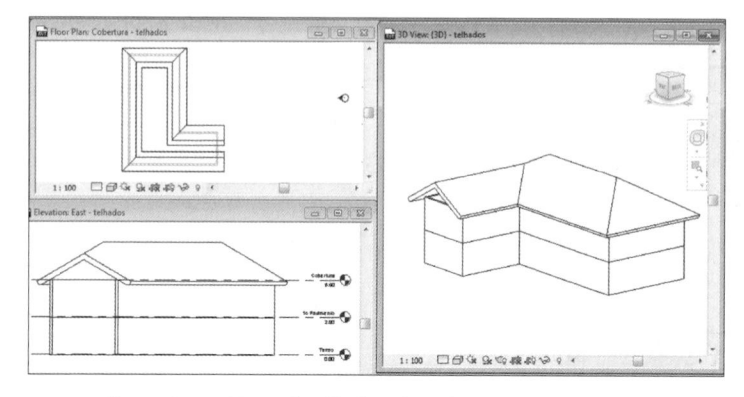

Figura 12.37 - Vistas do telhado após a eliminação de uma água.

Para estender a parede até o telhado, marque a parede e selecione **Attach** na **Ribbon Modify Walls**, como mostra a Figura 12.38.

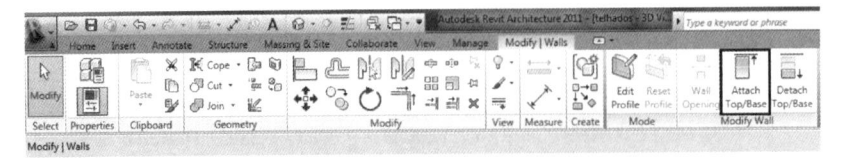

Figura 12.38 - Aba Modify Walls - seleção de Attach.

Em seguida selecione o telhado como solicitado na linha se status; a parede é erguida até o telhado.

Figura 12.39 - Barra de status.

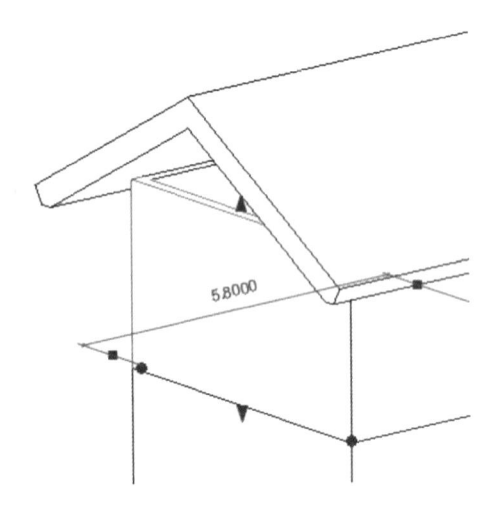

Figura 12.40. Seleção da parede.

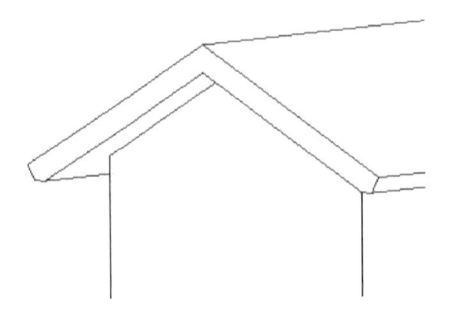

Figura 12.41. Parede estendida.

Para modificar a inclinação de todas as águas selecionamos o telhado e editamos a sua inclinação (Slope) em **Properties**.

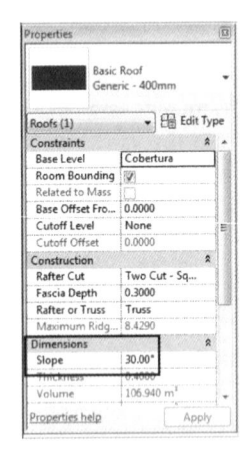

Figura 12.42. Alteração da propriedade Slope (inclinação).

Neste exemplo modificamos a inclinação de todas as águas para 25%, como mostra a Figura 12.43.

Para modificar a inclinação de uma água só selecione o telhado e clique em **Edit Footprint**. A planta do telhado é exibida com o contorno das águas; selecione a água a editar e a inclinação é apresentada em uma caixa de edição. Digite o novo valor e clique em **Finish**.

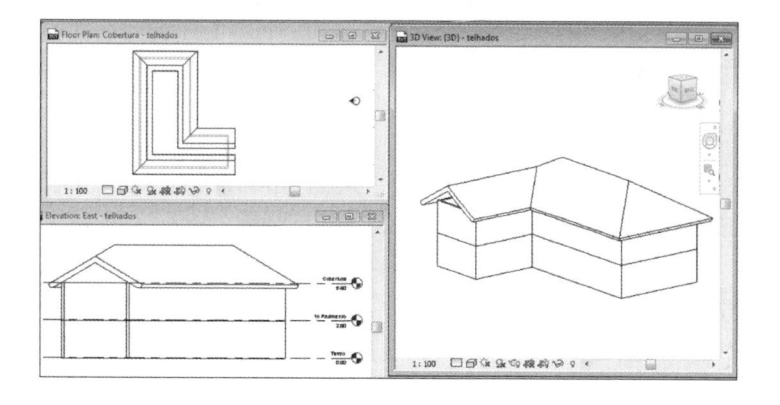

Figura 12.43. Telhado com inclinação de 25%.

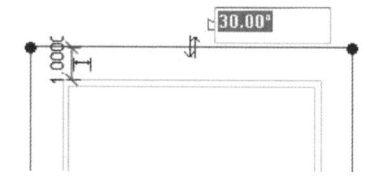

Figura 12.44. Seleção da aresta.

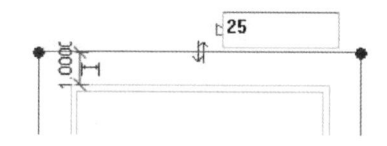

Figura 12.45. Alteração da inclinação.

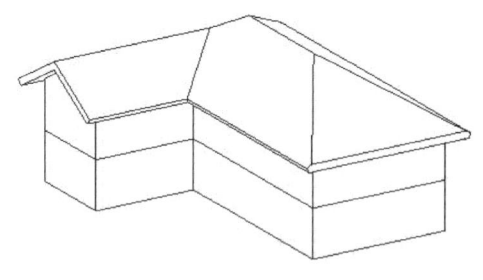

Figura 12.46. Resultado.

12.4. Telhado de uma Água

O telhado de uma água só é criado definindo um sentido de inclinação da água através de uma seta de inclinação, **Slope Arrow**.

Para criar um telhado de uma única água, desenhe as paredes e clique em **Roof By Footprint**, como mostra a Figura 12.47. Marque o valor de **Overhang (beiral)** 1.00, desmarque **Defines slope** e clique nas paredes. Depois de selecionar todas as paredes, clique em **Slope Arrow** na aba **Modify/Create Roof Footprint**. Marque um ponto inicial para a seta de inclinação, em seguida o ponto final, Figuras 12.49 e 12.50.

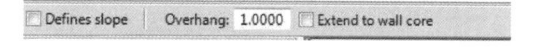

Figura 12.47. Barra de opções de Roof By Footprint.

Figura 12.48. Paredes selecionadas.

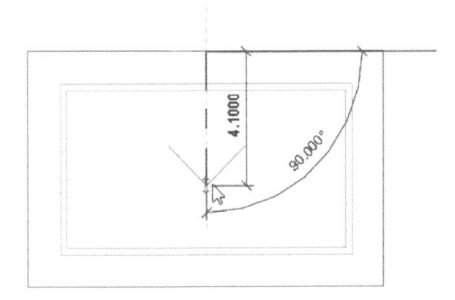

Figura 12.49. Ponto inicial da seta.

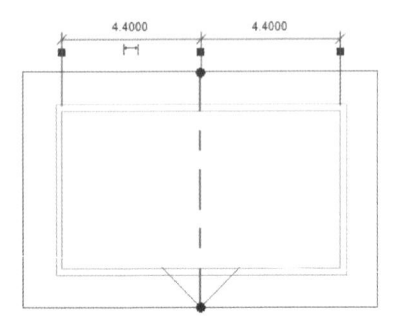

Figura 12.50. Ponto final da seta.

Em seguida, vamos definir as propriedades da inclinação em **Properties**, selecionando a seta e alterando as suas propriedades (**Slope Arrow**), Figura 12.51. Nessa janela vamos alterar o valor de **Level at Tail** e **Level at Head** para os valores indicados na figura.

Figura 12.51. Propriedades da seta de inclinação da água.

- **Level at Tail**: pavimento no início da seta.
- **Level at Head**: pavimento na ponta da seta.
- **Height at Head**: altura na ponta.
- **Slope**: inclinação.
- **Length**: comprimento.

Para finalizar clique em **Finish**. O telhado deve ficar semelhante ao da Figura 12.52.

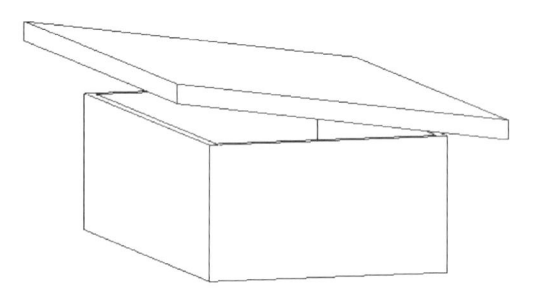

Figura 12.52. Resultado do telhado de uma água.

Em seguida é necessario fazer o **Attach** das paredes no telhado. O resultado final está na Figura 12.53.

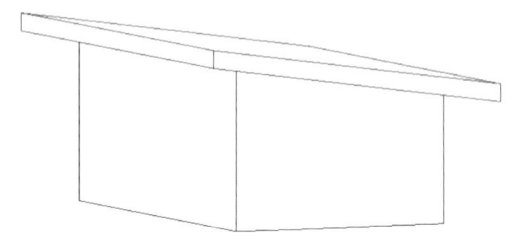

Figura 12.53. Resultado do telhado com as paredes associadas a ele.

12.5. Criação de Aberturas em Telhados

Muitas vezes é necessário criar furos em telhados para passagem de paredes, caixas-d'água, chaminés etc.

Telhados - Roof

Para criar um furo, abra a vista do pavimento do telhado e crie o telhado selecionando as paredes.

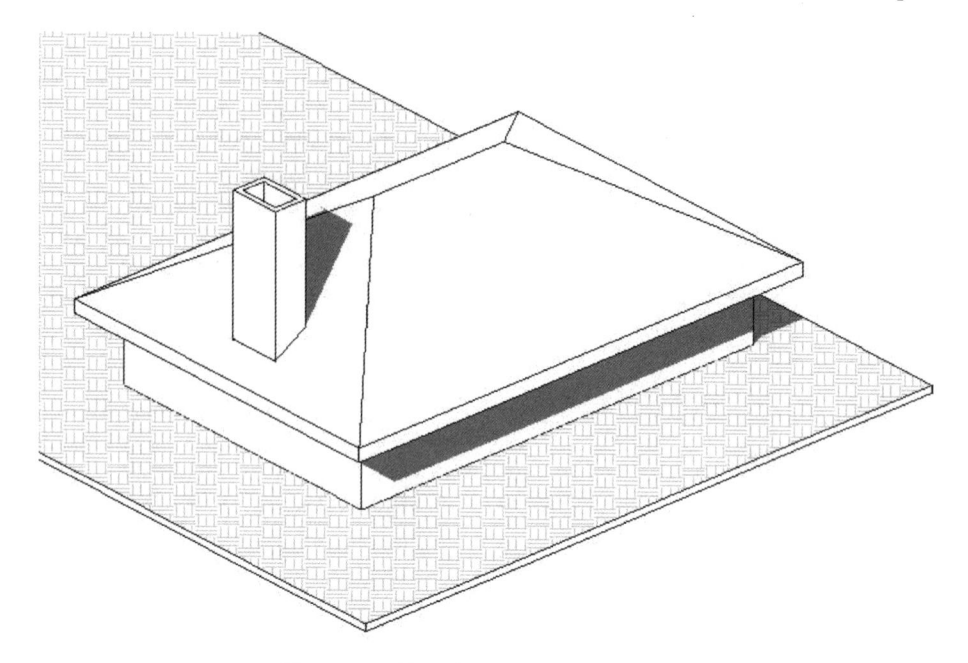

Figura 12.54. Vista de um telhado com chaminé.

No telhado criado na Figura 12.54, as paredes da chaminé fazem intersecção com a água do telhado. É preciso criar um corte na água dessa intesecção.

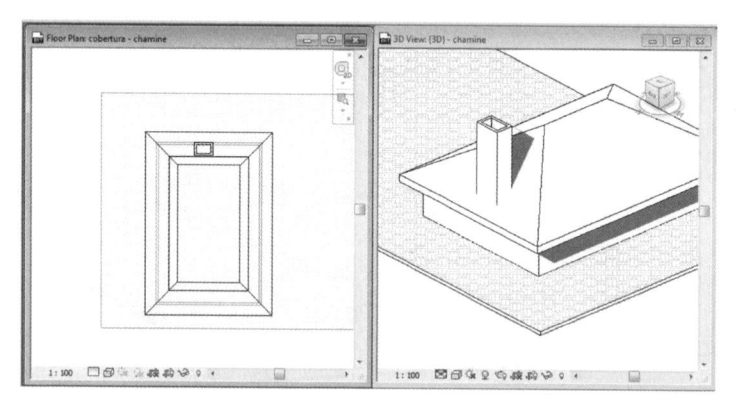

Figura 12.55. Vista em planta e em 3D do telhado com a chaminé.

Para cortar a água, selecione o telhado na vista em planta e clique na aba **Modify Roofs**, então selecione **Edit Footprint**. Na aba **Modify/Roofs > Edit Footprint** escolha no painel **Draw** a opção de desenho com retângulo e desenhe-o no perímetro da chaminé, como mostra a Figura 12.56.

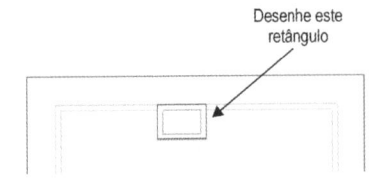

Figura 12.56. Desenho do corte do telhado.

Em seguida clique em **Finish**. Um corte é criado no contorno da parede da chaminé, Figura 12.57.

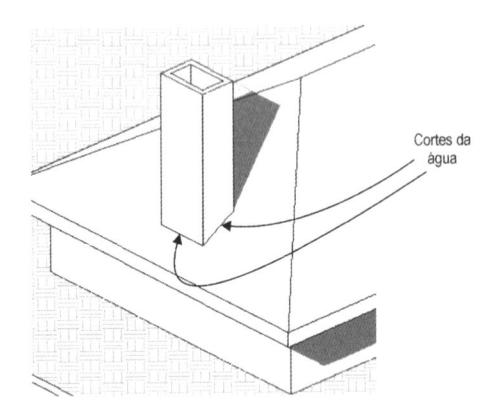

Figura 12.57. Desenho do corte do telhado.

12.6. Modificação dos Vértices das Águas

É possível modificar a altura dos vértices das águas do telhado depois de tê-lo criado. Vamos criar um telhado plano e fazer as alterações. Crie um pavimento térreo e outro de cobertura, defina a altura das paredes como **Unconnected** e a altura de 2.8m. Crie um telhado plano com **Roof > Roof By Footprint**, desligando **Defines Slope** nas quatro águas, como mostra a Figura 12.58, no pavimento cobertura.

Ao clicar em **Finish** para encerrar, como as paredes estão com altura **Unconnected**, surge a mensagem **Would you like to attach the highlighted walls to the roof?**. Responda **sim** a essa mensagem para permitir que as paredes se conectem ao telhado automaticamente.

Em seguida selecione o telhado e clique em **Modify Sub Elements** na aba **Modify Roofs**.

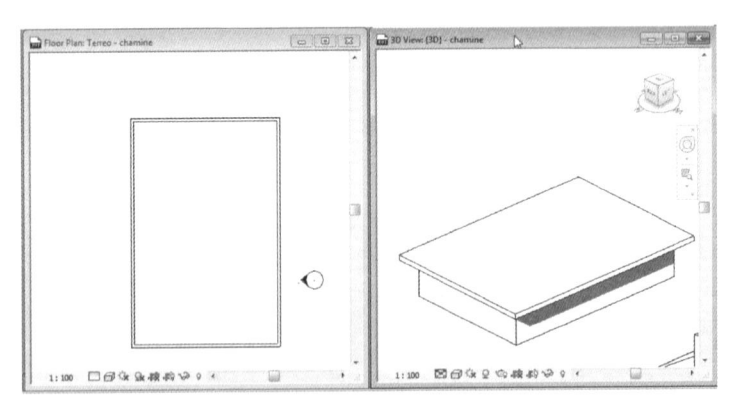

Figura 12.58. Telhado plano.

Figura 12.59. Aba Modify Roofs - seleção de Modify Sub Elements.

Telhados - Roof

Note que Grips verdes aparecem nos vértices. Selecione um dos vértices e mova 1.5m, digitando esse valor na caixa de edição do Grip.

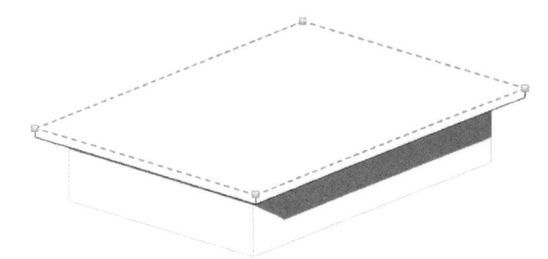

Figura 12.60. Seleção do telhado e de Modify Sub Elements.

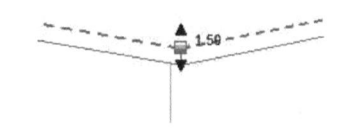

Figura 12.62. Edição do Grip da altura.

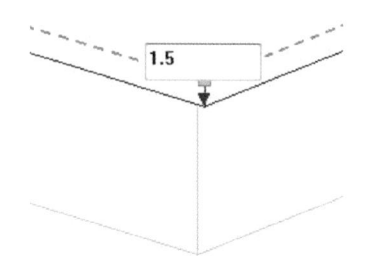

Figura 12.61. Edição do Grip da altura.

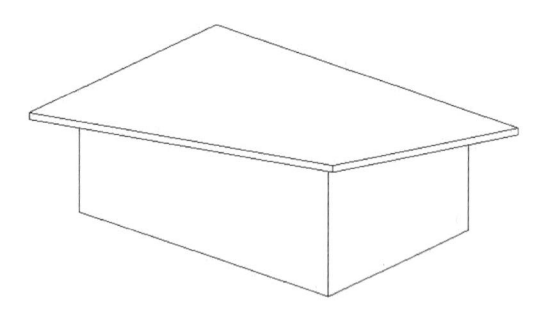

Figura 12.63. Resultado.

Experimente mover outros vértices. Note que as paredes acompanham as mudanças, pois foi usado o **Attach** para associá-las ao telhado. Para voltar à forma original, selecione o telhado e clique em **Reset Shape** na aba **Modify Roofs**.

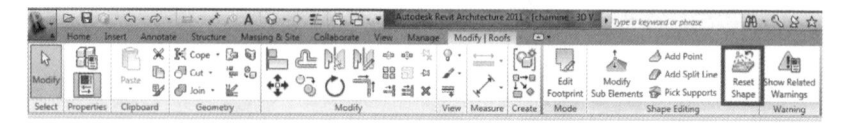

Figura 12.64. Aba Modify Roofs - seleção de Reset Shape.

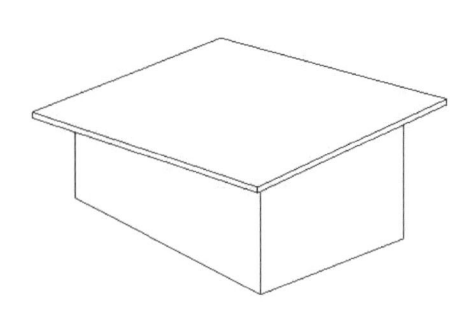

Figura 12.65. Movimentação de outros vértices.

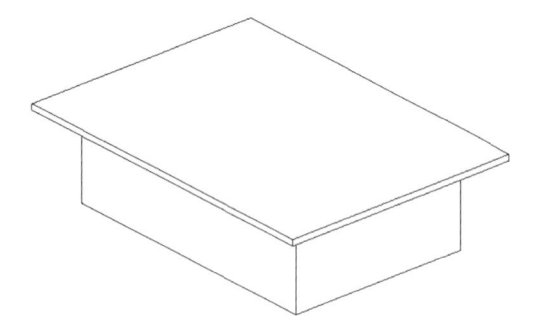

Figura 12.66. Telhado voltando à forma original.

Agora vamos adicionar novos vértices ao telhado. Selecione o telhado, clique em **Add Point** e selecione o ponto médio da água da esquerda. Clique em mais dois pontos na água da direita, como mostram as figuras seguintes.

Figura 12.67. Aba Modify Roofs - seleção de Add Point.

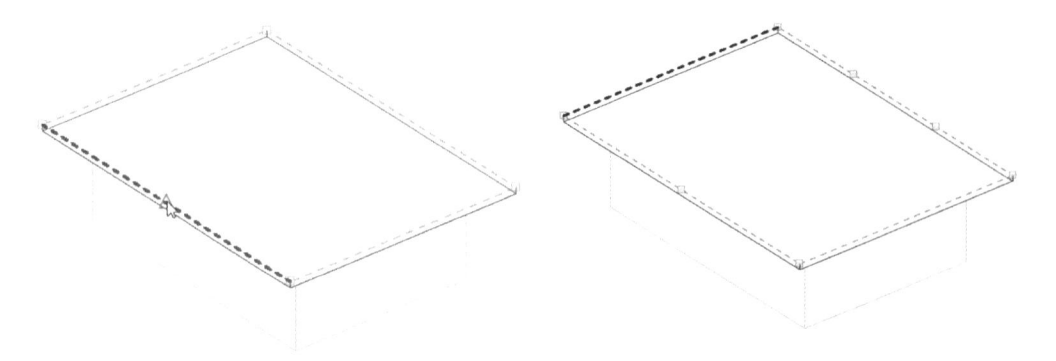

Figura 12.68. Inserção de um novo vértice.   *Figura 12.69. Inserção de outros dois vértices.*

Agora podemos mover esses vértices através dos Grips, como mostram as figuras seguintes, criando outra forma para o telhado.

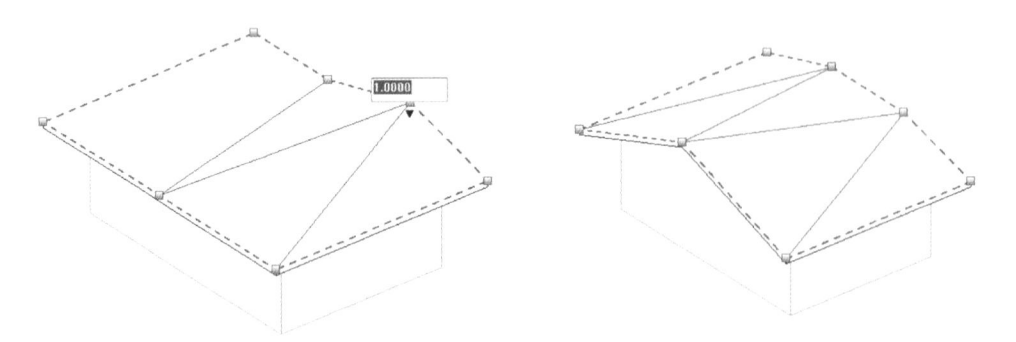

Figura 12.70. Movimentação do vértice.   *Figura 12.71. Resultado dos Grips após mover os vértices.*

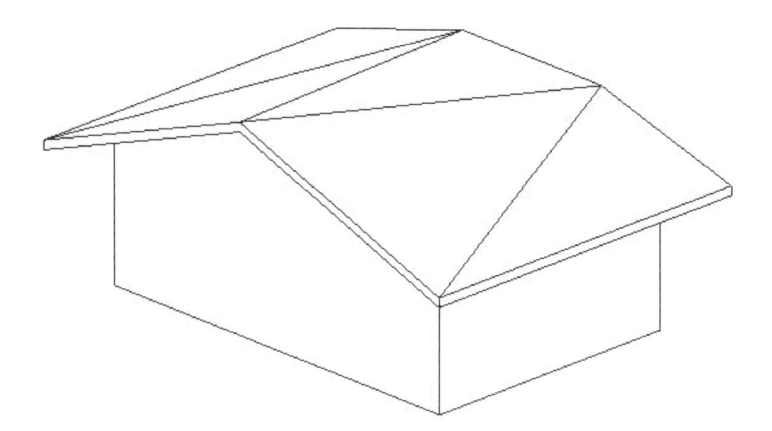

Telhados - Roof

Figura 12.72. Resultado final.

Vamos criar linhas de divisões de águas para o telhado plano. Repita o desenho do telhado plano do exemplo anterior. Com a vista em planta no pavimento do telhado selecione **Add Split Lines** e crie duas linhas entre as diagonais do telhado.

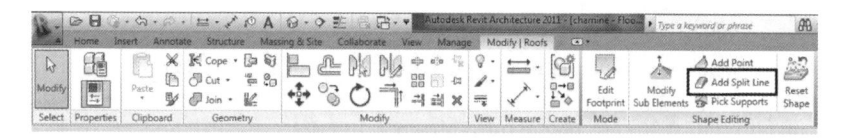

Figura 12.73. Aba Modify Roofs - seleção de Add Split Line.

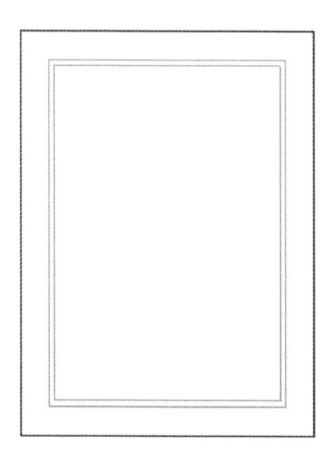

Figura 12.74. Telhado em planta. 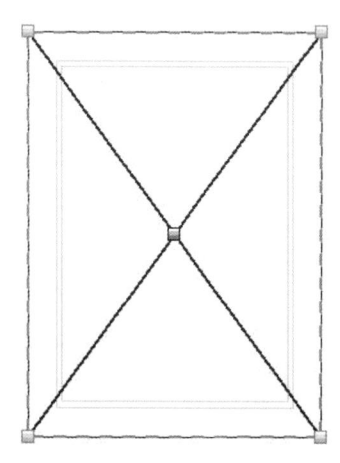   *Figura 12.75. Desenho das split lines.*

Selecione o vértice do centro e mova três unidades, como ilustra a Figura 12.76.

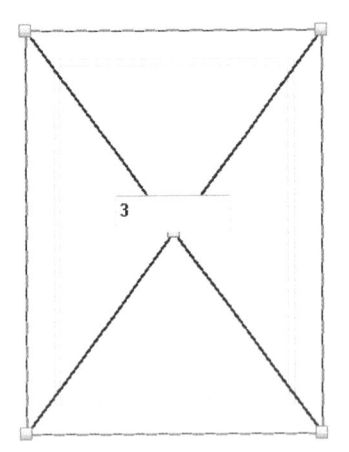

Figura 12.76. Movimentação do vértice pelo Grip.

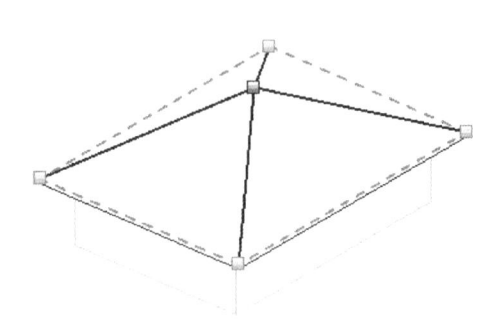

Figura 12.77. Resultado final.

12.7. Criação de Mansarda

Para criar uma mansarda, vamos começar com um telhado de quatro águas, Figura 12.78. Vamos partir de um projeto com pavimentos térreo, superior e cobertura, e altura entre eles de 2.8m. Faça as paredes com altura de 2.8m nos pavimentos térreo e superior para servir de base para criar a mansarda acima do superior.

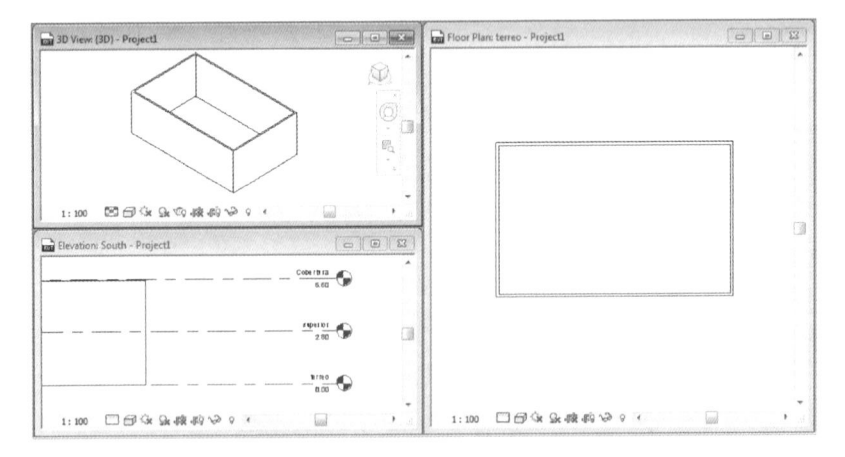

Figura 12.78. Criação das paredes nos pavimentos térreo e superior.

Em seguida crie o telhado no pavimento da cobertura com as quatro águas, usando a opção **Roof by Footprint** com **Overhang** de 1.00 e habilitando **Defines Slope** na barra de opções, Figura 12.79.

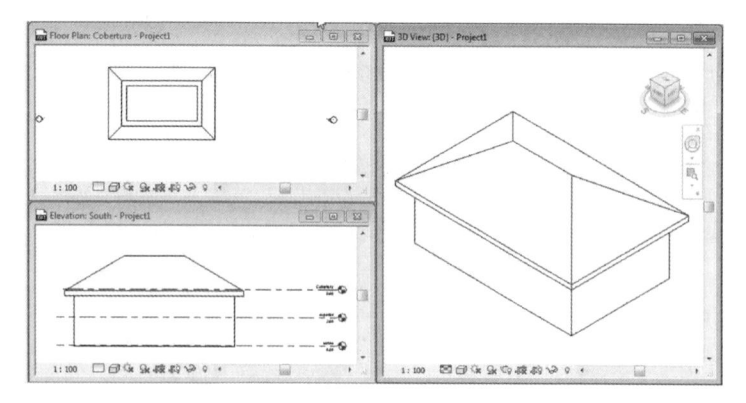

Figura 12.79. Criação do telhado no pavimento da cobertura.

Agora vamos deixar o telhado com apenas duas águas. Vamos eliminar duas águas e modificar a altura das outras duas. Selecione o telhado, clique em **Edit Footprint**, desabilite **Defines Slope** nos lados menores, nos lados maiores defina o ângulo de 45° para inclinação, como na figura seguinte.

Quando surgir a pergunta Would you like to attach the highlighted walls to the roof, responda sim.

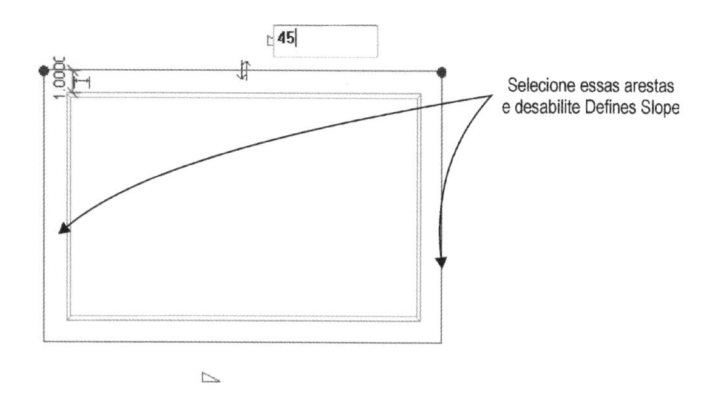

Figura 12.80. Eliminação de águas e alteração da inclinação das outras.

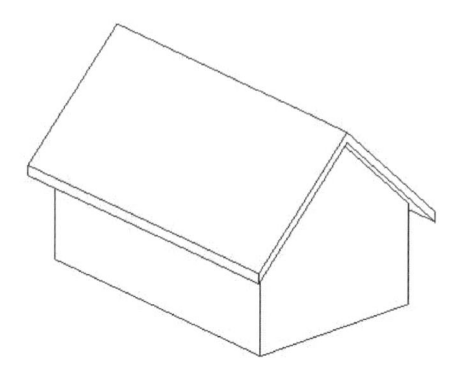

Figura 12.81. Resultado em 3D.

Vamos criar as paredes de apoio da mansarda. No pavimento da cobertura selecione o telhado e clique na barra de status em **Hide Element**. Com o telhado desativado desenhe as paredes da mansarda, como na Figura 12.83.

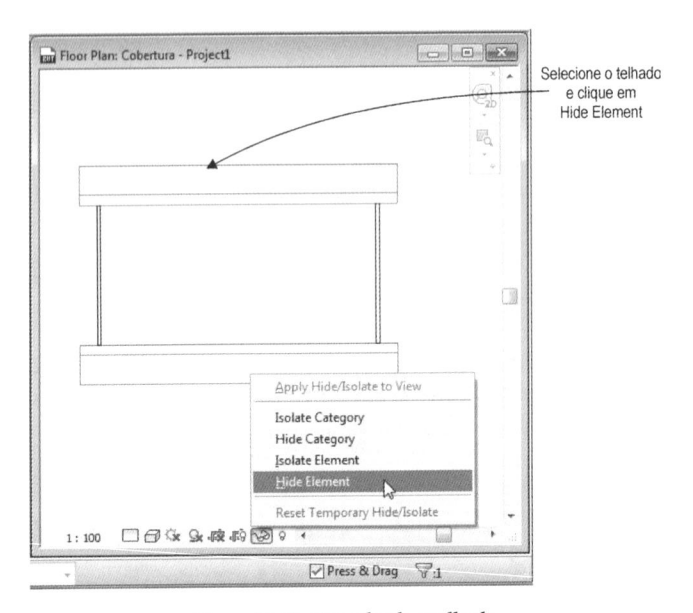

Figura 12.82. Escondendo o telhado.

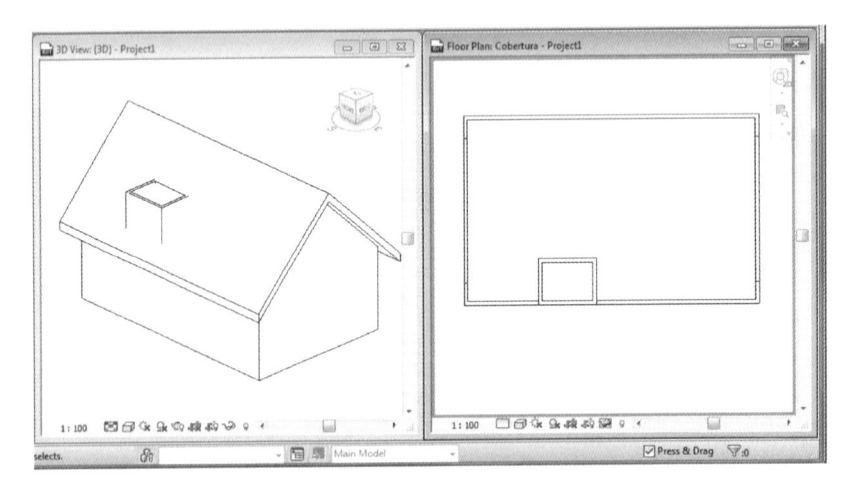

Figura 12.83. Desenho das paredes da mansarda.

Telhados - Roof

É preciso criar um pavimento para o telhado da mansarda.

Acione a vista do seu projeto para visualizá-lo com as paredes da mansarda de forma que elas fiquem como na Figura 12.84. Neste exemplo a vista é West. Inclua um pavimento com o comando **Level** no topo da parede criada e dê a ele o nome **topo parede**.

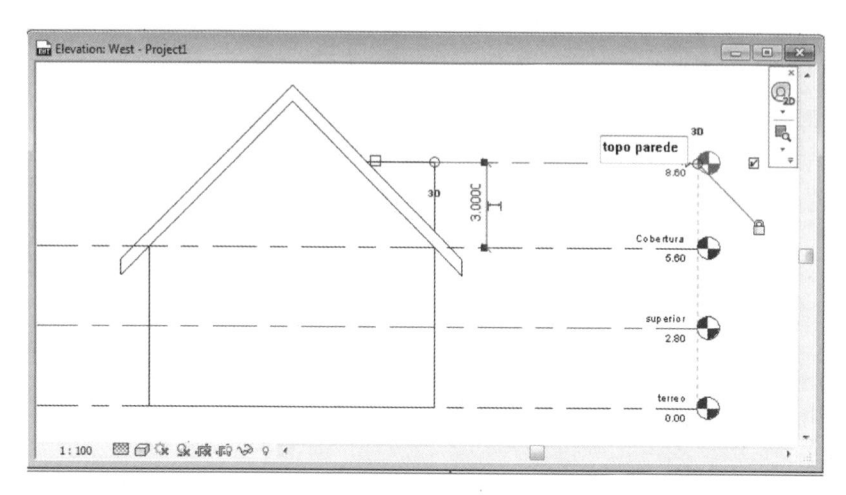

Figura 12.84. Criação do pavimento topo parede para o telhado da mansarda.

Acione a vista do pavimento criado para ela ficar corrente. Nesse pavimento vamos criar o telhado da mansarda. Selecione **Roof** > **Roof by Footprint**, defina 0.5 para **Overhang** (beiral) e selecione as paredes da mansarda. O desenho deve ficar como na Figura 12.86.

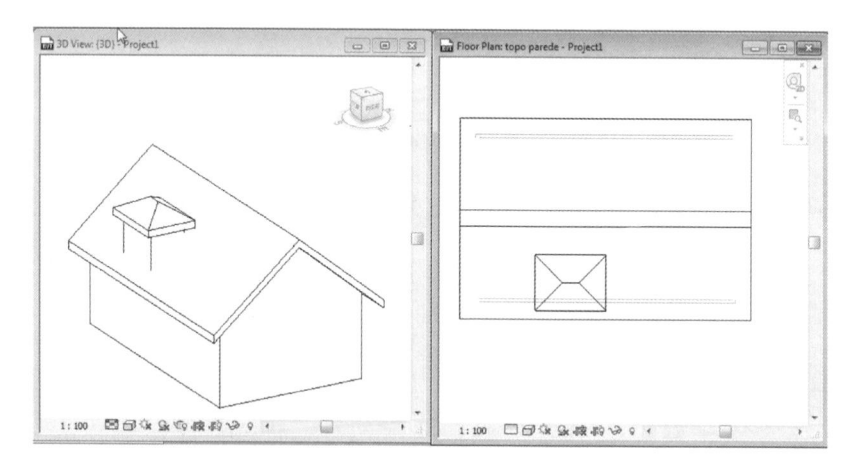

Figura 12.85. Desenho das águas do telhado da mansarda.

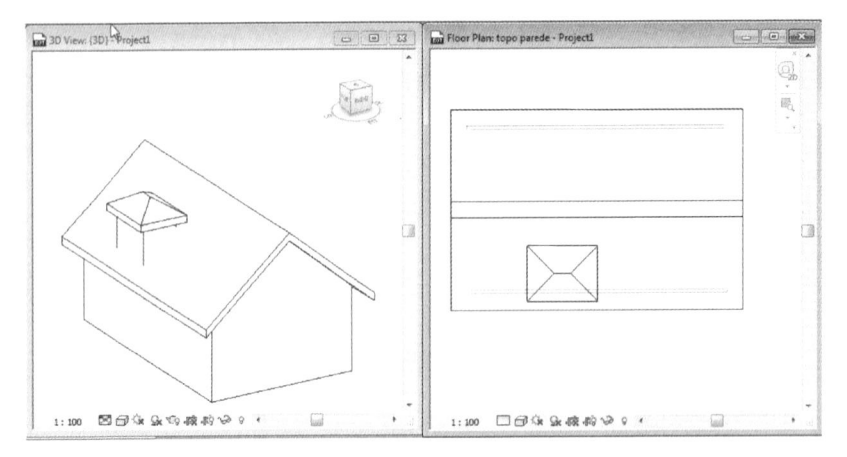

Figura 12.86. Telhado da mansarda.

Em seguida vamos criar somente duas águas, desmarcando Defines Slope na barra de opções nas duas águas da frente e de trás, como mostra a Figura 12.87.

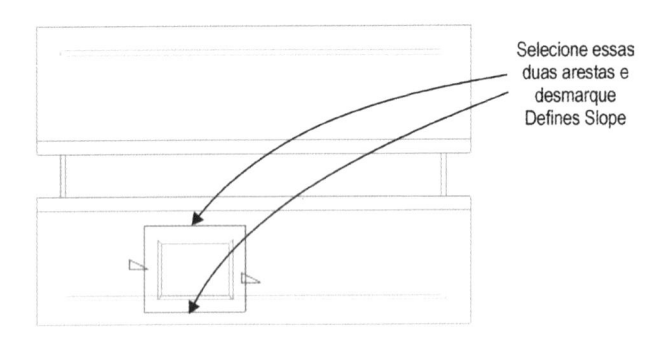

Figura 12.87. Eliminação de duas águas do telhado da mansarda.

Para finalizar clique em **Finish** e acione a vista em 3D para visualizar a mansarda.

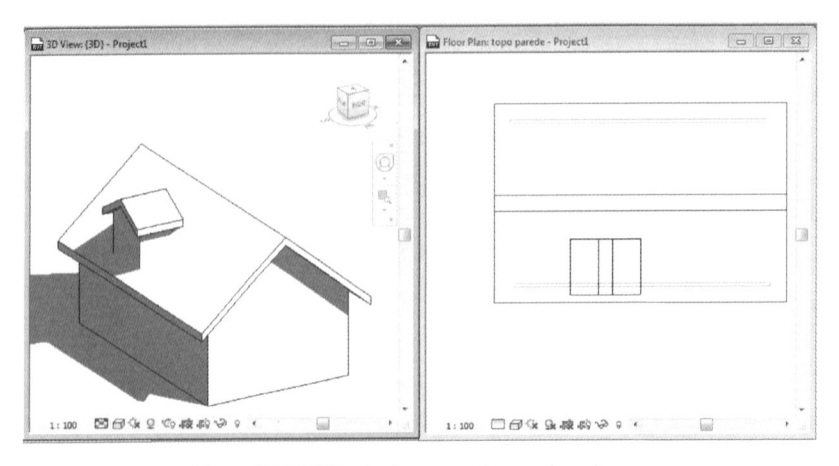

Figura 12.88. Telhado da mansarda com duas águas.

Telhados - Roof

Para visualizar o desenho em 3D com sombra, clique em **Shadows On** na barra de visualização, Figura 12.89.

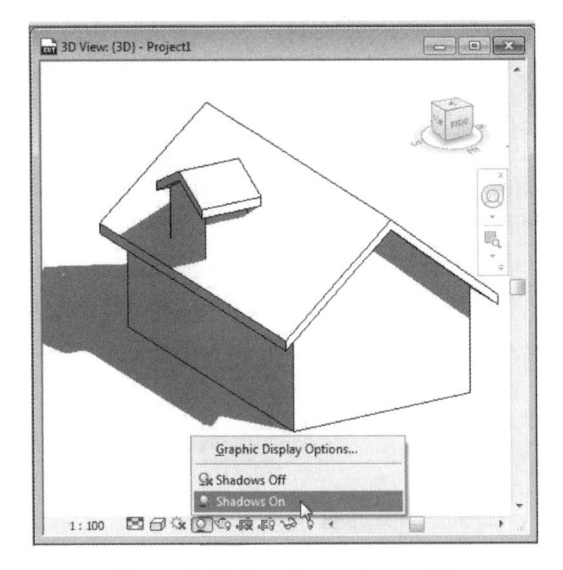

Figura 12.89. Ligando a sombra em 3D.

Agora precisamos unir o telhado da mansarda ao telhado principal. Selecione a aba **Modify > Join/Unjoin Roof**. É necessário mudar a vista 3D para o modo **Wireframe** na barra de visualização.

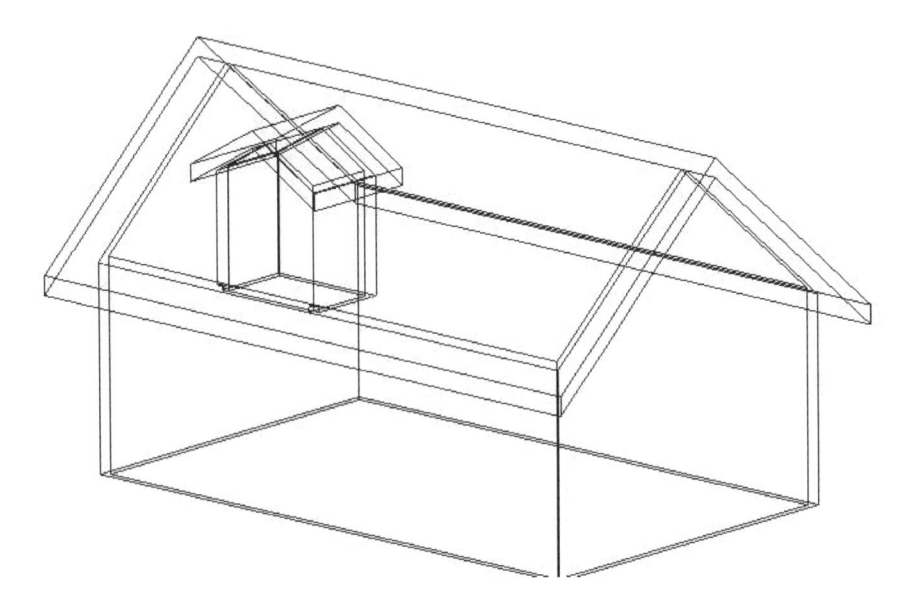

Figura 12.90. Vista 3D no modo Wireframe.

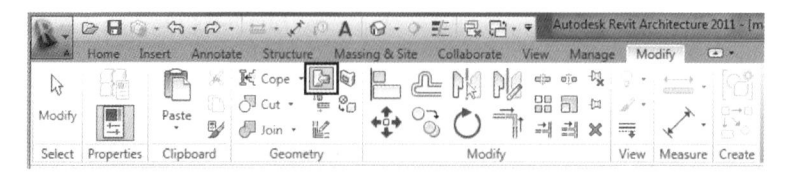

Figura 12.91. Aba Modify - seleção de Join Union Roof.

Na vista em 3D selecione a aresta da mansarda, em seguida a da água do telhado principal, seguindo os passos solicitados na barra de status, conforme as figuras seguintes.

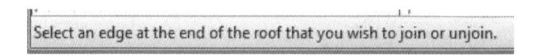

Figura 12.92. Mensagem na barra de status para selecionar a aresta da mansarda.

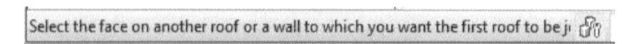

Figura 12.93. Mensagem na barra de status para selecionar a aresta do telhado principal.

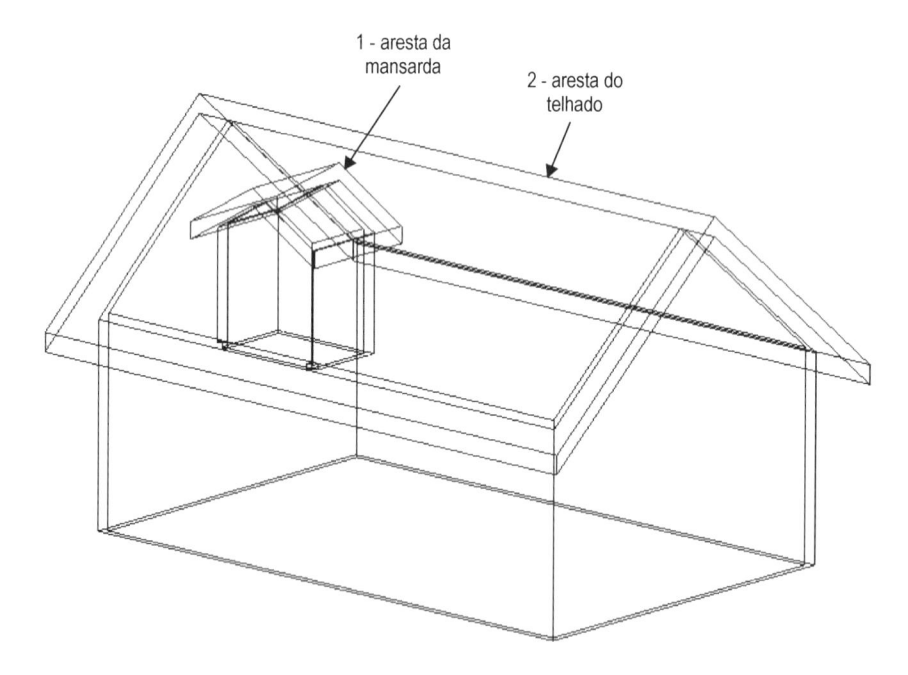

Figura 12.94. Seleção das arestas.

Telhados - Roof

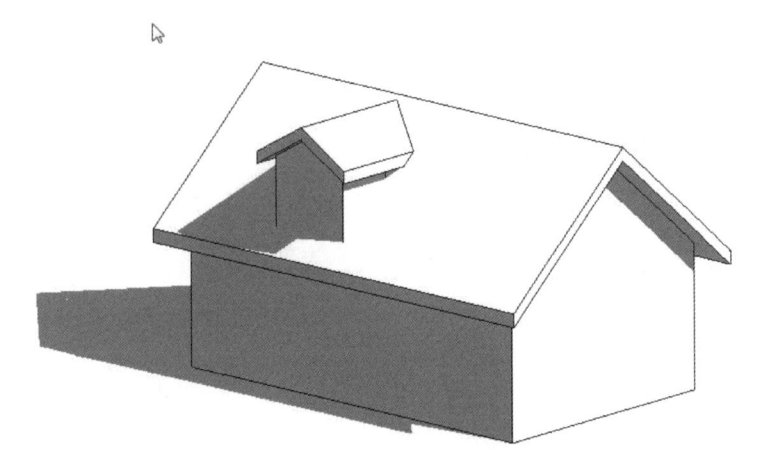

Figura 12.95. Resultado após a união.

Mude para o modo **Wireframe**, Figura 12.97, e selecione a aba **Home Opening > Dormer**.

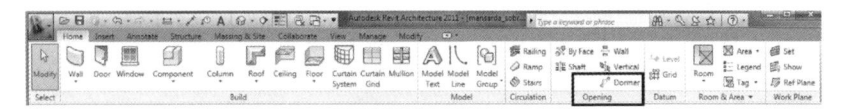

Figura 12.96. Aba Home - seleção de Dormer.

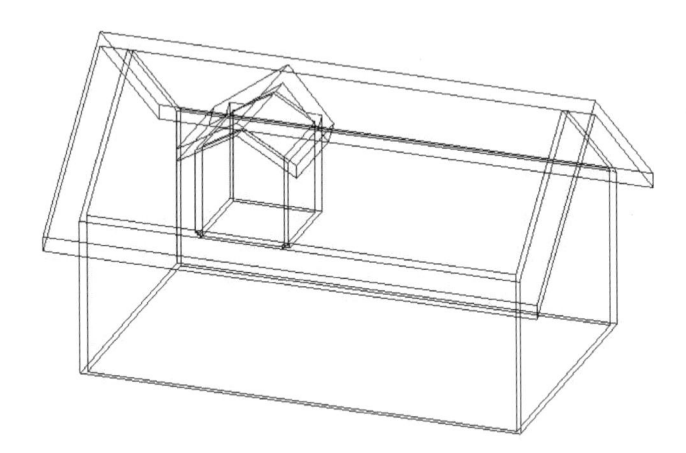

Figura 12.97. Telhado em modo Wireframe.

No desenho selecione o telhado principal e depois as linhas que formam o seu contorno de corte, como exibem as Figuras 12.98 e 12.99. É necessário gerar o contorno do corte passando pela parede e pelo telhado.

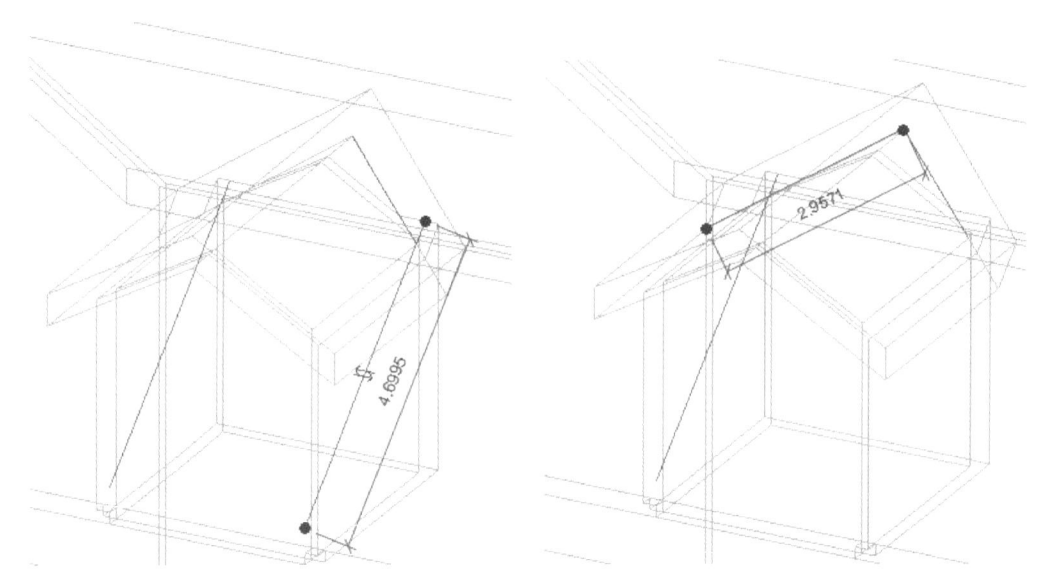

Figura 12.98. Seleção da parede.   *Figura 12.99. Seleção do telhado.*

Selecione as linhas e com os Grips una os pontos finais até formar o contorno. Depois de selecionar, é preciso unir os pontos finais para ter o resultado da Figura 12.100. Para finalizar clique em **Finish**.

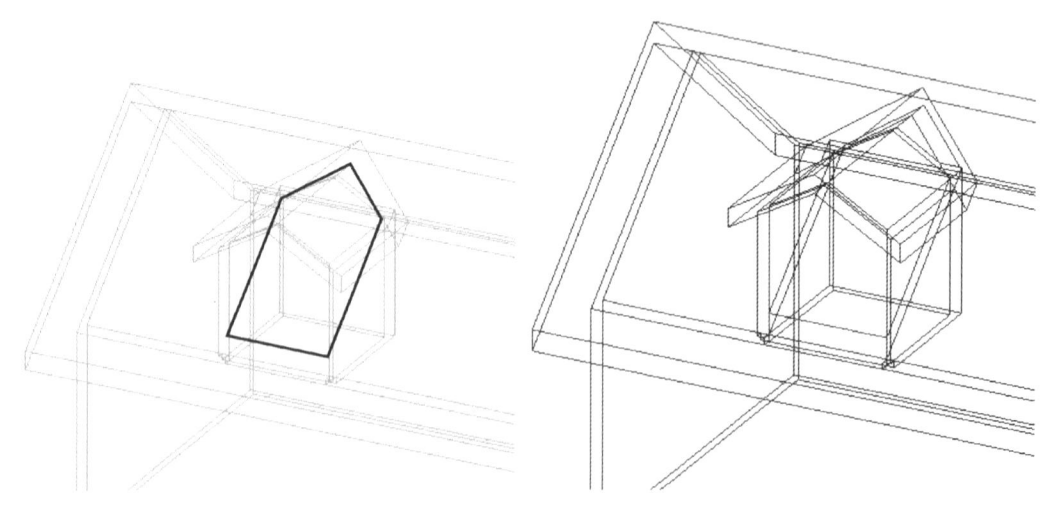

Figura 12.100. Contorno da área a cortar.   *Figura 12.101. Resultado depois do Finish.*

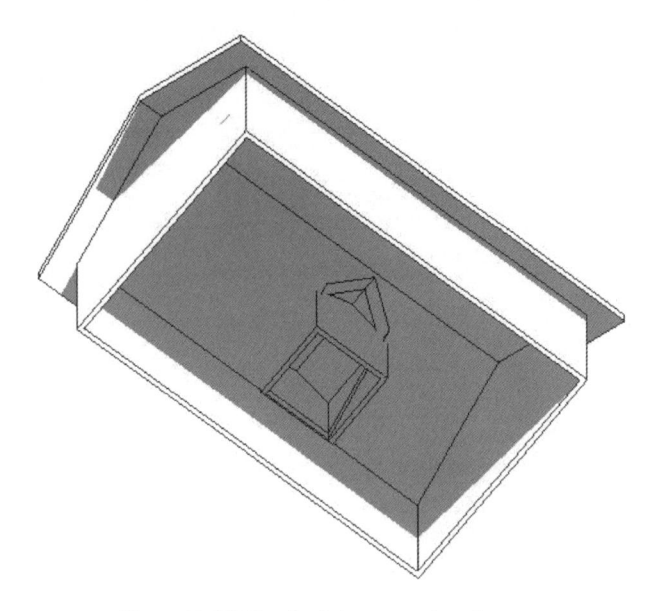

Figura 12.102. Resultado interno após a abertura.

Para finalizar é possível ainda inserir uma janela na parede externa da mansarda, Figura 12.103.

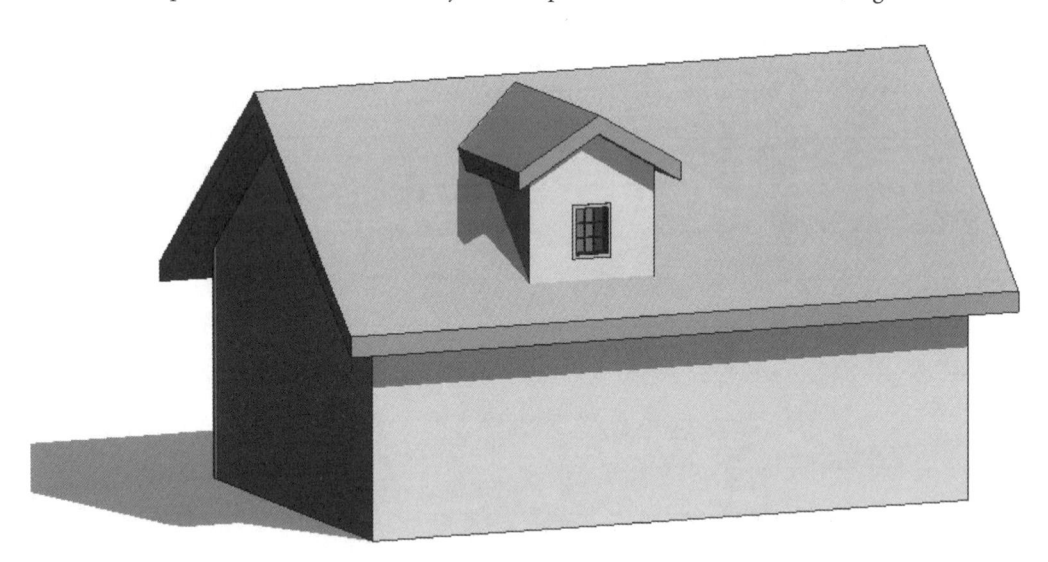

Figura 12.103. Resultado final.

Anotações

Introdução

O Revit traz elementos arquitetônicos para criação de painéis de vidro em fachadas de edifícios por meio de dois sistemas, sendo **Curtain Walls** e **Curtain Systems**. As **Curtain Walls** são criadas da mesma maneira que as paredes comuns estudadas no capítulo 5, sendo sempre verticais. O **Curtain System** é criado a partir das faces de uma geometria gerada com as ferramentas de massa (Mass).

Objetivos

- Aprender a inserir paredes Curtain Wall com painéis predefinidos
- Inserir Grids, perfis e painéis separadamente em paredes Curtain Wall
- Editar Grids, perfis e painéis
- Colocar portas nas paredes Curtain Wall

Capítulo 13

Painéis de Vidro - Curtain Walls

13.1. Inserção de Painéis de Vidro - Curtain Walls

A inserção de um painel de vidro **Curtain Wall** é feita pela ferramenta **Wall**, como as paredes vistas anteriormente. A diferença é que o painel é mais fino que as paredes convencionais e pode ter divisões e perfis metálicos nos encontros das divisões dos painéis. Os perfis podem ser customizados de acordo com o projeto pela criação de outros perfis. O Revit traz famílias de perfis (profiles), porém não cobre todas as possibilidades. Ao selecionar um dos tipos de parede da família **Curtain Wall**, do tipo **System**, vemos que ela tem algumas propriedades diferentes das paredes comuns para definir as divisões (Grids) e perfis (Mullions).

Aba Home > Build > Wall

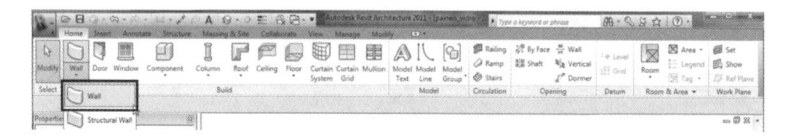

Figura 13.1. Aba Home - seleção de Wall.

Vamos selecionar na lista os tipos de paredes, como mostra a figura. O Revit traz três tipos de painéis de vidro predefinidos a seguir:

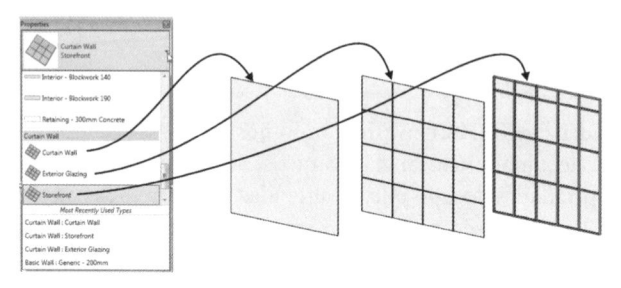

Figura 13.2. Seleção do tipo de painel de vidro.

- **Curtain Wall**: não tem divisões (Grids) nem perfis (Mullions). É o tipo mais simples, podendo ser modificado.
- **Exterior Glazing**: possui divisões (Grids) predefinidas que podem ter seus espaçamentos alterados na vertical e na horizontal.
- **Storefront**: possui divisões (Grids) e perfis (Mullions) já inseridos na vertical e na horizontal. Podem ser modificados os perfis e as divisões para criar outros tipos.

A inserção é feita da mesma forma que as paredes, através de pontos, retângulos. Neste exemplo vamos inserir o painel entre os dois pilares, como mostra a Figura 13.3.

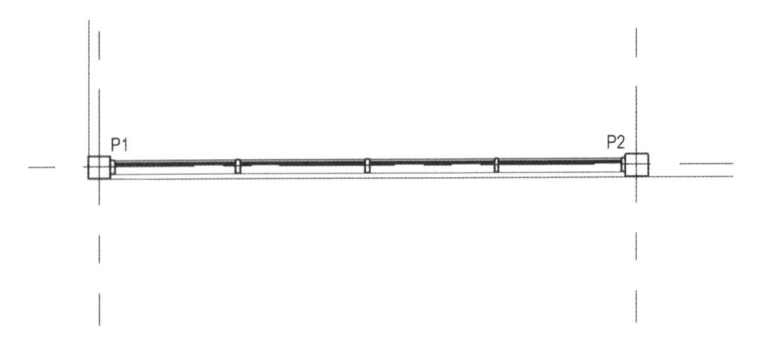

Figura 13.3. Inserção do painel de vidro entre dois pilares.

Depois de inseri-lo entre todos os pilares do edifício, o resultado é o da Figura 13.4.

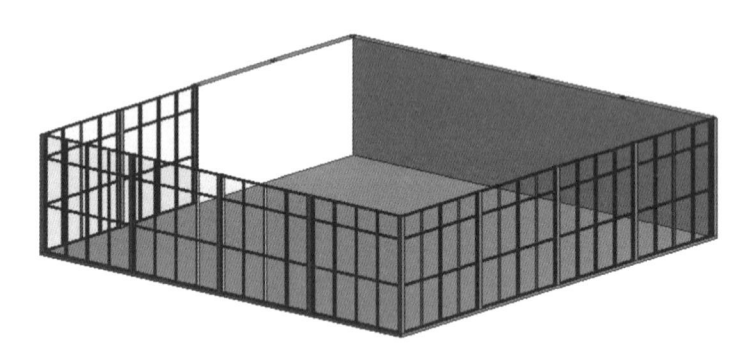

Figura 13.4. Painel de vidro inserido entre os pilares em 3D.

13.2. Propriedades das Curtain Walls

A seguir veremos as propriedades das **Curtain Walls**. Como nos outros elementos do Revit, temos as propriedades do elemento selecionado (instância) as quais, se alteradas, modificam somente o elemento selecionado, e as propriedades do tipo que, se alteradas, mudam todas as paredes do mesmo tipo inseridas no projeto. Apesar de serem inseridas como uma parede, as **Curtain Walls** têm algumas propriedades diferentes das paredes comuns, como abordado no capítulo 5.

- **Type Properties**: define os parâmetros e a criação de estilos de paredes.
- **Properties**: indica os parâmetros específicos de uma parede a ser inserida ou selecionada para ser alterada. As principais propriedades que podem ser alteradas são:

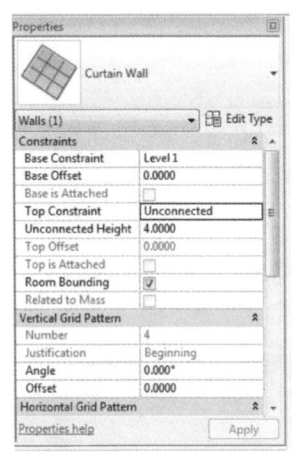

Figura 13.5. Propriedades de uma Curtain Wall selecionada.

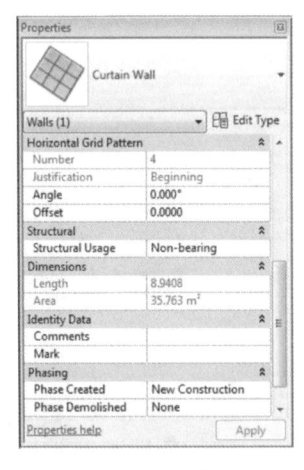

Figura 13.6. Propriedades de uma Curtain Wall selecionada.

Constraints

- **Base Constraint**: posição da base.
- **Base Offset**: distância da base.
- **Base is Attached**: indica se a base da parede está vinculada a outro elemento, por exemplo, piso (Floor).
- **Top Constraint**: posição do topo. Define que a altura da parede vai até o pavimento selecionado.
- **Unconnected Height**: altura da parede. Essa opção só é habilitada se a altura não estiver fixada em um pavimento. Ver **Top Constraint**.
- **Top Offset**: distância da parte superior da parede acima do topo. Só é habilitada quando se ajusta **Top Constraint** para um pavimento.
- **Top is Attached**: indica que o topo da parede está vinculado a outro elemento, por exemplo, forro (**Ceiling**) ou telhado (**Roof**).
- **Room Bounding**: ao selecionar essa opção, a parede fica como parte do contorno do ambiente. Essa propriedade é utilizada ao ser usada a ferramenta **Room** que identifica o ambiente, nomeando-o e extraindo as áreas.
- **Related to Mass**: mostra que a parede foi criada a partir de um estudo de massa.
- **Vertical Grid Pattern**: define o comportamento do Grid na vertical.
- **Number**: essa opção só é habilitada se a opção **Layout** nas propriedades do tipo estiver como **Fixed Number**. Permite definir o número de Grids na vertical. O valor máximo é 200.
- **Justification**: determina como serão ajustados os espaços quando o Grid não tiver espaços iguais ao longo de uma face (End, Center, Beginning).
- **Angle**: rotaciona o Grid. Os valores permitidos estão entre −89º e 89º.

Offset: distância do início do Grid a partir do ponto usado em Justification (End, Center, Beginning).

- **Horizontal Grid Pattern**: define o comportamento do Grid na horizontal.
- **Number**: só é habilitada se a opção **Layout** nas propriedades do tipo estiver como **Fixed Number**. Permite definir o número de Grids na horizontal. O valor máximo é 200.
- **Justification**: determina como serão ajustados os espaços quando o Grid não tiver espaços iguais ao longo de uma face (End, Center, Beginning).
- **Angle**: rotaciona o Grid. Os valores permitidos estão entre −89° e 89°.
- **Offset**: distância do início do Grid a partir do ponto usado em Justification (End, Center, Beginning).

Structural
- **Structural Usage**: define o uso da parede.

Dimensions
- **Lenght**: comprimento da parede.
- **Area**: área da parede.
- **Type Properties**: propriedades do tipo

Para criar um estilo de **Curtain Wall** seleciona-se **Type Properties** da mesma maneira que as paredes **Basic Wall**. Ao acessar essa opção, surge a janela de diálogo das Figuras 13.7 e 13.8 em que estão os parâmetros da parede selecionada na lista em **Properties**, neste caso **Curtain Wall**. Esses parâmetros são comuns a todas as paredes do mesmo tipo em um projeto. Ao modificar um parâmetro no **Type Properties**, a alteração se dá em todas as paredes desse tipo no projeto.

Para modificar um parâmetro, devemos criar outro tipo, mudar as propriedades e então gravá-lo. Desta forma não perdemos o tipo original da parede selecionada nem o alteramos acidentalmente. Sempre se deve partir de uma parede com parâmetros parecidos com os da que será criada para evitar ter de alterar ou eliminar muitos parâmetros que não farão parte da nova parede.

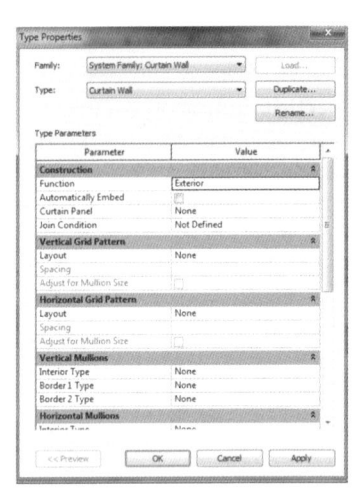

Figura 13.7. Propriedades do tipo Curtain Wall.

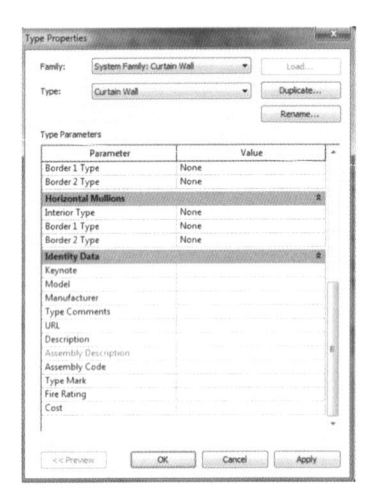

Figura 13.8. Propriedades do tipo Curtain Wall. (continuação)

Construction
- **Function**: define a função da parede.
- **Automatically Embed**: se clicado, define que o painel está engastado na parede.
- **Curtain Panel**: define o tipo de painel para a parede, o qual pode ser de vidro ou outro material.
- **Join Condition**: indica como será a intersecção dos perfis (Mullions) nos encontros entre os verticais e horizontais.

Vertical Grid Pattern

- **Layout**: define um Grid automático ao longo do painel na vertical, se ajustado para uma opção diferente de **None**; se ajustado para **Fixed Distance**, o Revit usa o valor em **Spacing** para definir a distância entre os Grids. Se a distância definida não permitir valores iguais para os painéis, o Revit usa o ajuste em **Justification** para indicar de que lado será colocada a diferença. Se escolhido **Fixed Number**, é possível usar diferentes números de Grids para cada parede inserida. Se escolhido **Maximum Spacing**, define-se em **Spacing** um valor máximo para os espaços entre os Grids ao longo de um painel. O Revit coloca espaços iguais entre os Grids, não passando da valor máximo definido.
- **Spacing**: determina o valor entre os Grids se em Layout estiver habilitado **Fixed Distance** ou **Maximum Spacing**.
- **Adjust Mullion Size**: permite ajustar as linhas do Grid para que os painéis fiquem com distâncias iguais, quando possível. Em alguns casos, ao definir suportes (Mullions) nas bordas dos painéis, eles modificam as distâncias entre os painéis.

Horizontal Grid Pattern

- **Layout**: define um Grid automático ao longo do painel na horizontal, se ajustado para uma opção diferente de **None**; se ajustado para **Fixed Distance**, o Revit usa o valor em **Spacing** para definir a distância entre os Grids. Se a distância definida não permitir valores iguais para os painéis, o Revit usa o ajuste em **Justification** para indicar de que lado será colocada a diferença. Se escolhido **Fixed Number**, é possível usar diferentes números de Grids para cada parede inserida. Se escolhido **Maximum Spacing**, define-se em **Spacing** um valor máximo para os espaços entre os Grids ao longo de um painel. O Revit coloca espaços iguais entre os Grids, não passando da valor máximo definido.

- **Spacing**: define o valor entre os Grids se em Layout estiver habilitado **Fixed Distance** ou **Maximum**.
- **Adjust Mullion Size**: permite ajustar as linhas do Grid para que os painéis fiquem com distâncias iguais, quando possível. Em alguns casos, ao definir suportes (Mullions) nas bordas superiores dos painéis, eles modificam as distâncias entre os painéis.

Vertical Mullions

- **Interior Type**: especifica a família do perfil utilizado para os perfis verticais internos.
- **Border 1 Type**: define a família do perfil vertical utilizado para os perfis verticais da borda 1.
- **Border 2 Type**: indica a família do perfil vertical utilizado para os perfis verticais da borda 2.

Horizontal Mullions

- **Interior Type**: especifica a família do perfil utilizado para os perfis horizontais internos.
- **Border 1 Type**: especifica a família do perfil utilizado para os perfis horizontais da borda 1.
- **Border 2 Type**: define a família do perfil utilizado para os perfis horizontais da borda 2.

Como vimos nas propriedades da **Curtain Wall**, ela pode ter um **Grid** na vertical e outro na horizontal, já definidos no tipo da parede, e perfis (**Mullions**) já definidos na vertical e na horizontal para o tipo da parede.

A parede **Curtain Wall** não tem o Grid nem o perfil definidos no tipo, sendo uma parede de vidro básica que pode ser customizada para que a partir dela se crie outra parede do tipo painel de vidro. O tipo **Exterior Glazing** já está definido com os Grids na vertical e na horizontal, como mostram as propriedades do tipo na Figura 13.9. A partir dele também podemos criar outros tipos já com Grid, duplicando e alterando as propriedades.

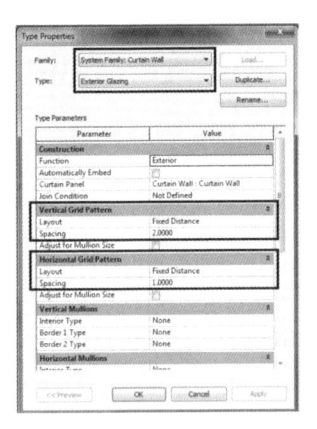

Figura 13.9. Propriedades da parede Exterior Glazing.

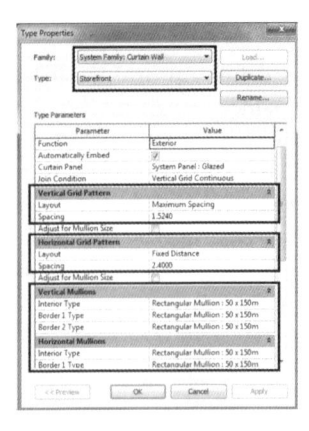

Figura 13.11. Propriedades da parede Storefront.

Figura 13.10. Parede Exterior Glazing.

Figura 13.12. Parede Storefront.

O terceiro tipo de parede **Curtain Wall** já definido é o **Storefront**, o mais completo, pois já possui os Grids na horizontal e na vertical e os perfis (Mullions), como mostram as Figuras 13.11 e 13.12.

Podemos criar os painéis de vidro a partir de uma parede **Curtain Wall** que, como vimos, está definida sem os Grids e sem os perfis (Mullions).

Também é possível definir os Grids e os perfis separadamente pelas ferramentas **Curtain Grids** e **Mullions** que inserem um Grid na horizontal e outro na vertical com medidas indicadas pelo usuário, as quais podem variar na altura, largura. A seguir vamos estudar essas duas ferramentas.

> **Observação:** Se as paredes definidas com o Grid na vertical e na horizontal e com os perfis (Mullions) pelas propriedades tiverem as medidas alteradas, o Grid, os perfis e os painéis acompanham a alteração de medida.

13.3. Inserção e Alteração de Eixos - Curtain Grids

Após criar um painel de vidro com o tipo **Curtain Wall**, podemos adicionar os Grids manualmente com a ferramenta **Curtain Grid**. Os grids serão usados como uma malha para inserir os perfis (**Mullions**). Selecione na aba **Home** > **Curtain Grid**.

Aba Home > Build > Curtain Grid

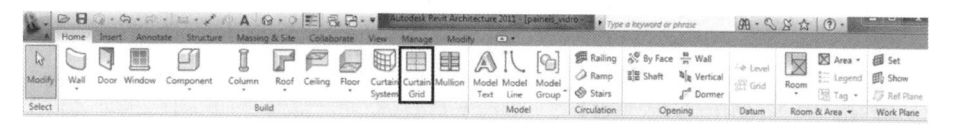

Figura 13.13. Aba Home - seleção de Curtain Grid.

Depois de selecionar **Curtain Grid**, a aba muda para **Modify/Place Curtain Grid** e na barra de status surge a mensagem *Select curtain grid line or edge of curtain wall to insert new grid line through*. Selecione uma parede **Curtain Wall** para inserir o Grid pelas arestas, como mostra a Figura 13.15.

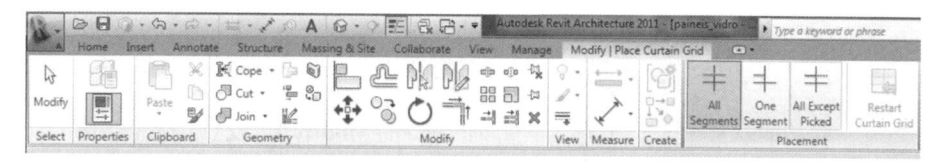

Figura 13.14. Aba Modify/Place Curtain Grid.

Podemos selecionar tanto uma aresta na horizontal como na vertical. Se a aresta da **Curtain Wall** for a horizontal, o Grid é inserido na vertical, Figura 13.15. Se a aresta selecionada for a vertical, o Grid será inserido na horizontal, ou seja, sempre perpendicularmente à aresta selecionada, Figura 13.16.

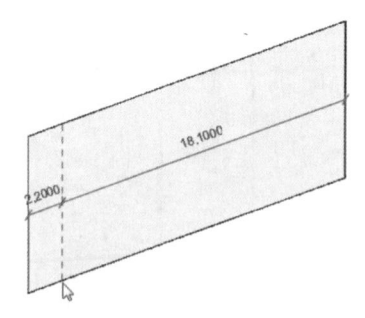

Figura 13.15. Seleção pela aresta horizontal - Curtain Wall.

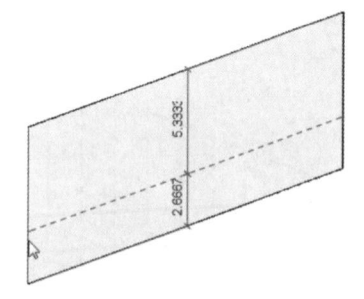

Figura 13.16. Seleção pela aresta vertical - Curtain Wall.

Após clicar no primeiro ponto na vertical ou na horizontal, siga clicando em outros pontos para definir o Grid num eixo, por exemplo, vertical. Em seguida, repita o procedimento para a horizontal, conforme as Figuras 13.17 a 13.20. As cotas provisórias são exibidas para facilitar a inserção dos Grids com as distâncias desejadas.

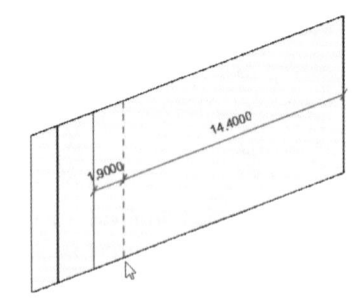

Figura 13.17. Inserção de mais Grids na vertical.

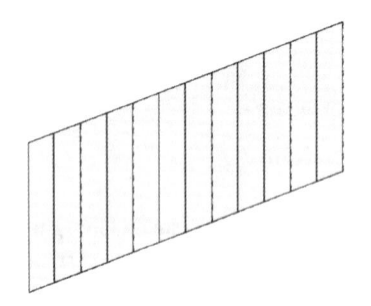

Figura 13.18. Curtain Wall - Grids inseridos na vertical.

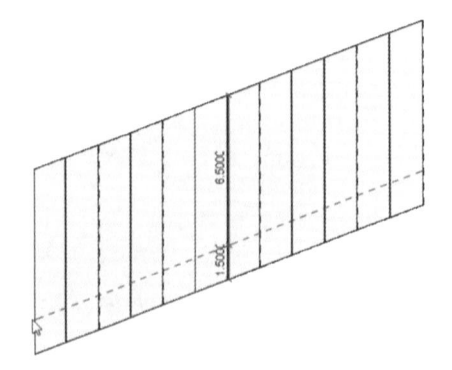

Figura 13.19. Inserção de Grids na horizontal.

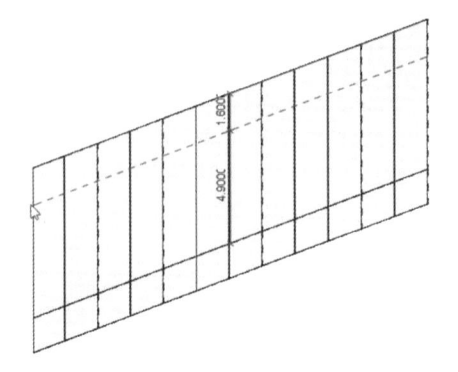

Figura 13.20. Curtain Wall - Grids inseridos na horizontal.

🍃 **Dica:** *Ao passar o cursor sobre a parede, o Revit cria um Snap em relação à metade da medida e um terço da medida da parede.*

Ao inserir o Grid, vemos um preview de sua posição nos painéis com as cotas. Para posicionar o Grid existem ainda outras opções de inserção na aba **Modify/Place Curtain Grid**:

- **All Segments**: insere o Grid em todos os painéis em que o preview aparece; é a opção default.

- **One Segment**: insere somente uma linha de Grid onde o preview aparece. Por exemplo, podemos subdividir painéis com essa opção, como mostra a figura seguinte.

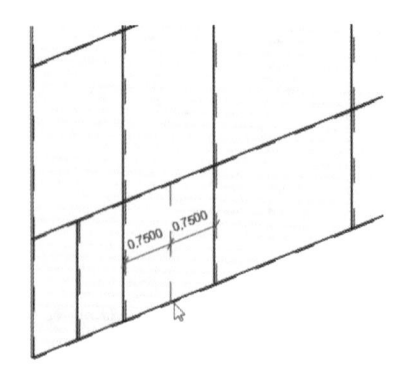

Figura 13.21. Inserção de somente uma linha de Grid.

- **All Except Picked**: insere o Grid em todos os painéis, exceto onde selecionamos para excluir. Nessa opção selecione a posição e clique, então uma linha vermelha é inserida. Depois retire a parte indesejada clicando nela, a qual fica pontilhada. Para sair tecle Esc e a parte é retirada.

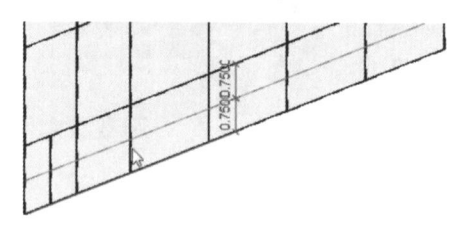

Figura 13.22. Inserção da linha de Grid.

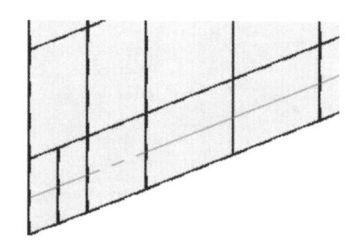

Figura 13.23. Clique na parte a remover.

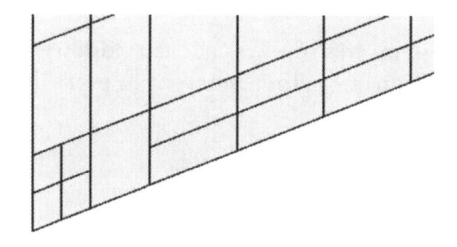

Figura 13.24. Resultado.

Depois de inseridos, é possível modificar os Grids eliminando partes com **All Excepted Picked** ou selecionando os Grids e **Add/Remove Segments** na aba **Modify Curtain Wall Grids**, ou uma linha inteira pode ser apagada depois de selecionada com a tecla Delete. A Figura 13.25 mostra um painel com elementos unidos, formando figuras.

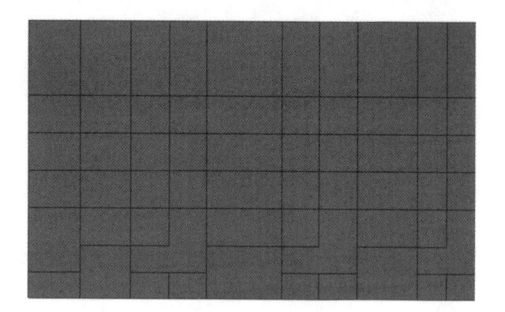

Figura 13.25. Painel com Grids unidos, formando figuras.

13.4. Inserção e Alteração de Perfis - Mullions

Após criar o Grid para referência da posição dos perfis, vamos inserir os perfis com a ferramenta **Mullion**. Eles são inseridos no Grid e se ajustam às linhas dele. No encontro de dois perfis eles são automaticamente cortados ou é possível definir que um passe por cima do outro pelas propriedades dos **Mullions**.

Aba Home > Build > Mullion

No exemplo a seguir partimos de uma parede **Curtain Wall** que já possui o Grid e vamos inserir os perfis (Mullions). Ao selecionar **Mullion**, a aba muda para **Modify/Place Mullion** e em **Properties** devemos selecionar o tipo de perfil desejado na lista apresentada. O Revit traz alguns perfis e podemos criar outros de acordo com o projeto.

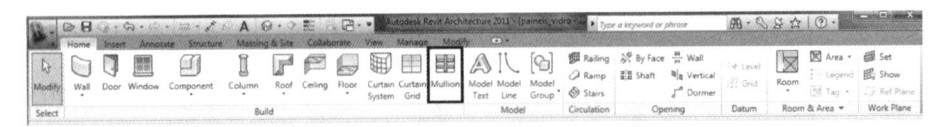

Figura 13.26. Aba Home - seleção de Mullion.

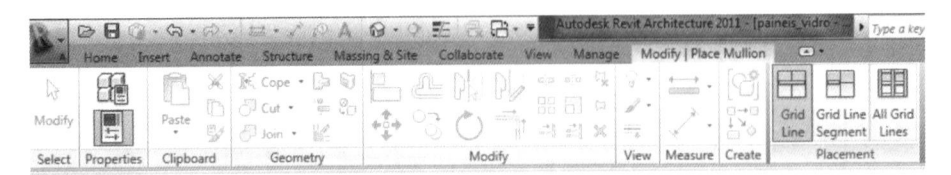

Figura 13.27. Aba Modify/Place Mullion.

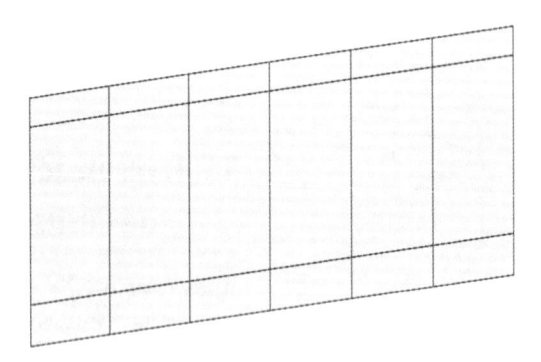

Figura 13.28. Parede Curtain Wall com Grid.

Selecione em **Properties** um dos perfis. Neste exemplo selecionamos **Rectangular Mullion 30mm Square**. Em seguida é preciso selecionar o Grid usando uma das opções de inserção a seguir.

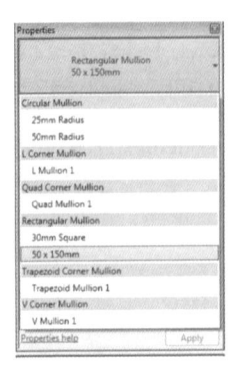

Figura 13.29. Properties - lista de Mullions (perfis) disponíveis.

Existem três opções na aba **Modify/Place Mullion** que permitem inserir os perfis de formas diferentes.

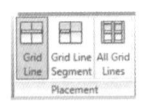

Figura 13.30. Opções de inserção do perfil (Mullion).

- **Grid Line**: ao clicar em uma linha de Grid, os perfis são inseridos na linha selecionada.
- **Grid Line Segment**: insere o perfil somente na parte da linha do Grid selecionada. Se houver outras linhas fazendo intersecção com o perfil, a linha é inserida somente na parte selecionada.
- **All Grid Lines**: ao clicar em uma linha qualquer do Grid, os perfis são inseridos em todo ele.

Selecionamos a opção **All Grid Lines** para inserir os perfis e escolhemos uma linha qualquer do Grid, sendo o resultado exibido na Figura 13.31. Os perfis são inseridos em todo o Grid. Note no detalhe o tipo do perfil retangular com 30mm.

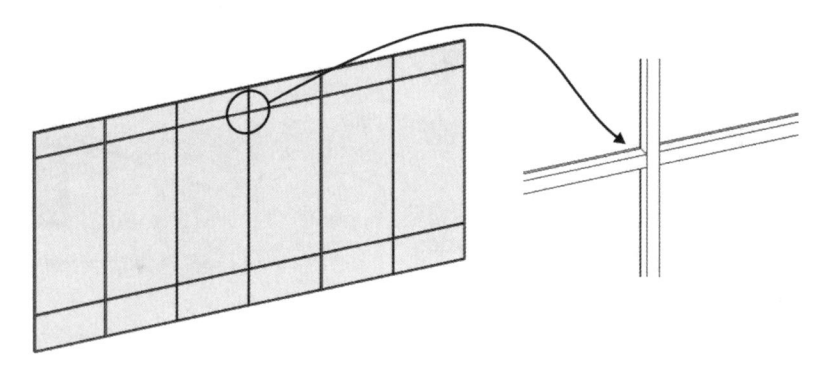

Figura 13.31. Perfis inseridos no Grid.

Depois de inseridos, é possível fazer alterações de tipo, da forma como os perfis fazem intersecção, entre outras propriedades a seguir.

13.4.1. Propriedades do Tipo

As **Type Properties** dos **Mullions** são as seguintes:

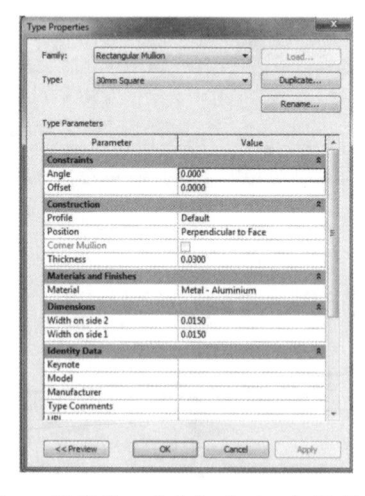

Figura 13.32. Propriedades do tipo do Mullion.

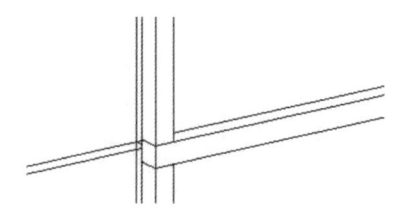

Figura 13.33. Perfil sem rotação.

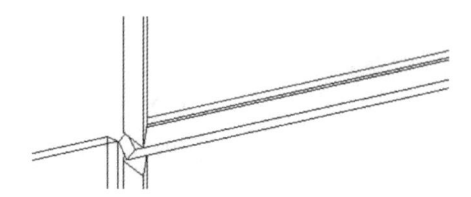

Figura 13.34. Perfil rotacionado a 45º.

Constraints

- **Angle**: rotaciona o perfil do Mullion. Os ângulos permitidos são 90º a –90º.
- **Offset**: distância do perfil ao painel da parede que compõe a Curtain Wall.

Construction

- **Profile**: perfil que compõe o Mullion. Podem ser criadas famílias de perfis para os Mullions.
- **Position**: rotaciona o perfil. O normal é Perpendicular to face. Use Parallel to Ground para paredes inclinadas.
- **Corner Mullion**: indica que o tipo do Mullion é Corner, que tem outras propriedades.

- **Thickness**: define a espessura.
- **Material**: especifica o material na janela de diálogo Materials.

Dimensions

- **Width on side 2**: especifica a largura do lado 1.
- **Width on side 1**: estabelece a largura do lado 2.

Estas são as propriedades dos perfis retangulares comuns. Os **Mullions** podem ainda ser de outros tipos, tais como **Circular** e **Corner**, que ainda têm os tipos L, V, trapezoidais e Quad Corner com propriedades específicas para definir suas dimensões.

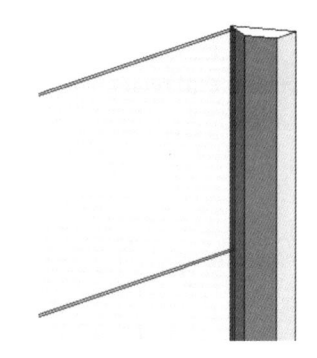

Figura 13.36. Perfil Trapezoid Mullion 1.

13.4.2. Controle da Intersecção de Perfis

Depois de inseridos, é possível modificar a intersecção dos perfis. Selecione um perfil e na aba **Modify/Curtain Wall Mullions** surgem duas opções:

- **Make Continuous**: estende o perfil até uma lateral, criando um perfil contínuo.
- **Break at Join**: corta o perfil numa intersecção, criando perfis separados.

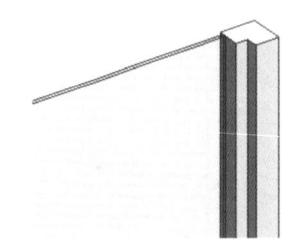

Figura 13.35. Perfil L Corner Mullion.

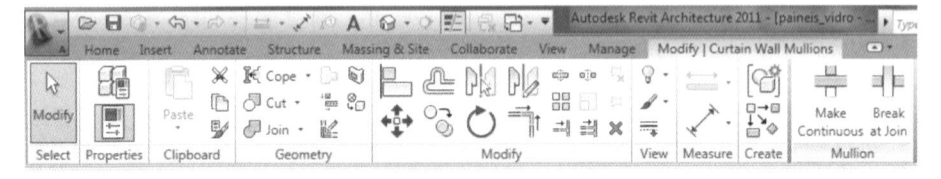

Figura 13.37. Aba Modify/Curtain Wall Mullions.

Selecione o perfil a modificar e escolha uma das opções anteriores.

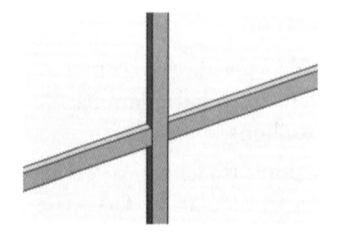

Figura 13.38. Break at Join.

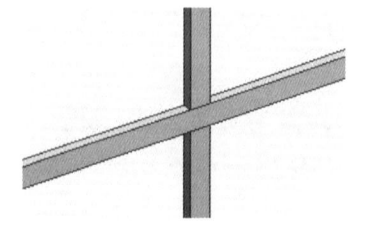

Figura 13.39. Make Continuous.

13.5. Painéis das Curtain Walls

Os painéis de vidro, **Curtain Walls**, podem ser de qualquer tipo de parede; não é necessário que elas sejam de vidro. As medidas do painel estão ligadas às medidas da parede e do Grid. Não podemos controlar a medida do painel independentemente do resto. Ao mudar o Grid, a medida do painel muda. É possível inserir portas e janelas nos painéis do tipo parede e a posição de inserção é relativa à parede inteira, e não ao painel. Ao mudar o Grid, a posição da janela ou porta permanece inalterada. É possível aplicar no painel uma **Curtain Wall** e também um Grid e subdividi-lo.

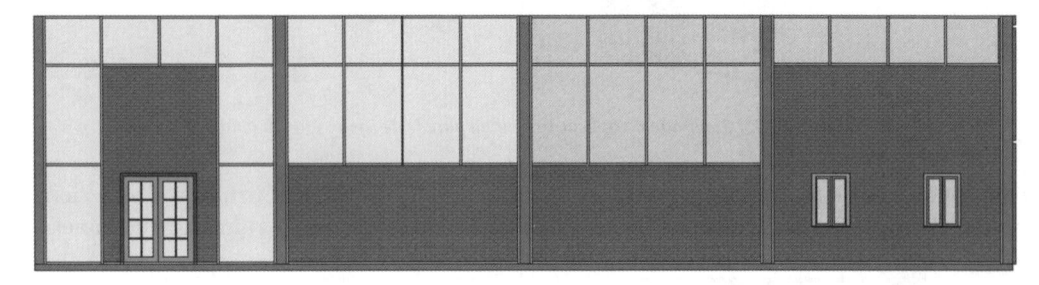

Figura 13.40. Parede Curtain Wall com painéis do tipo parede de tijolos com portas e janelas inseridas.

Para alterar o tipo de parede de um painel, selecione-o e na caixa **Properties** escolha outro tipo de parede.

> **Dica:** Ao marcar a Curtain Wall, ela toda é selecionada. Para selecionar um dos elementos, Grid ou Mullion, ou o painel separadamente, tecle Tab que a seleção alterna entre eles.

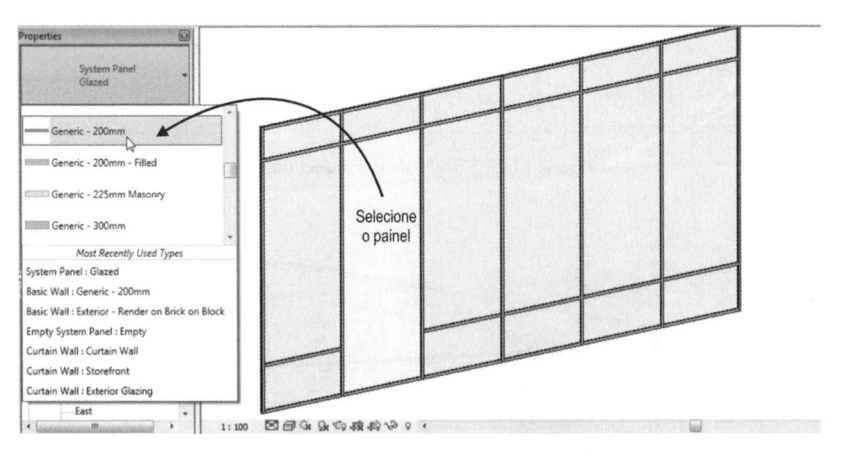

Figura 13.41. Seleção do painel da Curtain Wall e de um tipo de parede para o painel.

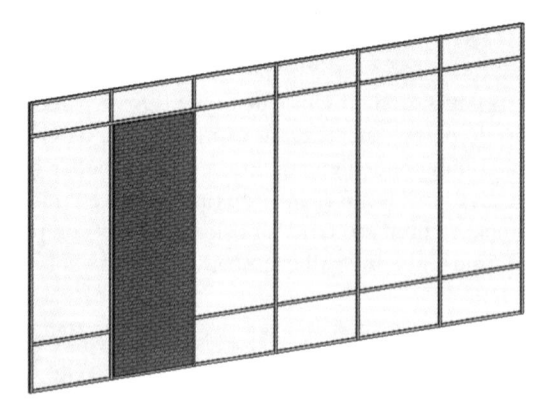

Figura 13.42. Resultado da aplicação de uma parede de tijolos em um painel.

Temos ainda a possibilidade de criar um painel vazio ou sólido (**Solid**) na **Curtain Wall**, selecionando a opção **Empty System Panel** na lista em **Properties** para criar uma abertura entre os painéis.

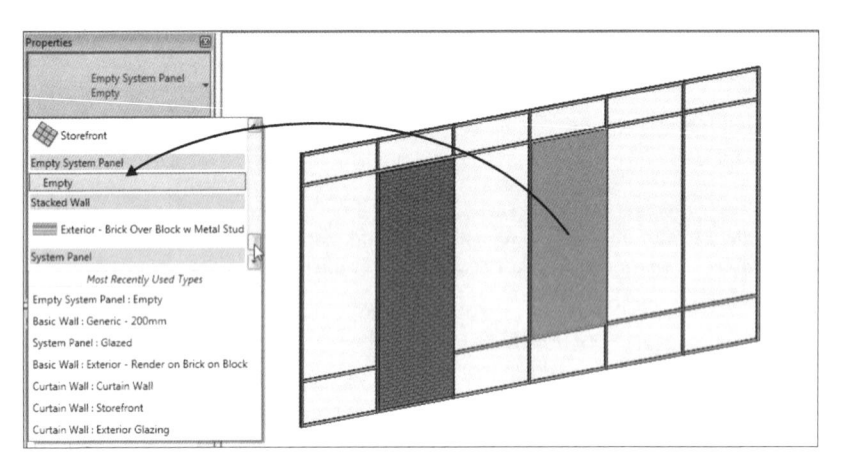

Figura 13.43. Seleção de um painel vazio.

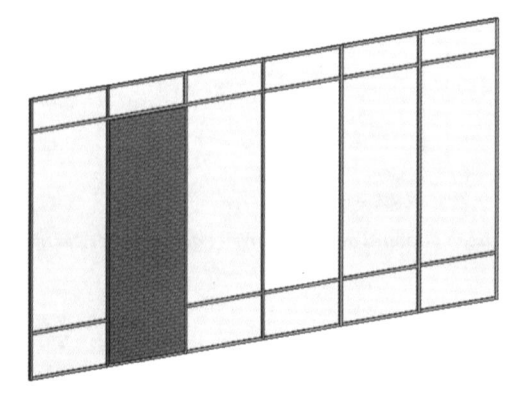

Figura 13.44. Resultado da aplicação de um painel vazio.

13.6. Inserção de Portas em Curtain Walls

Podemos inserir portas nos painéis de vidro das **Curtain Walls**. As portas inseridas nos painéis são do tipo **Curtain Wall Doors**, as quais devem ser primeiramente carregadas pelo **Load Family** na aba **Insert**. Escolha **Doors** na janela de seleção de famílias, como mostra a Figura 13.45, e um dos tipos de família disponíveis.

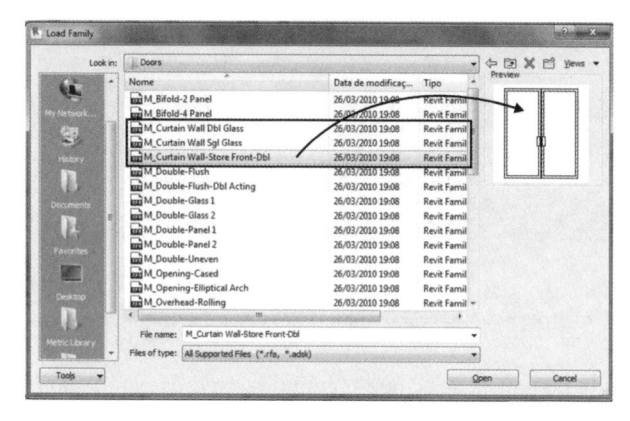

Figura 13.45. Seleção de uma porta Curtain Wall.

Neste exemplo selecionamos **M_Curtain Wall-Store Front-Dbl** e vamos inserir no painel da Figura 13.46. Selecione o painel (use Tab), em seguida o tipo da porta em **Properties**. Como o painel é substituído pela porta, as medidas dela são definidas pela distância entre os perfis, ou seja, pelo Grid. Portanto, o vão da porta deve ser criado pela união de painéis com as distâncias definidas pelo Grid; caso contrário, as medidas serão as do Grid, conforme a Figura 13.46 em que a mesma porta foi inserida em dois painéis com medidas diferentes.

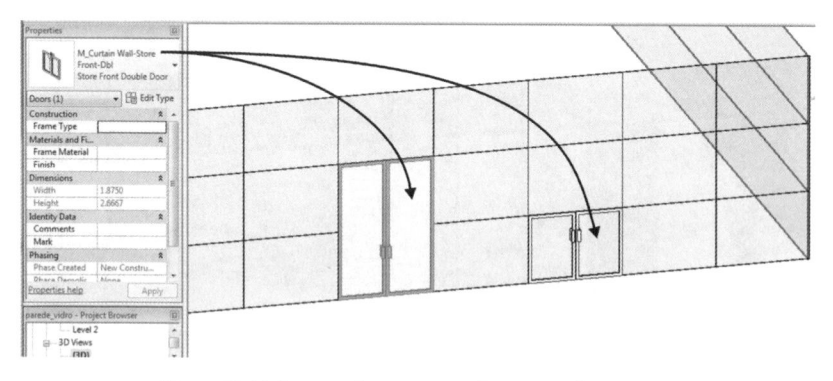

Figura 13.46. Inserção de uma porta Curtain Wall no painel.

No exemplo seguinte a porta foi inserida em painéis definidos pelo Grid com medidas de acordo com as da porta.

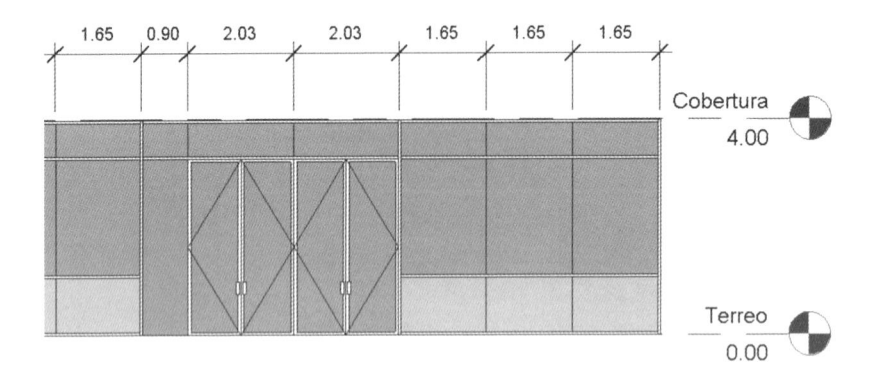

Figura 13.47. Inserção de uma porta Curtain Wall no painel com medidas definidas para ela.

Para remover uma porta do painel, selecione-o e mude o tipo da parede do painel para **Glazed** novamente ou qualquer outro.

> ↳ *Observação:* Se houver modificação no comprimento das paredes Curtain Wall definidas a partir de outra parede Curtain Wall sem o Grid e dos perfis definidos separadamente dos Grids, como vimos, **NÃO** haverá repetição dos padrões do Grid com os perfis da sua nova extensão. A parte estendida será apenas da última divisão. Somente aquelas criadas com estilos que possuam a definição de Grid e perfil nas propriedades têm repetição no padrão do Grid.

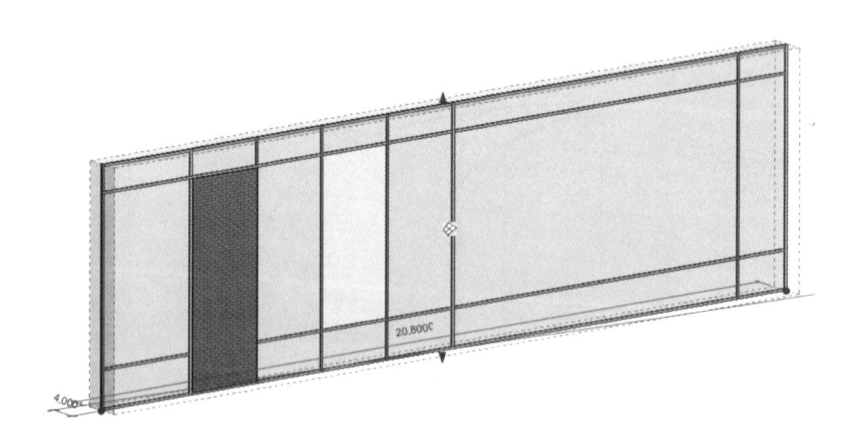

Figura 13.48. Parede Curtain Wall antes da alteração das medidas.

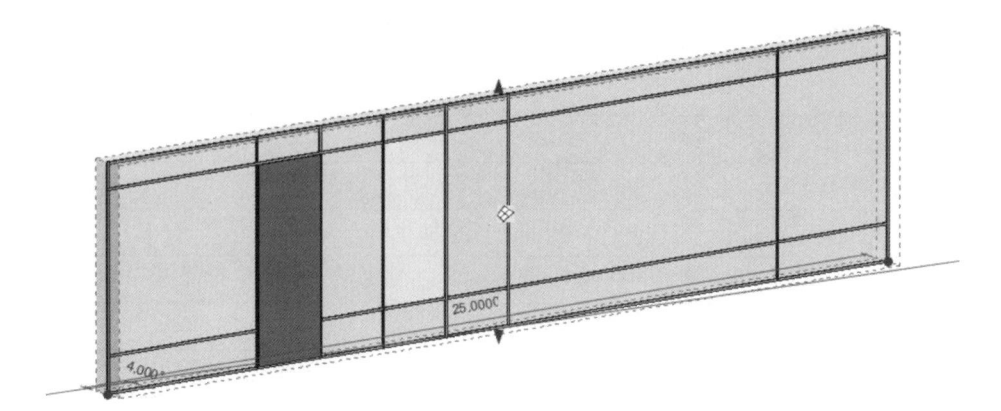

Figura 13.49. Após alteração do comprimento, a última divisão sofre alteração.

Figura 13.50. Exemplo de edifício com painéis de vidro.

Anotações

Introdução

Existem basicamente três formas de criar um terreno no Revit. A mais usual é pela importação de curvas de nível em 3D de um arquivo do AutoCAD - DWG ou DXF ou do Microstation em DGN. A outra é pelo desenho de pontos no Revit que gera uma malha entre eles ou pela importação de um arquivo de pontos gerado por programas de topografia, que deve necessariamente possuir as coordenadas dos pontos em X, Y e Z. O arquivo de pontos deve estar no formato CSV ou TXT.

Objetivos

- Criar um terreno importando curvas do AutoCAD
- Aprender a criar um terreno por pontos
- Modificar o terreno
- Planificar o terreno

Capítulo 14

Terreno

14.1. Criação de Terreno pela Importação de Curvas do AutoCAD

Para inserir um **arquivo do AutoCAD** selecione **Link CAD** ou **Import CAD** na aba **Insert**, como mostra a Figura 14.1.

Aba Insert > Link > Link CAD

Aba Insert > Import > Import CAD

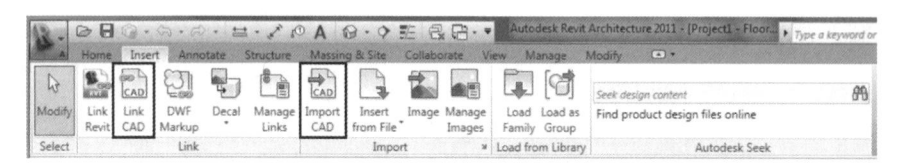

Figura 14.1. Aba Insert - seleção de Link CAD e Import CAD.

Antes de inserir, inicie um novo desenho e deixe corrente o pavimento do terreno, que é **Site** por padrão do Revit, mas é possível renomear.

Vamos usar neste exemplo a opção Link CAD e o arquivo do AutoCAD CURVAS_3D. DWG, que você pode baixar do site da Editora. Ao selecionar essa opção, surge a janela de diálogo da Figura 14.2. Nela selecione o arquivo com as curvas em 3D, em **Colors** marque **Black and White**, em **Positioning** escolha **Manual - Center**. Em **Place at:** veja se está no pavimento **Site** ou o equivalente do terreno; desmarque a opção **Current view only** se ela estiver marcada e clique em **Open**.

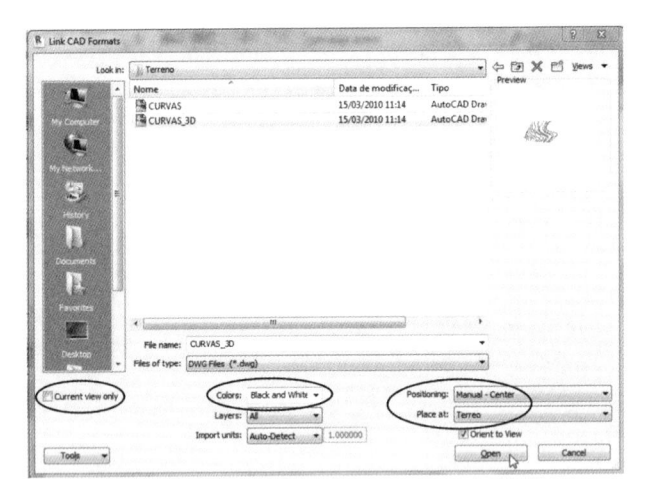

Figura 14.2. Seleção de arquivo do AutoCAD com curvas de nível.

Em seguida, marque um ponto na tela para inserir o arquivo. O desenho deve ficar semelhante ao da Figura 14.3.

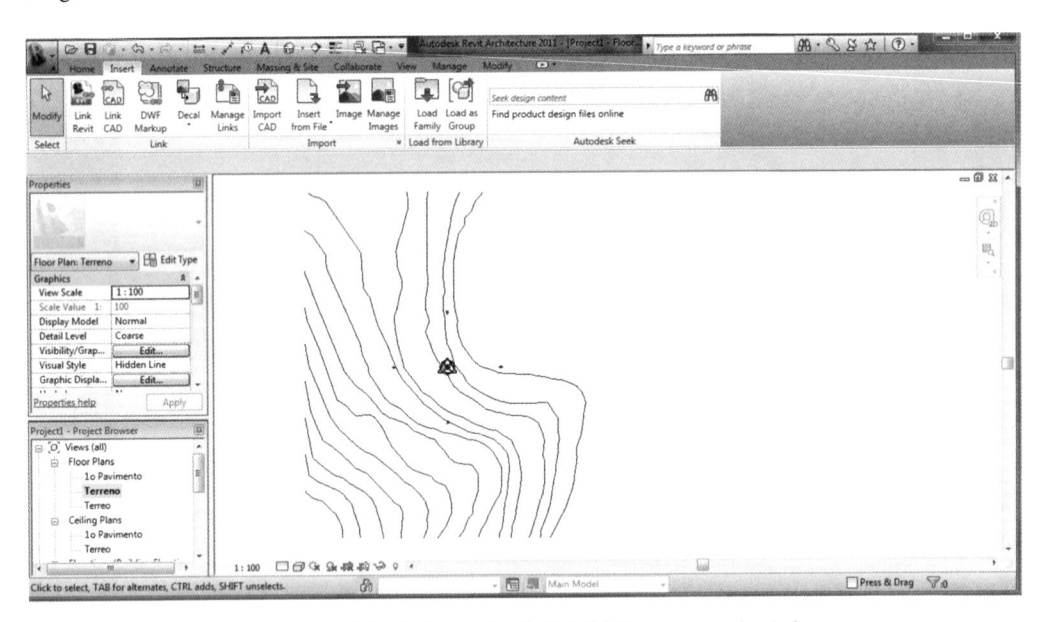

Figura 14.3. Seleção do arquivo do AutoCAD com curvas de nível.

Terreno

Mude para a aba **Massing & Site** e selecione **Toposurface**.

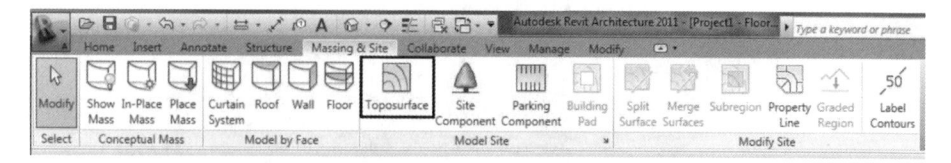

Figura 14.4. Aba Massing & Site - seleção de Toposurface.

Na aba que se abre, **Modify/Edit Surface**, vá até **Create from Import** > **Select Import Instance** e selecione o terreno inserido anteriormente.

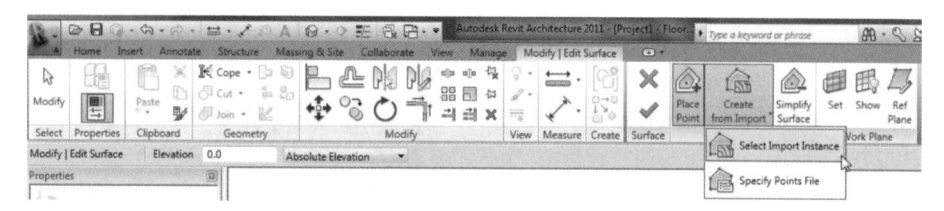

Figura 14.5. Aba Modify/Edit Surface.

Na janela de diálogo **Add Points from Selected Layers**, selecione os layers das curvas conforme a Figura 14.6 e clique em OK. O resultado deve ser semelhante ao da Figura 14.7.

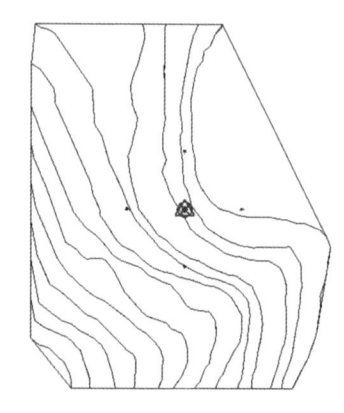

Figura 14.6. Seleção dos layers das curvas.   *Figura 14.7. Vista do pavimento do terreno (Site) criado em 3D.*

Na aba **Modify/Edit Surface** selecione no painel **Surface** o botão ✓ para finalizar e a superfície do terreno é criada. Para melhor visualizá-la, selecione **Default 3D View** na barra de acesso rápido e mude a visualização para **Shading with Edges**. O terreno deve ficar como o da Figura 14.8.

Mude para uma vista em elevação, por exemplo, **East**. Talvez seja necessário mudar a escala na barra de status para melhor visualizar os detalhes, Figura 14.9.

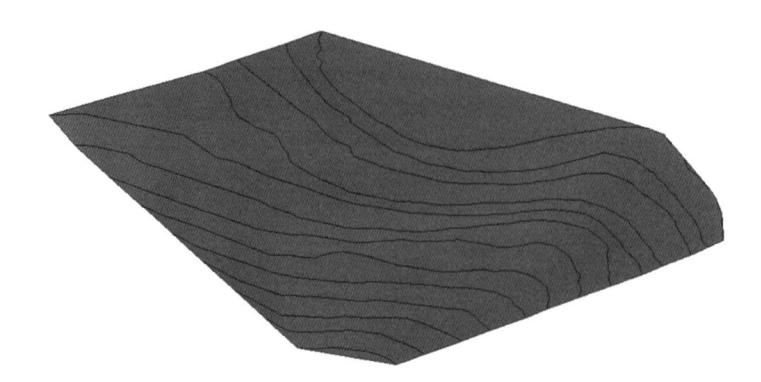

Figura 14.8. Terreno em 3D.

Figura 14.9. Vista East do terreno com o modo de visualização em Shading with Edges.

Com o terreno criado, podemos fazer planificações e modificações abordadas em seguida.

14.2. Criação de Terreno por Pontos

Neste exemplo é criado um terreno tendo como base de referência uma edificação. Desenhe as paredes, Figura 14.10. Vamos trabalhar com três pavimentos, sendo Terreno, Terreo e 1º Pavimento.

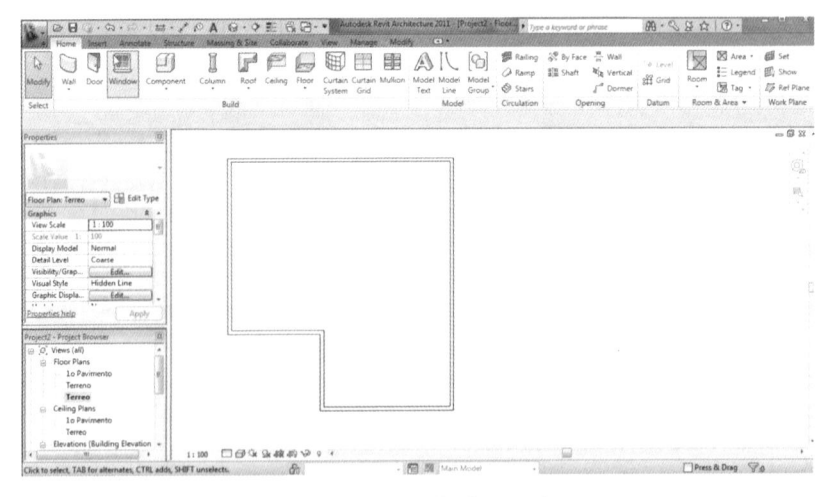

Figura 14.10. Desenho das paredes.

Terreno

Em seguida vamos criar o terreno em volta da construção. Selecione o pavimento do terreno **Site** ou, se você renomeou, selecione **Terreno** e deixe ativo para desenhar o terreno nesse pavimento. Vá até a aba **Massing & Site** e escolha **Toposurface**. Antes de criar os pontos é preciso configurar como serão desenhadas as curvas em **Site Settings**. Clique na seta no painel **Model Site**, como mostra a Figura 14.11, para acessar as configurações do terreno.

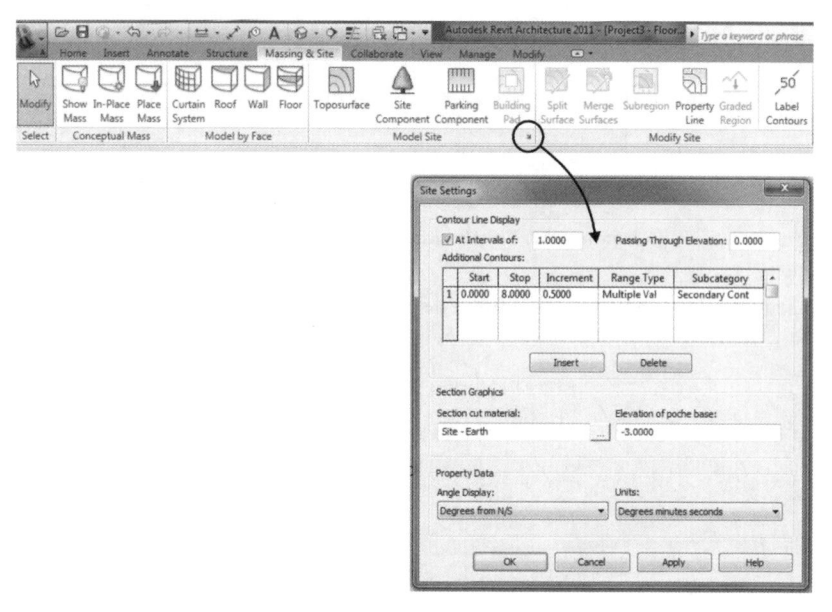

Figura 14.11. Site Settings - configuração dos parâmetros da construção das curvas.

Configure os parâmetros conforme a figura. Nesta janela os campos são os seguintes:

Contour Line Display

- **At Intervals of**: intervalos das linhas de curvas de nível.
- **Passing Through Elevation**: valor da elevação inicial.

Additional Contours

- **Start**: elevação em que as linhas de curva de nível se iniciam.
- **Stop**: elevação em que as linhas de curva de nível não são mais exibidas. Esse campo só é habilitado se em **Range Type** estiver selecionado **Multiple Values**.
- **Increment**: determina o incremento entre as curvas de nível.
- **Range Type**: para gerar somente uma linha de curva de nível adicional, selecione **Single Value** e para adicionar várias escolha **Multiple Values**.
- **Subcategory**: especifica o tipo de linha para as linhas de curva de nível.

Neste exemplo temos cotas a cada 1m e cotas adicionais a cada 0.5m, finalizando em 8m, conforme o ajuste em **Site Settings** anteriormente. Para visualizar as cotas das curvas depois de criar o terreno ,selecione **Label Contours** na aba **Massing and Site** e clique em dois pontos sobre as linhas da curva de nível.

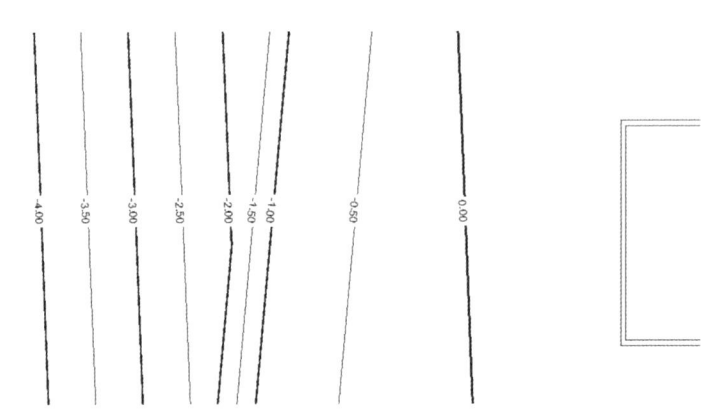

Figura 14.12. Visualização das curvas e curvas adicionais.

No exemplo seguinte já foi inserida uma linha de cota adicional com intervalo de 0.25m.

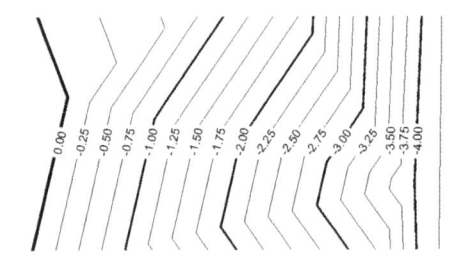

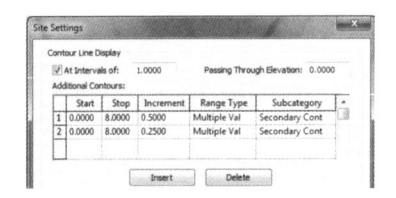

Figura 14.13. Visualização das curvas e curvas adicionais.   *Figura 14.14. Incremento das curvas adicionais de 0.25.*

Section Graphics

- **Section CUT Material**: seleciona o material para ser exibido quando o terreno estiver em corte.
- **Elevation of Poche Base**: determina a altura da profundidade do terreno em corte.

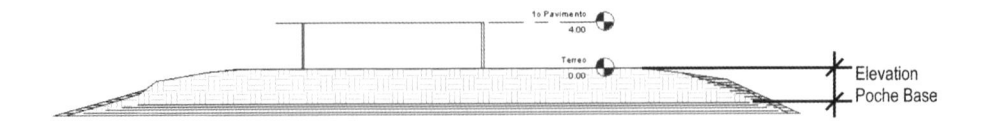

Figura 14.15. Visualização das curvas e curvas adicionais.

Property Data

- **Angle Display**: determina o formato de exibição dos ângulos.
- **Units**: determina o formato das unidades.

> **Dica:** Os resultados das modificações nessa janela de diálogo refletem no terreno, mesmo que ele já tenha sido criado.

Terreno

Depois de configurar os parâmetros selecione **Toposurface**, em seguida **Place Point** na aba **Modify/Edit Surface**, Figura 14.16. Na barra de opções, em **Elevation** defina a altura dos pontos a serem criados. Neste caso 0 (zero) para a primeira cota. Clique em pontos no desenho conforme as Figuras 14.17 e 14.18.

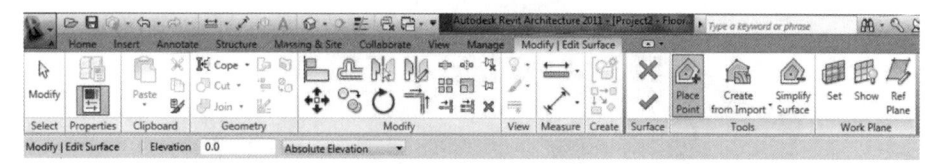

Figura 14.16. Aba Modify/Edit Surface - seleção de Place Point.

Mude **Elevation** para −1 e clique nos outros pontos. Note que novas linhas (curvas) surgem entre as linhas criadas, porque definimos em **Site Settings** que entre cada curva haveria um incremento de 0.5m.

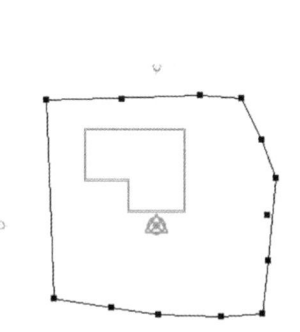

Figura 14.17. Pontos com Elevation 0 (zero). 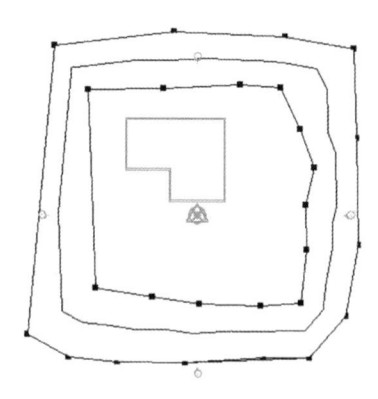   *Figura 14.18. Pontos com Elevation −1.*

Altere o valor de **Elevation** para −4 e clique nos outros pontos, conforme a figura seguinte.

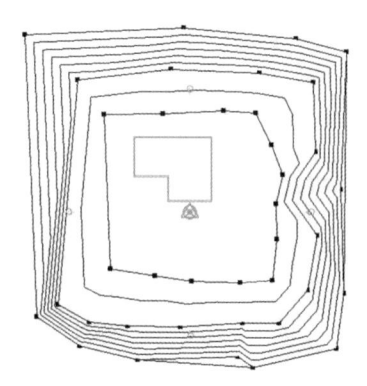

Figura 14.19. Pontos com Elevation 0 (zero). 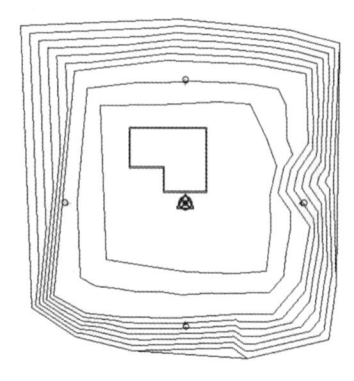   *Figura 14.20. Pontos com Elevation −1.*

Clique no botão ✓ de **Finish** na aba **Modify/Edit Surface** e ative uma vista em 3D. O desenho deve ser semelhante ao da Figura 14.21.

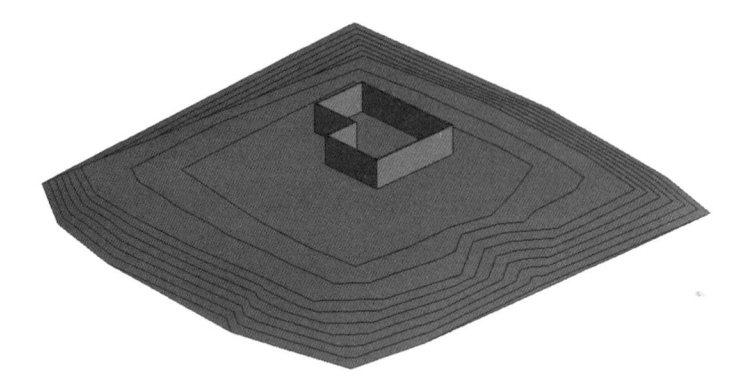

Figura 14.21. Terreno em 3D.

14.3. Propriedades do Terreno

O terreno tem as propriedades apresentadas na janela de diálogo **Properties**, Figura 14.22. Ele não possui propriedades **Type properties** como os outros objetos do Revit. As diferentes possibilidades de apresentação das curvas de nível são criadas e alteradas em **Site Settings**.

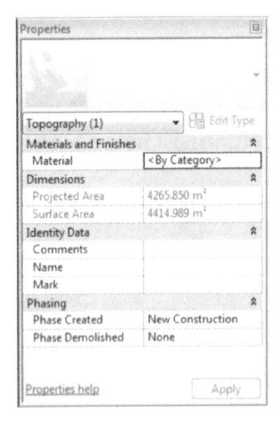

Figura 14.22. Propriedades do terreno.

Materials and Finishes

- **Material**: define o material.

Dimensions

- **Projected Area**: área em projeção.
- **Surface Area**: área da superfície.

14.4. Modificação de Terreno

Depois de criado, o terreno pode ser alterado das seguintes formas: dividido em outras partes, unido a outras partes, e ainda é possível criar sub-regiões do terreno. A seguir veremos cada uma das opções.

14.4.1. Split Surface

Permite criar uma divisão de parte do terreno e alterar suas cotas a fim de gerar áreas separadas para planificações ou simplesmente dividir o terreno. Se apagada, gera uma abertura, um furo no terreno.

Vamos partir do exemplo anterior e clicar na aba **Massing & Site**. No painel **Modify Site** selecione **Split Surface**, em seguida o terreno e surge a aba **Split Surface**.

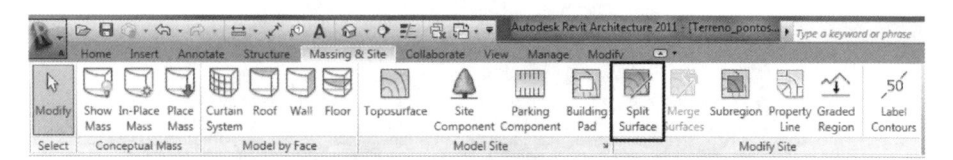

Figura 14.23. Aba Massing & Site - seleção de Split Surface.

Nessa aba de edição selecione a ferramenta Retângulo e crie uma área retangular para representar uma rua em frente à construção, Figura 14.25.

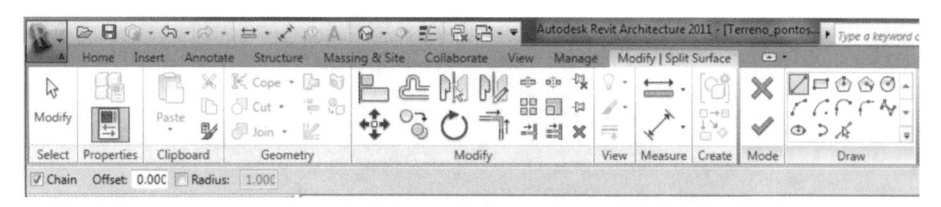

Figura 14.24. Aba Modify/Split Surface - seleção do retângulo.

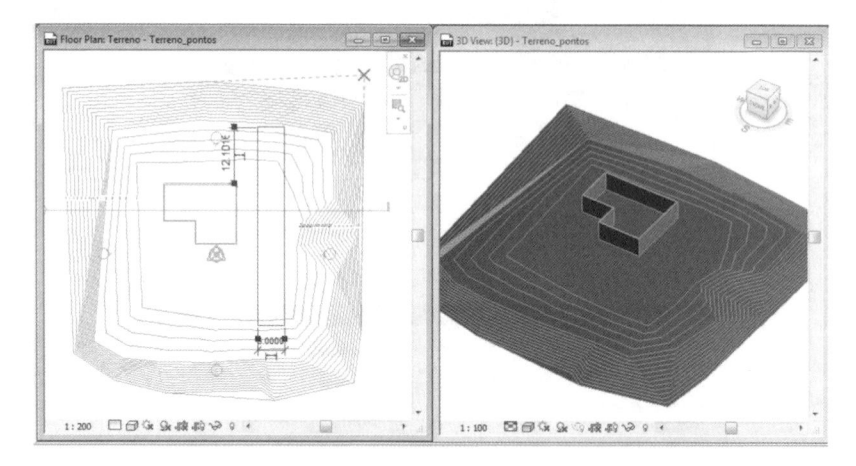

Figura 14.25. Split Surface.

Para finalizar clique em **Finish** e veja o resultado em 3D. Foi criada outra área no terreno anterior, mas nas mesmas cotas, Figura 14.26.

Em seguida vamos alterar as cotas dos vértices da nova área para que ela fique numa elevação de 0 (zero). Selecione a nova superfície e clique em **Material** na janela **Properties**, então mude o material para **Asphalt**, Figura 14.27. Com isso é possível diferenciar as superfícies na tela.

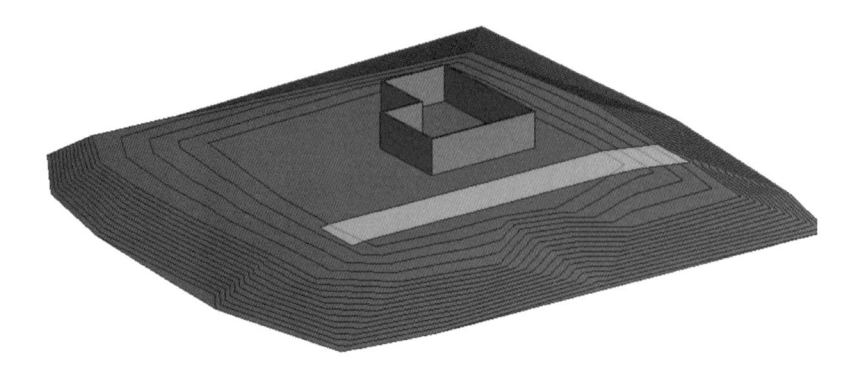

Figura 14.26. Resultado do Split Surface no terreno em 3D.

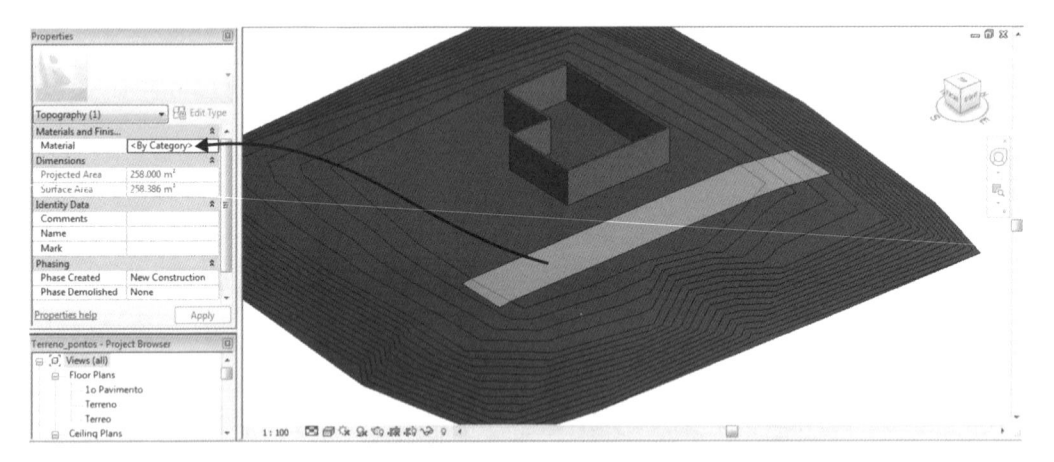

Figura 14.27. Seleção da parte separada do terreno.

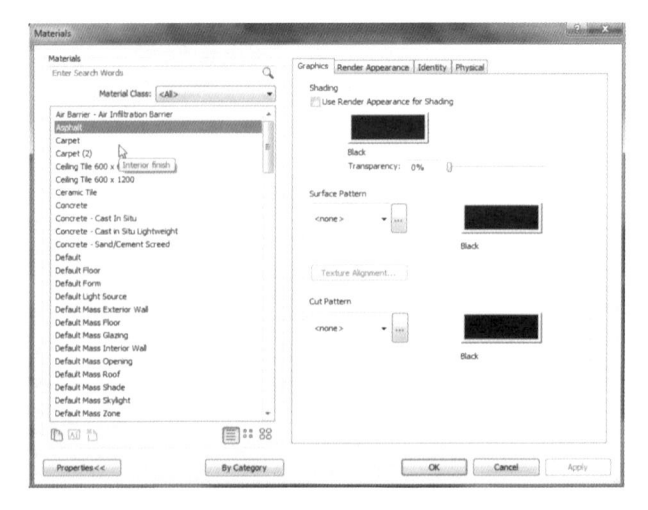

Figura 14.28. Alteração do material do terreno.

Terreno

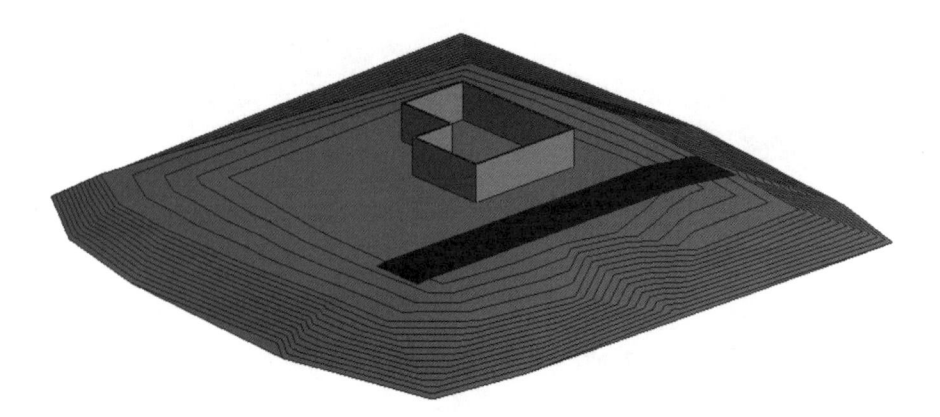

Figura 14.29. Resultado com o novo material.

Selecione a superfície criada novamente e clique em **Edit Surface** na aba **Modify Topography**.

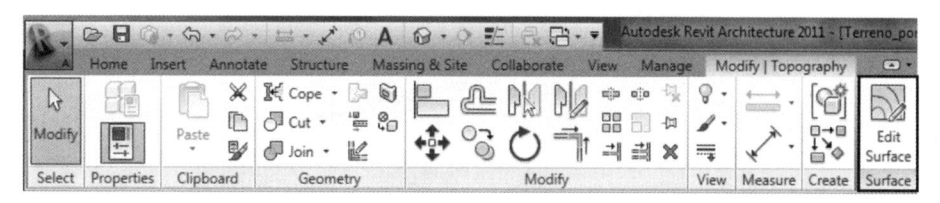

Figura 14.30 - Aba Modify Topography - seleção de Edit Surface.

Mude a vista para **Wireframe** e selecione os vértices da superfície usando **Ctrl**, como mostra a Figura 14.31.

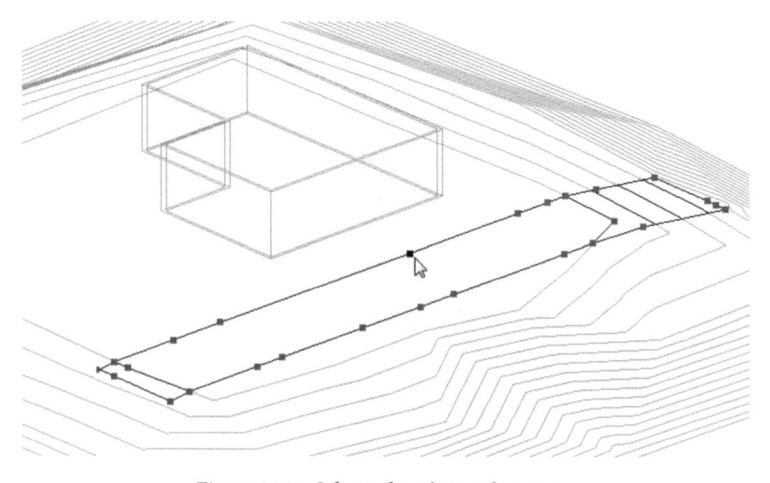

Figura 14.31. Seleção dos vértices do terreno.

Depois de selecionados, mude a elevação na barra de opções para 0 (zero) e clique em **Finish**. A nova divisão do terreno fica na cota zero como um plano.

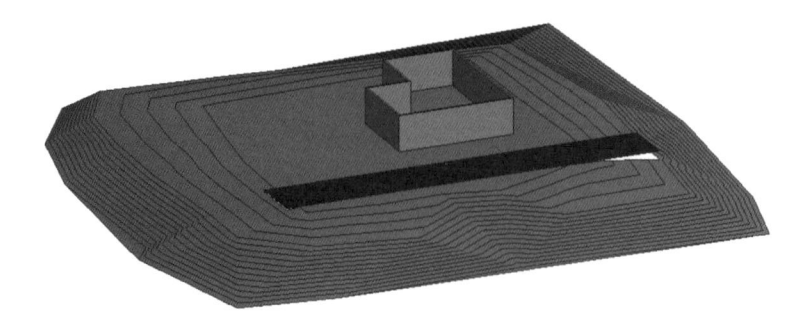

Figura 14.32. Resultado depois de alterada a cota da parte separada.

Agora precisamos modificar a cota do contorno do terreno principal para que se feche o contorno com a área dividida.

Selecione o terreno principal e repita a operação anterior. Mude a elevação dos seus vértices para 0 (zero) de forma que ele se encontre com a parte dividida do terreno.

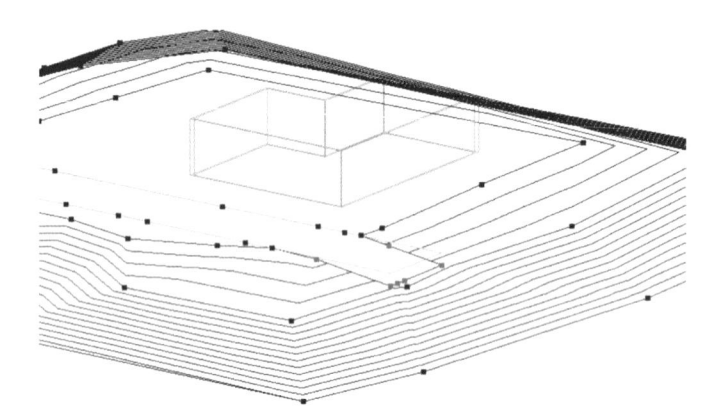

Figura 14.33. Seleção dos pontos do terreno principal.

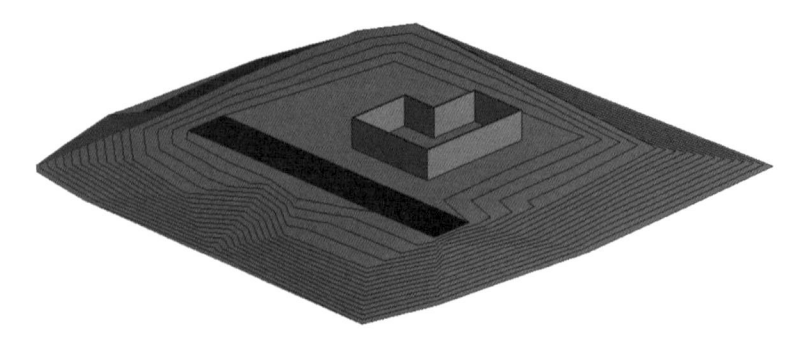

Figura 14.34. Resultado após alterar a cota para zero.

Desta forma, podemos criar divisões e planificações no terreno para gerar outras áreas.

14.4.2. Merge Surfaces

Une duas superfícies que foram previamente divididas ou duas superfícies independentes, formando um único terreno.

Vamos partir do exemplo anterior e clicar na aba **Massing & Site**. No painel **Modify Site** selecione **Merge Surfaces**, em seguida selecione o terreno principal e depois a parte que foi dividida, então as duas serão uma única superfície.

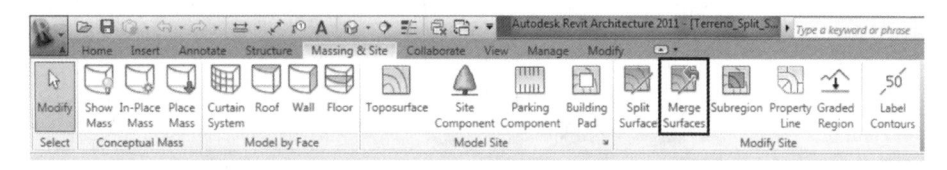

Figura 14.35. Aba Massing & Site - seleção de Merge Surfaces.

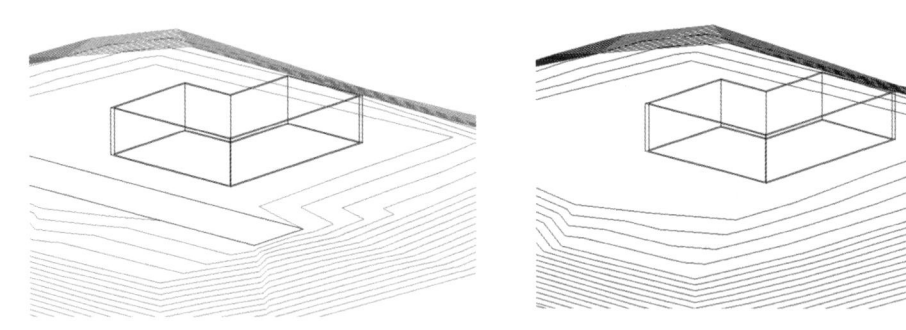

Figura 14.36. Seleção do terreno principal (muda para azul).

Figura 14.37. Resultado após o Merge Surfaces.

Superfícies que não estiverem conectadas, como indica a Figura 14.38, não farão o Merge.

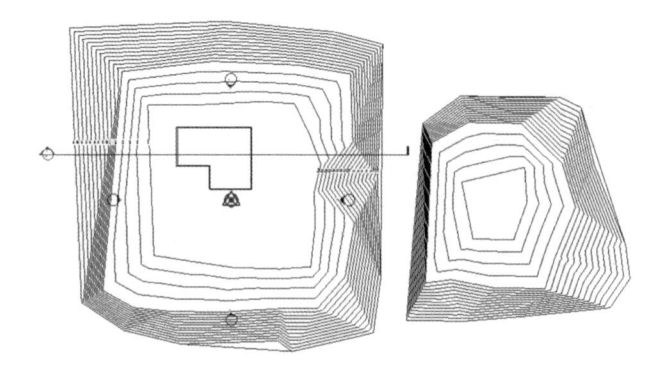

Figura 14.38. Terrenos separados.

Elas precisam estar sobrepostas para fazer o Merge, Figura 14.39.

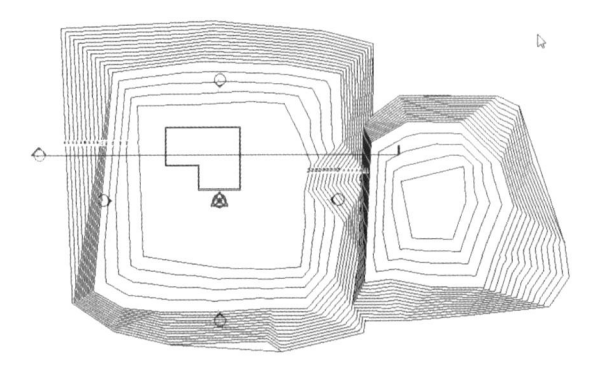

Figura 14.39. Terrenos sobrepostos.

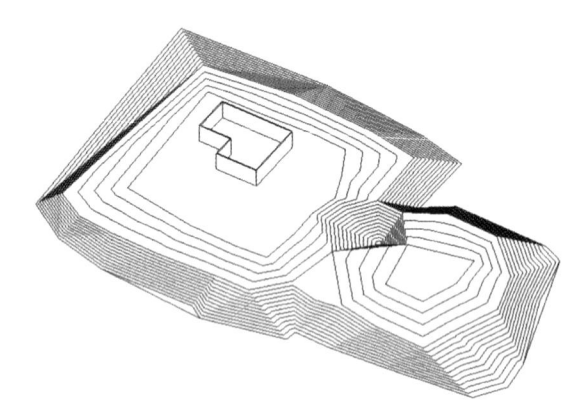

Figura 14.40. Resultado após o Merge Surfaces.

14.4.3. Subregion

Cria uma sub-região do terreno sem dividi-lo, a qual pode ser usada para definir outras áreas no terreno, como, por exemplo, estacionamento, pátios etc. Para criar a Subregion clique na aba **Massing &Site** e no painel **Modify Site** clique em **Subregion**.

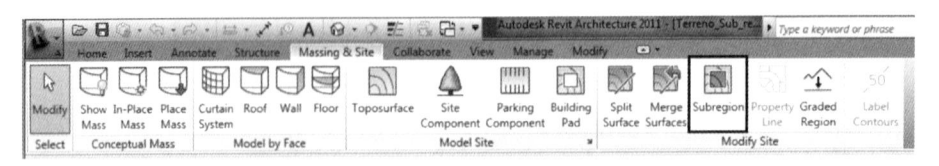

Figura 14.41. Aba Massing & Site - seleção de Subregion.

Na aba **Modify/Create Subregion Boundary** escolha uma das ferramentas de desenho, faça o contorno da área e clique no botão ✓ de **Finish**.

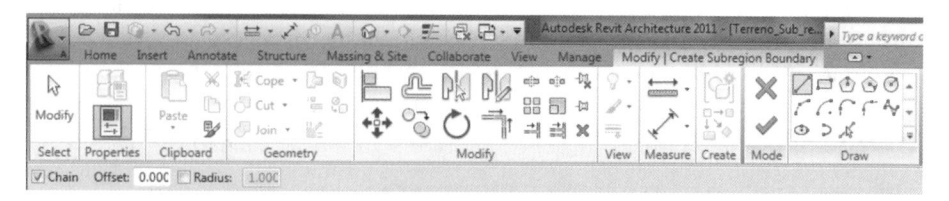

Figura 14.42. Modify/Create Subregion Boundary.

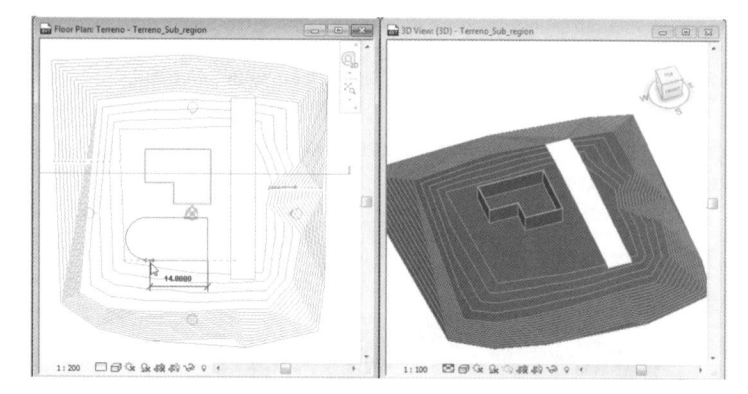

Figura 14.43. Desenho da Subregion.

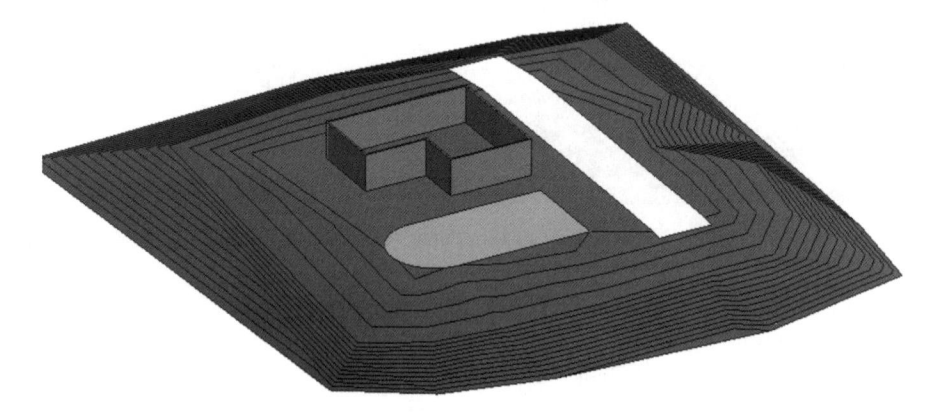

Figura 14.44. Resultado após o desenho da Subregion.

14.5. Planificação do Terreno - Pads

O Revit possui um recurso para criar superfície no terreno a fim de apoiar o projeto. Os **Pads** são como uma plataforma para o projeto. Eles têm espessura e altura em relação ao pavimento de forma a criar planificações no terreno. Só podem ser criados em cima de um terreno; caso contrário, a ferramenta apresenta uma mensagem de erro. Eles podem ainda ter aberturas e inclinação. Depois de criar os **Pads**, é possível alterá-los a qualquer momento por meio de suas propriedades.

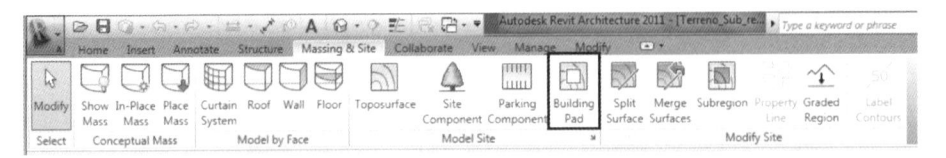

Figura 14.45. Aba Massing & Site - seleção de Building Pad.

A Figura 14.46 apresenta exemplos de **Pad** para apoiar o projeto em diferentes pavimentos e representar escadas externas em jardins.

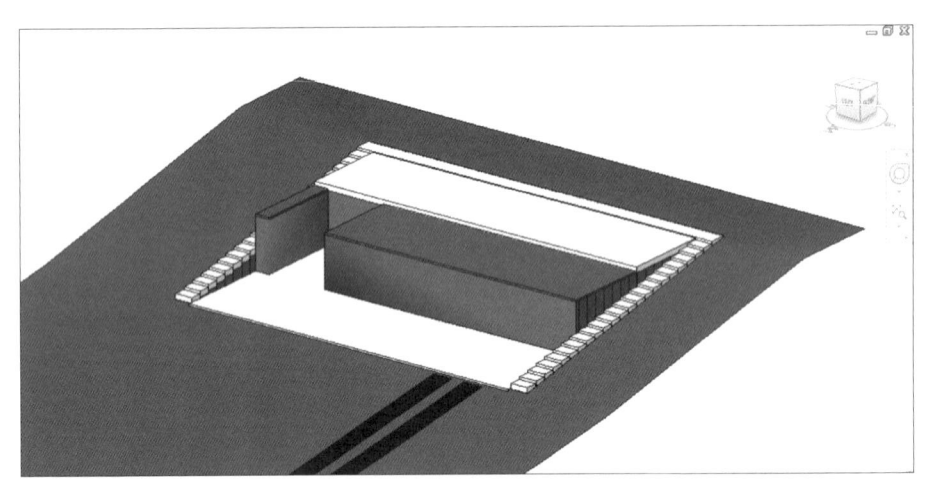

Figura 14.46. Building Pads.

Para criar um **Pad** clique na aba **Massing & Site** e no painel **Model Site** clique em **Building Pad**. Em seguida você entra no modo de desenho do contorno, então selecione uma das ferramentas de desenho e crie a poligonal ou selecione **Pick Walls**. Clique no botão ✓ em **Finish**.

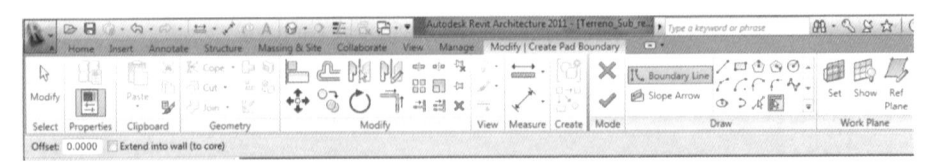

Figura 14.47. Aba Modify/Create Pad Boundary.

Terreno

Neste exemplo fizemos um **Pad** com um retângulo para definir a base da construção, Figura 14.48.

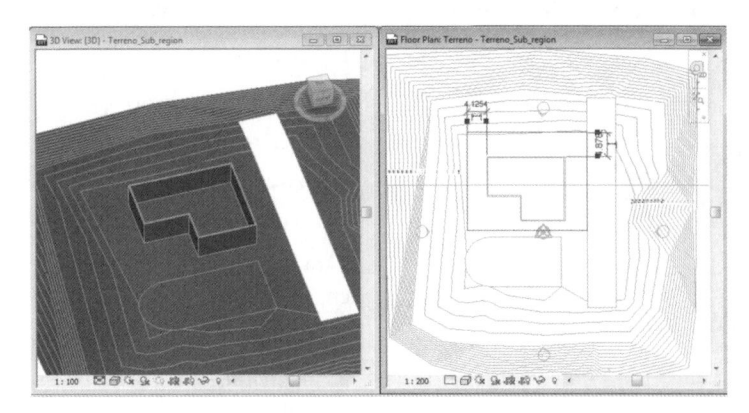

Figura 14.48. Desenho do Pad com retângulo.

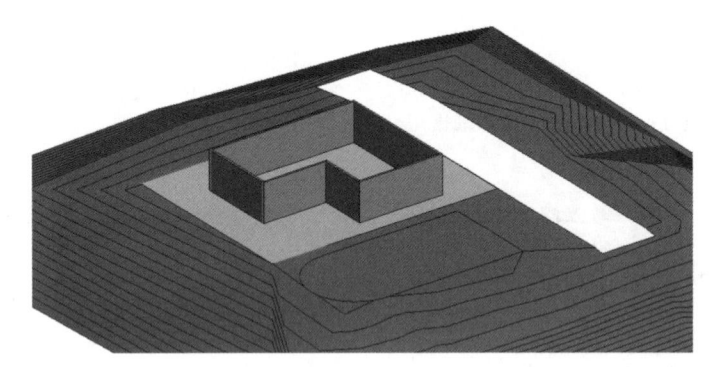

Figura 14.49. Resultado do Pad em 3D.

Os **Pads** têm espessura, como pode ser observado na vista em corte da Figura 14.50.

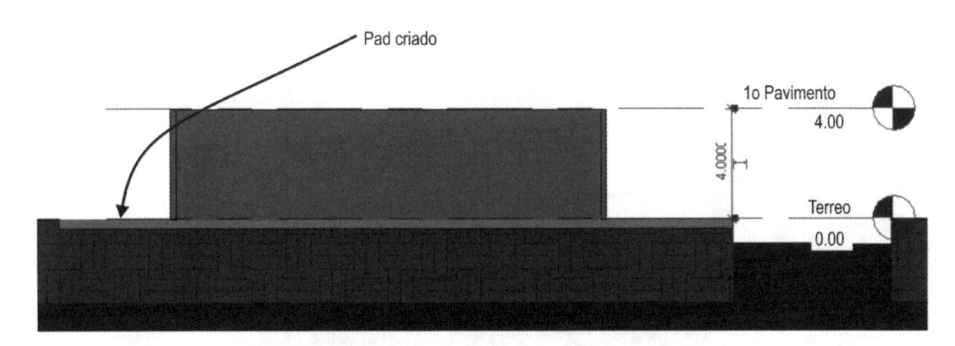

Figura 14.50. Resultado do Pad em corte.

Para alterar as propriedades do **Pad**, selecione-o e observe a janela de diálogo **Properties**.

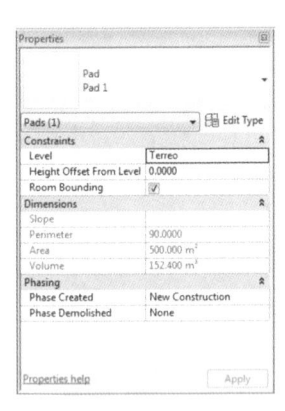

Figura 14.51. Propriedades do Pad selecionado.

Constraints

- **Level**: pavimento.
- **Height Offset From Level**: distância do Pad ao pavimento.
- **Room Bounding**: indica se o **Pad** define uma área de ambiente.

Dimensions

- **Slope**: inclinação.
- **Perimeter**: perímetro.
- **Area**: área.
- **Volume**: volume.

Para visualizar as propriedades do tipo, clique em **Edit Type**:

- **Structure**: especifica a composição do **Pad**.
- **Thickness**: consiste na espessura definida em Structure.

Em **Structure** clique em **Edit** e surge a janela **Edit Assembly** na qual podemos definir a estrutura de camadas do **Pad**, caso necessário. O **Pad** pode ter camadas como uma parede, por exemplo, definindo diferentes tipos de material, Figura 14.52.

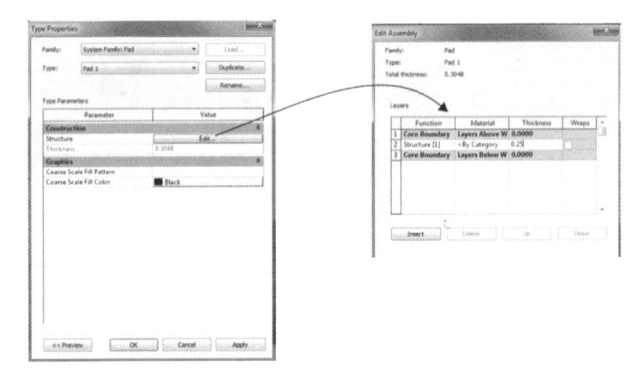

Figura 14.52. Propriedades do tipo e seleção de Edit Structure.

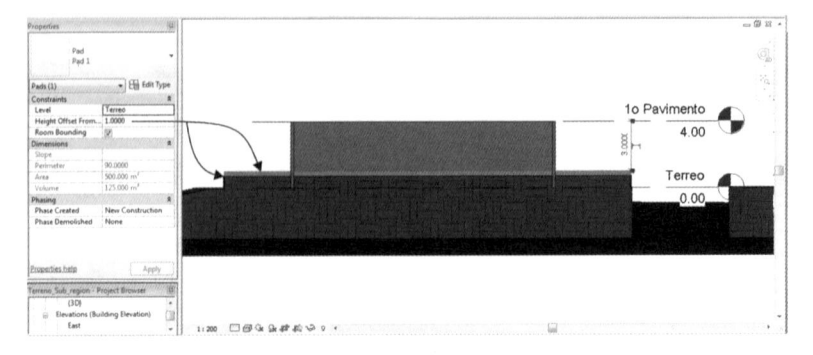

Figura 14.53. Alteração da distância do Pad ao pavimento térreo.

Vamos mudar a altura do **Pad** criado para 1.0m acima do térreo; note a nova posição do **Pad**. Ao mudar a altura do **Pad** em relação ao pavimento, é gerada uma planificação no terreno de acordo com a forma do **Pad**, com a distância da base do pavimento indicada em **Height Offset From Level**, Figura 14.53.

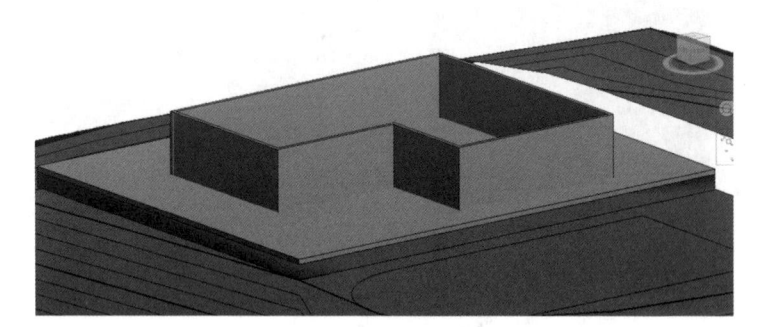

Figura 14.54. Resultado em 3D.

Após mudar a altura do **Pad** em relação a um pavimento, se neste já houver paredes criadas, as suas bases ainda ficam com distância 0.00 em relação ao pavimento. Neste caso, é necessário mudar a distância para que a base fique apoiada no mesmo nível do **Pad**.

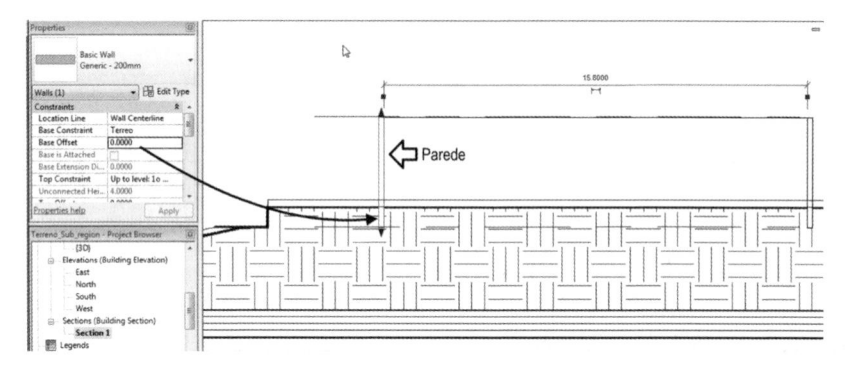

Figura 14.55. Altura da base da parede diferente da base do Pad.

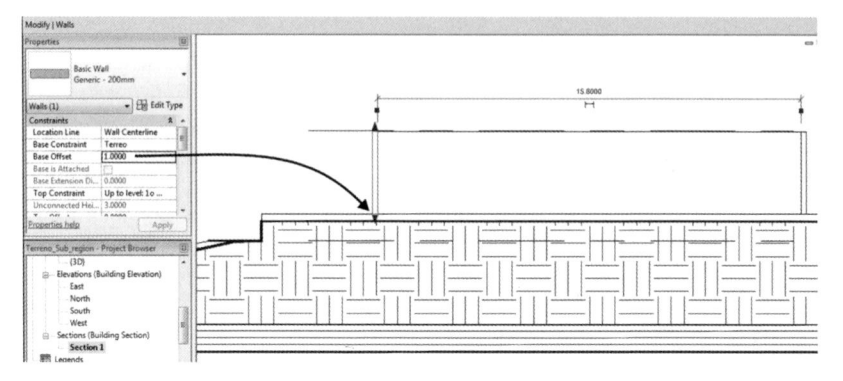

Figura 14.56. Altura da base da parede igual à da base do Pad.

Criação de um Pad inclinado

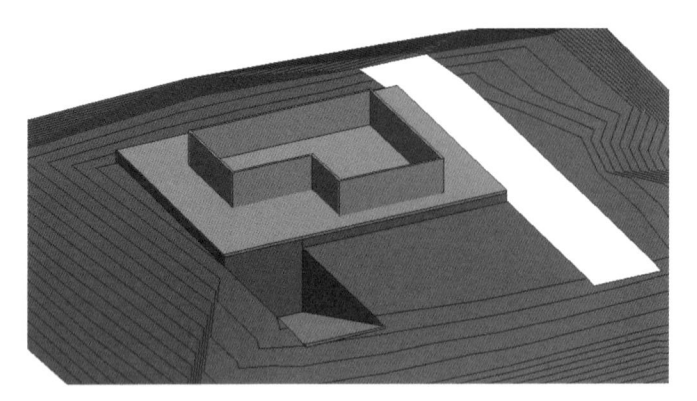

Figura 14.57. Pad inclinado.

Para criar um **Pad** inclinado, o procedimento é semelhante à criação de lajes inclinadas. Define-se a forma, em seguida o **Slope Arrow**.

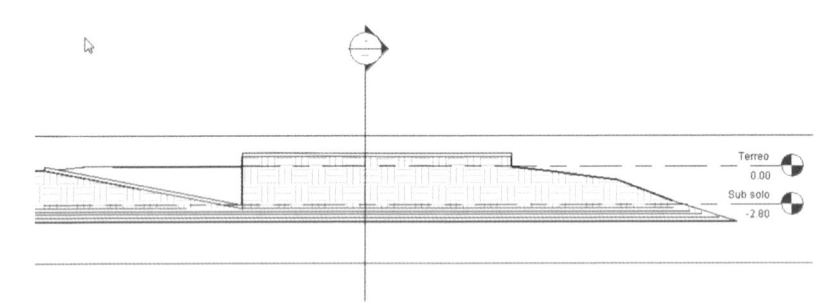

Figura 14.58. Pad inclinado visto em corte.

Vamos iniciar com um **Pad** no pavimento térreo, como mostra a Figura 14.59, e fazer um **Pad** inclinado que sai do térreo e chega ao subsolo. Com a vista no pavimento térreo desenhe o **Pad**. Em seguida clique em **Slope Arrow** e em dois pontos para definir a posição da seta de inclinação, Figura 14.60.

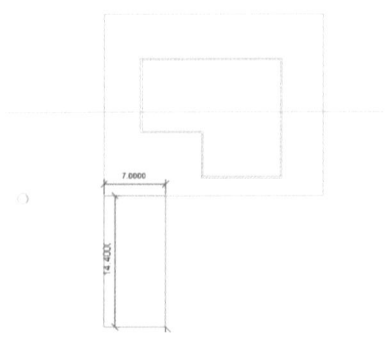

Figura 14.59. Desenho da forma do Pad. 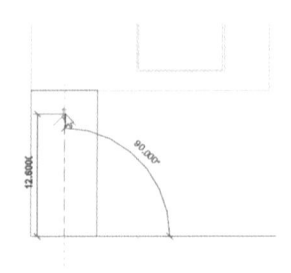   *Figura 14.60. Definição de Slope Arrow.*

Depois de criar a seta (Slope Arrow), selecione-a e em **Properties** mude as propriedades de **Level At Tail** para Térreo e **Level at Head** para Subsolo, como ilustra a Figura 14.61.

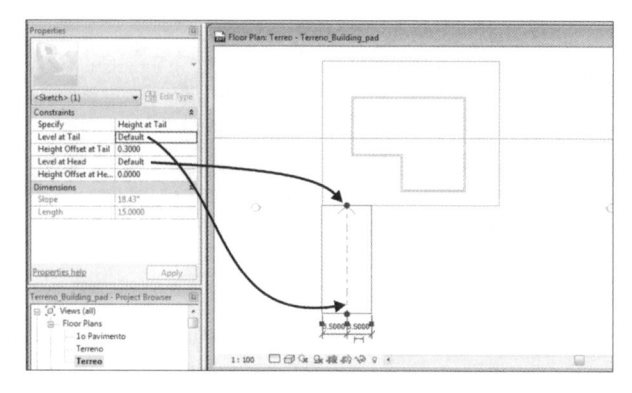

Figura 14.61. Alteração dos pontos inicial e final da seta de inclinação.

O desenho deve assemelhar-se à Figura 14.62.

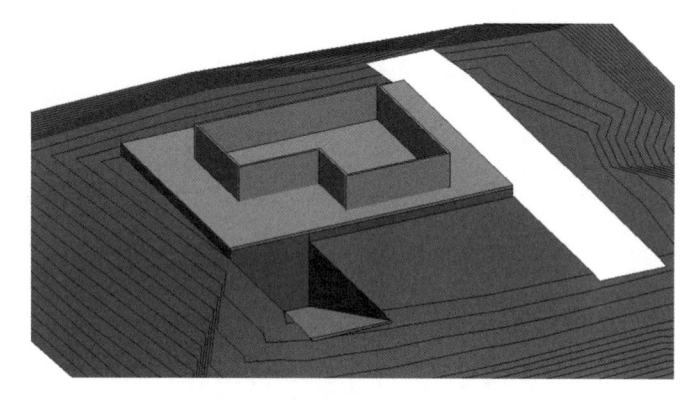

Figura 14.62. Resultado do Pad inclinado em 3D.

Para completar desenhe as paredes e o **Pad** no subsolo, conforme a Figura 14.63.

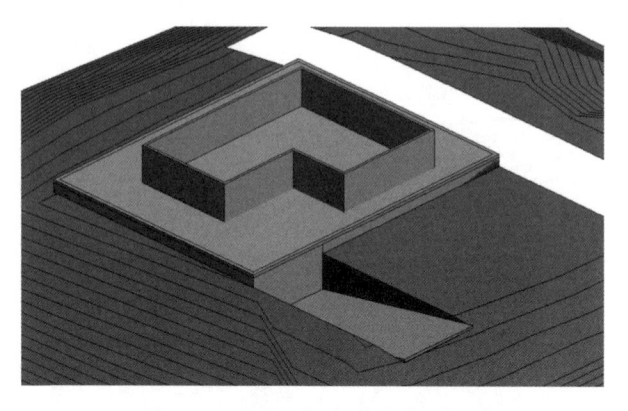

Figura 14.63. Resultado do Pad inclinado.

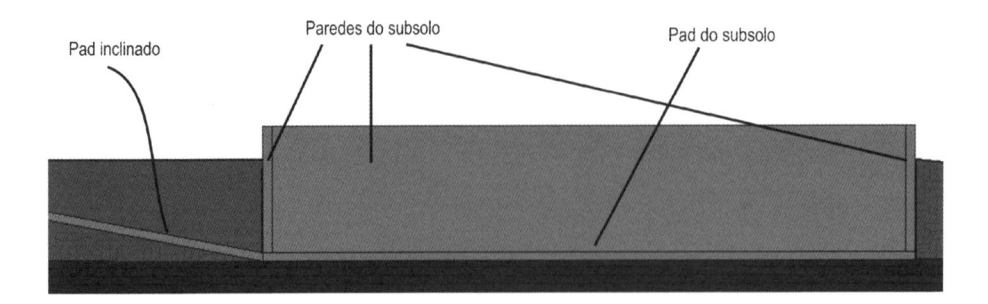

Figura 14.64. Resultado em corte.

Para editar a forma ou o **Slope Arrow** do **Pad**, selecione o **Pad** e clique em **Edit Boundary** na aba **Modify/Pads** que surge ao selecionar o **Pad**.

Capítulo 15

Anotações - Cotas e Texto

Introdução

Este capítulo mostra as ferramentas para inserir texto, cotas, símbolo, identificadores e tabelas de áreas no desenho.

As categorias de anotação: texto, cotas, símbolos, tags são elementos específicos da vista na qual foram inseridos. Isso significa que eles só são exibidos na vista em que foram criados. A exceção são os **Datum Elements**, símbolos de **Grid**, **Level** e **Callouts** que aparecem em todas as vistas em que são pertinentes. Os elementos anotativos são apresentados de acordo com a escala da vista. Ao mudar a escala de uma vista em **View Scale**, esses elementos mudam de tamanho na tela, porém terão o mesmo tamanho ao serem impressos.

Objetivos

- Aprender a inserir texto no desenho
- Inserir cotas e símbolos
- Aprender a inserir tags - identificador de objetos
- Criar tabelas de áreas

As anotações do desenho são os elementos usados para dimensionar, inserir texto e símbolos. A seguir veremos cada um desses elementos, que se encontram na aba **Annotate**, Figura 15.1.

Figura 15.1. Aba Annotate.

15.1. Texto

É muito simples inserir um texto no Revit. A altura com que o texto será impresso está definida no estilo. Basta escolher um estilo com a altura impressa desejada e ao mudar as escalas, ele já se ajusta automaticamente às escalas escolhidas, mantendo a altura. Para inserir um texto no desenho, selecione **Text** na aba **Text**, como mostra a Figura 15.2.

Aba Annotate > Text > Text

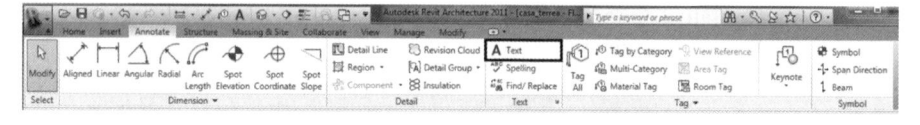

Figura 15.2. Aba Annotate - seleção de Text.

Em seguida surge a aba **Modify/Place Text**, na qual devemos escolher a forma de inserir o texto, e a janela **Properties** para definir o estilo do texto, da seguinte forma:

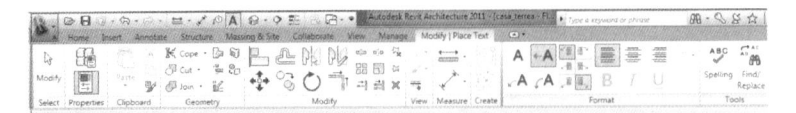

Figura 15.3. Aba Modify/Place Text.

Selecione o estilo de texto em **Properties**. Os estilos disponíveis são os exibidos na lista de Properties e é possível criar outros clicando em **Edit Type**, como nos outros objetos do Revit. A altura do texto do estilo corresponde à altura final impressa no papel.

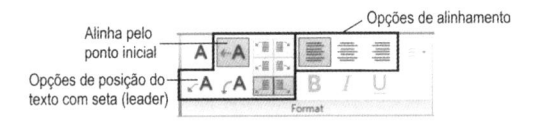

Figura 15.5. Opções de alinhamento do texto.

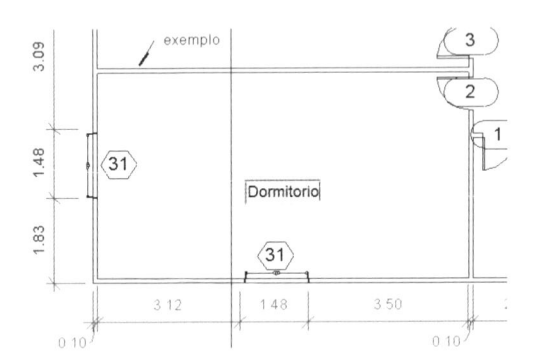

Figura 15.6. Texto inserido no desenho.

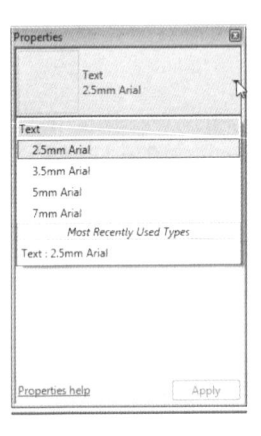

Figura 15.4. Propriedades do texto a ser inserido.

Escolha o alinhamento entre as opções na aba **Modify/Place Text**, painel **Format**, Figura 15.5. Clique no desenho para inserir o texto. Se clicar somente em um ponto, o texto se alinha com o ponto inicial; se clicar em dois pontos, o texto fica inserido numa caixa de controle que determina a largura do texto digitado. Nas duas opções uma caixa para inserção é inserida na tela. O texto fica na escala que estiver habilitada no momento na barra de status. A opção padrão é pelo ponto inicial. Depois de digitar o texto, clique em qualquer lugar da tela para sair do comando.

Depois de inserido, podemos selecioná-lo e surgem controles azuis com os símbolos de **Move** e **Rotate**. O ponto que aparece nas laterais da caixa do texto selecionado permite alterar as medidas da caixa. Basta clicar neles e alterar.

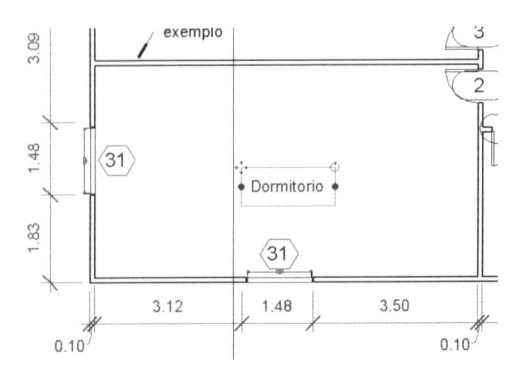

Figura 15.7. Rotacionar e mover o texto.

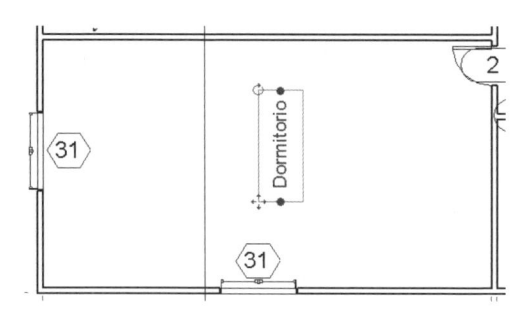

Figura 15.8. Texto rotacionado.

15.1.1. Propriedades do Texto

As propriedades do texto são acessadas na aba **Annotate > Modify/Place Text > Properties > Type Properties** ou em **Edit Type** na janela **Properties**.

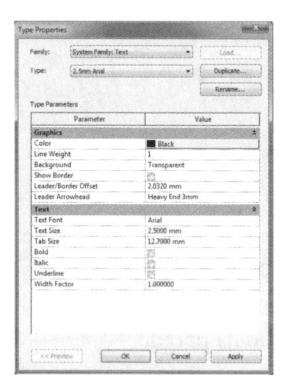

Figura 15.9. Propriedades do estilo - Type Properties.

Graphics

- **Color**: cor.
- **Line Weight**: espessura da linha.
- **Background**: define se o fundo será transparente ou opaco.
- **Show Border**: liga uma borda ao redor do texto.
- **Leader Arrowhead**: define o tipo da seta ao usar texto com seta. Tem opções de seta, linha grossa, ponto etc.

Text

- **Text Font**: define o tipo de letra do texto.
- **Text Size**: tamanho do texto.
- **Tab Size**: distância da tabulação do texto ao pressionar a tecla TAB.
- **Bold**: texto em negrito.
- **Italic**: texto em itálico.
- **Underline**: texto sublinhado.
- **Width Factor**: fator de expansão da letra.

> **Dica:** *Para corrigir o texto, clique duas vezes nele; para apagar, clique nele e pressione Del.*

15.2. Dimensionamento

O dimensionamento no Revit é automático, ou seja, as distâncias são medidas conforme o desenho. Por exemplo, podemos selecionar paredes com aberturas e elas são cotadas todas de uma única vez, ou separadamente ponto a ponto. Os comandos se encontram na aba **Annotate**.

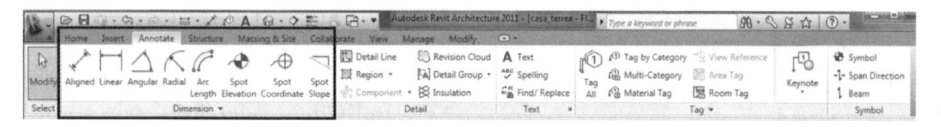

Figura 15.10. Aba Annotate - painel Dimension.

15.2.1. Dimensionamento Linear

Aba Annotate > Dimension > Linear

Essa opção gera cotas lineares na horizontal ou vertical semelhantemente ao AutoCAD, para usuários que já estejam habituados com a ferramenta. Ao selecionar **Linear**, você deve clicar nos pontos inicial, final e na posição na linha de cota, conforme os pontos mostrados na Figura 15.11. A opção **Linear** usa pontos e intersecções para definir os pontos inicial e final. A diferença entre horizontal e vertical se dá pela posição do cursor. Ao clicar em dois pontos na vertical, a cota se alinha na vertical.

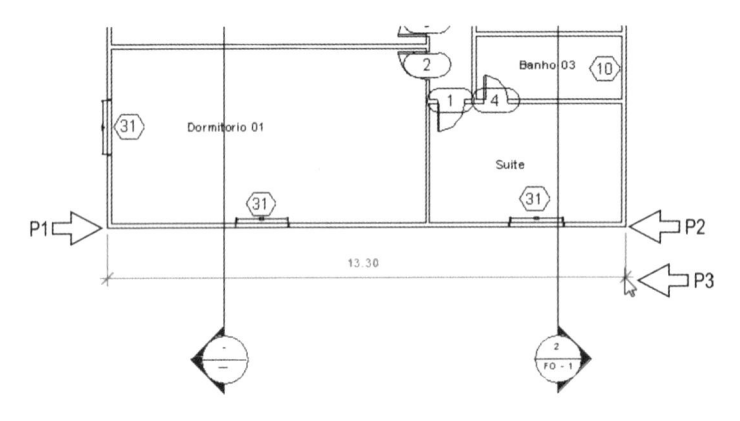

Figura 15.11. Dimensionamento linear.

15.2.2. Dimensionamento Aligned

Aba Annotate > Dimension > Aligned

Essa opção gera cotas lineares alinhadas aos elementos do desenho. Ao selecionar **Aligned**, você deve clicar nos pontos inicial, final e por fim na posição na linha de cota, como na opção anterior, Figura 15.11. Na barra de opções surgem os ajustes seguintes. Você pode escolher entre:

Figura 15.12. Barra de opções da ferramenta Aligned.

Modify/Place Dimensions

- **Wall Centerlines**: considera para cota a linha de centro da parede.
- **Wall Faces**: considera para cota as faces da parede.

- **Center of Core**: considera para cota a linha de centro do miolo da parede.
- **Faces of Core**: considera para cota as faces do miolo da parede.

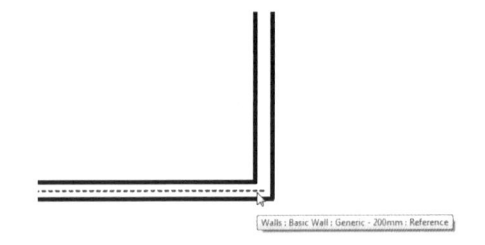

Figura 15.13. Cota pelas linhas de centro da parede.

Pick

- **Individual references**: seleção de pontos individuais.
- **Entire Walls**: seleção de paredes inteiras; basta clicar na parede. Essa opção habilita

Anotações - Cotas e Texto

Options para usar em conjunto, descrita em seguida:

Figura 15.14. Janela de diálogo Auto Dimension Options.

Select references

- **Openings**: se habilitado, considera aberturas em paredes, por exemplo, janelas e portas. Ao selecionar a parede inteira, as aberturas são cotadas.
- **Centers**: a linha de cota será pelo centro das aberturas.
- **Widths**: a linha de cota será pelas paredes.
- **Intersecting Walls**: se habilitado, ao selecionar uma parede, as paredes que fazem intersecção com ela também são cotadas nas intersecções.
- **Intersecting Grids**: cota Grids que fazem intersecção com as paredes.

Ao clicar no ponto inicial, você deve teclar **Tab** para que o Revit procure o ponto final, pois ele pode encontrar a linha de centro, de fora e o ponto final. Clique até aparecer o ponto final da linha marcado com um quadradinho.

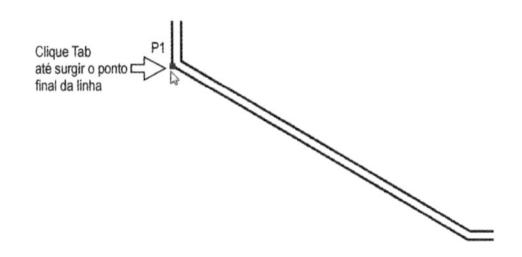

Figura 15.15. Ponto inicial do Aligned.

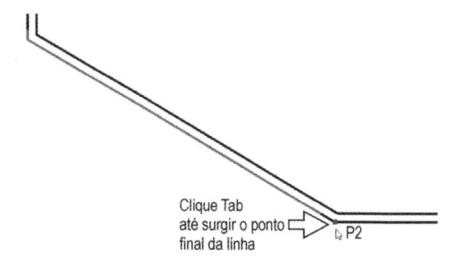

Figura 15.16. Ponto final do Aligned.

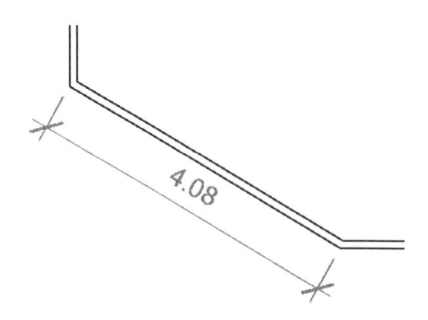

Figura 15.17. Resultado final da cota alinhada com o desenho.

A seguir encontra-se um exemplo com seleção da parede. Na barra de opções, em **Pick** marque **Entire Walls** e em **Options** marque **Openings** e **Centers**, Figuras 15.18 e 15.19.

Figura 15.18. Barra de opções da ferramenta Aligned.

Figura 15.19. Seleção das opções de cotas para paredes inteiras.

Clique numa parede que contenha janelas ou portas, como no exemplo a seguir. Você só precisa clicar uma vez na parede e ela é selecionada. Em seguida, marque o ponto da linha de cota. Note que as cotas estão no centro das portas.

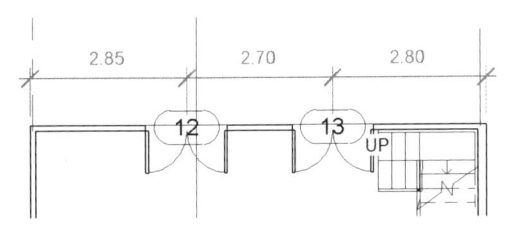

Figura 15.20. Cotas alinhadas e nos centros das portas.

Essa opção é muito útil quando se deseja igualar as distâncias de uma abertura dos dois lados. No exemplo a seguir existe uma porta em uma parede. Se fizermos a cota dessa forma, note que um símbolo de EQ cortado surge ao lado da linha de cota. Se clicarmos nesse símbolo, ele equaliza as dimensões dos dois lados.

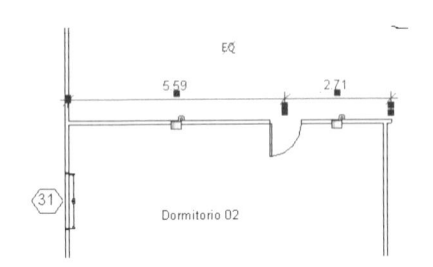

Figura 15.21. Equalização de medidas.

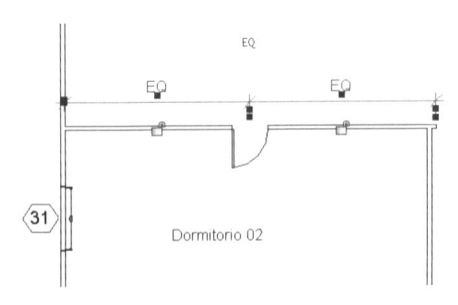

Figura 15.22. Medidas equalizadas.

••••••••••••••••••••••••••••••••
↳ **Dica:** *Se clicarmos no cadeado, ele se fecha e não permite que a porta se mova, mantendo-a no meio das paredes.*
••••••••••••••••••••••••••••••••

Se utilizarmos o mesmo desenho, mas selecionarmos **Widths**, como indica a Figura 15.24, como resultado são cotadas as aberturas.

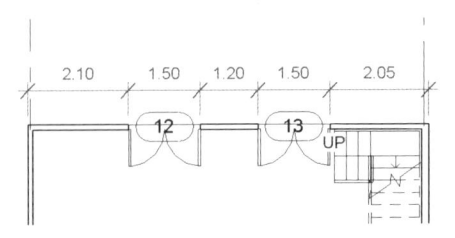

Figura 15.23. Cotas alinhadas com aberturas.

Figura 15.24. Configuração para aberturas.

Neste exemplo foram selecionados **Widths** e **Intersecting Walls**:

Figura 15.25. Cotas alinhadas com aberturas e paredes.

Figura 15.26. Configuração para aberturas e paredes.

Anotações - Cotas e Texto

15.2.3. Dimensionamento Angular

Aba Annotate > Dimension > Angular

Essa opção cota ângulos entre objetos. Ao acioná-la, a barra de opções mostra o ajuste **Place Dimensions** que funciona como na opção **Aligned**; basta escolher a mais apropriada para selecionar os pontos. Em seguida, devemos clicar nos três pontos, Figura 15.28. Caso o ponto desejado não seja definido, tecle Tab até que ele seja identificado.

Figura 15.27. Barra de opções do dimensionamento angular.

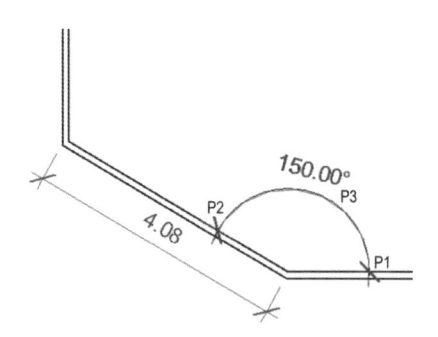

Figura 15.28. Pontos do dimensionamento angular.

15.2.4. Dimensionamento Radial

Aba Annotate > Dimension > Radial

Essa opção cota raios de arcos e círculos. Ao acioná-la, a barra de opções mostra o ajuste **Place Dimensions** que funciona como já visto na opção **Aligned**; basta escolher a mais apropriada para selecionar os pontos. Em seguida, devemos clicar no arco e o raio já é medido. Resta definir a posição da linha de cota, como mostra a figura seguinte.

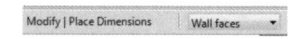

Figura 15.29. Barra de opções do dimensionamento radial.

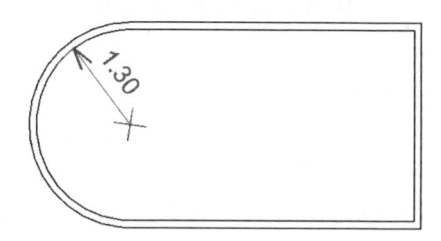

Figura 15.30. Dimensionamento de raios.

🕭 **Dica:** *Pressionando Tab, você pode alternar entre Wall Face e Wall Centerline.*

15.2.5. Dimensionamento de Comprimento de Arco

Aba Annotate > Dimension > Arc Lenght

Ela mede o comprimento de arcos. Ao entrar nessa opção, a barra de opções mostra o ajuste **Place Dimensions** que funciona como já visto na opção **Aligned**; basta escolher a mais apropriada para selecionar os pontos. Em seguida, devemos clicar no arco, depois nos dois pontos que definem o ponto final do arco e por fim definir a posição da linha de cota, como mostra a Figura 15.32.

Figura 15.31. Barra de opções do dimensionamento do comprimento de arco.

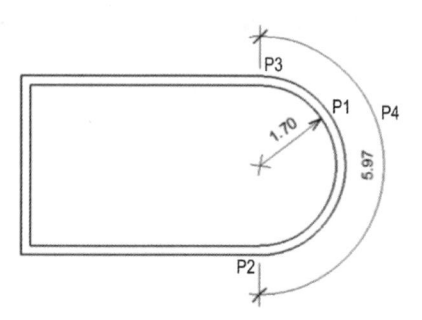

Figura 15.32. Dimensionando o comprimento do arco.

15.2.6. Dimensionamento com Baseline e Continue

Essa opções de dimensionamento encontradas no AutoCAD tambem estão disponíveis no Revit. Para criar o Baseline, é preciso modificar uma propriedade das cotas.

Crie paredes semelhantes às da Figura 15.33 e selecione **Aligned** no painel **Dimension**. Na janela **Properties** selecione **Edit Type**.

É exibida a janela de diálogo **Type Properties** com as propriedades do tipo de cota selecionado. No campo **Dimension String Type** clique e selecione **Baseline**, conforme a Figura 15.34. No Revit, **Baseline** é uma propriedade do estilo da cota e não um tipo de cota, como no AutoCAD. É preciso mudar essa propriedade para cada cota que for necessário utilizar. O padrão é **Continuous**.

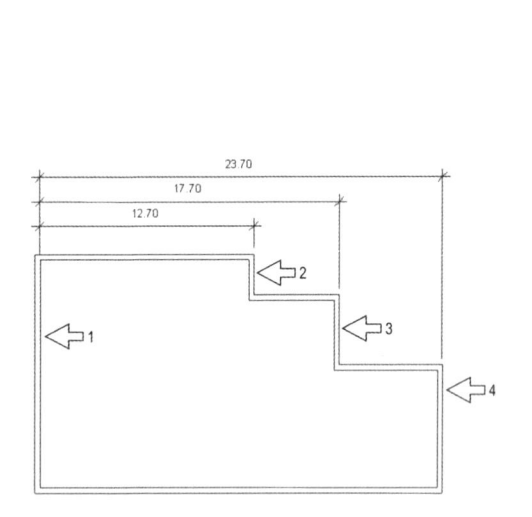

Figura 15.33. Dimensionamento com Baseline.

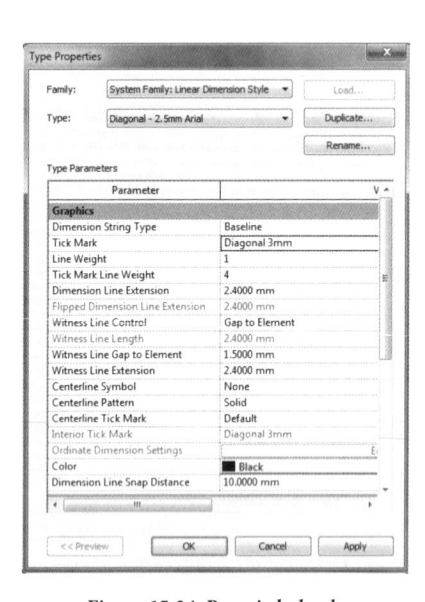

Figura 15.34. Propriedades do estilo de dimensionamento.

Em seguida, clique nos pontos nas faces das paredes (deixe **Wall Faces** selecionado na barra de opções e **Individual References**), como indicado na Figura 15.33, setas 1, 2, 3 e 4. A distância entre as cotas é determinada no campo **Baseline Offset** na barra de opções, neste caso 7mm. Esse valor pode ser alterado antes do desenho ou depois, selecionando as cotas e alterando o valor.

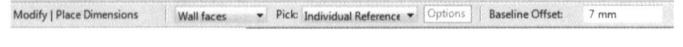

Figura 15.35. Barra de opções do dimensionamento Aligned.

Depois de clicar no último ponto, posicionam-se as cotas.

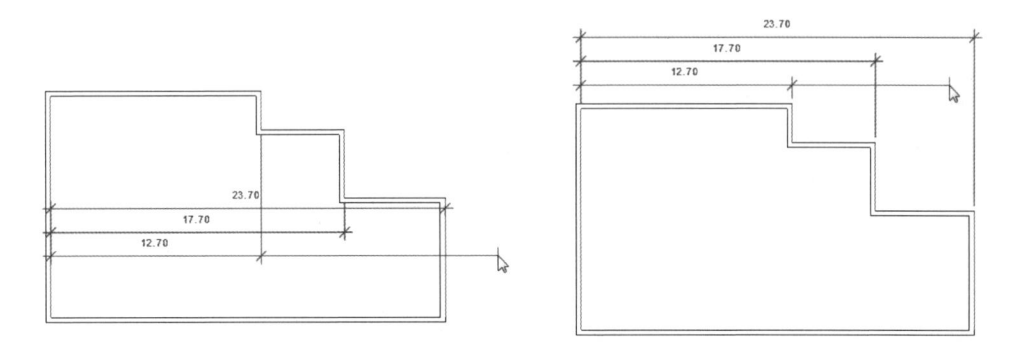

Figura 15.36. Dimensionamento com Baseline.　　*Figura 15.37. Definição da posição das cotas.*

> 📌 **Dica:** Se quiser mudar a posição das cotas, clique nelas e quando aparecer o símbolo de Move, arraste para baixo até o ponto desejado.

O dimensionamento **Continue** ocorre da mesma forma, alterando a propriedade para **Continuous**, e com a opção **Aligned** clique nos pontos na ordem, como na Figura 15.38.

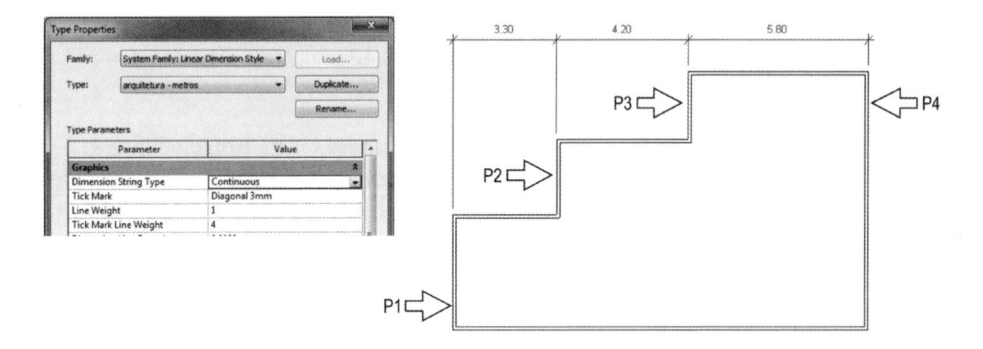

Figura 15.38. Dimensionamento Continuous.

15.2.7. Propriedades do Dimensionamento

As propriedades do dimensionamento podem ser modificadas, possibilitando a criação de vários estilos de acordo com as necessidades do escritório ou projeto. Um estilo é criado partindo de um existente que é duplicado, da mesma forma que nos outros elementos do Revit.

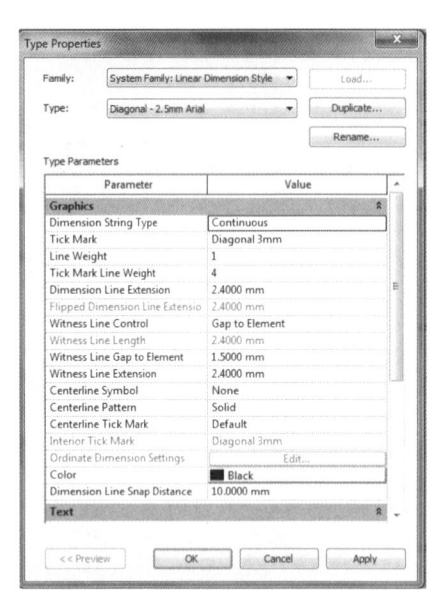

Figura 15.39. Propriedades do estilo de dimensionamento.

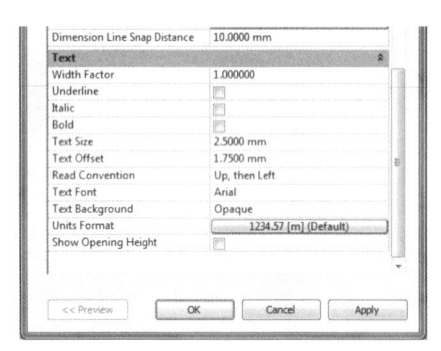

Figura 15.40. Propriedades do estilo de dimensionamento.

Graphics

- **Dimension String Type**: forma como a cota é inserida: Continuous, Baseline, Ordinate.
- **Tick Mark**: tipo da marca da linha de cota (tique, seta, ponto).
- **Line Weight**: espessura da linha de cota.
- **Tick Mark Line Weight**: espessura da seta, tique ou ponto.
- **Dimension Line Extension**: valor de quanto a linha de cota ultrapassa a linha de chamada.
- **Flipped Dimension Line Extension**: medida da linha de cota quando a seta é invertida.

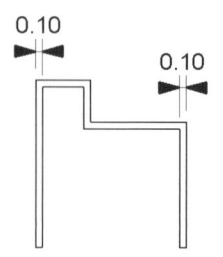

Figura 15.41. Flipped Dimension Line Extension = 0.

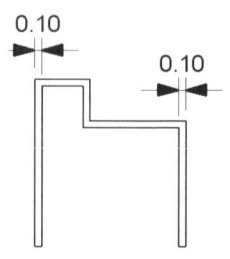

Figura 15.42. Flipped Dimension Line Extension = 2.4mm.

- **Witness Line Control**: define se a linha de chamada fica ligada ao elemento ou à linha de cota.
- **Witness Line Lenght**: comprimento da linha de chamada.
- **Witness Line Gap to Element**: distância entre o elemento cotado e a linha de chamada.
- **Witness Line Extension**: medida de extensão da linha de chamada para fora da linha de cota.
- **Centerline Symbol**: símbolo usado ao cotar com **Wall Centerlines** como referência.
- **Centerline Pattern**: tipo de linha usado ao cotar com **Wall Centerlines** como referência.
- **Centerline Tick Mark**: símbolo usado ao cotar com **Wall Centerlines** como referência.

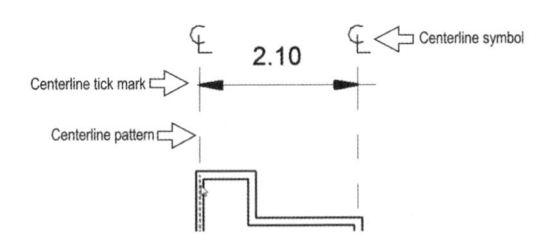

Figura 15.43. Exemplo de Centerline Symbol, Pattern e Tick Mark.

- **Interior Tick Mark**: indica o tipo de marca para linhas de chamada quando o espaço é muito pequeno e elas são jogadas para fora.
- **Ordinate Dimensions Settings**: define os parâmetros para dimensionamento ordenado que parte de um ponto e mede distâncias a partir dessa referência. No dimensionamento ordenado, todas as distâncias são medidas a partir de uma referência 0 (zero).

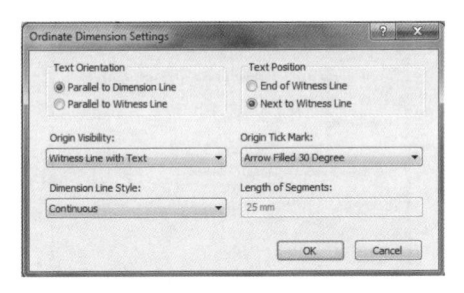

Figura 15.44. Configuração do dimensionamento ordenado (Ordinate).

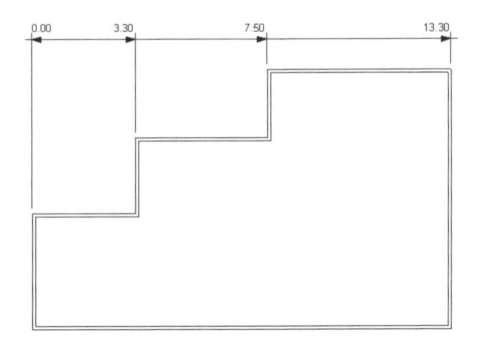

Figura 15.45. Dimensionamento ordenado.

- **Color**: especifica a cor dos elementos da cota.

Text

- **Width factor**: fator de expansão do texto. O valor 1 é o regular.
- **Underline**: texto sublinhado.
- **Italic**: texto em itálico.
- **Bold**: texto em negrito.
- **Text Size**: tamanho do texto.
- **Text Offset**: distância do texto à linha de cota.
- **Read Convention**: define o alinhamento do texto.
- **Text Font**: indica o tipo de letra do texto.
- **Text Background**: determina o fundo do texto. Se opaco, esconde o que estiver atrás; se transparente, os objetos que estiverem atrás dele são exibidos.
- **Units Format**: unidades das cotas.
- **Show Opening Height**: se habilitado, e ao cotar e selecionar linhas de aberturas (portas, janelas, openings), a distância do peitoril é cotada como na Figura 15.46.

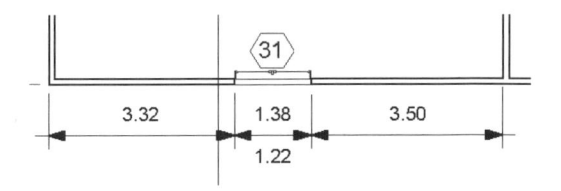

Figura 15.46. Cota do peitoril da janela.

15.2.8. Criação de um Estilo de Cotas

Como exemplo vamos criar um estilo de cotas para arquitetura. Abra o tipo de estilo **Diagonal - 2.5mm Arial**, clique em Duplicate, dê o nome **arquitetura - metros**. Modifique os valores conforme a Figura 15.48 e clique em OK.

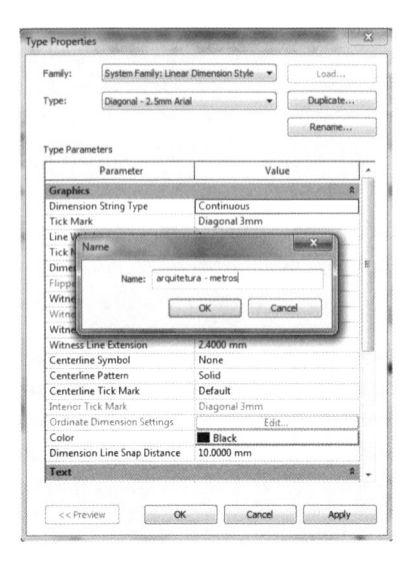

Figura 15.47. Criação de um estilo de cota.

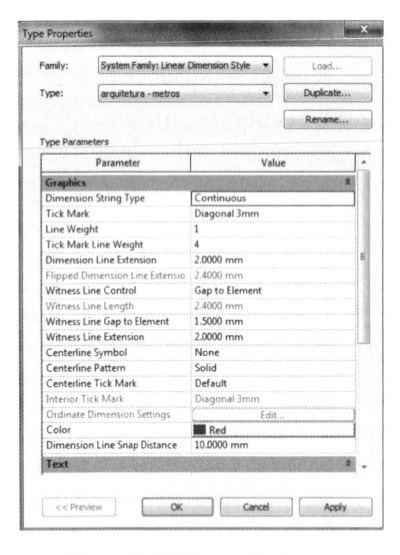

Figura 15.48. Novo estilo de cota.

Agora repita a operação e mude somente o campo **Dimension String Type** para **Baseline**. Salve como arquitetura - baseline metros.

15.2.9. Modificação do Texto das Cotas

O Revit não permite alterar o valor numérico de uma cota. Podemos somente alterar para um texto. Caso você tente digitar um número, surge a mensagem da Figura 15.49. Ao clicar em um texto, aparece a janela de diálogo **Dimension Text** da Figura 15.50, na qual não é permitido digitar outro valor numérico, pois surge a mensagem da Figura 15.49, alertando que só é possível alterar selecionando o elemento e clicando no seu valor.

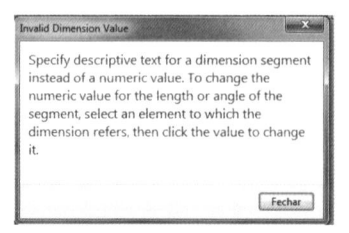

Figura 15.49. Nota de alteração de valor de cota.

Para substituir por um texto, clique no texto da cota e é exibida a janela de diálogo seguinte em que, ao selecionar **Replace With Text**, é possível digitar um texto para o local do valor numérico da cota.

Figura 15.50. Janela de diálogo Dimension Text.

Figura 15.51. Texto no lugar da cota.

Anotações - Cotas e Texto

No campo **Text Fields** podemos inserir um texto que vai ficar acima ou abaixo da cota e/ou um prefixo/sufixo para o valor da cota, como mostra a figura.

Figura 15.52. Janela de diálogo Dimension Text.

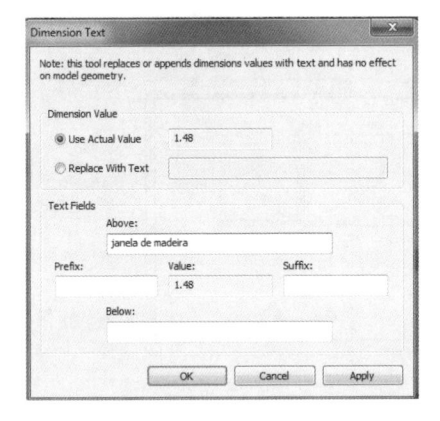

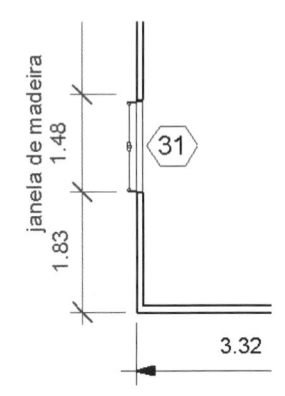

Figura 15.53. Texto em cima da cota.

15.2.10. Dimensionamento de Nível

Para inserir um símbolo de nível com a cota em um corte, selecione **Spot Elevation** na aba Dimension.

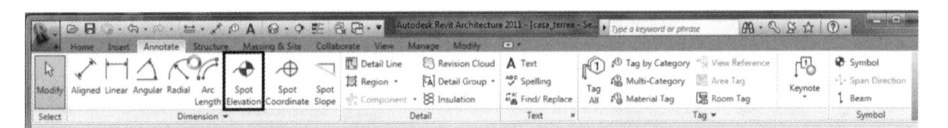

Figura 15.54. Aba Annotate - seleção de Spot Elevation.

Clique num ponto do corte e surge o desenho de uma linha. Clique em outro ponto para encerrar. Ao terminar, o pavimento é cotado de acordo com a cota do pavimento.

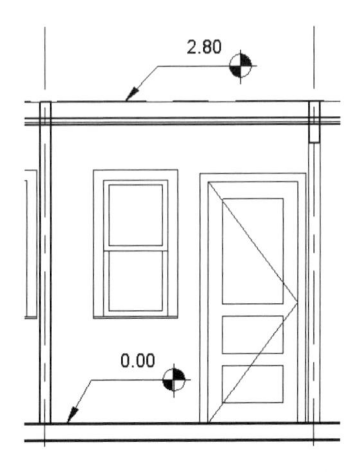

Figura 15.55. Cota de nível de pavimento.

Se for clicado em qualquer outro ponto, por exemplo, a face superior de uma porta ou janela, a cota é apresentada conforme a Figura 15.56.

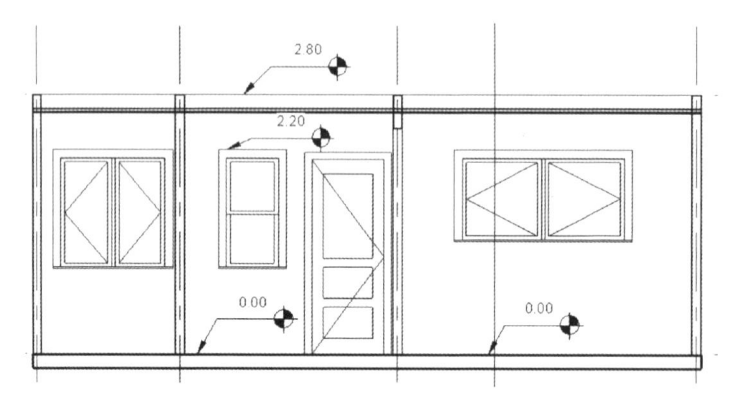

Figura 15.56. Cota de nível de pavimento.

Para usar outra simbologia, selecione em **Properties** outro estilo e para alterar o estilo ou criar outro a partir dele, clique em **Edit Type**, na janela **Type Properties** duplique com outro nome e altere as propriedades.

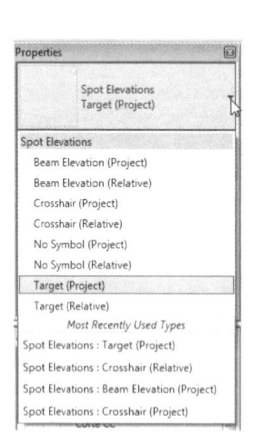

Figura 15.57. Lista de tipos de estilos.

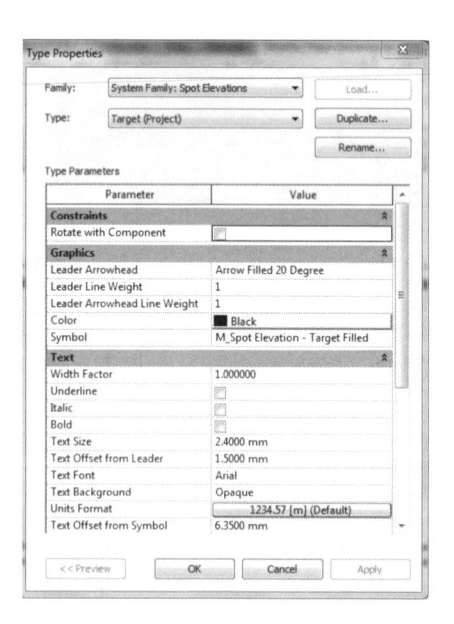

Figura 15.58. Propriedades do estilo.

15.3. Inserção de Símbolos

Podemos inserir símbolos no desenho pela aba **Annotate** e pelo painel **Symbol**.

Aba Annotate > Symbol > Symbol

Anotações - Cotas e Texto

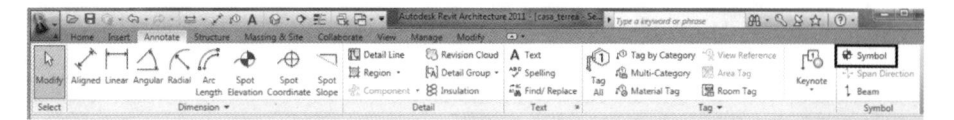

Figura 15.59. Aba Annotate - seleção de Symbol.

Ao selecionar **Symbol**, surge a aba **Modify/Place Symbol** na qual podemos selecionar um símbolo já carregado na lista em **Properties**, ou carregar de uma família em **Load Family**. Na lista em **Properties** note que há somente dois símbolos carregados, sendo norte e linha de centro. Veja os símbolos na Figura 15.62.

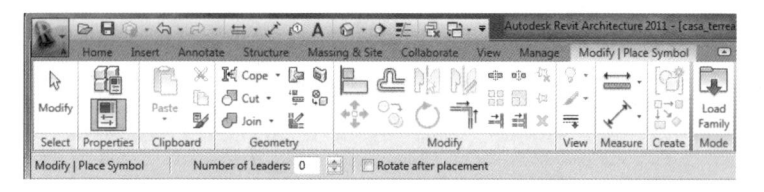

Figura 15.60. Aba Modify/Place Symbol.

Figura 15.61. Lista de tipos de Symbol.

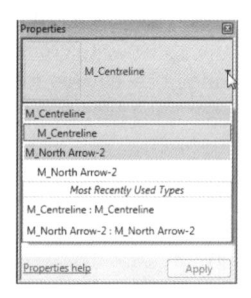

Figura 15.62. Símbolo de norte e de linha de centro.

Para carregar outros símbolos, clique em **Load Family** e selecione a pasta **Annotations**, em seguida selecione o símbolo desejado ou outras das pastas disponíveis para selecionar outros símbolos. Para criar um símbolo, é preciso criar uma família a partir do template genérico de anotações - **Generic Annotation.rft**.

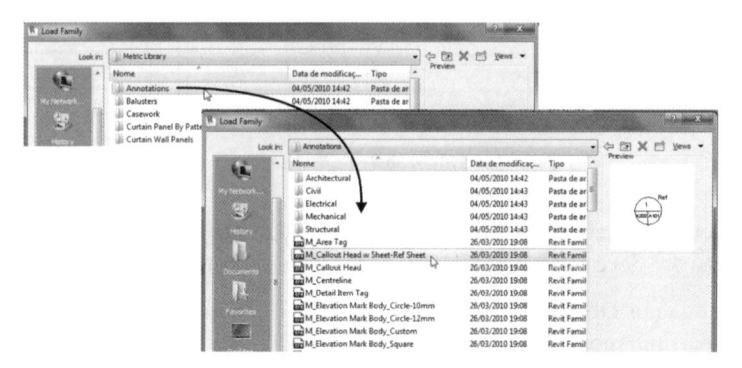

Figura 15.63. Seleção de uma família de símbolos.

15.4. Tags - Identificadores

Tags são as etiquetas que identificam cada elemento do projeto, por exemplo, portas e janelas. Todas as categorias de famílias possuem seus respectivos **Tags**. Alguns são carregados juntamente ao iniciar o Revit, outros devem ser carregados conforme a necessidade. Podemos inserir os **Tags** simultaneamente à inserção do elemento ou posteriormente. Ou mesmo se ele foi inserido e depois apagado com a ferramenta **Tag**, podemos inserir o **Tag** no elemento a qualquer momento do desenho. As propriedades dos **Tags** são listadas nas tabelas (schedules).

Para inserir um **Tag** existem duas opções: inserir um por vez ou todos em uma única operação. O **Tag** é acessado pela aba **Annotate**, painel **Tag**.

Aba Annotate > Tag > Tag All ou Tag by Category

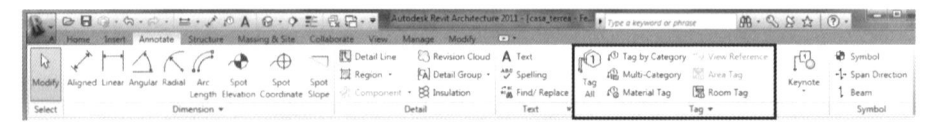

Figura 15.64. Aba Annotate - seleção de Tag by Category.

Clique em **Tag by Category** e selecione o elemento no qual você deseja inserir os **Tags**. Em seguida, o **Tag** é inserido somente no elemento selecionado. Os outros do mesmo tipo que não tiverem Tags não terão um **Tag** inserido. Veja o exemplo a seguir, no qual selecionamos uma porta e o **Tag** foi inserido somente na porta selecionada.

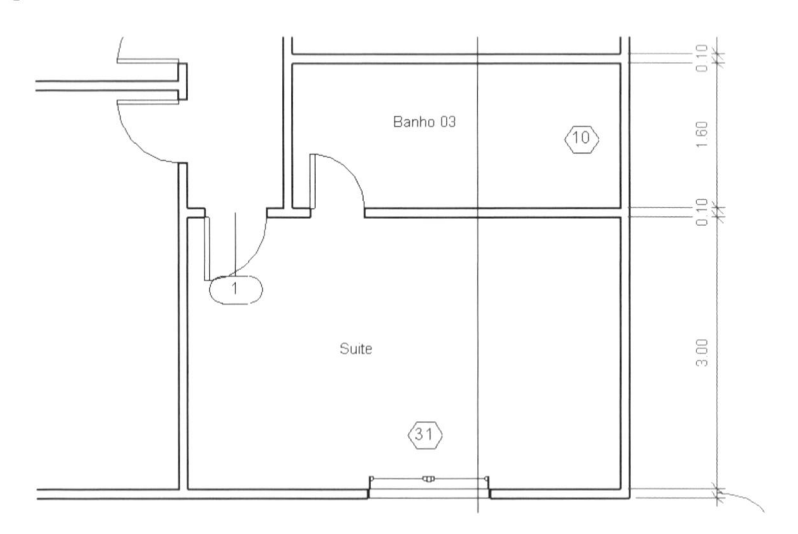

Figura 15.65. Inserção de Tag em porta.

Para inserir **Tags** em vários elementos de uma só vez, clique em **Tag All** e surge a janela de diálogo da Figura 15.66. Nela você deve selecionar a(s) categoria(s) para inserir os **Tags**.

Neste exemplo selecionamos **Doors** (portas). Todas as portas de todos os tipos terão o **Tag** inserido numa única operação, como mostram as Figuras 15.67 e 15.68.

Anotações - Cotas e Texto

Figura 15.66. Seleção de categoria para inserção de Tags.

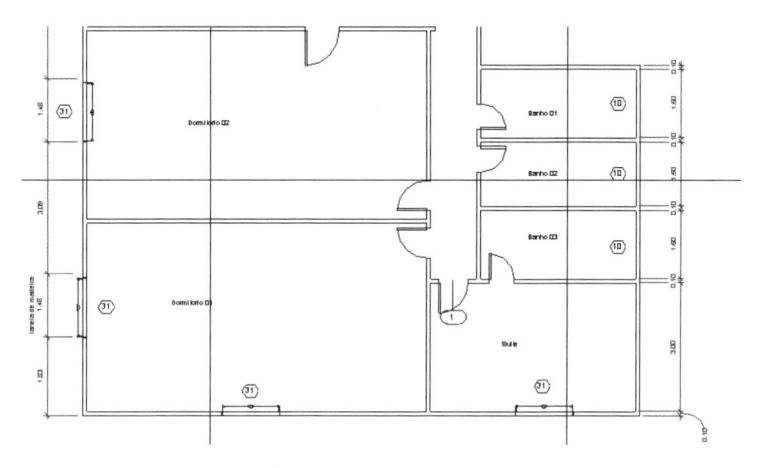

Figura 15.67. Desenho sem Tags das portas.

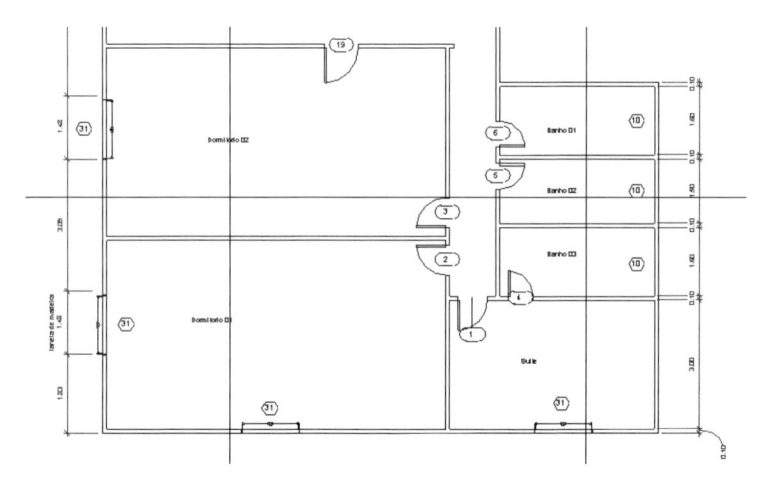

Figura 15.68. Tags inseridos em todas as portas.

Para criar um **Tag** é preciso criar uma família a partir de um template (.rft) encontrado na pasta **Annotation**.

15.5. Callouts - Chamada de Vistas de Detalhes

Os **Callouts** são chamadas para um detalhe de uma vista. Ao criar um **Callout**, o Revit gera uma vista da área do desenho selecionada em outra escala para que sejam adicionados detalhes a ela. Os **Callouts** podem ser criados em vistas planas, cortes ou elevações. A vista que originou o **Callout** é chamada de **Parent** e a criada chama-se **Callout View**. Se a vista **Parent** for apagada, a **Callout** também é eliminada. Podemos ter três tipos de **Callouts**:

- **Reference Callouts**: esse **Callout** se referencia a uma vista existente. Ao criá-lo, o Revit não cria uma vista, mas um apontador para uma vista existente.
- **Detail Callouts**: este deve ser usado para criar detalhes de uma vista que não vão aparecer na vista principal. Ao criá-lo, o Revit gera um vista de detalhe que vai aparecer no **Project Browser** em **Views** > **Detail Views**.
- **View Callouts**: esse tipo de **Callout** é usado para mostrar mais detalhes da área de um projeto, por exemplo, detalhes de um banheiro. Ao criá-lo, o Revit gera uma vista com as mesmas propriedades da vista **Parent** que originou a vista de detalhe. Ao criar um **Callout**, gera-se uma vista plana que vai aparecer no **Project Browser** em **Views** > **Floor Plan**.

Para criar um **Callout**, selecione **Callout** na aba **View**, em seguida selecione em **Properties** o tipo **View Callout** ou **Detail Callout**.

Aba View > Create > Callout

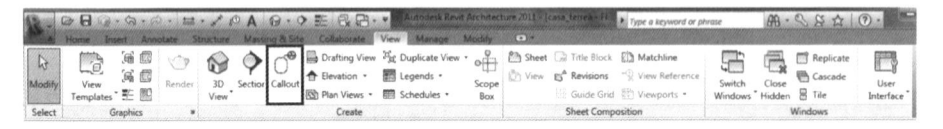

Figura 15.69. Aba View - seleção de Callout.

Defina a escala na barra de opções, Figura 15.71.

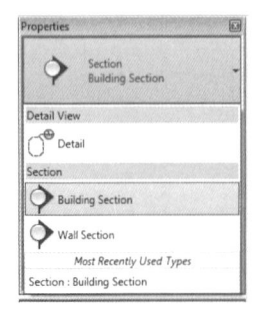

Figura 15.70. Lista de tipos de Callouts.

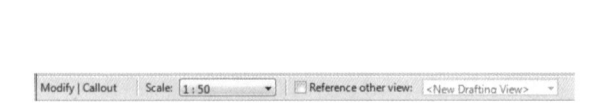

Figura 15.71. Barra de opções do Callout.

Anotações - Cotas e Texto

Em seguida selecione no projeto a área do desenho para gerar o **Callout**, como mostra a Figura 15.72.

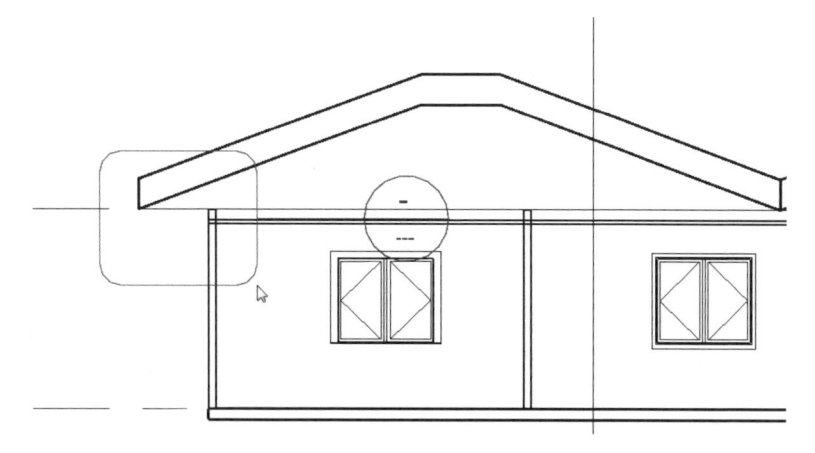

Figura 15.72. Seleção da área do desenho a detalhar.

Para finalizar, veja no **Project Browser** a vista criada, neste exemplo **Detail 0**. Para renomear, clique com o botão direito do mouse e dê um novo nome à vista.

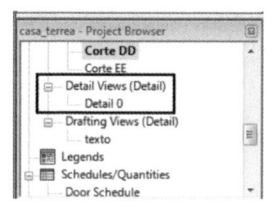

Figura 15.73. Vista criada no Project Browser.

Para abrir uma vista de detalhe, clique nela no **Project Browser** ou, na vista em que ela foi criada, clique duas vezes no tag do **Callout**.

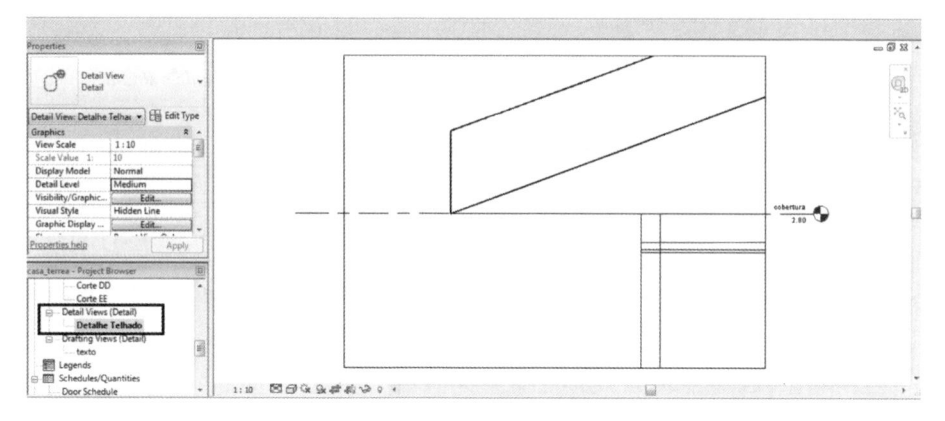

Figura 15.74. Vista do detalhe.

15.6. Room e Area

A ferramenta **Room** permite definir uma propriedade às áreas do projeto para indicar o seu uso e extrair a área dos ambientes criados. Ela é uma subdivisão do projeto, um ambiente, definido através de paredes, pisos ou forros. A partir dela podemos criar cores para indicar o uso das áreas, por exemplo, áreas comuns, escritório, para circulação etc.,o que facilita muito a contabilidade das áreas e a visualização dos espaços criados em um projeto. Depois de criar os **Rooms**, podemos gerar uma tabela de áreas. Para inserir um **Room**, selecione **Room** na aba **Home**, em seguida escolha uma área no projeto delimitada por paredes, por exemplo.

Aba Home > Room

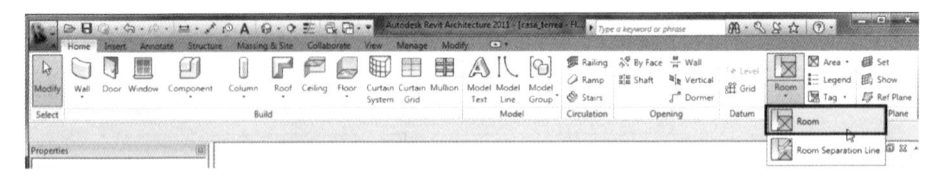

Figura 15.75. Aba Home - seleção de Room.

Na Figura 15.76 foi selecionado um dormitório. Ao passar o cursor sobre ele, o Revit detecta automaticamente pelas paredes uma área e insere uma moldura e duas linhas que se cruzam. Clique para inserir o **Room**, então surge uma moldura na área e um **Tag** com número e texto. Podemos alterar esse texto clicando nele, para que na tabela o ambiente seja nomeado corretamente.

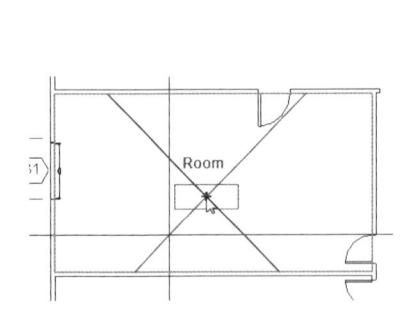

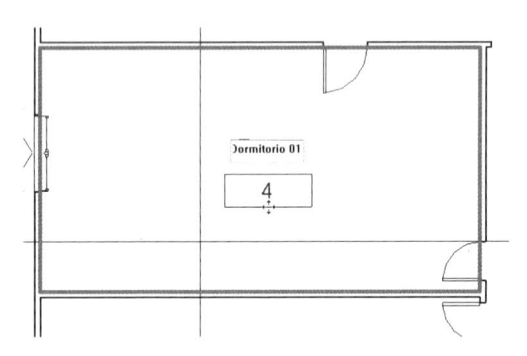

Figura 15.76. Inserção do Room.   *Figura 15.77. Renomeando o Room.*

Em alguns casos, é possível ter dois ambientes adjacentes e a ferramenta **Room** não detecta essa separação, então usamos **Room Separate Line** para criar uma linha de divisão entre os ambientes, Figura 15.79. Os dois ambientes, Serviço e Cozinha, são separados, mas não existe porta e ao usar o **Room**, somente uma área é localizada.

Selecione **Room Separation Line** na aba **Home** em **Room > Room Separation Line**. É inserida uma linha entre as duas paredes para gerar a divisão.

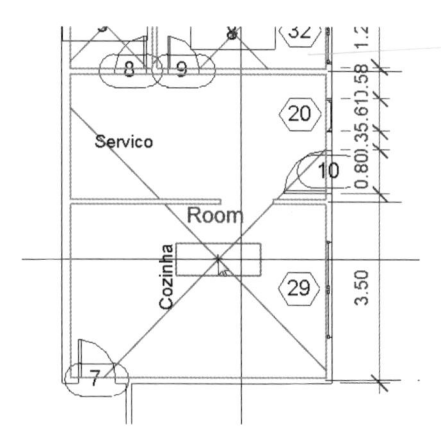

Figura 15.78. Ambientes adjacentes e 1Room.

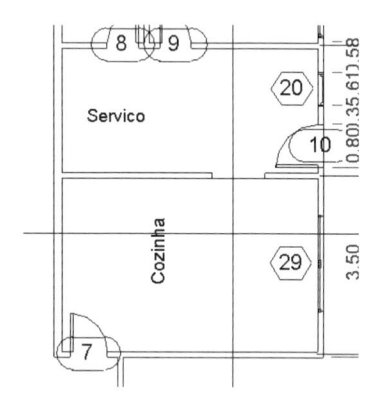

Figura 15.79. Criação da linha de separação.

Veja a seguir o resultado depois de inserida a linha de separação dos ambientes. Foram criadas duas áreas separadas.

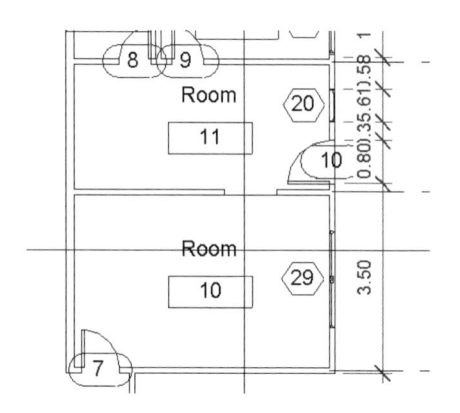

Figura 15.80. Resultado da criação de dois ambientes separados.

15.6.1. Criação da Tabela de Áreas

Depois de criar **Rooms** para todos os ambientes, podemos extrair as áreas para uma tabela, **Schedule**. Já vimos como criar uma tabela no capítulo 7 e agora vamos gerar uma tabela de áreas. Na aba **View** selecione **Schedules** > **Schedules Quantities** e na janela de diálogo da Figura 15.81 escolha a categoria **Rooms** e clique em OK.

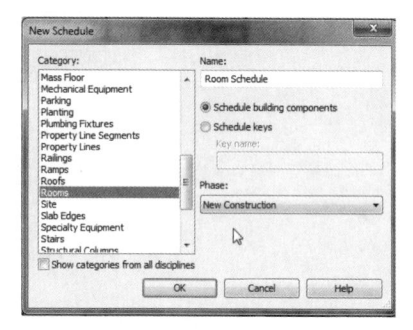

Figura 15.81. Seleção da categoria da tabela.

Na janela seguinte selecionam-se os campos da tabela. Selecione **Name** e clique em **Add**, depois escolha **Area**, clique em **Add** e em **OK**.

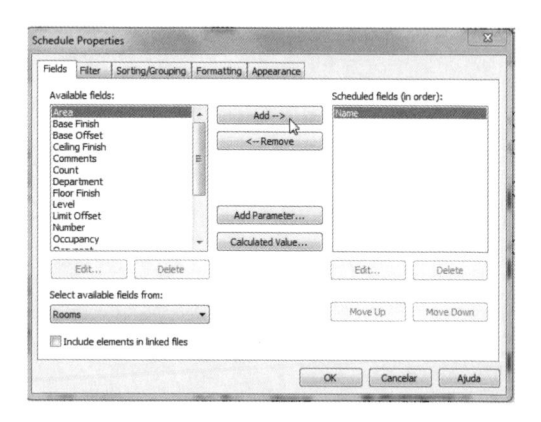

Figura 15.82. Seleção dos campos da tabela.

No **Project Browser** é criada uma vista dessa tabela, conforme a Figura 15.83.

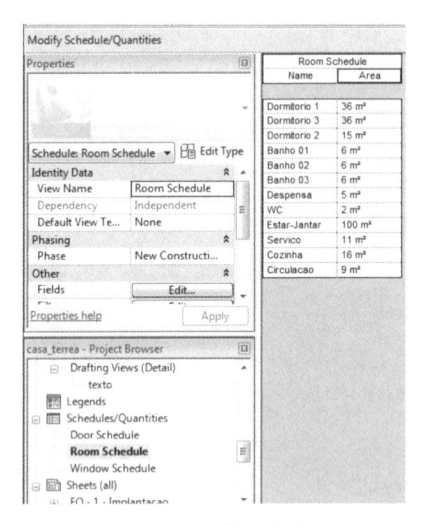

Figura 15.83. Tabela de áreas.

As tabelas podem ser editadas posteriormente e extraídas para um arquivo tipo .txt que pode ser aberto em planilhas para posterior edição.

Introdução

Neste capítulo vamos preparar a documentação do projeto para impressão. Veremos como montar folhas com as plantas, cortes, vistas criadas no projeto e tabelas dos elementos inseridos para impressão.

Objetivos

- *Inserir uma folha com tamanho padrão*
- *Aprender a inserir vistas do projeto na folha*
- *Imprimir a folha*

Capítulo 16

Montagem de Folhas e Impressão

16.1. Geração de Folhas de Impressão - Sheets

A criação de folhas para impressão é feita pela ferramenta **Sheets**. É possível criar tantas folhas quantas forem necessárias para apresentar o projeto. Uma folha pode conter somente vistas do desenho listadas no **Project Browser** e/ou tabelas (**Schedules**) dos elementos inseridos no projeto. Depois de criar as folhas inserimos as vistas do desenho já com a escala definida na vista criada. As Sheets estão em escala 1:1 e as vistas podem ser inseridas nela em diferentes escalas.

Para inserir uma folha no desenho, clique com o botão direito do mouse em **Sheets** ou na aba **View** selecione **New Sheet**, como mostra a Figura 16.2.

Aba View > Sheet Composition > Sheet

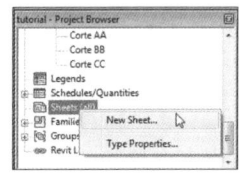

Figura 16.1. Folha pelo Project Browser.

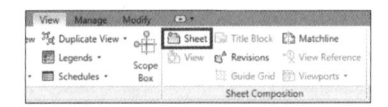

Figura 16.2. Folha pela aba View.

Surge a janela de diálogo **New Sheet** que solicita a folha; a sugestão é o formato A1, mas se desejar outro, clique em **Load** e o Revit traz famílias com os formatos mais utilizados. Basta selecionar um deles e clicar em **Open**. Neste exemplo vamos usar o A1 metric. Clique em OK na janela **New Sheet**.

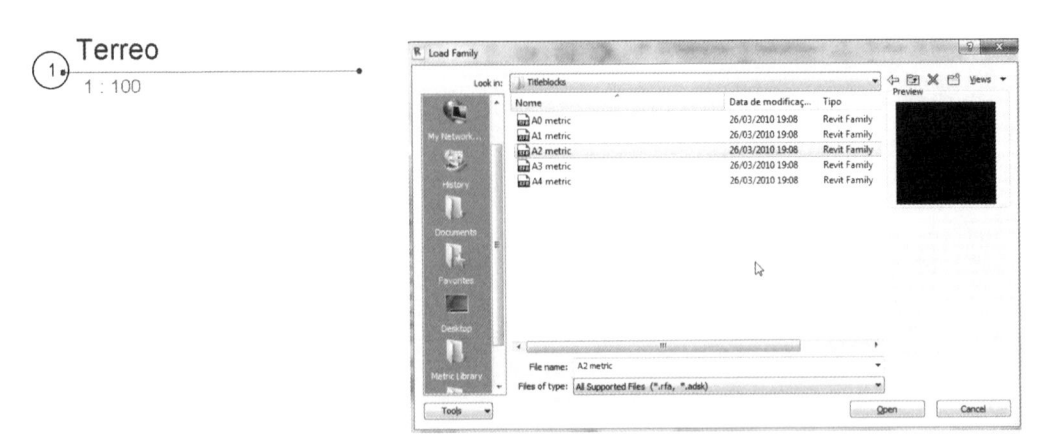

Figura 16.3. Seleção da folha.   *Figura 16.4. Outras famílias de folhas.*

Uma folha é inserida na tela e em **Sheets**, no **Project Browser**, clique no sinal de + para abrir a lista de folhas, conforme a Figura 16.5.

Figura 16.5. Folha A1 inserida na tela.

A partir desse momento vamos inserir vistas do desenho na folha clicando na vista no **Project Browser** e arrastando para a folha. É importante preparar as vistas a serem inseridas numa folha antes de arrastá-las para a folha. Verifique os seguintes itens:

- Definir a escala na barra de status;
- Fazer um **Crop View** para definir o que será mostrado;
- Nível de detalhe na barra de status - **Fine/Medium/Coarse**;
- **Graphic Style** - **Hidden/Wireframe/Shaded**;
- **Shadows** - **On/Off**.

> **Dica:** Uma vista não pode ser inserida em folha mais de uma vez, nem em mais de uma folha. Para inserir uma vista em mais de uma folha, ela precisa ser duplicada (capítulo 7).

Montagem de Folhas e Impressão

Para mudar o nome da folha, clique em **Unnamed** no carimbo à direita e ele entra no modo de edição, renomeie a folha e note que no **Project Browser** ele também é atualizado.

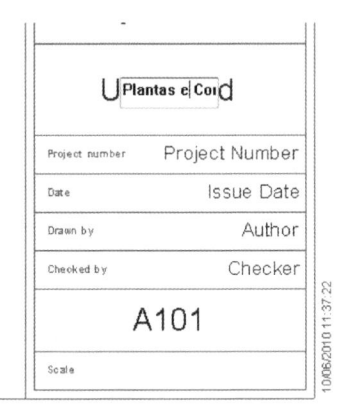

Figura 16.6. Renomeando a folha.

Figura 16.7. Folha renomeada.

Clique no campo do número da folha e mude para FO-1, como mostra a figura. A partir de agora, ao criar uma folha, a numeração será sequencial. Crie mais uma ou duas folhas para verificar.

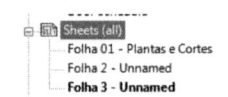

Figura 16.8. Folhas criadas.

Figura 16.9. Folha criada numerada na sequência.

Para criar sua própria folha e o carimbo, é preciso criar uma família a partir de um dos **templates** de **Titleblock** do Revit. Os templates estão na pasta c:\Program Data\Autodesk\RAC2011\Metric Templates.

Neste exemplo vamos montar uma folha do projeto do edifício criado a partir do nosso tutorial. Se você já fez os exercícios do tutorial, pode usar o seu arquivo. Se não fez ainda, pode abrir o arquivo **exercicio11.rvt** que pode ser baixado do site da Editora ou usar qualquer arquivo como um projeto. Verifique a escala; vamos usar 1:100 nas plantas e cortes. Clique no pavimento térreo e arraste para a folha. Ao arrastar, somente a moldura da **Viewport** é mostrada, como na Figura 16.10.

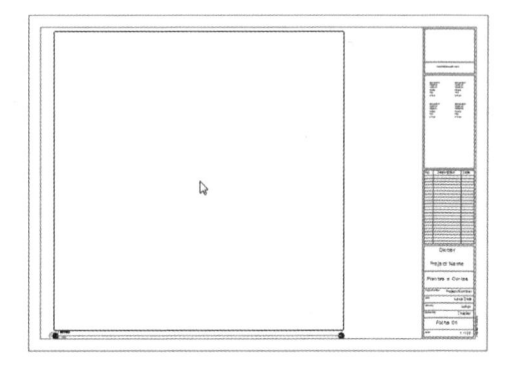

Figura 16.10. Inserção do pavimento na folha.

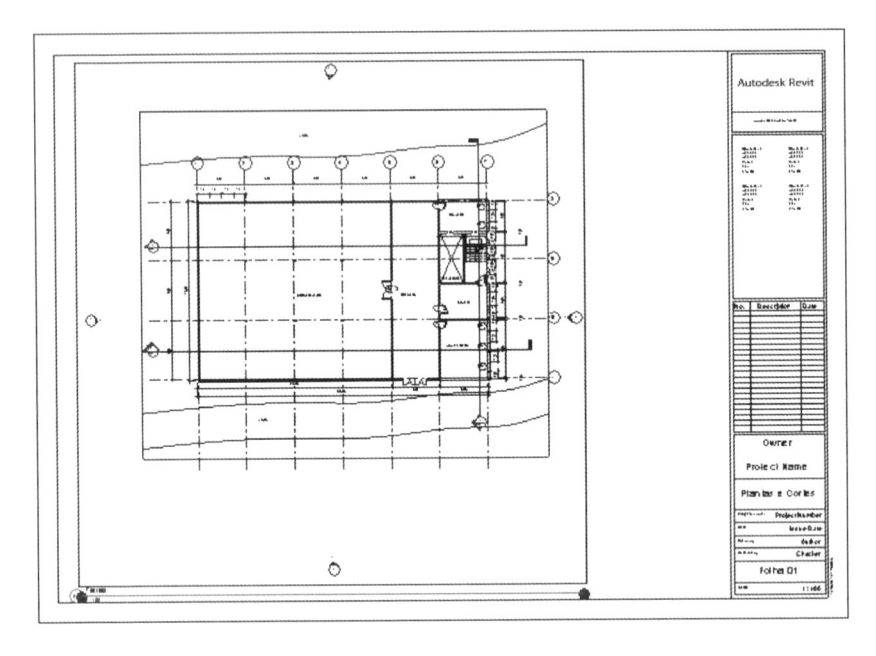

Figura 16.11. Viewport criada com o pavimento Terreo.

A moldura da **Viewport** e da **Crop View**, se houver, é mostrada. Clicando fora da **Viewport**, ela some e permanece a moldura da **Crop View** que deve ser desligada na vista correspondente, selecionando o botão na barra de status, Figura 16.12. Neste exemplo não temos a **Crop View** do térreo ligada. A linha que aparece é do terreno.

Figura 16.12. Botão Hide Crop Region.

O resultado é o desenho da vista em escala na folha. A partir desse momento, tudo que for alterado na vista do pavimento será alterado na **Viewport** da folha. A seguir, insira as outras vistas para essa folha. O resultado é uma folha pronta para ser impressa.

Após selecionar uma **Viewport**, suas propriedades podem ser vistas em **Properties**. Você pode criar estilos de **Viewports** de acordo com seus projetos. Para alterar a posição do título da **Viewport**, clique na sua margem e ao surgirem os **Grips** azuis no título, clique e arraste para diminuir o tamanho. Para mover o título clique nele e ao aparecer o símbolo de **Move**, mova o título.

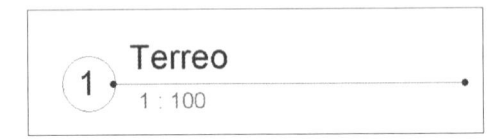

Figura 16.13. Alteração da linha do título da Viewport.

Para remover o título selecione a **Viewport**, em **Properties** selecione **Edit Type** e nas propriedades desligue **Show Title**. O título é o mesmo da vista, portanto se você mudar o nome da vista, o título muda também. Se você precisar dar um nome ao título diferente do nome do pavimento, em **Properties** altere **View Name**.

Para mover a **Viewport** selecione-a e ao surgir o símbolo de **Move**, mova com o cursor. Para alterar o tamanho da **Viewport**, selecione-a e na aba **Modify/Viewports** escolha **Crop Size**. Na janela **Crop Region Size** altere as medidas.

Montagem de Folhas e Impressão 305

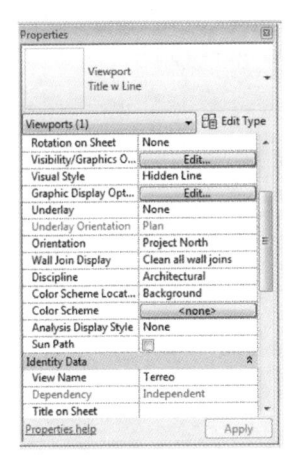

Figura 16.14. Propriedades da Viewport.

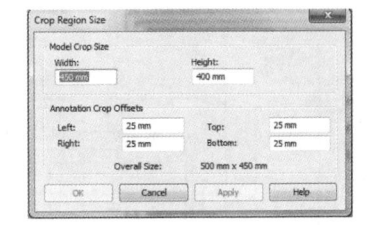

Figura 16.15. Alteração das medidas da Viewport.

16.2. Criação de Crop Views

A **Crop View** corta a parte de uma vista que não deve ser exibida na tela ou na impressão. No exemplo seguinte constam a planta do térreo e outros edifícios ao lado no pavimento térreo.

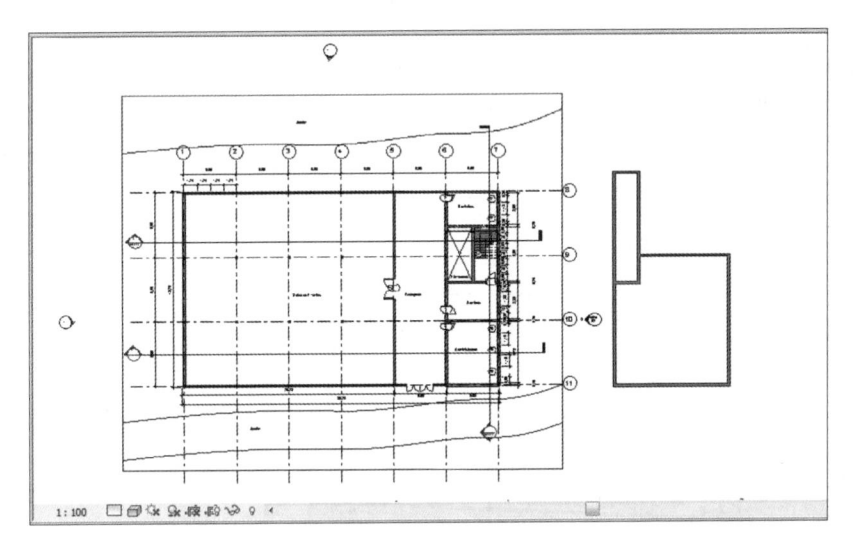

Figura 16.16. Pavimento térreo.

Para ativar o **Crop View**, clique no botão da barra de status **Show Crop Region** e uma moldura é exibida na tela. Clique nela para ativar os **Grips**, como indica a Figura 16.17.

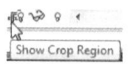

Figura 16.17. Botão Crop Region.

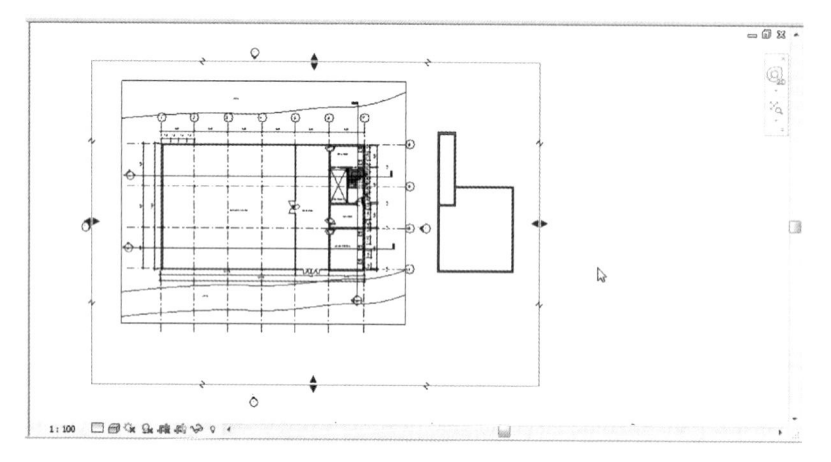

Figura 16.18. Moldura da Crop Region ativada.

Em seguida, clique nos **Grips** para diminuir a área a ser exibida, como ilustra a Figura 16.19. Depois tecle **Esc** para retirar os **Grips**.

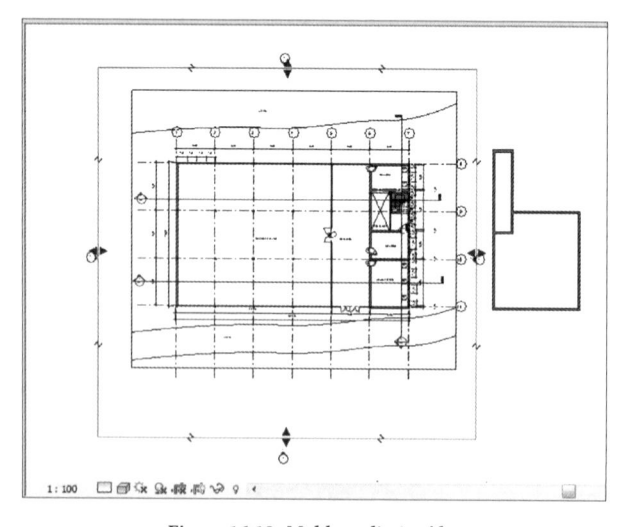

Figura 16.19. Moldura diminuída.

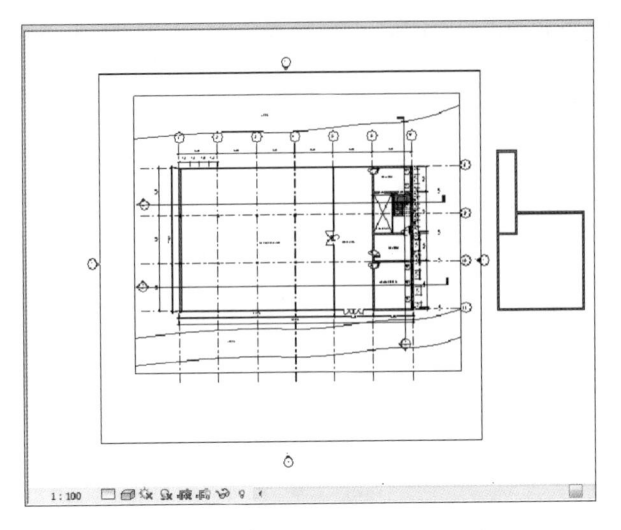

Figura 16.20. Área da Crop Region alterada.

É gerada uma borda em volta da área selecionada. Clique em **Crop View** na barra de status para que a vista seja cortada, Figura 16.21.

Figura 16.21. Botão Crop View.

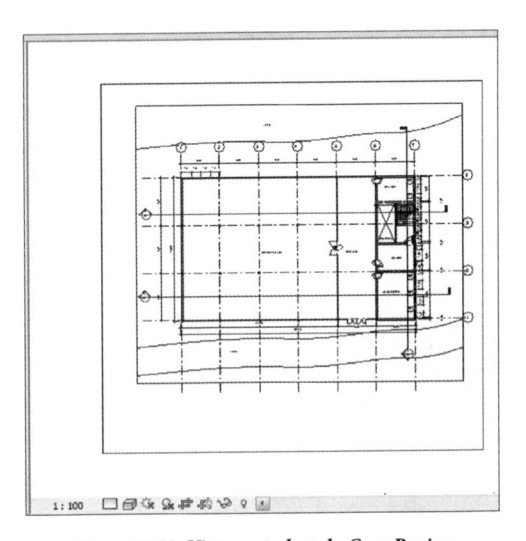

Figura 16.22. Vista cortada pela Crop Region.

O botão **Hide Crop Region** desliga a moldura para que ela não apareça na **Viewport**, Figura 16.23.

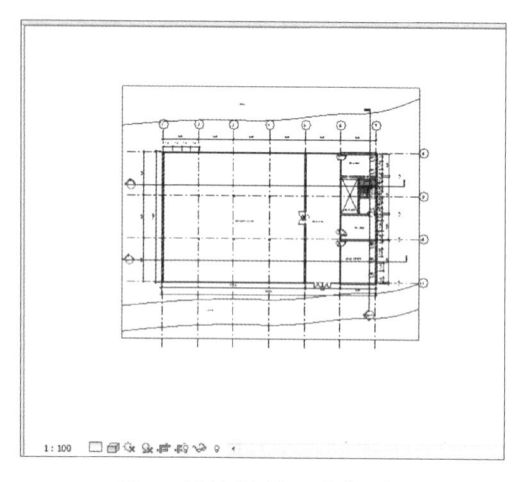

Figura 16.23. Moldura desligada.

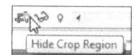

Figura 16.24.

Para retornar à situação inicial, desligue os dois botões conforme a Figura 16.25.

Figura 16.25. Botões para desligar a Crop Region.

A Figura 16.26 ilustra uma folha A0 com várias **Viewports** simultaneamente. Para praticar, você pode prosseguir inserindo outras folhas de vários tamanhos, com desenhos em escalas diversas.

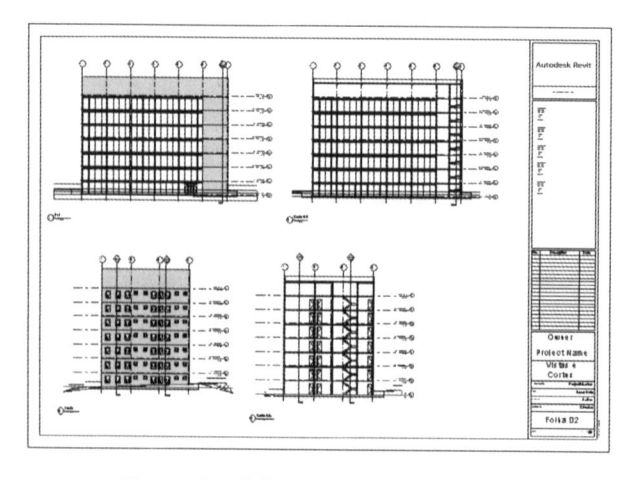

Figura 16.26. Folha A0 com várias Viewports.

16.3. Impressão

Depois de montada, a folha pode ser impressa em uma impressora configurada no equipamento ou o projeto pode ser publicado em formato DWF (Design Web Format), PDF ou em sistemas de troca de arquivos pela web.

Selecione a folha (**Sheet**) a ser impressa pelo **Project Browser** ou simplesmente uma vista do projeto. Não é somente a folha (**Sheet**) que pode ser impressa. Uma vista qualquer na tela também pode ser impressa.

Para imprimir selecione **Print** no **Application Menu**, Figura 16.27.

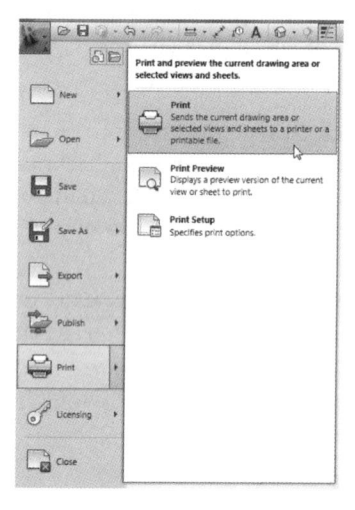

Figura 16.27. Seleção do comando Print.

Surge a janela de diálogo **Print** na qual é preciso configurar os seguintes campos:

Printer

- **Name**: seleção de impressora.
- **Properties**: configuração das propriedades da impressora, variando de acordo com o equipamento.
- **Print to file**: imprime para um arquivo PRN ou PLT.

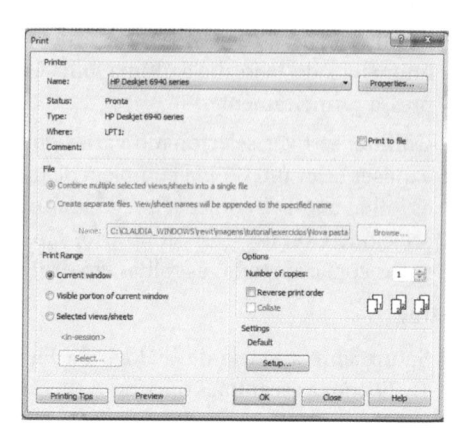

Figura 16.28. Janela de diálogo Print.

File

- **Combine multiple selected view/sheets into a single file**: imprime várias folhas em um mesmo arquivo.
- **Create separate files. View/sheets names will be appended to the specific name**: cria arquivos separados de impressão quando forem selecionadas várias folhas.
- **Name**: nome do arquivo ao selecionar **Print to file**.
- **Browse**: permite selecionar a pasta na qual será gravado o arquivo.

> **Dica:** Para imprimir várias folhas ao mesmo tempo, crie um único arquivo com todas elas e imprima em PDF.

Print Range

- **Current window**: imprime a janela corrente.
- **Visible portion of current window**: imprime somente a parte visível da janela.
- **Selected view/sheets**: imprime vistas/folhas selecionadas pelo botão Select.

Options

- **Number of copies**: número de cópias a imprimir.

- **Reverse print order**: inverte a ordem de impressão, desta forma a última folha é impressa primeiramente.
- **Collate**: se tiver selecionado várias cópias e quiser fazer uma cópia completa de todas as folhas antes de começar a segunda cópia, selecione **Collate**. Caso contrário, são feitas as cópias de todas as folhas em ordem.

Seetings

- **Setup**: abre a janela de diálogo da Figura 16.29 com as seguintes opções:

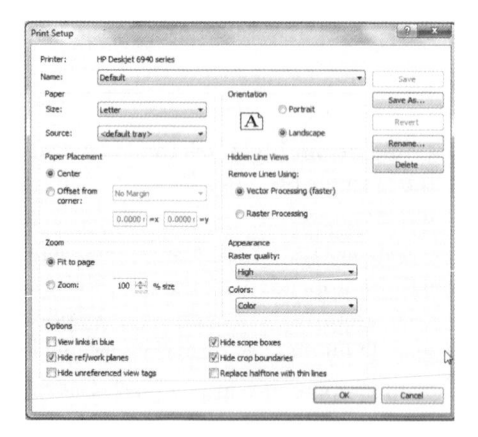

Figura 16.29. Janela Print Setup.

- **Name**: nome das configurações de impressão salvas anteriormente.

Paper

- **Size**: tamanho do papel.
- **Source**: fonte de alimentação de papel.

Orientation

- **Portrait**: posição do desenho na folha da impressora.
- **Landscape**: posição do desenho na folha da impressora.

Paper Placement

- **Center**: centraliza o desenho na folha.
- **Offset from corner**: distância da origem do desenho.

Hidden Line Views

Remove Lines Using

- **Vector Processing**: processamento vetorial; melhora o desempenho da impressão.
- **Raster Processing**: processamento de impressão mais lento.

Zoom

- **Fit to Page**: ajusta o desenho ao tamanho da folha.
- **Zoom**: faz um zoom numa porcentagem da folha.

Appearance

- **Raster quality**: qualidade da imagem impressa. Aumentando a qualidade, aumenta o tempo de impressão.

Colors

- **Black Lines**: imprime em preto todo o texto, linhas não brancas, hachuras e bordas. Imagem e cor sólida são impressas em tons de cinza. (opção não disponível para DWF)
- **Grayscale**: todas as cores, texto, imagens e linhas são impressos em tons de cinza.
- **Color**: todas as cores do projeto são mantidas de acordo com a disponibilidade da impressora selecionada.

Options

- **View links in blue**: as view links são impressas em preto por padrão, mas podem ser impressas em azul.
- **Hide ref/work planes**: permite esconder os reference planes e work planes na impressão.
- **Hide unreferenced view tags**: esconde **Tags** de corte, elevação **Callout** que estejam sem referência nas folhas.
- **Hide scope boxes**: ela esconde os **scope boxes**.
- **Hide crop boundaries**: esconde as bordas das **Crop Views**.

Montagem de Folhas e Impressão

- **Replace halftone with thin lines**: se alguns elementos forem mostrados em halftones, eles podem ser impressos com linhas finas.
- **Save**: salva as configurações feitas nessa tela para uso posterior.
- **Save as**: salva com outro nome.
- **Delete**: apaga a configuração selecionada na lista.
- **Rename**: abre uma janela para trocar o nome.
- **Revert**: as configurações voltam ao estado original antes de serem salvas.

As configurações salvas vão para a lista em **Name**:

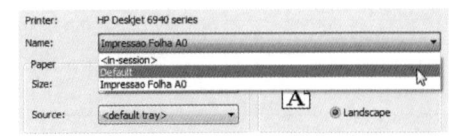

Figura 16.30. Lista de impressões salvas.

Neste exemplo fizemos um arquivo em PDF no tamanho A0. Você pode visualizar o arquivo tutorial.pdf que está no site da Editora Érica.

Anotações

Capítulo 17
Apresentação em 3D

Introdução

A visualização do projeto de arquitetura em 3D é muito importante tanto para o arquiteto como para o cliente que em geral tem dificuldade de entender o projeto em 2D. Vamos ver a seguir como criar vistas em 3D com câmeras e gerar perspectivas realísticas. As imagens geradas estão disponíveis em cores no site da Editora Érica, pois este livro é preto e branco, sendo a visualização da imagem digital muito melhor do que a da impressa.

Objetivos

- Aprender a criar vistas 3D em perspectiva isométrica
- Gerar perspectiva com a câmera
- Usar o **Steering Wheels** para visualizar de forma dinâmica o projeto
- Gerar o Render com materiais, luz e sombra

17.1. Comandos de Visualização em 3D

Antes de trabalhar em 3D, precisamos ativar a vista em 3D do projeto. Abra o projeto do exercício tutorial se você já terminou. Se você não fez, pode abrir o arquivo tutorial.rvt disponível no site da Editora ou qualquer outro projeto que tenha criado. Na barra de acesso rápido podemos selecionar o ícone da casinha, em seguida **Default 3D View** e na aba **View** selecionar **3D View** e **Default 3D View**. Então o projeto é apresentado na tela em 3D, como mostra a Figura 17.3.

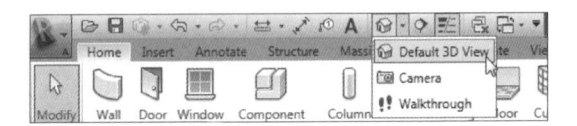

Figura 17.1. Seleção pela barra de acesso rápido.

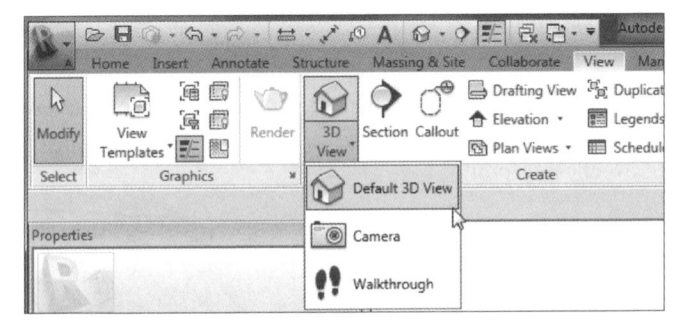

Figura 17.2. Seleção pela aba View.

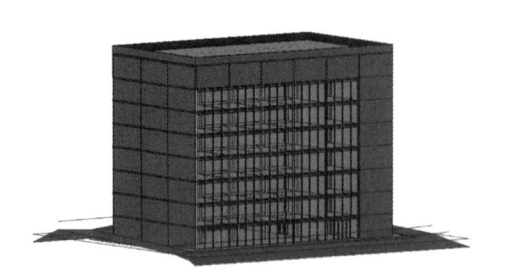

Figura 17.3. Vista 3D do projeto.

Para visualizar o projeto em outras posições existem três ferramentas básicas descritas a seguir.

17.1.1. View Cube

Está localizado no canto superior direito da tela em uma vista 3D. Gera vistas isométricas. O cubo representa as seis possibilidades de visualização em elevação, clicando nas faces, e ainda é possível clicar nas arestas e vértices para gerar vistas isométricas. Na parte inferior a bússola permite girar o desenho, clicando nela e girando-a.

Figura 17.4. View Cube.

Clicando em Top, temos uma vista superior, como mostra a Figura 17.6. Ao clicar, o ponto clicado fica azul.

Figura 17.5. View Cube - Top.

Figura 17.6. Vista em planta.

Clicando em Right, obtém-se uma vista frontal e assim por diante para cada lado.

Clicando num vértice, surge uma vista isométrica.

Figura 17.7. View Cube.

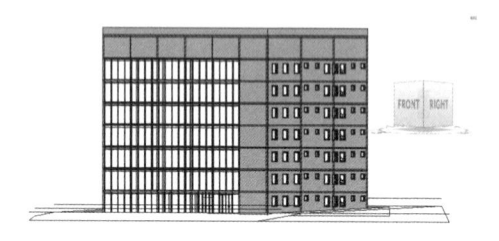

Figura 17.8. Vista frontal.

Clicando numa aresta, temos uma vista isométrica.

Figura 17.9. View Cube.

Apresentação em 3D

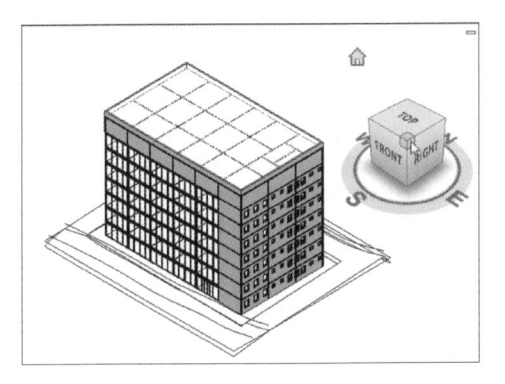

Figura 17.10. Vista isométrica.

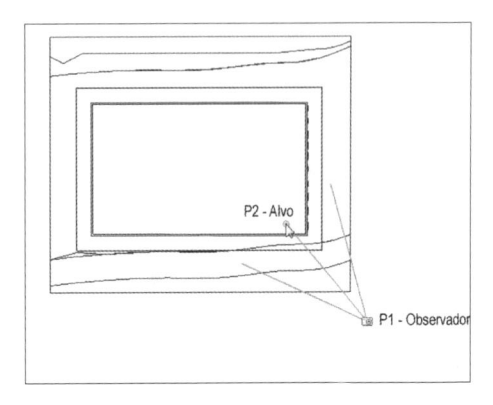

Figura 17.12. Informação dos pontos da câmera.

> ✎ **Dica:** *Apertando a tecla Shift e o botão Scroll do mouse, podemos girar o projeto em 3D.*

O resultado é apresentado na tela conforme a Figura 17.13.

17.1.2. Câmera

A câmera permite visualizar o projeto em perspectiva. Para ativar a câmera, é interessante partir do desenho em 3D, porém de uma vista superior, pois fica mais fácil acertar os pontos a serem especificados.

Em uma vista superior clique em **Camera** na aba **View**.

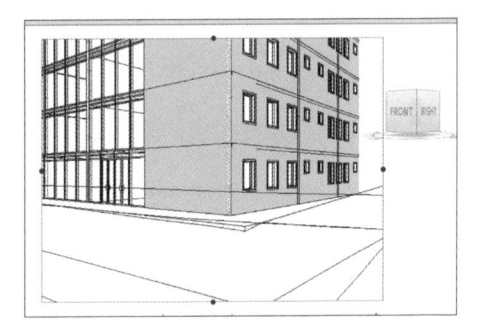

Figura 17.13. Perspectiva criada pela câmera.

Aba View > Create > 3D View > Camera

A vista se apresenta numa borda que pode ser aumentada ou diminuída, clicando nela e editando com os **Grips** e rolando o **Scroll** do mouse para usar o **Zoom**.

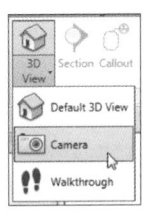

Figura 17.11. Seleção da câmera.

Em seguida devemos clicar num ponto para definir a posição do **observador** e em outro para definir a posição do **alvo**, como mostra a Figura 17.12.

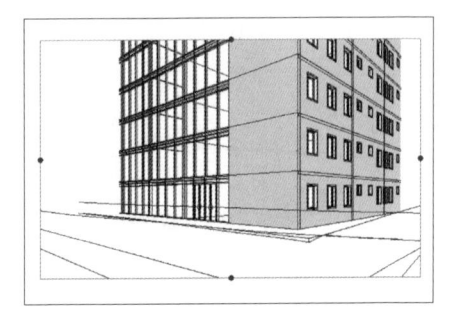

Figura 17.14. Vista em perspectiva.

Figura 17.15. Vista em perspectiva.

Em seguida é possível mudar o modo de visualização na barra de status e ligar a sombra, como mostram as figuras seguintes.

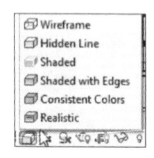

Figura 17.16. Seleção do modo de visualização.

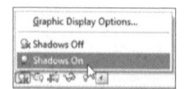

Figura 17.17. Ligando a sombra.

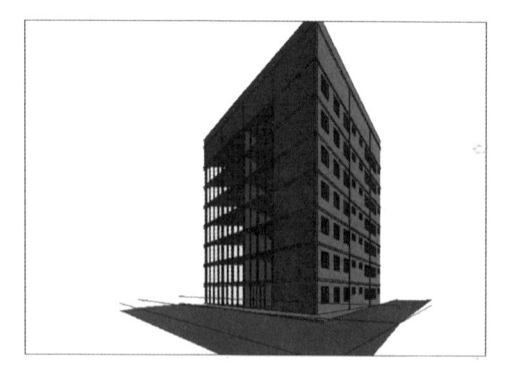

Figura 17.18. Vista 3D com shade e sombra ligada.

As vistas 3D criadas por diferentes posições da câmera recebem os nomes **3D View 1**, **3D View 2** e assim por diante, sendo necessário renomeá-las para facilitar a organização. Clique no nome da vista e no botão direito do mouse, selecione **Rename** e renomeie as vistas.

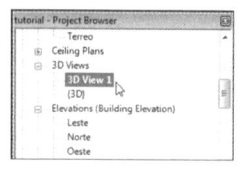

Figura 17.19. Nome da vista.

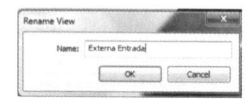

Figura 17.20. Renomeando a vista.

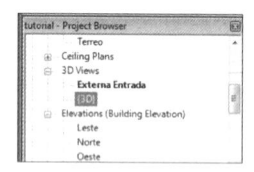

Figura 17.21. Resultado.

Para modificar a posição da câmera usam-se as vistas em planta e 3D, portanto ative as duas na tela, Figura 17.22.

🍂 **Dica:** *Para usar rapidamente o modo de apresentar as vistas lado a lado, abra as vistas que deseja ver e digite WT.*

Apresentação em 3D

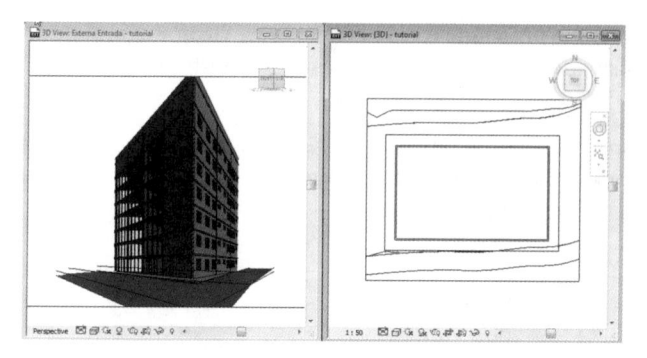

Figura 17.22. Vista em planta e 3D simultâneas na tela.

Em seguida, selecione a **Crop Region** na vista em 3D e note que na vista da planta surge o ícone da câmera.

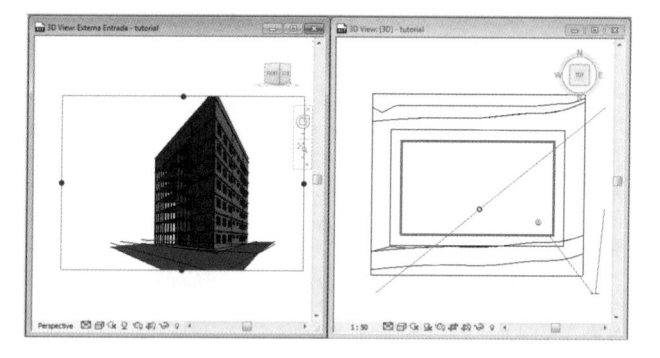

Figura 17.23. Seleção da Crop Region na vista 3D.

Na vista da planta, selecione a câmera e mova. A vista em 3D vai se modificar conforme a nova posição da câmera. O alvo também pode ser movido dessa forma.

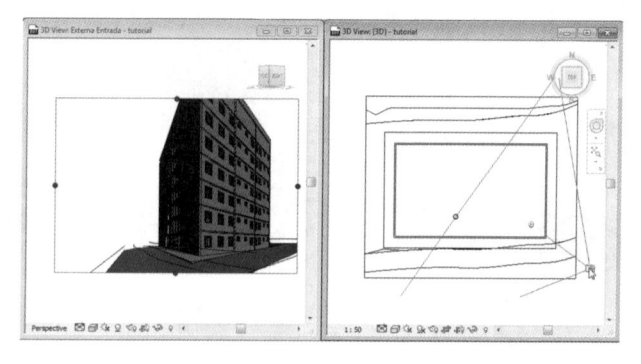

Figura 17.24. Modificação da posição da câmera.

Mude para a vista em 3D e posicione o cursor dentro da **Crop Region**, pressione a tecla **Shift** e o botão **Scroll** do mouse, movendo-o. A câmera muda de posição de acordo com o movimento do mouse.

Para gerar uma perspectiva interna, ative a vista em planta do pavimento desejado e proceda da mesma maneira, informando os pontos internamente aos ambientes, Figura 17.25. Neste exemplo estamos visualizando o primeiro pavimento.

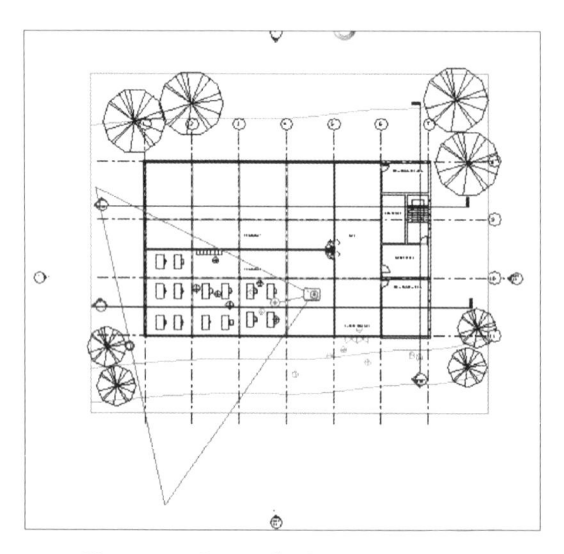

Figura 17.25. Posição da câmera internamente.

Figura 17.26. Perspectiva interna resultante.

Apresentação em 3D

17.1.3. Steering Wheels

Essa ferramenta permite acessar os comandos **Zoom**, **Pan** e **Orbit**, mudar o centro de visualização e caminhar em um desenho 3D. Para acessar, selecione na tela em uma vista 3D o ícone da Figura 17.27:

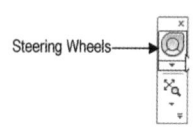

Figura 17.27. Seleção do Steering Wheels.

Figura 17.28. Seleção do modo de navegação completo.

Ao primeiro contato, é exibida a tela ilustrada na Figura 17.29 com o ícone de uma chapa circular, em que podemos usar o modo de navegação completo ou resumido.

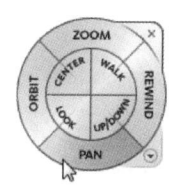

Figura 17.29. Steering Wheels.

Apertando o botão direito do mouse, no menu de contexto também é possível escolher outro modo de visualização do ícone com menos opções.

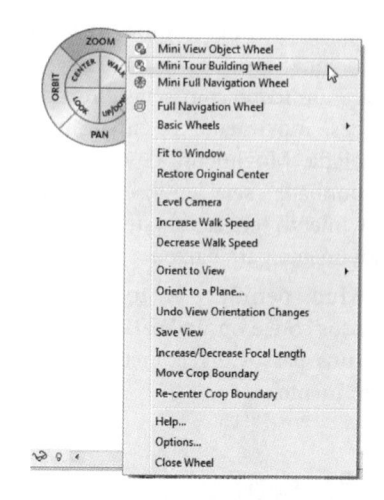

Figura 17.30. Resultado ao pressionar o botão direito do mouse.

As opções do **Steering Wheels** são:

- **Zoom**: aperte o botão esquerdo do mouse com o cursor no **Zoom** para acioná-lo.
- **Pan**: aperte o botão esquerdo do mouse com o cursor no **Pan** para acioná-lo.
- **Orbit**: aperte o botão esquerdo do mouse com o cursor no **Orbit** para acioná-lo e gire o cursor.
- **Center**: permite mudar o centro do foco. Aperte o botão esquerdo do mouse com o cursor em **Center** e clique num ponto do desenho que deseja usar como novo centro.
- **Look**: aperte o botão esquerdo do mouse com o cursor no **Look** para acionar os ícones que permitem virar para esquerda/direita do desenho.
- **Up/Down**: reposiciona o observador em relação ao desenho por meio de um ícone que permite subir/descer o ponto de vista. Aperte o botão esquerdo do mouse com o cursor no **Up/Down** e movimente o cursor para cima/baixo.

- **Walk**: simula uma caminhada no desenho. Ao acionar essa opção clicando em **Walk**, surge um ícone com setas em todas as direções; movimente o cursor na direção desejada. Movimente devagar para que a "caminhada" seja lenta; caso contrário, o movimento será rápido demais. Para voltar movimento para baixo.
- **Rewind**: permite ver todos os quadros criados com a opção **Walk**. Você pode voltar uns passos e recomeçar com o **Walk** novamente.

17.2. Renderings

A renderização no Revit é feita com o **Mental Ray**, um renderizador de grande poder e qualidade. O resultado obtido com ele no Revit é bem satisfatório, porém se desejar mais, pode exportar o projeto para o 3ds Max e aperfeiçoar a apresentação sem limites.

Antes de renderizar você deve escolher uma vista em perspectiva já com tudo que deve aparecer na renderização além do projeto, como móveis, vegetação, objetos, pessoas, carros etc.

Para inserir mobiliário, objetos, pessoas e vegetação selecione a aba **Home > Component > Place a Component** e selecione em **Properties** o objeto. Para carregar outros objetos clique em **Load Family** e selecione uma família.

Neste exemplo vamos partir de uma perspectiva do edifício gerado no tutorial. As imagens geradas podem ser baixadas do site da Editora.

Com a vista aberta selecionamos o comando Render (chaleira) na barra de status, como mostra a Figura 17.31.

Figura 17.31. Seleção do Render.

A janela de diálogo Rendering é aberta.

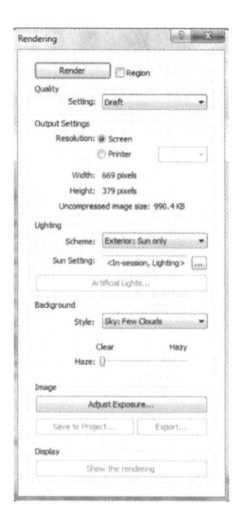

Figura 17.32. Janela de diálogo Rendering.

Nessa janela fazemos todas as configurações do render, clicamos no botão Render e a cena é renderizada. Depois de renderizar, podemos salvar a vista ou descartá-la. A renderização pode ser rápida ou demorar algum tempo dependendo do projeto, da qualidade da imagem escolhida, de materiais, sombras, reflexão da luz etc.

A seguir é descrita cada uma das configurações:

- **Render**: gera a renderização propriamente dita depois de todas as configurações feitas nessa janela de diálogo. Durante a renderização surge uma tela com as informações do processo.
- **Region**: se selecionado esse botão, podemos criar uma moldura na vista 3D para que seja definida uma região a renderizar em vez de gerar o render na tela toda. É muito útil para testar luz, material e outros efeitos antes de fazer o render total, pois por ser uma região menor, leva menos tempo.
- **Quality**: nesse campo se define a qualidade da imagem.

Setting

- **Draft**: gera um render bem rápido para se ter uma ideia da imagem, sem muita qualidade e os materiais ficam imperfeitos.

Figura 17.33. Imagem gerada com a qualidade Draft.

- **Low**: o render é rápido com um pouco mais de qualidade de imagem.
- **Medium**: numa velocidade mais lenta gera o render com qualidade razoável para uma apresentação.

Figura 17.34. Imagem gerada com a qualidade Medium.

- **High**: o render é lento e com alta qualidade da imagem. Os materiais têm ótima resolução.

Figura 17.35. Imagem gerada com a qualidade High.

- **Best**: muito lento, mas a qualidade é bem superior com materiais, brilho muito reais.
- **Custom**: usa as configurações da janela de diálogo **Render Quality Settings** a serem definidas pelo usuário. A velocidade e a qualidade dependem das configurações do usuário.
- **Output Settings**: nesse campo se define a saída da imagem, se para tela ou impressão.

Resolution

- **Screen**: gera imagem na tela e se for satisfatória, pode ser salva. A qualidade de saída em pixels é definida pelo fator de **Zoom** aplicado à tela. Note que, ao dar **Zoom**, o número de pixels em **Width** e **Height** se altera.
- **Printer**: define a qualidade da imagem para impressão. Deve-se escolher a definição em DPI na lista disponível ao lado.
- **Lighting**: nesse campo indica-se como será tratada a iluminação da cena.
- **Scheme**: escolha um esquema de iluminação de acordo com a vista 3D. **Sun** define a luz do sol; **Artificial** determina se há luz artificial na vista. O Revit permite a inserção de componentes do tipo luminárias que podem ter luzes associadas.

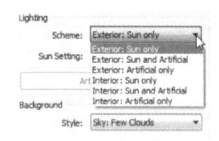

Figura 17.36. Esquemas de luz.

- **Sun Setting**: permite escolher a posição do Sol, no topo pela direita ou pela esquerda, entre outras, ou definir um local geográfico, dia e hora para simular a insolação da cena. Para definir o local geográfico, clique em **Single Day**.

Ao clicar em **Single Day**, as configurações mudam para a tela da Figura 17.38, em que podemos definir data, hora e local selecionando o botão com três pontinhos em **Location**.

Figura 17.37. Janela Sun Settings para ajuste do Sol.

Figura 17.38. Janela de ajuste da localização.

Na janela seguinte, **Location Weather and Site**, você pode definir o local na lista de cidades ou pelos mapas do Google.

Figura 17.39. Seleção do local.

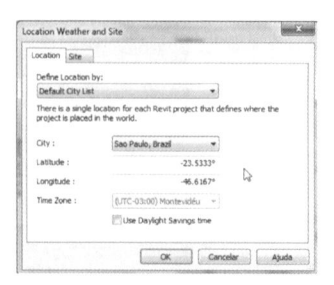

Figura 17.40. Seleção de São Paulo.

- **Artificial Lights...**: esse campo é habilitado se for escolhido um esquema com luz artificial, por exemplo, abajur no projeto. É possível ligá-las/desligá-las clicando nelas.

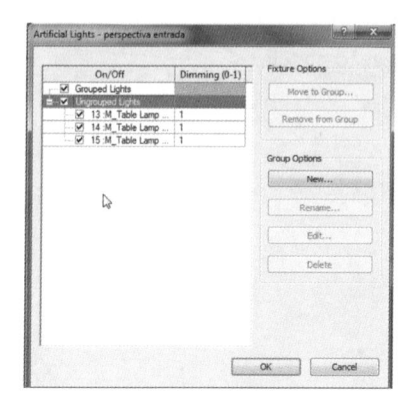

Figura 17.41. Configuração das luzes artificiais.

- **Background**: nesse campo definimos o fundo da imagem.
- **Style**: o fundo pode ser uma cor sólida ou um céu com nuvens.

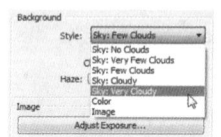

Figura 17.42. Seleção do fundo da imagem.

- **Sky: Very Cloudy**: céu com muitas nuvens.
- **Sky: No Clouds**: céu sem nuvens.
- **Sky: Very Few Clouds**: céu com muito poucas nuvens.
- **Sky: Few Clouds**: céu com poucas nuvens.
- **Sky: Cloudy**: céu com muitas nuvens.
- **Haze**: define uma quantidade de neblina/névoa na imagem, sendo **Clear** claro sem neblina e **Hazy** com muita neblina.

> **Dica:** Ao criar uma imagem interna que inclua luz natural, o fundo e as nuvens influenciam a qualidade da luz na renderização. Para obter uma luz mais natural, use Sky with more clouds.

Image

- **Adjust Exposure**: essa opção trabalha com as definições da imagem depois que ela foi gerada. Ao ajustar os controles da janela de diálogo **Exposure Control** e clicar em OK, a imagem na tela se modifica. É possível fazer várias alterações antes de salvar a imagem.

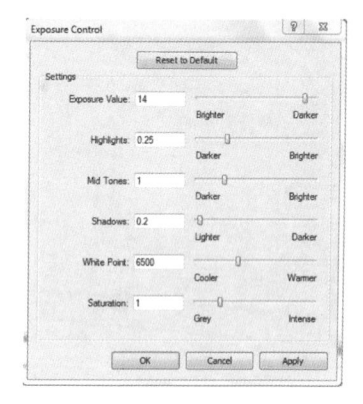

Figura 17.43. Controles da imagem.

- **Exposure Value**: controla o brilho geral da imagem.
- **Highlights**: controla o nível de luz para as áreas brilhantes.
- **Mid Tones**: monitora o nível de luz para as áreas entre as sombras e as áreas brilhantes.
- **Shadows**: controla o nível de "escuridão" das sombras.
- **White Point**: cor da temperatura dos pontos de luz mostrados na imagem. Se a imagem renderizada aparecer muito alaranjada, reduza esse valor. Se a imagem aparecer muito azulada, aumente esse valor.

- **Saturation**: intensidade das cores na imagem renderizada.
- **Reset to Default**: volta à imagem inicial.
- **Save to Project**: salva a imagem no projeto. As imagens salvas no projeto podem ser visualizadas a qualquer momento, pois ficam armazenadas numa lista no Project Browser.
- **Export**: exporta a imagem para um arquivo num dos formatos: JPG, GIF, TIF, PNG e BMP.

Display

- **Show the rendering**: exibe a última renderização na tela.

Introdução

O Revit permite a exportação do projeto em vários formatos de arquivos, conforme a relação a seguir:
- **DWG:** AutoCAD
- **DGN:** Microstation
- **DXF:** CAD em geral
- **SKP:** SketchUp
- **SAT:** arquivo de sólidos ACIS
- **IFC:** arquivo de modelo para análise (BIM)
- **JPG, BMP, PGN, TGA e TIF:** imagens
- **AVI:** arquivo de vídeo
- **FBX:** formato de intercâmbio de modelos em 3D
- **ADSK:** extensão universal para todos os produtos Autodesk
- **gbXML:** formato de exportação para ser lido pelo LEED

É possível ainda publicar um projeto no **Autodesk Buzzsaw**, um portal de intercâmbio e hospedagem de arquivos para compartilhamento entre equipes de trabalho. É necessário possuir uma conta e então é permitido publicar em DWG ou DWF.

Outra opção de publicação é no portal **Autodesk Seek**, que permite o compartilhamento de bibliotecas abertamente a qualquer pessoa. A ideia é compartilhar famílias de bibliotecas de fabricantes de produtos para construção. Neste portal é feito o upload da família para o portal e ela fica disponível para qualquer pessoa fazer o download. É necessário criar uma conta e preencher um formulário de registro.

Este capítulo aborda as duas formas mais utilizadas de exportação de arquivos, sendo DWG, formato de CAD mais utilizado e padrão do AutoCAD, e DWF (Design Web Format), semelhante a um PDF, só que muito mais eficaz para desenhos, pois possui um visualizador criado pela Autodesk gratuito e com muitos recursos para visualizar em 2D e 3D, imprimir, fazer anotações, medir distâncias e áreas, entre outras ferramentas, o **Autodesk Design Review**.

Objetivo

- *Aprender a exportar arquivos nos formatos DWG e DWF*

Capítulo 18

Exportação de Arquivos

18.1. Exportação de Arquivos em DWG

Podemos exportar o modelo nos formatos DWG, DXF, DWF, ADSK, SAT, DGN, entre outros. Para exportar selecione **Export** no **Application Menu**, como mostra a Figura 18.1. São várias as opções. A seguir vemos a opção de **CAD Formats** e **DWF**.

Figura 18.1. Menu de exportação de arquivos.

Ao passar o cursor em **CAD Formats**, surgem as opções de formatos de arquivo. Selecione DWG, o formato do AutoCAD.

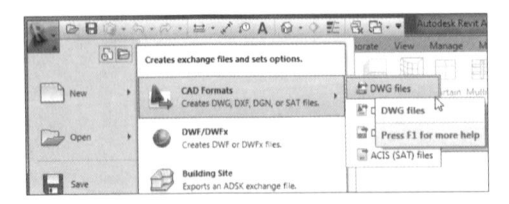

Figura 18.2. Seleção do formato DWG.

Em seguida, aparece a janela de diálogo da Figura 18.3, em que podemos definir o que será exportado. É possível exportar desde a vista corrente, neste caso o pavimento térreo com todas as vistas, vistas selecionadas, todas as folhas (Sheets) ou folhas selecionadas, inclusive o modelo em 3D e vistas em 3D. Tudo será definido na janela **Export CAD Formats** a seguir:

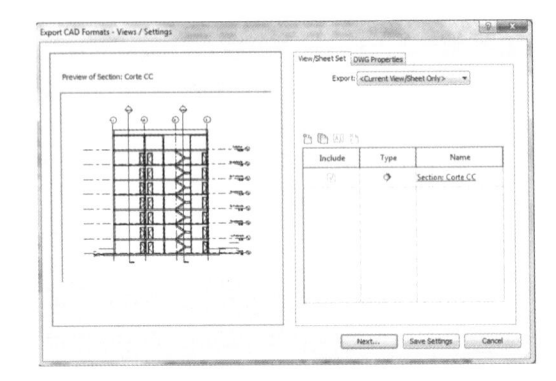

Figura 18.3. Janela Export CAD Formats - Views/Settings.

Na aba **View/Sheet Set** selecionam-se as vistas ou folhas a exportar da seguinte forma:

Export

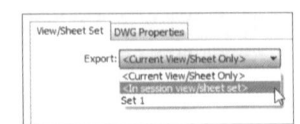

Figura 18.4. Seleção do tipo de vista/folha.

- **<Current View/Sheet Only>**: seleciona somente a vista exibida na lista da parte inferior da tela, neste caso **Section:Corte CC**. Em geral é a vista corrente na tela ao entrar no comando.
- **<In session view/sheet set>**: abre uma lista que permite selecionar qualquer vista/folha do desenho corrente, conforme a Figura 18.5.

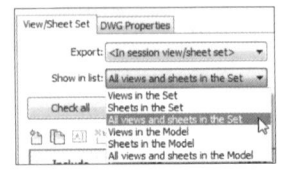

Figura 18.5. Seleção de vistas/folhas.

Exportação de Arquivos

Se selecionarmos **Views in the Model**, todas as vistas do modelo são exibidas na tabela da Figura 18.6 e, neste caso, basta clicar nas vistas a exportar. Os botões **Check all** e **Check none** permitem selecionar todas de uma vez ou desmarcar todas de uma vez.

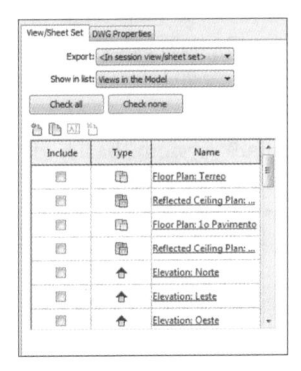

Figura 18.6. Lista de vistas do projeto.

As vistas selecionadas podem ser gravadas como um **Set** para posterior exportação. Os botões da Figura 18.7 são usados para salvar, duplicar, renomear e apagar o **Set**.

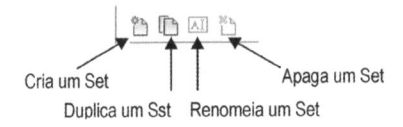

Figura 18.7. Botões para manipular o Set.

Ao selecionar algumas vistas, clique em **New Set** e o conjunto é gravado com o nome **Set 1**, ou escolha outro nome e assim por diante. Depois de gravado, ele vai para uma lista em **Export**.

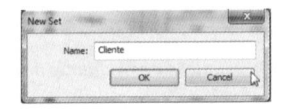

Figura 18.8. Nome de um Set.

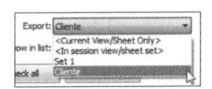

Figura 18.9. Lista de Sets criados.

Definidas as vistas/folhas a serem exportadas, vamos para a aba **DWG Properties** para configurar como serão os layers e as cores na exportação.

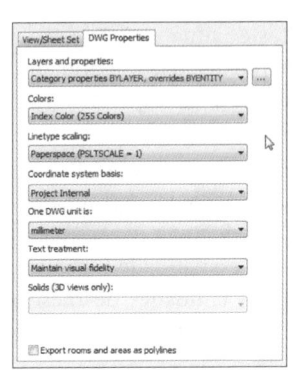

Figura 18.10. Configuração do DWG.

* **Layers and Properties**: define como se comportam as entidades do Revit que possuem características gráficas diferentes das outras entidades de mesma categoria ao serem exportadas.

A exportação de layers é configurada na janela **Export Layers** acessada pelo botão com três pontinhos ao final da linha **Layers and properties**.

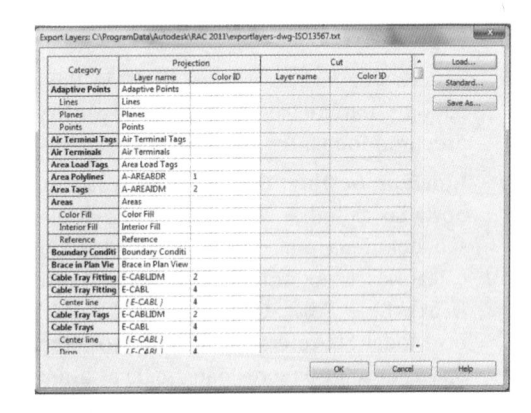

Figura 18.11. Configuração dos layers na exportação.

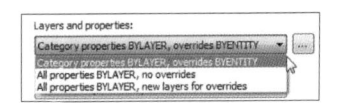

Figura 18.12. Seleção do comportamento das propriedades.

- **Category properties BYLAYER, overrides BYENTITY**: ao exportar os objetos do Revit para o AutoCAD, a exportação ocorre de acordo com as configurações do **Export Layer Dialog**. As propriedades específicas de uma entidade são aplicadas a cada entidade, mas as entidades com mesma categoria no Revit ficam nos mesmos layers do AutoCAD.
- **All properties BYLAYER, no overrides**: as entidades com propriedades específicas de objetos do Revit de mesma categoria são ignoradas e a entidade é inserida nos layers das outras entidades de mesma categoria no Revit, perdendo suas propriedades específicas.
- **All properties BYLAYER, new layers for overrides**: as entidades com propriedades específicas são colocadas em um layer exclusivo, preservando identidade idêntica à dos objetos no Revit, porém essa opção aumenta muito o número de layers no AutoCAD.
- **Colors**: define o comportamento das cores dos objetos na exportação.
- **Index Color**: usa o índice de cores e as espessuras de penas especificados na janela **Export Layers**.
- **True Color**: usa os valores RGB do Revit para os parâmetros **Bylayer** e **Byentity**, procurando manter fidelidades nas cores.
- **Linetype Scaling**: define como serão exportadas as linhas do Revit. No Revit elas são definidas por estilos de objetos por categorias e no AutoCAD pelas variáveis LTSCALE e PSLTSCALE, sendo LSCALE no Model Space e PSLTSCALE no Paper Space. O valor 0 (zero) não escala as linhas no Paper Space e o valor 1 indica que a escala das linhas vai seguir o valor da escala da Viewport.

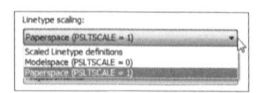

Figura 18.13. Seleção da forma da escala das linhas.

- **Scaled Linetype definitions**: essa opção preserva as definições de escala da vista no Revit.
- **Modelspace (PSLTSCALE = 0)**: essa opção define um LTSCALE para vista.
- **Papersapce (PSLTSCALE = 1)**: essa opção define o valor de 1 para LTSCALE E PSLTSCALE, ou seja, as definições de linha do Revit são escalas para refletir as unidades do projeto.
- **Coordinate system basis**: define como será a origem do sistema de coordenada ao exportar.

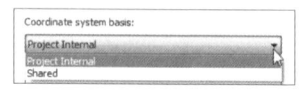

Figura 18.14. Definição do sistema de coordenadas.

- **Project Internal**: essa opção usa a mesma origem de coordenadas do projeto no Revit para exportar para o AutoCAD. Use essa opção quando o projeto do Revit não estiver associado a nenhum outro arquivo ou quando a origem for irrelevante.
- **Shared**: usa a origem das coordenadas dos arquivos associados. Tudo é exportado de acordo com as configurações de arquivos compartilhados.
- **One DWG unit is**: indica a unidade de medida que será exportada. Se usar metros no Revit, selecione a mesma unidade para o AutoCAD.

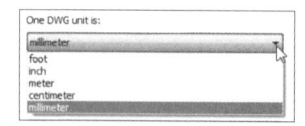

Figura 18.15. Definição das unidades de exportação.

- **Text treatment**: controla o comportamento do texto na exportação.
- **Maintain visual fidelity**: exporta o texto exatamente como ele está no Revit, porém se for uma lista numerada ou com bullets, ele perde as características de numeração.

Exportação de Arquivos

- **Maintain funcional fidelity**: ao exportar os parágrafos, mantém a funcionalidade de listas e bullets, porém a aparência pode variar.

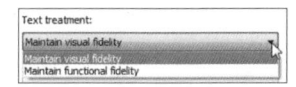

Figura 18.16. Definição da forma do texto.

- **Solids**: especifica como será exportado o modelo em 3D em sólidos ACIS ou Polymeshes.
- **Export rooms and areas as polylines**: define se os elementos **Rooms** do Revit serão convertidos em polilinhas no AutoCAD. As polilinhas vão para um layer específico e desligado no AutoCAD.

Depois de definir tudo, clique em **Export** na janela para gerar o arquivo e nomeie-o conforme a Figura 18.17. Nessa tela você pode escolher a versão do AutoCAD no campo **Files of type**.

Se o projeto estiver no modo de visualização **Wireframe**, surge uma mensagem dizendo que as linhas em **Wireframe** serão sobrepostas. Se você deseja exportar no modo **Hidden**, é melhor usar essa segunda opção.

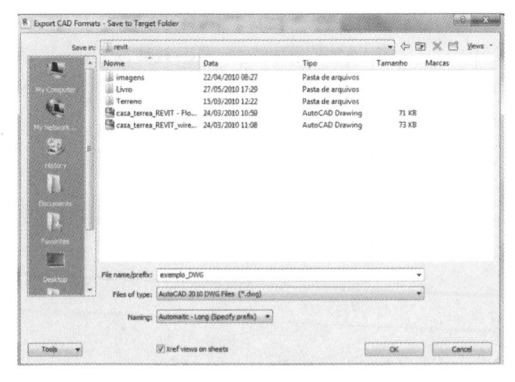

Figura 18.17. Janela de exportação do arquivo.

18.2. Exportação de Arquivos DWF

A exportação para o formato DWF é semelhante à exportação para DWG, visto que o DWF é um formato da própria Autodesk.

Para exportar selecione **Export** no **Application Menu**, Figura 18.18, em seguida a opção de **DWF**.

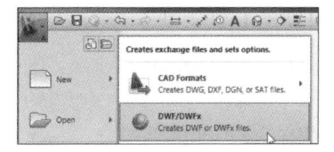

Figura 18.18. Seleção da exportação para DWF.

Ao selecionar DWF, surge a janela de diálogo **DWF Export Settings**. Na aba **View/Sheet Set** definimos que vista ou folha será exportada, exatamente como na opção do DWG.

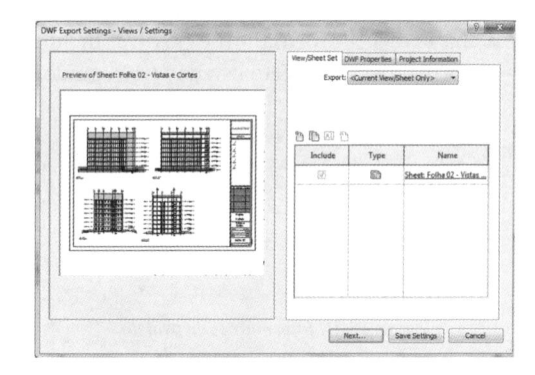

Figura 18.19. Janela DWF Export Settings.

Na aba **DWF Properties** indicamos as características do arquivo DWF a seguir:

Figura 18.20. Definição das características do DWF.

Export Object Data

- **Element properties**: exporta as propriedades do tipo e de instância dos elementos do Revit.

- **Rooms and Areas in a separate boundary layer**: exporta as propriedades de **Room** e área para um layer separado da geometria. Desta forma, é possível visualizar os dados de **Room** e área separadamente.

Graphics Settings

- **Use standard format**: usa o formato PGN para exportar as imagens que estiverem no projeto.

- **Use compressed raster format**: usa o formato JPG para exportar as imagens que estiverem no projeto.

- **Print Setup**: define as configurações da impressão do arquivo. Clique para mudar. Elas são as mesmas estudadas no capítulo 16, sobre montagem de folhas e impressão.

Na aba **Project Information** é possível incluir as informações do projeto listadas em seguida.

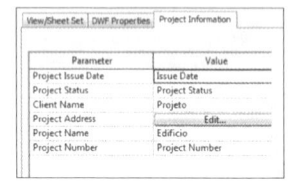

Figura 18.21. Informações do projeto.

Depois de tudo definido, clique no botão **Export** e surge a janela da Figura 18.22, na qual você deve atribuir o nome do arquivo DWF a ser gerado.

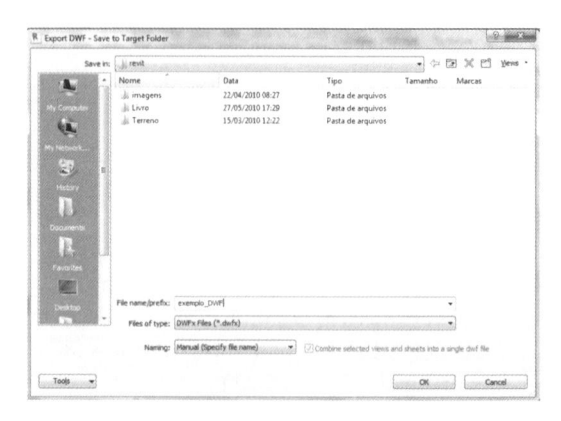

Figura 18.22. Janela de exportação do arquivo DWF.

O arquivo no formato **DWF (Design Web Format™)** pode ser visto e impresso com o auxílio do **Autodesk Design Review**, um visualizador de desenhos disponível gratuitamente para download no site da Autodesk, no link seguinte:

http://usa.autodesk.com/adsk/servlet/pc/index?siteID=123112&id=4086277

Com o **Autodesk Design Review** é possível abrir, visualizar e imprimir arquivos no formato DWF ou DWFx, que também pode ser visualizado com o Microsoft® XPS Viewer.

Neste exercício é criado o projeto de um edifício desde o início, tendo como base o que foi abordado nos capítulos anteriores. Você pode fazer esse tutorial conforme estudar os capítulos, pois ele tem uma sequência lógica, sendo possível aplicar os conhecimentos em cada etapa do projeto ou, se preferir, após a leitura do livro.

Objetivos

- Guiar o leitor para iniciar um projeto usando as ferramentas, as técnicas e os conceitos vistos ao longo dos capítulos.
- Sugerir uma ordem lógica de projeto, tendo em vista o melhor aproveitamento das ferramentas e dos conceitos paramétricos.
- Introduzir o conceito de projeto com Revit, praticando suas ferramentas, visto que se trata de um software em que o projeto e o desenho se mesclam de forma que este é resultado daquele.

Exercício 1 - Criação de um Template

Para começar o projeto, vamos criar um template de arquitetura de acordo com padrões inicialmente definidos, como as unidades e os nomes iniciais dos pavimentos mais usados em projetos. Você pode criar vários templates de acordo com as características mais comuns de cada tipo de projeto para facilitar a tarefa.

1. Pelo **Menu de Aplicações** selecione **New** > **Project**. Na janela **New Project** selecione o template default **Metric Template** e clique em OK.

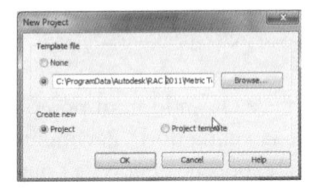

Figura A.1. Seleção de um template.

2. O próximo passo é definir o sistema de unidades. Digite **UN** e na janela **Project Units** selecione metros com duas casas decimais em **Lenght**. Clique em OK.

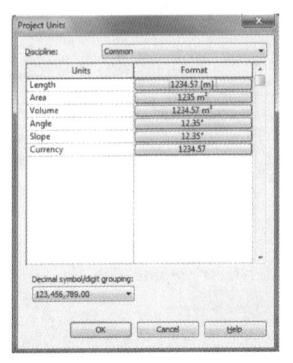

Figura A.2. Seleção das unidades de trabalho.

A seguir vamos criar os pavimentos básicos de um projeto: Terreo, 1º Pavimento e Cobertura. Os pavimentos são criados somente em uma vista de elevação. No **Project Browser** selecione **Elevations > South** e o desenho deve ficar como na Figura A.3.

3. Primeiramente vamos renomear os níveis existentes e mudar as cotas. Clique no nome do nível e mude-o. Ao ser questionado sobre a mudança dos nomes das vistas correspondentes, clique em Sim. Seu desenho deve ficar como na Figura A.4.

Figura A.3. Níveis existentes.

Figura A.4. Níveis renomeados.

4. Selecione a aba **Home > Level** e comece clicando num ponto à esquerda alinhado à linha de nível e em outro ponto à direita acima do 1º Pavimento, para criar o pavimento Cobertura. A cota não precisa ser exata, porque depois de criado o pavimento, podemos digitar a cota correta; neste exemplo, 2.8 acima do 1º Pavimento. Em seguida, renomeie **Level 3** para Cobertura. Veja as vistas criadas no **Project Browser**.

Figura A.5. Criação de um nível.   *Figura A.6. Níveis renomeados.*   *Figura A.7. Níveis criados.*

5. Para deixar o template com os nomes das elevações em português, renomeie as elevações **North/South/East/West** para Norte /Sul/Leste /Oeste, clicando com o botão direito do mouse em cada uma delas e selecionando **Rename**. Em **Floor Plans** renomeie **Site** para **Terreno** também. O Project Browser deve ficar como na Figura A.8.

```
□·[O] Views (all)
    □·· Floor Plans
         ···· 1o Pavimento
         ···· Cobertura
         ···· Terreno
         ···· Terreo
    □·· Ceiling Plans
         ···· 1o Pavimento
         ···· Cobertura
         ···· Terreo
    □·· Elevations (Building Elevation)
         ···· Leste
         ···· Norte
         ···· Oeste
         ···· Sul
```

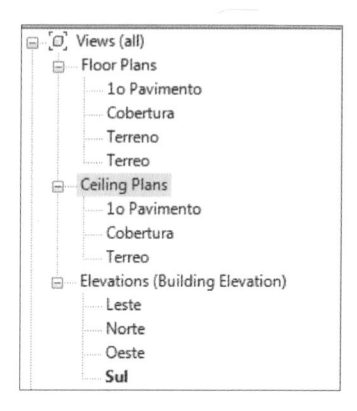

Figura A.8. Níveis renomeados.

6. Com essas pequenas modificações já podemos salvar o arquivo como um template. É possível incluir nesse template famílias de elementos do tipo **System Family**, as quais ficam gravadas no template. Pelo **Menu de Aplicações** selecione **Save As > Template** e na janela **Save As** dê o nome de arquitetura. O Revit salva esse arquivo com o nome **ARQUITETURA.RTE** junto com os outros templates do programa na pasta C:\ProgramData\Autodesk\RAC 2011\Metric Templates\.

7. Para finalizar, vamos fechar o arquivo. Pelo **Menu de Aplicações** selecione **Close**. O arquivo criado ARQUITETURA.RTE está disponível no site da Editora Érica para que você possa conferir seu exercício ou tirar dúvidas.

Exercício 2 - Início do Projeto - Criação dos Níveis e Eixos (Grid)

1. Pelo **Menu de Aplicações** selecione **New > Project**. Na janela **New Project** escolha em **Browse** o template criado anteriormente, **ARQUITETURA**, e clique em **OK**. Agora, ao iniciar, já temos as configurações básicas definidas. Estamos trabalhando com metros e os nomes dos pavimentos já estão em português, como pode ser visto no **Project Browser**.

2. Para iniciar vamos criar mais pavimentos, pois a ideia é fazer um edifício comercial de seis andares. Na aba **Home** selecione **Home > Level** e crie mais cinco pavimentos, de forma que sejam o pavimento Terreo mais seis pavimentos e a Cobertura.

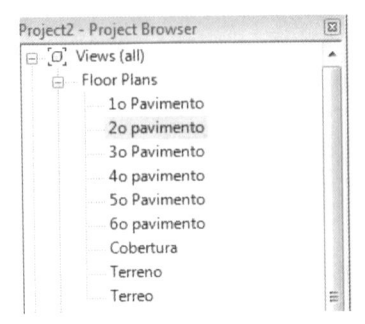

Figura A.9. Pavimentos criados.

3. Mude para a vista da planta do térreo em **Project Browser > Floor Plans > Terreo**. Vamos inserir os eixos das paredes conforme a Figura A.10. Selecione **Home > Grid**. Clique no ponto inferior para criar o primeiro Grid, mova o mouse para a cima e clique. Prossiga criando os outros a cada 5m na horizontal, depois inicie pelo ponto à esquerda para criar os Grids na vertical. Note que as cotas são exibidas, porém se os Grids não ficarem com as medidas corretas, depois podemos editar as cotas.

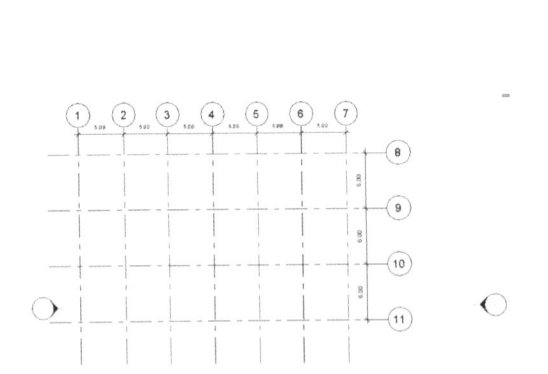

Figura A.10. Malha de eixos das paredes.

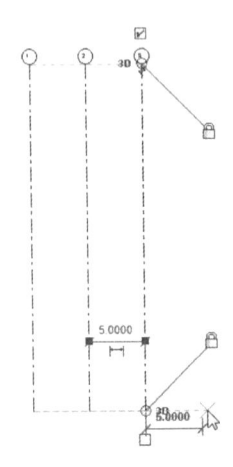

Figura A.11. Inserção do Grid.

4. Salve o arquivo. Você pode permanecer com ele para o próximo exercício. Ele está com o nome Exercicio02.rvt, disponível no site da Editora Érica.

Exercício 3 - Terreno

1. Vamos fazer um terreno quase plano a partir de um arquivo do AutoCAD - Terreno3D. DWG - para apoiar o projeto. No **Project Browser** ative a vista da planta do terreno.

2. Selecione **Home > Insert > Link CAD**. Na janela que se abre escolha os parâmetros, como mostra a Figura A.12, e clique em Open.

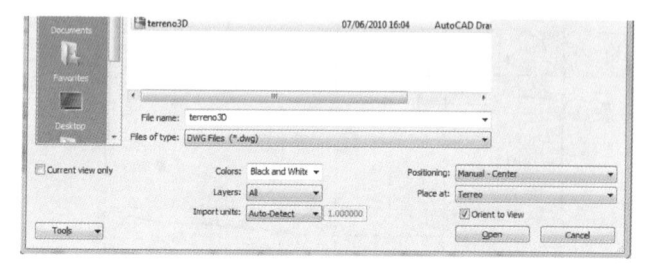

Figura A.12. Seleção do arquivo do AutoCAD.

3. Posicione o arquivo de forma que a segunda curva fique próxima do eixo inferior, pois ela tem a cota de 1m de altura. O desenho deve ficar semelhante ao da Figura A.13.

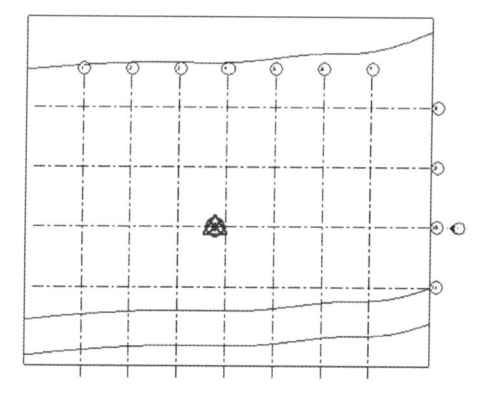

Figura A.13. Inserção do arquivo de curvas do AutoCAD.

4. Mude para a aba **Massing & Site** e selecione **Toposurface**. Na aba que se abre, **Modify/Edit Surface**, em **Create from Import > Select Import Instance** selecione o terreno inserido anteriormente.

5. Na janela de diálogo **Add Points from Selected Layers** selecione o layer 0 das curvas e clique em OK.

6. Para sair da aba **Modify/Edit Surface**, clique no botão **Finish** com o ✓. O terreno é criado na vista em planta.

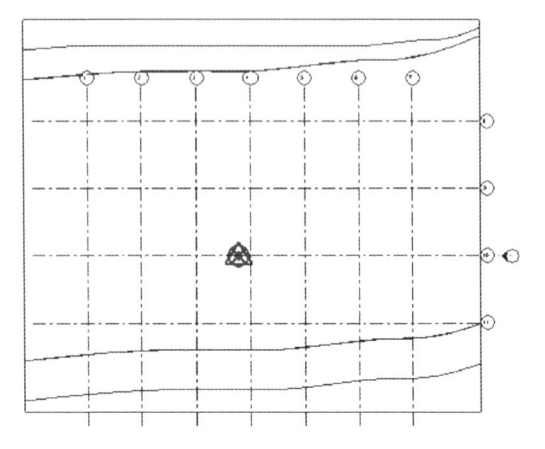

Figura A.14. Terreno criado.

7. Selecione na barra de acesso rápido - ícone da casinha - **Default 3D View** e mude a visualização para **Shaded with Edges**. O desenho deve ficar semelhante ao da Figura A.15.

Figura A.15. Terreno em 3D.

8. Salve o arquivo. Pode prosseguir com ele para o próximo exercício. Ele está com o nome Exercicio03.rvt, disponível no site da Editora Érica.

Exercício 4 - Inserção de Paredes

1. Com o arquivo do último exercício deixe corrente a vista do pavimento **Terreo** em **Project Browser > Floor Plans > Terreo**. A escala da vista pode ser 1:100.

2. Vamos criar um estilo de parede para esse projeto na aba **Home**. Selecione **Home > Wall > o tipo Generic 200mm** e clique em **Edit Type**. Em seguida, clique em **Duplicate** e dê o nome **Tijolo 25**. Na janela **Type Properties** clique em **Structure > Edit**, depois clique duas vezes em **Insert** para inserir duas camadas na parede, como mostra a Figura A.16.

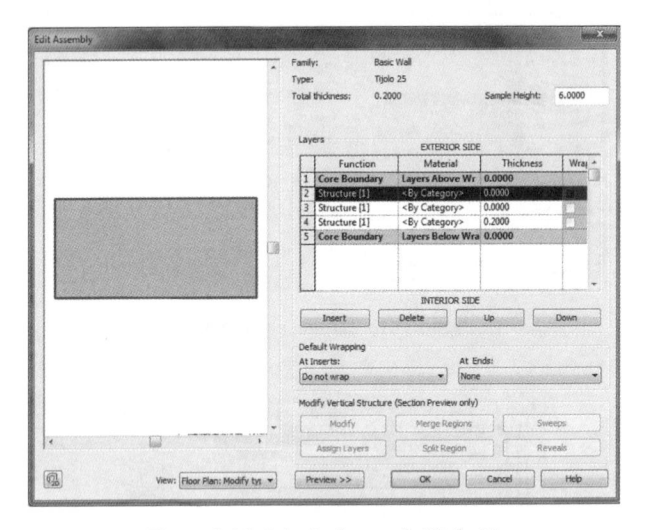

Figura A.16. Criação da parede Tijolo 25.

3. Edite os campos **Structure** para trocar para **Finish 1 e 2** com as medidas da Figura A.17.

	Function	Material	Thickness	Wraps
1	Core Boundary	Layers Above W	0.0000	
2	Finish 1 [4]	<By Category>	0.0250	
3	Structure [1]	<By Category>	0.2000	
4	Finish 2 [5]	<By Category>	0.0250	
5	Core Boundary	Layers Below W	0.0000	

Figura A.17. Camadas da parede.

4. O próximo passo é definir o material de cada acabamento. Clique em **Finish 1** na coluna **Material**, selecione **Mansory Brick** e clique em **OK**. Para **Finish 2** selecione **Paint**. Clique em OK nas duas janelas para encerrar.

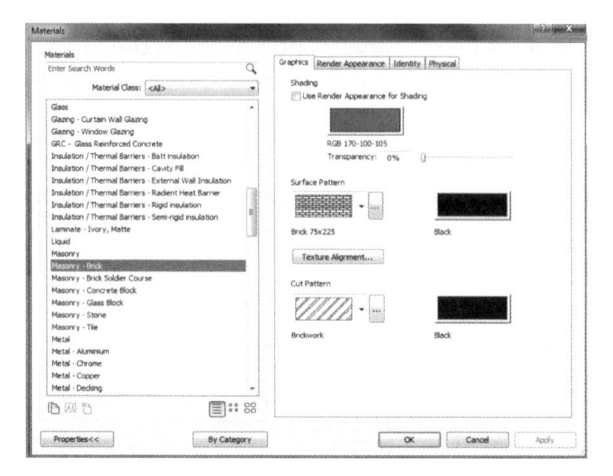

Figura A.18. Escolha do material.

Figura A.19. Definição da parede.

5. Vamos inserir as paredes com o estilo criado, clicando nas intersecções do **Grid**, conforme a Figura A.20. Na barra de opções selecione **Height > 1º Pavimento** para que a parede vá até o próximo pavimento, **Location Line > Wall Centerline** porque vamos usar o **Grid** como guia e **Chain** para que o Revit desenhe as paredes em sequência. O desenho das paredes deve ter a linha do **Grid** passando pelo centro das paredes.

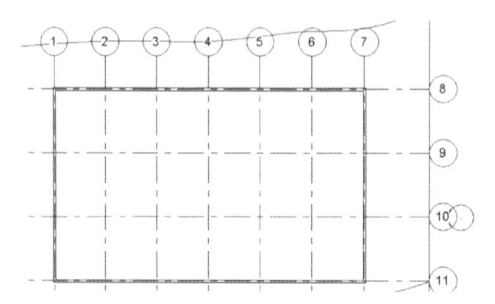

Figura A.20. Uso do Grid para desenho das paredes.

Apêndice A - Exercícios - Projeto Completo

6. Essas paredes servem de base para o projeto. Uma parte delas será modificada para **Curtain Wall** posteriormente. Como o terreno criado tem a cota de 1m na maior parte, o projeto será implantado nessa cota. Se você olhar a vista em 3D, verá que as paredes estão enterradas, pois o **Terreo** está na cota 0. Vamos criar um **Pad** para apoiar o projeto e alterar a cota do pavimento Terreo para que ele fique a 1m na cota do terreno. Continue na vista do pavimento; se você mudou para vista 3D, volte.

7. Para criar um **Pad** clique na aba **Massing & Site** e no painel **Model Site** clique em **Building Pad**. Em seguida você entra no modo de desenho do contorno. Selecione retângulo nas ferramentas de desenho e na barra de opções, em **Offset**, digite 2. Vamos criar uma poligonal, tendo como base as paredes com distância de 2m delas (offset). Clique nos cantos das paredes em diagonal e note que o desenho do retângulo fica a uma distância de 2m da parede. Clique no botão ✓ em **Finish**. O desenho deve ficar como na Figura A.21.

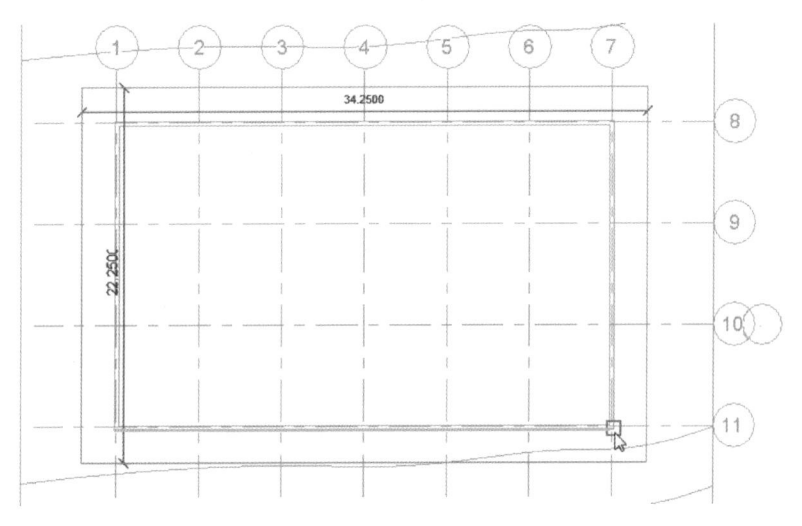

Figura A.21. Criação do Pad.

8. Mude para a vista 3D e o resultado deve ser semelhante ao da Figura A.22.

Figura A.22. Vista do Pad criado em 3D.

9. Como podemos ver, o **Pad** está enterrado, pois está no pavimento térreo que fica na cota 0. Mude para a elevação **Oeste** e veja as cotas, selecionando a parede, como apresenta a Figura A.23. Vamos elevar tudo 1m para que o **Pad** fique na cota de 1m do terreno.

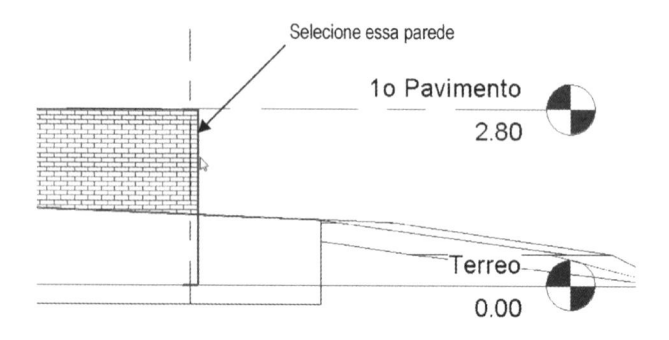

Figura A.23. Visualização da base da parede na cota 0.

10. Para mudar as cotas, vamos ficar nessa mesma vista de elevação. Todas as cotas devem subir 1m, como indica o desenho. Clique em cada uma delas e suba 1m.

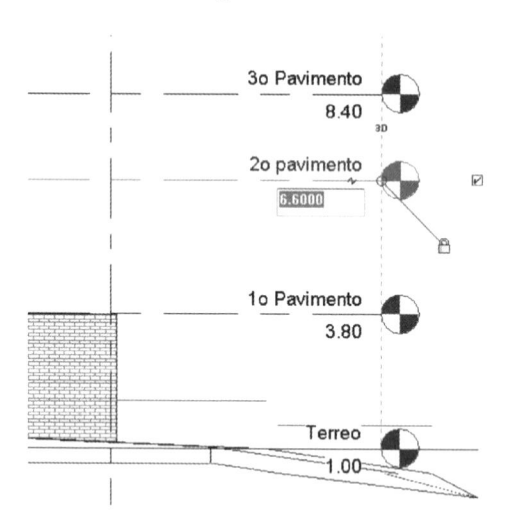

Figura A.24. Mudança das cotas dos pavimentos.

11. Mude para uma vista 3D para ver o resultado. Note que agora o **Pad** está na mesma cota do terreno na parte da frente. Somente na parte de trás o terreno tem um leve aclive.

Figura A.25. Terreno com o Pad e as paredes do térreo na cota 1m.

12. A partir deste ponto, com as cotas dos pavimentos acertadas e o **Pad** para apoiar as paredes, podemos realizar o desenho das outras paredes. Mude a vista para a planta do térreo e selecione a aba **Home > Wall**; em **Properties** escolha o tipo **Generic 200mm**. Desenhe as paredes conforme a Figura A.26, seguindo o **Grid** e as medidas como orientação. Na barra de opções mantenha a seleção de **Height > 1º Pavimento** para que a parede vá até o próximo pavimento, clique em **Location Line > Wall Centerline** porque vamos usar o **Grid** como guia e desligue **Chain**.

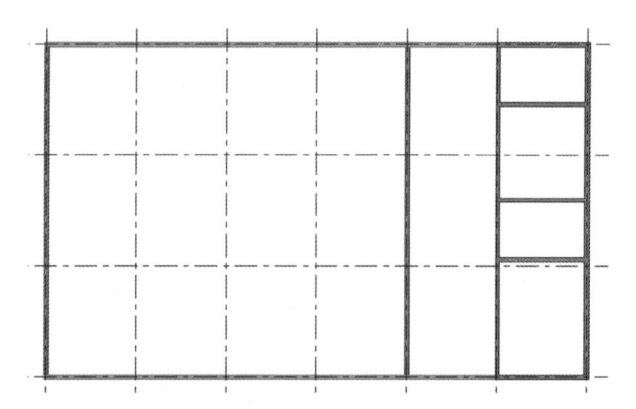

Figura A.26. Paredes do pavimento Terreo.

13. Vamos mudar o tipo de algumas paredes para **Curtain Wall**. Com a ferramenta **Split** podemos dividi-las em duas partes e mudar o tipo de uma das partes. A parede da frente e a de trás serão de vidro, portanto temos duas paredes para dividir e alterar o tipo. Comece pela de trás; clique nela, em seguida selecione **Split** na aba **Modify Walls** e clique em dois pontos, Figura A.27. Repita o procedimento para a parede da frente.

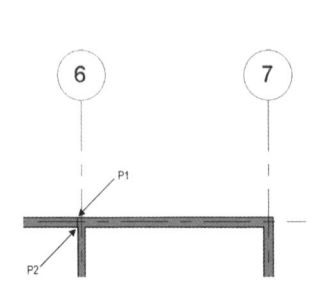

Figura A.27. Cortando parte da parede. 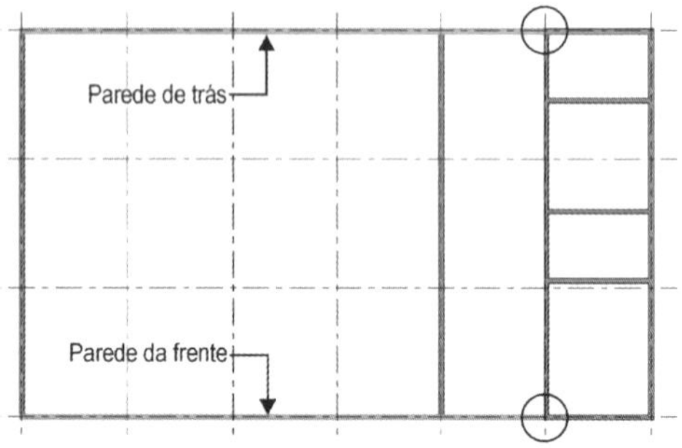   *Figura A.28. Paredes divididas.*

14. O próximo passo é mudar o tipo das duas paredes para **Curtain Wall**. Vamos usar o tipo que já vem com o Revit. No capítulo sobre painéis de vidro você pode aprender a criar sua própria parede com painéis de vidro. Selecione as duas, mantenha Crtl pressionado e em **Properties** selecione **Curtain Wall** > **Storefront**.

15. Selecione a parede alterada e em **Properties** escolha **Edit Type**. Na janela de diálogo **Type Properties** mude a propriedade **Spacing** para 1.3, como ilustra a Figura A.29. O projeto deve ficar semelhante ao da Figura A.30.

Figura A.29. Alteração do espaço dos suportes. 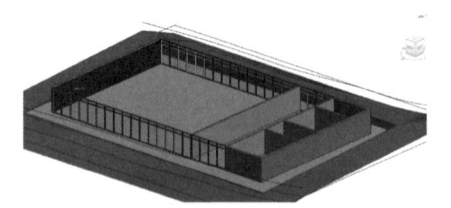   *Figura A.30. Paredes do tipo Curtain Wall.*

Apêndice A - Exercícios - Projeto Completo

16. Vamos copiar as paredes que se repetem nos outros pavimentos. Com a vista em planta do pavimento Terreo ativa, faça uma janela de seleção Windows (da esquerda para a direita, englobando todas as paredes), clique na barra de status no botão do filtro e veja na janela **Filter** o que foi selecionado. Deixe todas as paredes, **Curtain Walls**, **Wall Grids**, **Mullions**, selecionadas e remova da seleção algum outro objeto que tenha sido selecionado a mais. Clique em OK para fechar a janela.

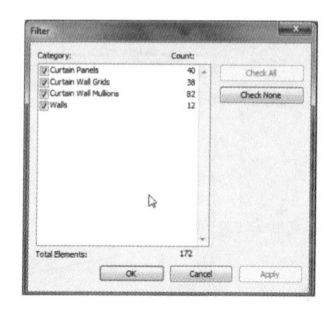

Figura A.31. Filtro de seleção de objetos.

17. Na aba **Modify Multi-Select**, no painel **Clipboard**, clique em **Copy to Clipboard** e em **Paste** selecione **Paste Aligned to Selected levels**. Na janela que se abre, selecione todos os pavimentos, com exceção do Terreo, e clique em OK. Seu projeto deve ficar como a Figura A.33.

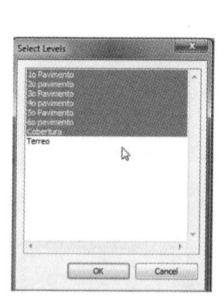

Figura A.32. Seleção dos pavimentos para copiar as paredes.

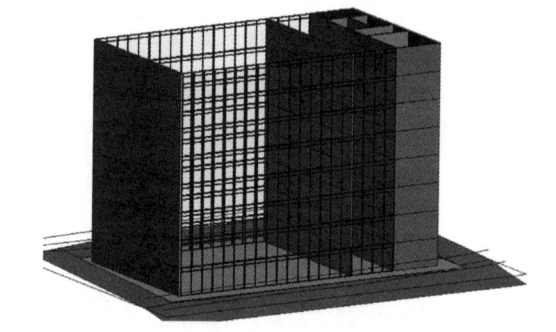

Figura A.33. Resultado depois da cópia.

18. Para finalizar esta etapa, salve o arquivo. Você pode usá-lo para o próximo exercício. Ele está com o nome Exercicio04.rvt, disponível no site da Editora Érica.

Exercício 5 - Criação de Cortes

1. Neste exercício vamos criar os cortes do projeto. Com o projeto na vista em planta do térreo selecione a aba **View > Section**. Vamos passar três cortes no projeto, como mostra a Figura A.34.

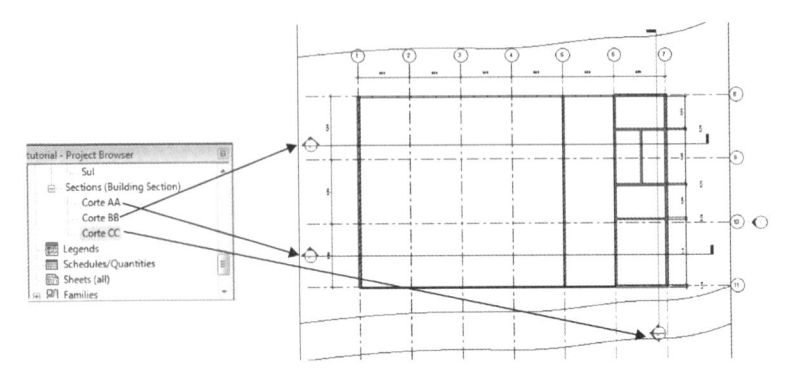

Figura A.34. Cortes.

2. Em seguida, renomeie os cortes conforme a Figura A.34. Se os cortes não estiverem do lado desejado, clique nas setas que estão ao lado do símbolo do corte para que eles virem para o outro lado.

3. Para ativar uma vista de corte, clique no símbolo ou selecione pelo **Project Browser** em **Sections**. Para gerar na tela vistas organizadas digite **WT (Window Tile)**.

4. Para finalizar esta etapa, salve o arquivo. Você pode continuar com esse arquivo para o próximo exercício. Ele foi salvo como Exercicio5.rvt, disponível no site da Editora Érica.

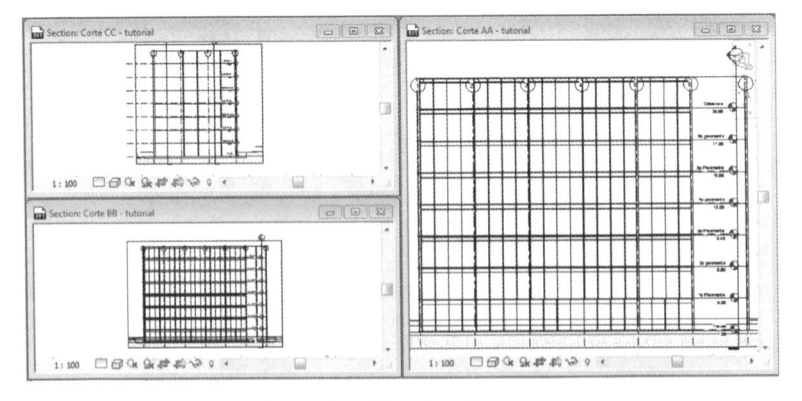

Figura A.35. Vista dos três cortes.

Exercício 6 - Inserção de Portas e Janelas

1. Para inserir as portas e janelas, vamos partir da vista plana do térreo. Como já copiamos os pavimentos e ainda não colocamos as portas, vamos copiar as portas que se repetem nos outros pavimentos somente depois, porque ao copiar, o Revit abre a parede para inserir as portas e janelas.

2. Antes de inserir vamos criar uma porta de 80cm e uma de 70cm. Na aba **Home** selecione **Doors**, em **Properties** selecione uma das portas **M_Single-Flush** e clique em **Edit Type**. Na janela que se abre selecione **Duplicate** e dê o nome de porta 80. Em seguida, mude as propriedades conforme a Figura A.36 para criar a porta e clique em OK para finalizar. Repita o processo e crie uma porta de 70.

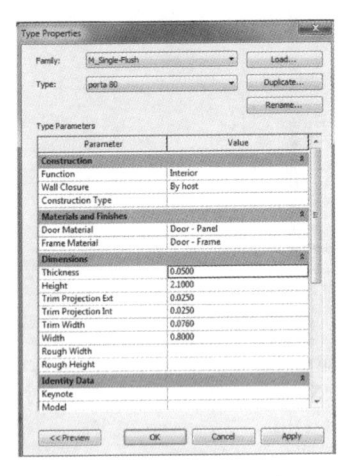

Figura A.36. Criação da porta de 80cm. 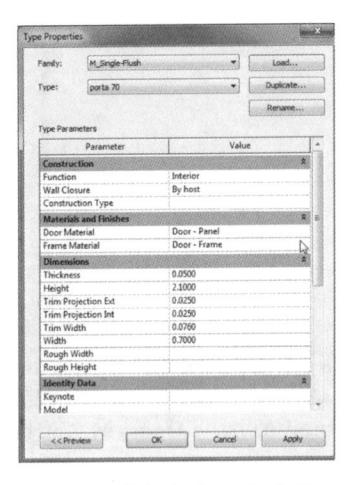   *Figura A.37. Criação da porta de 70cm.*

3. Com as portas criadas, podemos inseri-las no projeto. Acompanhe a Figura A.38. As portas de número 2 e 3 são de 70cm e as portas 1 e 4, de 80cm.

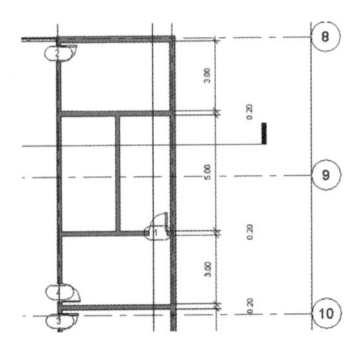

Figura A.38. Inserção das portas criadas.

4. A porta número 5, inserida no meio da parede, Figura A.39, é de duas folhas com vidro e precisa ser carregada. Selecione **Door** e na aba **Modify/Place door** escolha **Load Family**, carregue a família **M_Double-Glass 1** e insira a porta de 1830x2134 no meio da parede.

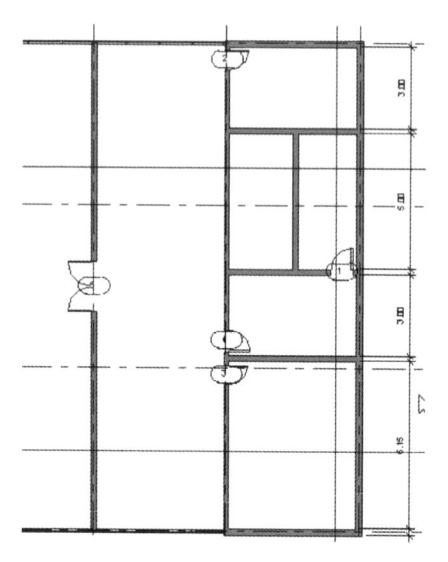

Figura A.39. Inserção da porta de vidro.

5. Na entrada do edifício temos uma **Curtain Wall** e vamos inserir uma porta especial para esse tipo de parede que também é preciso carregar. Selecione novamente **Load Family**, depois na pasta **Doors M_Curtain Wall-Store front-Dbl**.

6. Para inserir uma porta em uma **Curtain Wall**, precisamos selecionar um painel da parede e substituir pela porta. Posicione o desenho numa vista 3D para facilitar a seleção, como mostra a Figura A.40.

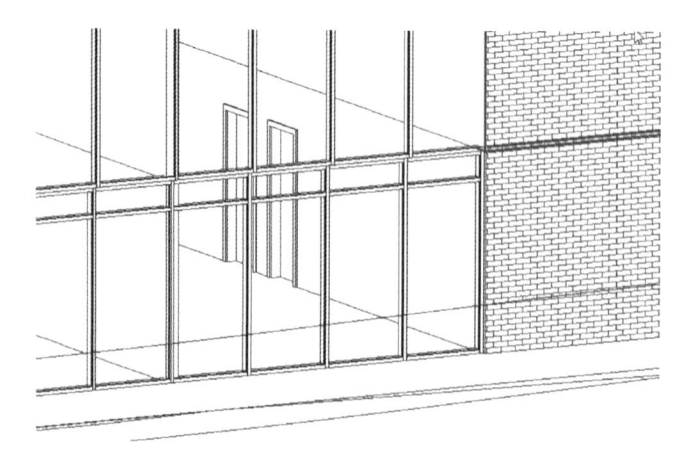

Figura A.40. Vista 3D da entrada principal do edifício.

7. Vamos eliminar os suportes (Mullions) e deixar somente os painéis para substituir pela porta. Selecione os suportes (use TAB para alternar entre as partes Grid/Mullion/painel) e clique no pino que surge para liberar o Mullion. Ao liberar, apague com a tecla Delete ou pelo botão com **X** na aba **Modify/Curtain Walls Mullions**. As figuras seguintes mostram os passos.

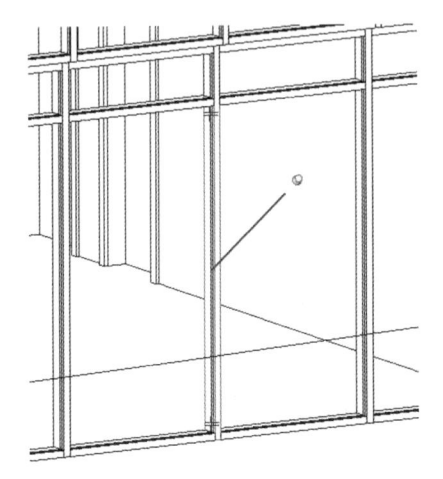

Figura A.41. Mullion com pino.

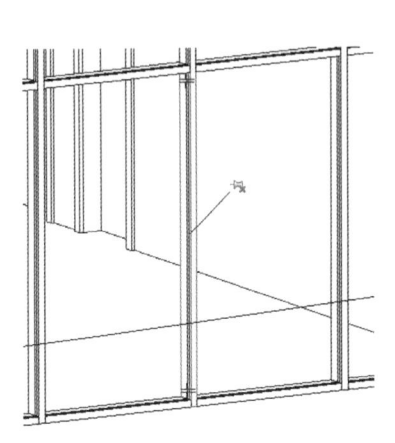

Figura A.42. Pino liberado.

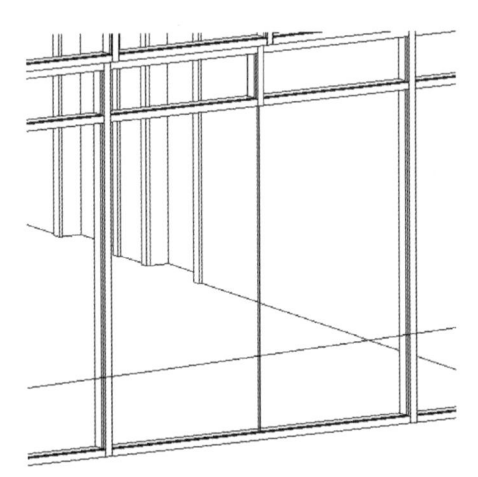

Figura A.43. Mullion apagado.

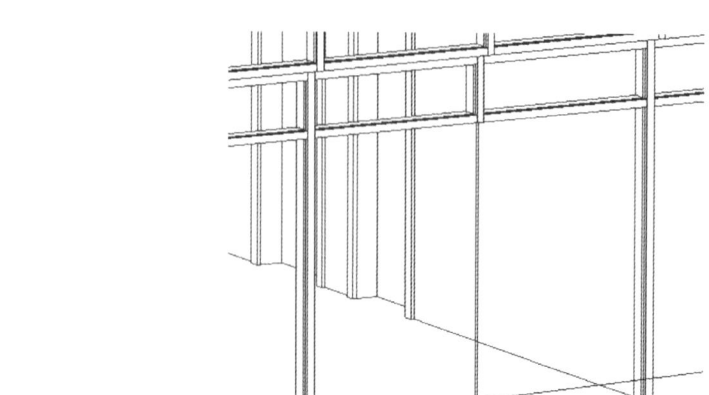

8. Repita o processo para os suportes da parte de baixo.

Figura A.44. Painel da entrada sem os suportes.

9. Agora vamos substituir os painéis pela porta carregada anteriormente. Selecione um dos painéis (use Tab) até surgir o pino. Clique no pino para liberar o painel. Depois de liberado, selecione em **Properties** a porta **Store Front Double Door** e o painel é substituido pela porta que terá o mesmo tamanho do vão. Repita o processo para o outro painel.

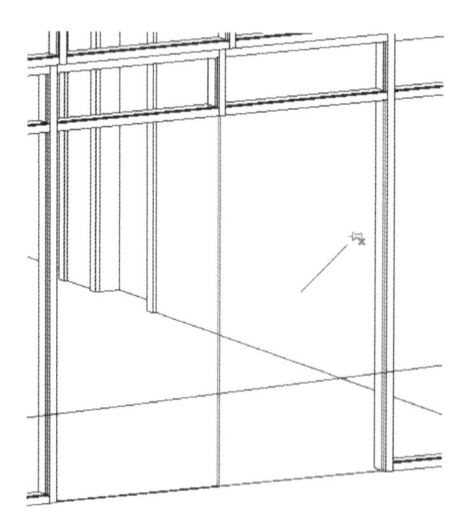

Figura A.45. Seleção do painel e do pino.

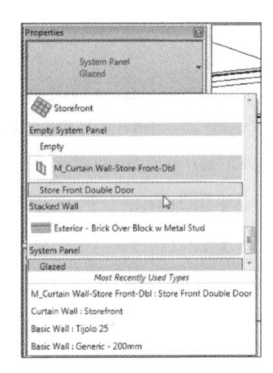

Figura A.46. Seleção da porta Store Front Double Door.

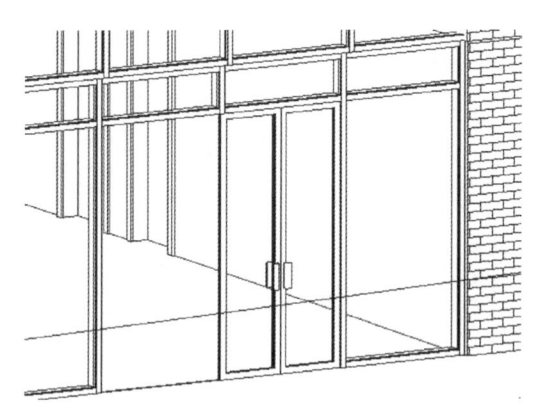

Figura A.47. Resultado com a porta inserida.

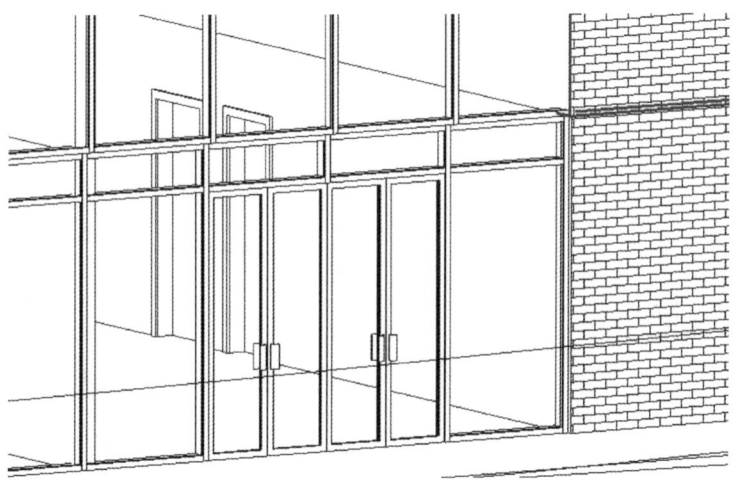

Figura A.48. Resultado com as duas portas.

10. Vamos inserir as janelas de acordo com as figuras seguintes. Na aba **Home** selecione **Window**. Os tipos das janelas utilizados são da família **M_Hopper with Trim**. Antes de utilizar precisamos carregar em **Load Family**. As distâncias estão nas figuras a seguir conforme a divisão na planta. O peitoril de algumas janelas deve ser alterado em **Properties** conforme os dados indicados. Usaremos somente dois tipos, sendo o 22 e o 26.

- 22 - M_Hopper with Trim - 0610 x 0610mm - usar peitoril (Sill Height) de 1.6
- 26 - M_Hopper with Trim - 0915 x 1220mm - usar peitoril (Sill Height) de 0.9150

Dica: Insira primeiramente as dos cantos e veja as cotas, depois as do meio para equalizar as distâncias. Se inserir com o lado invertido, pressione a barra de espaço para inverter o lado.

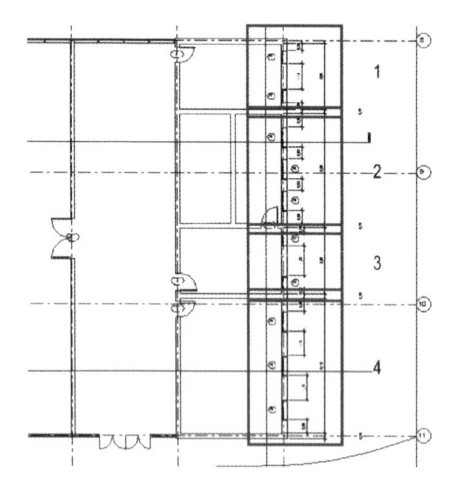

Figura A.49. Planta térreo com janelas.

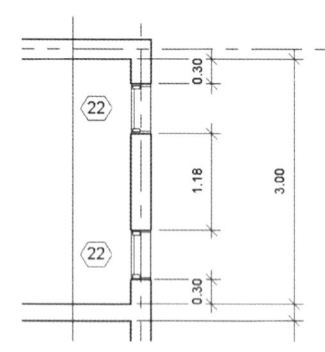

Figura A.50. Área 1.

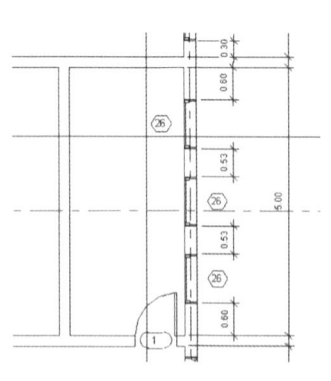

Figura A.51. Área 2.

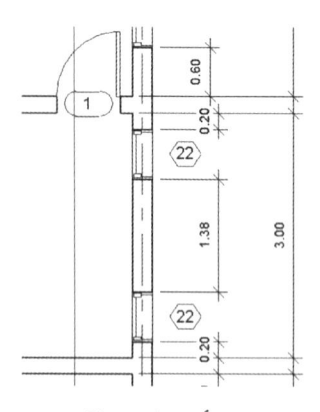

Figura A.52. Área 3.

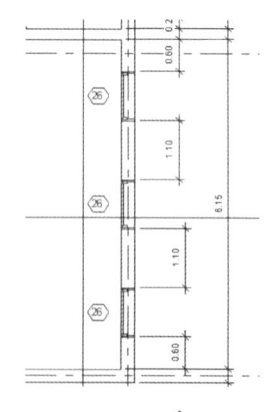

Figura A.53. Área 4.

Apêndice A - Exercícios - Projeto Completo

11. O próximo passo é copiar as portas e janelas para os outros pavimentos, com exceção da cobertura. Os outros pavimentos são de tipo, portanto todos iguais. Selecione as portas e janelas e copie selecionando **Copy** no painel **Clipboard** na aba **Modify/Windows** ou **Doors**, da mesma forma como copiamos as paredes. Para facilitar, faça primeiro as portas, use Ctrl para selecionar várias e depois repita o processo para as janelas. A porta de vidro da entrada do prédio não deve ser copiada; nos outros pavimentos teremos somente o painel de vidro. O resultado deve ser semelhante ao da Figura A.54. Gire o projeto na vista 3D para visualizar as portas nos outros pavimentos e ative as vistas dos outros pavimentos para confirmar as cópias.

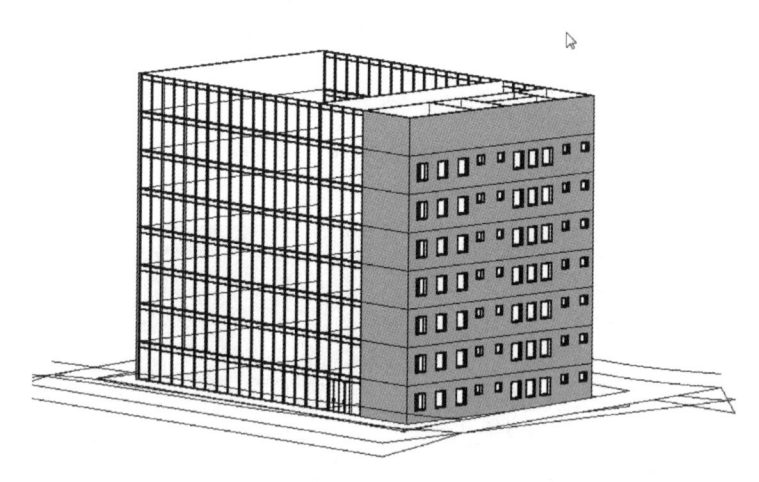

Figura A.54. Edifício com janelas e portas copiadas.

Figura A.55. Edifício visto de cima.

12. Para finalizar esta etapa, salve o arquivo. Você pode prosseguir com ele para o próximo exercício. Ele foi salvo como Exercicio6.rvt, disponível no site da Editora Érica.

Exercício 7 - Inserção de Pisos/Lajes

1. Nesta etapa vamos inserir os pisos/lajes do projeto. No pavimento térreo temos o **Pad** que já representa a laje de piso desse pavimento. Ele tem 30cm e essa medida pode ser alterada, portanto vamos inserir uma laje no piso do 1º Pavimento e copiar para os outros.

2. Ative a vista plana do 1º Pavimento. Para inserir a laje, selecione a aba **Home > Floor > Floor**. Vamos desenhar com a ferramenta de retângulo. Selecione-a e na barra de opções insira o valor de –0.02 para **Offset** para que a laje fique 2cm para dentro da parede e não apareça na fachada. Em seguida faça o retângulo, preenchendo todo o perímetro do edifício, e clique em **Finish**. Ao ser questionado se quer que as paredes se ajustem à laje, responda não.

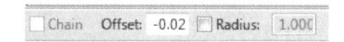

Figura A.56. Barra de opções da ferramenta Floor.

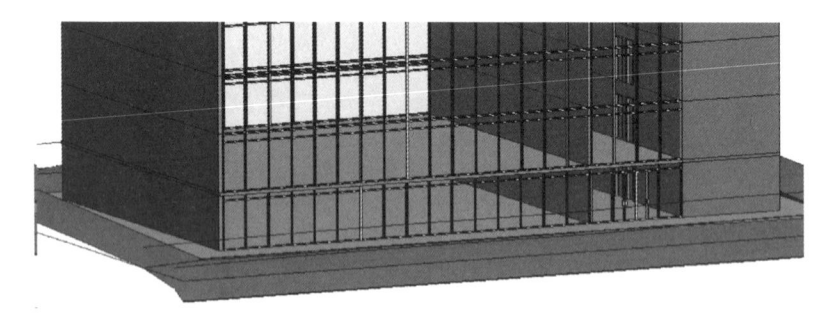

Figura A.57. Laje inserida no 1º Pavimento.

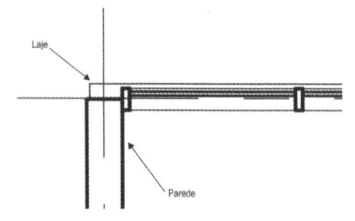

Figura A.58. Detalhe da laje na parede - planta.

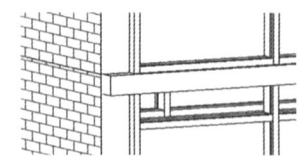

Figura A.59. Detalhe da laje em 3D.

3. Em seguida, copiamos a laje para os outros pavimentos com **Copy** e **Paste Aligned Selected to Levels**. Pode ser em uma vista 3D ou corte, pois na vista em planta é mais difícil selecionar a laje. O resultado deve ser semelhante ao da Figura A.60.

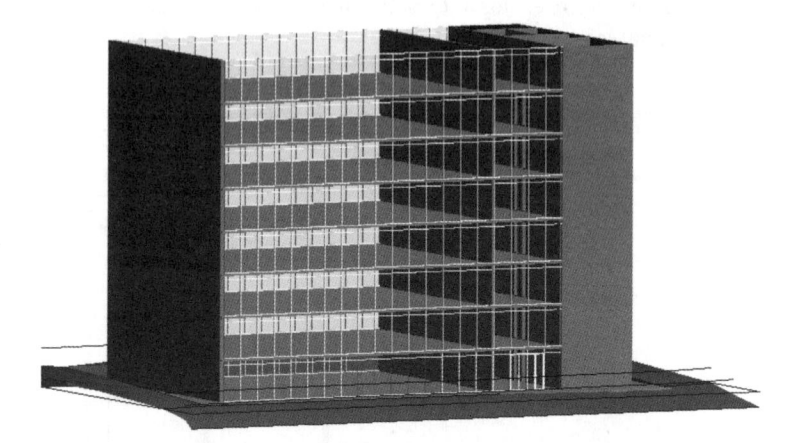

Figura A.60. Edifício com lajes em todos os pavimentos.

4. Explore outras formas de visualização com o **Steering Whells** e olhe os cortes para verificar o desenho. Depois de inserir a escada, vamos fazer um corte na laje.

5. Para finalizar esta etapa, salve o arquivo. Você pode prosseguir com ele para o próximo exercício. Ele foi salvo como Exercicio7.rvt, disponível no site da Editora Érica.

Exercício 8 - Inserção de Pilares e Vigas

1. Antes de inserir o pilar vamos criar um pilar de 20 x 20cm. Na aba **Home** selecione **Column > Structural Column**, em seguida **Load family** para carregar uma família de pilares de concreto. Na janela de seleção de arquivos de famílias escolha **Strucutural > Columns > Concrete > M_concrete-Square_Column** e clique em Open. Em **Properties** selecione **Edit Type**, na janela **Type Properties** selecione **Duplicate**, dê o nome de pilar 20 x 20 e mude o valor em b para 0.2. Clique em OK para finalizar.

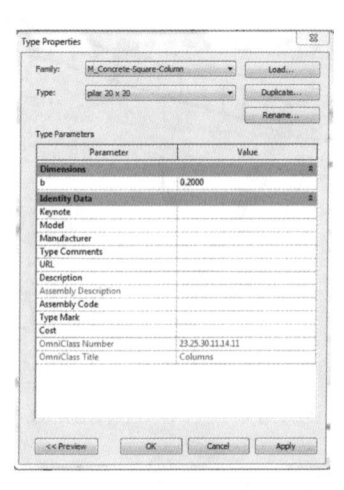

Figura A.61. Criação de um pilar de 20 x 20.

2. Selecione a vista da planta do pavimento térreo e na aba **Home** selecione **Column > Structural Column** e o pilar criado de 20 x 20. Na barra de opções verifique se está **Height = 1º Pavimento** e selecione **At Grids** no painel **Multiple**. Na barra de status surge a mensagem para selecionarmos os **Grids**. Faça uma janela **Crossing** e selecione os **Grids** do projeto. Os pilares são inseridos automaticamente nas intersecções dos **Grids**. Depois podemos apagar pilares, se for necessário.

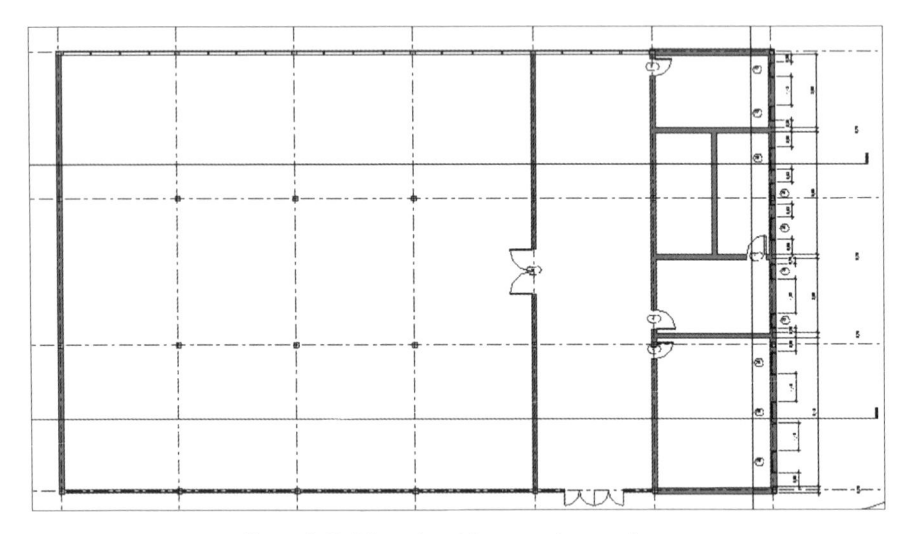

Figura A.62. Pilares inseridos no pavimento térreo.

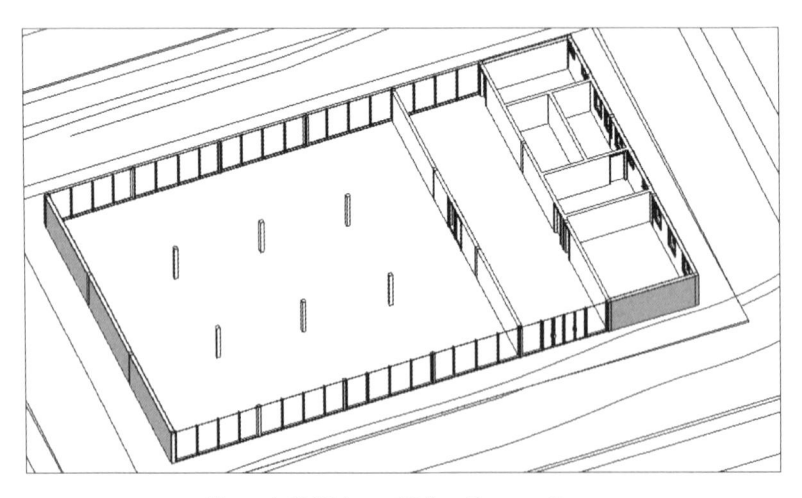

Figura A.63. Vista em 3D dos pilares no térreo.

Apêndice A - Exercícios - Projeto Completo

3. Para gerar essa vista em 3D que permite visualizar o edifício internamente, ative a vista 3D e selecione em **Properties** > **Section Box**, como mostra a Figura A.64. Uma caixa em 3D é inserida no projeto.

Figura A.64. Seleção de Section Box.

4. Selecione a caixa e note que nas partes superior e inferior e dos lados existem setas azuis. Basta clicar na seta da parte superior para esconder parte do edifício, movendo a seta para baixo. Você pode esconder qualquer parte do edifício em 3D com esse recurso de visualização.

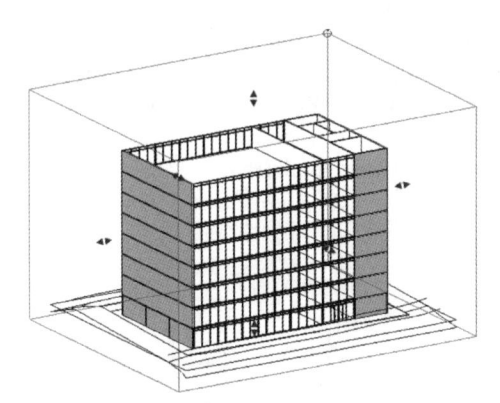

Figura A.65. Section Box.

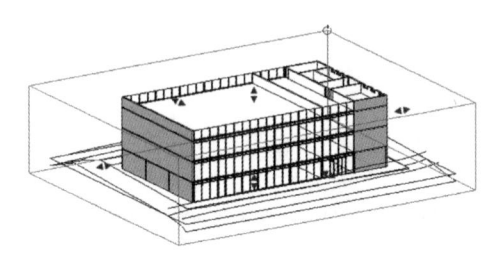

Figura A.66. Section Box modificado.

5. Em seguida podemos copiar os pilares para os outros pavimentos com o **Copy to Clipboard** e **Paste Aligned with Selected Levels**, como fizemos anteriormente. Depois de copiar, veja o resultado em uma vista de corte.

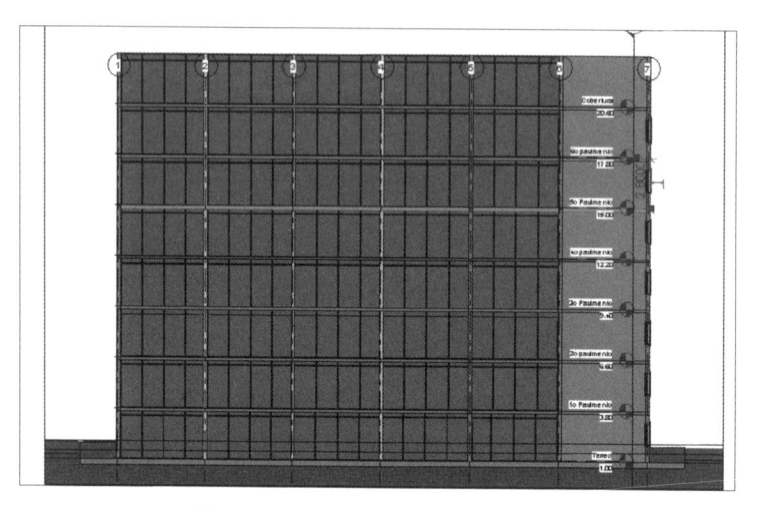

Figura A.67. Vista dos pilares no corte AA.

6. Antes de inserir as vigas, vamos criar uma viga de 15 x 20cm. Na aba **Structure** selecione **Beam** e **Load family** para carregar uma família de vigas de concreto. Na janela de seleção de arquivos de famílias escolha **Strucutural > Framing > Concrete > M_concrete-Square_Beam** e clique em **Open**. Em **Properties** selecione **Edit Type** e na janela **Type Properties** selecione **Duplicate**, dê o nome de viga 15 x 20 e mude o valor em b para 0.15 e h para 0.20. Clique em OK para finalizar.

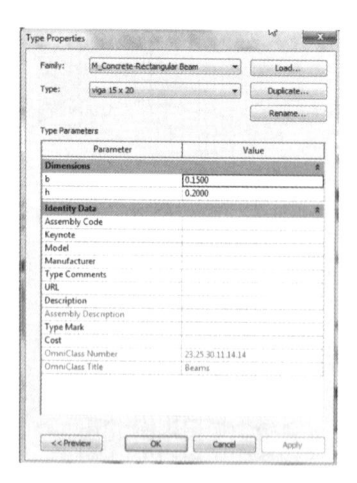

Figura A.68. Criação e viga de concreto de 15 x 20.

Apêndice A - Exercícios - Projeto Completo

7. Selecione a vista da planta do pavimento térreo e na aba **Structure** escolha **Beam** e a viga criada. Selecione **At Grids** no painel **Multiple**. Na barra de status surge a mensagem para selecionar os **Grids**. Faça uma janela **Crossing** e selecione os **Grids** do projeto. As vigas são inseridas automaticamente nas intersecções dos **Grids**. Depois é possível apagar as vigas desnecessárias.

8. Note que as vigas não estão visíveis, porque a altura do corte de uma planta é 1.2m e as vigas estão criadas na cota 0 (zero). Numa vista 3D, como fizemos com os pilares ou num corte, selecione as vigas e mude a altura delas para 2.8, conforme as propriedades na Figura A.69.

Figura A.69. Altura da viga.

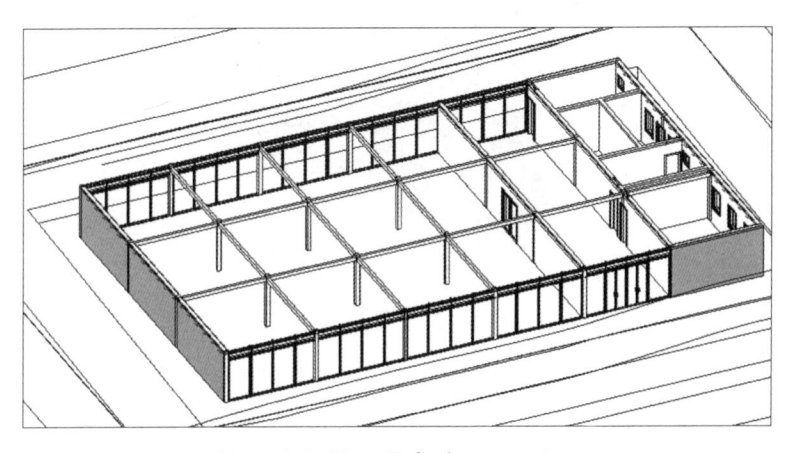

Figura A.70. Vista 3D do térreo com vigas.

9. O próximo passo é copiar as vigas para os outros pavimentos. Antes vamos apagar uma viga que está sobre uma parede.

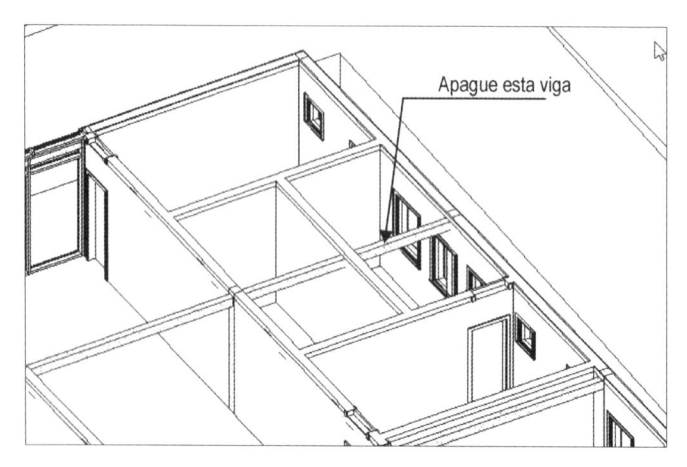

Figura A.71. Viga a ser apagada.

10. Depois de copiar, o resultado é semelhante ao da Figura A.72. Para visualizar as vigas e os pilares desligue a laje (Floor) digitando **VG** e desligando **Floors** na coluna **Visibility**.

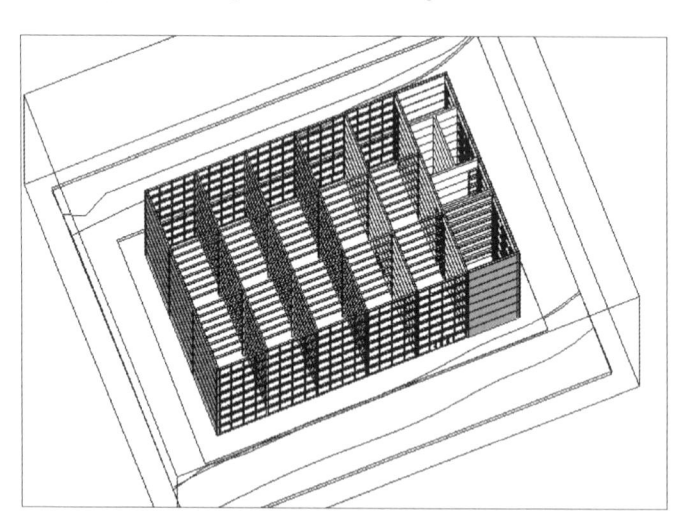

Figura A.72. Vista 3D da estrutura.

11. Para finalizar esta etapa, salve o arquivo. Você pode prosseguir com ele para o próximo exercício. Ele foi salvo como Exercicio8.rvt, disponível no site da Editora Érica.

Exercício 9 - Inserção de Escada e Furo da Laje

1. Para inserir a escada também é preciso ativar a vista do pavimento térreo e selecionar na aba **Home > Stairs**. Em seguida, ajuste os parâmetros da escada conforme a janela **Properties** a seguir. A escada tem 1.05 de largura e vai do térreo ao 1° Pavimento. Depois de criada corretamente, mudamos para **Multistory Top Level**. É mais seguro criar a escada, acertar os parâmetros e depois repetir nos outros pavimentos. Desenhe a escada em qualquer lugar da tela com a opção Run, como mostra a figura seguinte, oito degraus e depois mais oito, totalizando 16. Deixe um espaço de uns 5cm no meio. Use **Move** e **Measure** para acertar as medidas. Para finalizar clique em **Finish**. Depois é preciso mover para a posição correta.

Figura A.73. Parâmetros da escada. 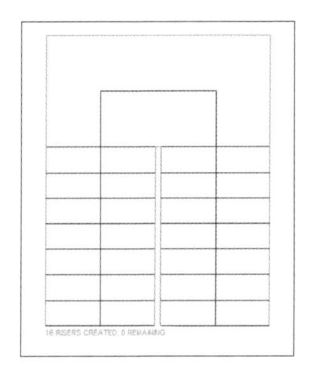 *Figura A.74. Desenho da escada.*

2. Apague os corrimãos criados automaticamente e mova a escada para dentro das paredes, Figuras A.75 e A.76.

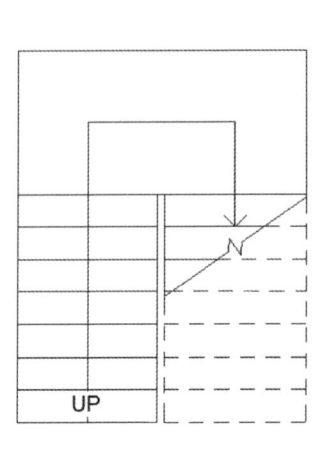

Figura A.75. Escada finalizada sem corrimão. 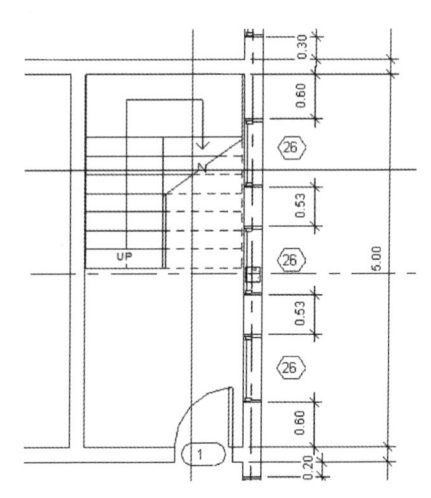 *Figura A.76. Escada na posição correta.*

3. A escada deve ficar semelhante à da Figura A.76. Se estiver na posição e altura corretas, selecione a escada e mude a propriedade **Multistory Top Level** para Cobertura. O resultado pode ser visto no corte CC.

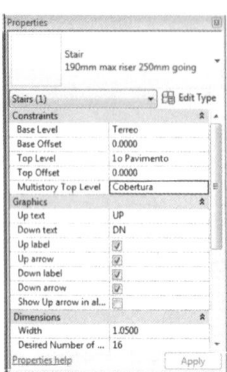

Figura A.77. Repetição da escada.

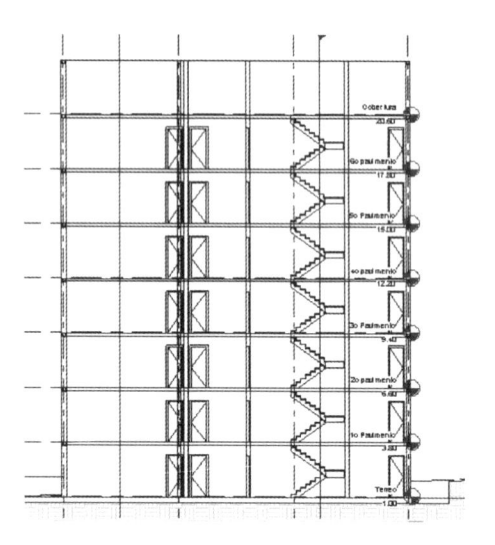

Figura A.78. Escada repetida vista no corte CC.

4. O próximo passo é abrir a laje onde passa a escada. A Figura A.79 mostra a laje do 1º Pavimento aberta na projeção da escada.

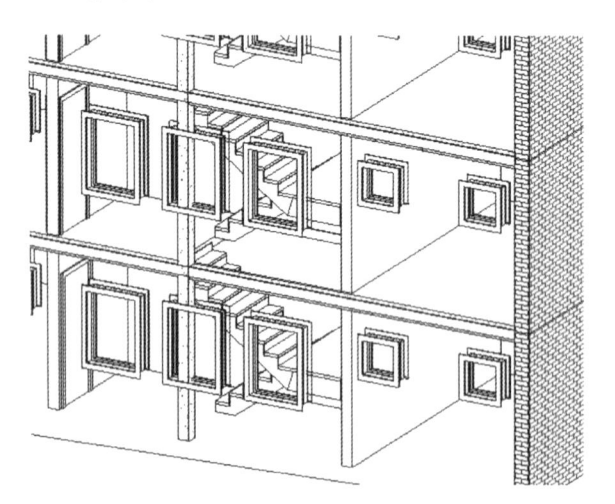

Figura A.79. Abertura da laje na projeção da escada.

5. Para criar uma abertura na laje temos de selecionar a laje. Ative a vista plana do 1º Pavimento. Selecione a laje e na aba **Modify/Edit Floors** clique em **Edit Boundary**, selecione a ferramenta de retângulo e faça um retângulo na projeção da escada, conforme indica a Figura A.80. Para finalizar clique em **Finish**.

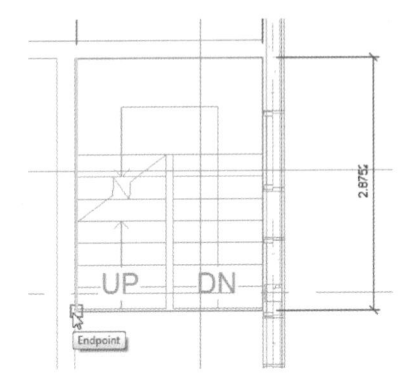

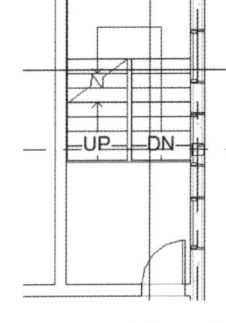

Figura A.80. Desenho do corte da laje.

Figura A.81. Laje cortada.

6. Note que, depois de cortada, a laje da escada aparece por completo. Podemos repetir o processo para os outros pavimentos, pois já havíamos copiado a laje para todos os pavimentos, ou apagar as lajes e copiar essa laje que já está com a abertura. Vamos apagar as lajes dos pavimentos acima, ou seja, 2º, a cobertura e em seguida copiar essa laje do 1º Pavimento para os outros, como fizemos anteriormente com **Copy to Clipboard** e **Paste Aligned to Selected Levels**. A Figura A.82 mostra o resultado da cópia para todos os pavimentos.

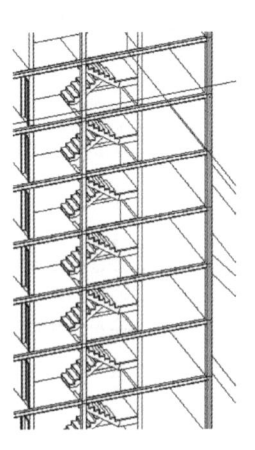

Figura A.82. Laje com abertura copiada para todos os pavimentos.

🍾 **Dica:** *Para visualizar o edifício sem a parede lateral e as janelas, selecione a parede e as janelas e na barra de status escolha* **Hide Element**.

7. Para encerrar esta etapa, vamos alterar a posição de uma porta que está conflitando com um pilar. Essa modificação será feita em todos os pavimentos. Ative a vista plana do pavimento térreo, selecione a porta e edite a cota da distância da porta até a parede. Repita o procedimento para os outros pavimentos. É possível também mover a parede para que ela se ajuste à posição dos pilares no **Grid**. No Revit é muito simples fazer esse tipo de alteração no projeto para compatibilizar com a estrutura.

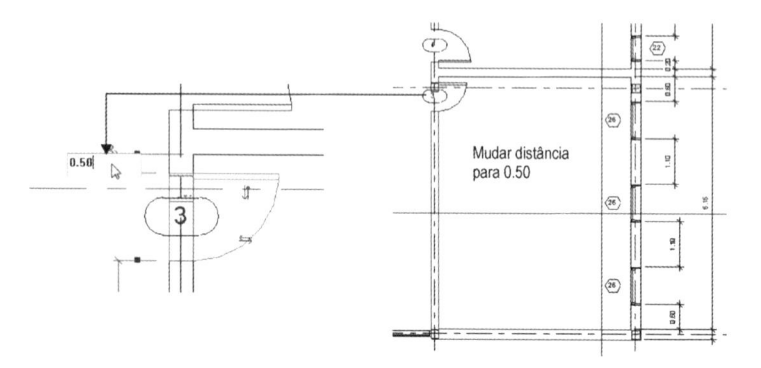

Figura A.83. Alteração da distância da porta à parede.

8. Para finalizar esta etapa salve o arquivo. Você pode prosseguir com ele para o próximo exercício. Ele foi salvo como Exercicio9.rvt, disponível no site da Editora Érica.

Exercício 10 - Pavimento Tipo e Cobertura

1. O pavimento tipo, 1º ao 6º, precisa ser dividido em áreas para dois escritórios por pavimento. Vamos criar uma parede no meio e inserir duas portas de 0.80 com distância de 0.15 das paredes, como mostra o desenho. Ative o 1º Pavimento, faça a inserção e depois copie para os outros.

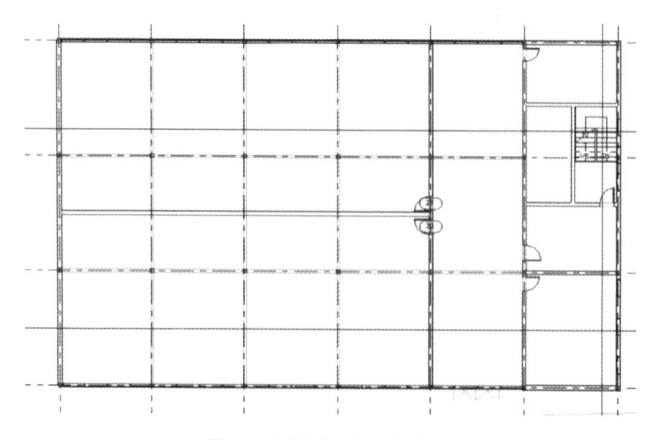

Figura A.84. Pavimento tipo.

2. O pavimento da cobertura precisa de algumas alterações, pois foi criado somente para instalações do edifício. Ative o pavimento da cobertura e apague as paredes, com exceção das paredes da escada. Mude a parede **Curtain Wall** para Tijolo 25 e insira uma laje de cobertura.

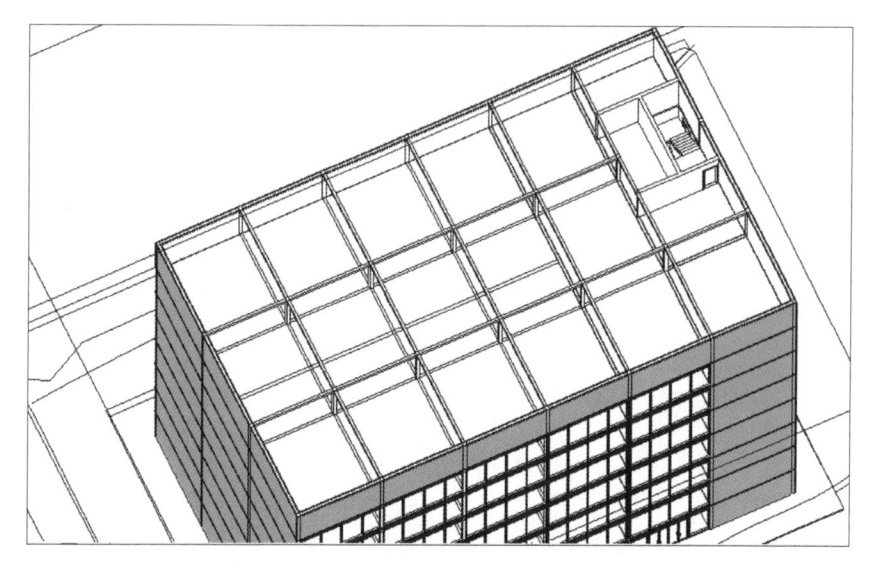

Figura A.85. Pavimento cobertura.

Esta etapa está salva como exercicio10.rvt, disponível no site da Editora Érica.

Exercício 11 - Texto e Cotas

1. Com o projeto definido partimos para a inserção de cotas e texto, símbolos de nível em corte e outros elementos de detalhes para preparar a apresentação. Você pode treinar livremente as ferramentas de anotação neste exercício de acordo com seu tempo. As ferramentas estão descritas no capítulo 15. Neste exemplo vamos inserir cotas e texto. Como temos os pavimentos térreo, tipo de cobertura, vamos inserir os textos somente neles. A Figura A.86 mostra um detalhe do resultado.

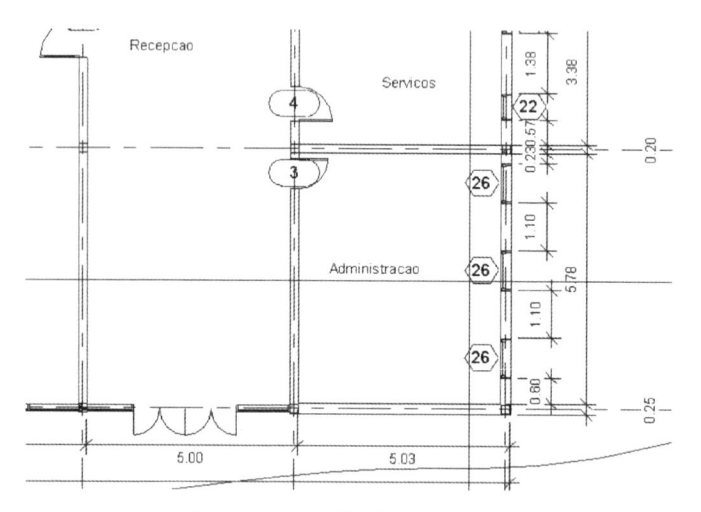

Figura A.86. Detalhe das cotas e texto.

Este exercício foi salvo como exercício11.rvt, disponível no site da Editora Érica.

Concluímos este tutorial com o intuito de fornecer uma diretriz inicial de projeto com o Revit. As etapas propostas são mera sugestão para iniciantes nessa nova tecnologia de projeto/desenho usando a tecnologia de parametria. Depois de concluído, o projeto deve ser preparado para impressão e apresentação em 3D. Esses dois itens são abordados nos capítulos 16 e 17, respectivamente, usando esse projeto como exemplo. Portanto, você pode seguir os exemplos com esse arquivo para gerar as folhas e a renderização do projeto.

Bibliografia

AUTODESK. **Help do Autodesk Revit Architecture 2011**.

_____. **AOTC Training Guides 2010**.

AUBIN P.F. **Mastering Revit Architecture 2010**. New York, EUA: Delmar Cengage, 2010.

GOLDBERG, H.E. **Revit Architecture 2009:** *A Comprehensive Guide*. New Jersey - EUA: Pearson, 2009.

Sites consultados

http://usa.autodesk.com/

http://revitclinic.typepad.com/

Marcas Registradas

Revit e AutoCAD são marcas registradas da Autodesk Inc.

Excel e Windows são marcas registradas da Microsoft Corporation.

Todos os demais nomes registrados, marcas registradas ou direitos de uso citados neste livro pertencem aos seus respectivos proprietários.

Índice Remissivo

A

Aba Annotate 279
Actual Number of Risers 194
Adjust Exposure 323
All
   Excepted Picked 247
   Grid Lines 248
   Segments 246
Angle 46, 99, 241, 242, 249
Angled Joins 206
Annotate 114, 281
Annotation Elements 33
Apply Nosing Profile 197
Architectural Column 167
Area 46, 217, 242
   gráfica 26
Arremates de paredes 67
Artificial Lights 323
Attach 177
Autodesk Design Review 330
Automatically Embed 242

B

Background 281, 323
Balauster Offset 206
Barra de
   acesso rápido 26
   controle de vistas 26
   opções 25
   status 26
Base
   Constraint 63, 241
   Extension Distance 63
   Level 172, 194, 216
   Offset 63, 172, 194, 241
Basic Wall 62
Beams 179
Begin with Riser 197
Best 322
BIM 19
Black Lines 310
Bold 281
Botão de escala 29
Boundary 189
Braces 179
Break at Join 250
Break Symbol in Plan 197
Browse 309
Build 137
Butt 68
By
   Category 133
   Element 133
   Filter 134

C

Calculation Rules 196
Callouts 296
Cascade 105
Ceiling 158
Center 310, 319
Centerline
   Pattern 288
   Symbol 288
   Tick Mark 288
Center of Core 282
Chain 53, 184
Change Element Type 163
Circulation 189
Close Hidden 106
Coarse 121
   Scale Fill Color 60, 173, 218
   Scale Fill Pattern 60, 173, 218
Collate 310
Color 281
Complex 51
Component 114
Concrete 182
Consitent Colors 123
Constrain 97
Construction 59
Continuous 286
Coordinate system basis 328
Core
   Centerline 53
   Face 53
Corner Mullion 249
Create Ceiling Boundary 160
Create Stairs Sketch 189
Create Subregion Boundary 271
Crop View 304
Crossing 93
Cross section Rotation 187
Currency 46
Current
   View Only 50
   Window 309
Curtain 51
   Grids 244
   Panel 242
   Wall 62, 240
Custom 322
Cut Pattern 74

D

Datum 47
   elements 33
Default
   3D 106
   3D View 313
   Sill Height 144
   Templates file 44
   Thickness 218
Defines slope 210
Del 102
Delete Inner Segment 92
Dependent 113
Depth 173
   Clipping 124
Desired Number of Risers 194
Detail
   Callouts 296
   Level 121
Dimension 286
   Line Extension 288
   String Type 288
Discipline 124
Display 324
Distance 81
Door Material 139
Doors 128
Down
   arrow 194
   label 194
   text 194
Draft 321
Drafting View 117
Draw 48
   Mirror Axis 96
Duplicate 113
   as a Dependent 113
   With Detailing 113
DWF 330
   Properties 329

E

East 259
Edifício em 3D 19
Edit
   Assembly 71, 72
   Boundary 153
   Sketch 202
Element
   properties 330
   type 40
Elevation of Poche Base 262
Empty System Panel 252
End
   Level Offset 187
   with Riser 197
Entire Walls 282, 283
Export 324
   Layers 327
Exposure
   Control 323

Índice Remissivo

Extend 88
  Below Base 196
  Multiple Elements 89
  to Wall Core 210
Exterior Glazing 240, 243
Extrusion
  end 216
  start 216

F

Faces of Core 282
Family 59
Far Clipping 123
Fascia Depth 217
Ferramenta Wall 28
File Locations 44
Filtro de seleção de objetos 55
Fine 121
Finish Face 53
Flip 81
Floor 149
Flor Slab Edge 150
Foundation 179
Frame Material 139
Framing 182
From 81
Function 60, 197, 242

G

Generic 51
Graphic
  Display Options 123
  Overrides 121
Grid 48
  Line 248
  Line Segment 248
Group And Associate 97

H

Haze 323
Head Height 140, 145
Height 139, 144
  at Head 222
  Offset at Head 154
  Offset at Tail 154
  Offset From Level 274
Hidden Line 123
Hide
  Category 125
  crop boundaries 310
  Element 125, 230
  ref/work planes 310
  scope boxes 310
  unreferenced view tags 310
High 321
Highlights 323

I

Imported 127
Import Units 50
Increment 261
Index Color 328
Individual references 282
In-Place 37
Insert 49
Instance Properties: 41
Interior Tick Mark 289
Intersecting
  Grids 283
  Walls 283
Isolate 126
  Category 125, 126
  Element 125
Italic 281

J

Janela Options 30
Join Condition 242
Justification 241, 242

L

Landing
  Carriage Height 199
  Height Adjustment 206
  Overlap 196
Landscape 310
Lateral Justification 187
Layers 50
  and Properties 327
Layout 243
Leader Arrowhead 281
Left Stringer 198
Legends 113
Lenght 242
Level 47, 140, 145, 274
  at Head 154, 222, 277
  Offset 216
Lighting 322
Line 151
  Weight 281, 288
Linear 282
Linetype Scaling 328
Linhas de alinhamento 57
Link CAD 49
Load Profile 80
Location line 63
Look 319
Low 321

M

Maintain
  funcional fidelity 329
  visual fidelity 328

Make Continuous 250
Massing & Site 261
Material 250
Medium 121, 321
Menu de Aplicação 26
Merge Surfaces 269
Meters 46
Middle Stringers 199
Mid Tones 323
Minimum Tread Depth 197
Mirror 96
Mitter 68
Model Elements 33
Modelspace (PSLTSCALE = 0) 328
Modify Topography 267
Monilitic
  Stair 193
  Material 197
Move 93
Moves With Grid 172
Mullions 244
Multiple Values 261
Multistory Top Level 194

N

Name 309
New 43
Nosing 195
  Lenght 197
  Profile 197
Number 97, 99, 241, 242

O

Object Styles 34
Offset 81, 241, 242
  Base 173
  from corner 310
  Top 173
One
  DWG unit is 328
  Segment 246
Openings 283
Open Stringer Offset 199
Options 44
Orbit 319
Ordinate Dimensions Settings 289
Orientation 124
Output Settings 322
Overhang 210, 221

P

Pad 273
Pan 106, 319
Passing Through Elevation 261
Phase 140, 145
  Filter 124
Pick 283

Place
  at 50
  Ceiling 158
  Dimensions 285
  Door 141
Placement Plane 183
Plan Region 112
Portrait 310
Position 249
Preview 75
Printer 322
  Range 309
  Setup 330
Profile 249
Project Browser 26, 47, 104
Projected Area 264
Properties 61, 139, 241

Q

Quality 320

R

Rafter Cut 217
Rail
  Connections 206
  Structure 206
Railing Height 206
Raiser 189
Range Type 261
Raster Processing 310
Read Convention 289
Realistic 123
Reference Callouts 296
Reflected Ceiling Plan 112
Region 320
Related to Mass 64, 241
Remove Lines Using 310
Render 320
Replace halftone with thin lines 311
Replace With Text 290
Reset Temporary Hide 126
Reverse print order 310
Revit 19
  Architecture 20
  MEP 20
  Structure 20
Rewind 320
RFA 37
Ribbon 158
Right Stringer 198
Riser 195
Roof 209
Room 298
Rotate 95
Rounding 46
Run 189

S

Saturation 324
Save 311
  to Project 324
Scaled Linetype definitions 328
Schedule 299
Scheme 322
Screen 322
Scroll 107
Section CUT Material 262
Setup 310
Shaded 123
Shading 74
Shadows 323
Shared 328
Sheets 301
Show Border 281
Side 81
Sill Height 140, 145
Single Day 322
Sketch Ceiling 160
Sketching 151
Sky: Cloudy 323
Slope 46, 154, 217, 222
  Arrow 152, 276
Snaps 57
Solids 329
Source 310
South 47
Spacing 243
Split 91
Spot Elevation 291
Square 217
Stacked 51
Stair Calculator 195
Start 261
  Level Offset 187
Steering Wheel 106
Stop 261
Storefront 240, 244
Structure 59, 218, 274
Style 323
Subcategory 261
Sweeps 80
Switch Windows 106

T

Tab Size 281
Tag 168
Tangent Joins 206
Text
  Background 289
  Font 197, 281, 289
Thickness 139, 165, 217, 250, 274
Tick Mark 288
Tile 105

ToolTip 29
Top Constraint 63, 241
Toposurface 261
Tread 195
  Material 197
Trim 88
  Projection Int 139
  Stringers at Top 198
  Width 139, 144
True Color 328
Type 59

U

Unconnected Height 64, 241
Underline 281
Underside of Winder 197
Units 262
Unjoin Roof 233
Up arrow 194
Up/Down 319
Use compressed raster format 330

V

Vector Processing 310
Vertical Grid Pattern 241, 243
View
  Callouts 296
  Cube 106
  Elements 33
  links in blue 310
Viewport 304
Visibility 122
Volume 46, 217

W

Walk 320
Wall 52, 239
White Point 323
Width 60, 139, 173
Winder 197
Window 93
Wireframe 123
Witness Line Control 288
Work Plane 187
Wrapping at Inserts 60

Z

z-Direction Justification 187
z-Direction Offset Value 187
Zoom 319